本书是北京文化安全研究基地的研究成果

本书受北京社科基金研究基地项目
（项目号：16JDXCB006）的资助

文化产业安全与管理丛书

张书勤 / 编著

文化产业政策与法规

WENHUACHANYE ZHENGCE YU FAGUI

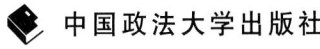

2018·北京

《文化产业安全与管理丛书编委会》

顾 问　王关义

主 任　刘 益

编 委　李治堂　高海涛　肖 丽　张书勤
　　　　田 杰　谢 巍　王 蕾　李剑锋

《文化产业安全与管理》丛书
出版前言

　　文化产业被公认为 21 世纪全球经济一体化时代的"朝阳产业"。从全球范围来看，一个基本的趋势是：文化产业发达的国家，其文化软实力的扩张力和渗透力都比较强；文化产业发展较为成熟的国家，其文化软实力都有着较大的优势。文化产业在国与国之间综合国力的竞争中发挥的作用越来越大，并为国家文化软实力的竞争提供了形式多样的载体和平台。发展是安全的保障，安全是发展的条件。为了做大做强我国文化产业，有必要加强文化产业安全研究。此外，越来越明显的文化经济化与经济文化化趋势，也意味着文化与经济的大融合。文化经济化是指文化发展中渗透着经济的因素，文化发展是生产力发展的重要组成部分；经济文化化是指任何的经济活动中都包含了文化的因素，文化是经济的引领和导向，文化贯穿经济过程始终。

　　文化安全是国家安全的重要组成部分，文化产业安全是实现文化安全的核心。文化产品是文化的载体，核心是文化内容。文化产品和文化内容可以由两个方面来提供：一是国家的公共文化服务体系，由公共文化服务机构提供基本的文化产品，满足广大人民群众最基本的文化需要；二是各类成为独立市场主体的文化企业，这是文化产业发展的主体。实现国家文化安全，仅依靠公共文化服务体系，是不可能完成的，还需要由文化企业通过提供丰富的文化产品，形成核心竞争力，通过参与全球文化竞争，从而实现国家的文化安全由被动安全最终转变为主动安全。也就是说，文化产业安全是实现国家文化安全的核心。只有打造具有全球竞争力的文化产业，才可以实现国家文化软实力的真正提升。

北京印刷学院是国内唯一以培养高级新闻出版人才为特色的高等院校。我院以立足首都、面向全国、服务新闻出版印刷等相关文化产业业态为办学宗旨，重视科学研究和学术积累，不断提高人才培养质量，为全国尤其是北京地区文化产业发展提供了切实的人才和智力支持。办学50多年来，北京印刷学院建立和完善了以传媒文化、传媒技术、传媒管理、传媒艺术等为特色的学科和人才培养体系，为新闻出版业等文化产业培养了3万多名应用型高级专门人才，涌现出了一批文化行业优秀领军人物及技术、业务、管理骨干，形成了扎实的学科基础和环境条件，为我国文化产业的繁荣和发展提供了强有力的智力支持和人才保障，为传承和发扬中华印刷文明做出了应有的贡献。

为更好地推动我国文化产业安全与管理领域的研究，北京印刷学院组织一批从事文化产业安全与管理研究的相关骨干教师，集中编写了《文化产业安全与管理》丛书。《文化产业安全与管理》丛书的出版得到了北京印刷学院文化产业安全与管理博士层次服务国家特殊需求人才培养项目的资助。丛书的策划得到了学校研究生处的指导和大力支持。学校领导和中国政法大学出版社的领导对丛书的出版给予了充分的关注和支持，在此深表感谢。

《文化产业安全与管理》丛书编委会
2015年8月

目录

《文化产业安全与管理》丛书出版前言 …………………………… / 1

第一章　文化产业政策与法规概述 …………………………… / 1

第一节　文化产业的概念与范围界定 ………………………… / 1
一、文化产业的三个发展阶段 ……………………………… / 1
二、国际上对文化产业的界定 ……………………………… / 2
三、我国学术界对文化产业的界定 ………………………… / 3
四、我国官方对文化产业及范围的界定 …………………… / 3

第二节　文化产业与文化事业的关系 ………………………… / 5

第三节　我国的文化产业政策 ………………………………… / 9
一、推动文化产业成为国民经济支柱性产业 ……………… / 10
二、深化国有文化单位改革，创新文化管理体制 ………… / 11
三、鼓励社会资本及外资参与文化产业投资 ……………… / 13
四、金融、财税并举支持文化产业发展 …………………… / 16
五、加快发展对外文化贸易 ………………………………… / 21

第四节　文化产业法规概述 …………………………………… / 31
一、文化产业法的概念及法律渊源 ………………………… / 31
二、我国文化产业法的立法问题 …………………………… / 35
三、我国文化产业法律体系完善的对策 …………………… / 36
四、文化产业执法综合改革 ………………………………… / 38

第二章　外国文化产业政策与法规 / 47
第一节　美国的文化产业政策与法规 / 47
　　一、美国文化产业的现状 / 47
　　二、美国文化行政体制 / 49
　　三、美国的文化产业政策内容 / 50
　　四、美国主要的文化产业法规 / 53
第二节　英国文化产业政策与法规 / 55
　　一、英国文化产业的界定及现状 / 55
　　二、英国文化管理机构 / 58
　　三、英国创意产业主要政策措施 / 60
　　四、完善的法律环境建设 / 63
第三节　法国文化产业政策与法规 / 64
　　一、法国文化产业现状 / 64
　　二、法国文化产业管理机构 / 65
　　三、法国文化政策的基本内容 / 65
　　四、法国文化产业相关法律制度 / 70
第四节　加拿大的文化产业政策与法规 / 71
　　一、加拿大文化产业现状 / 71
　　二、加拿大文化产业管理机构 / 72
　　三、加拿大文化政策 / 73
　　四、加拿大文化产业法律规定 / 78
第五节　韩国文化产业政策与法规 / 79
　　一、韩国文化产业现状 / 79
　　二、韩国文化产业管理机构 / 80
　　三、韩国文化产业政策的内容 / 82
　　四、韩国文化产业法律规定 / 85
第六节　日本文化产业政策与法规 / 89
　　一、日本文化产业现状 / 89
　　二、日本文化产业管理机构 / 90
　　三、日本文化产业政策的内容 / 91

四、日本文化产业法律法规 ………………………………………… / 93

第三章　国际公约与文化产业 …………………………………………… / 97
　第一节　GATT/WTO 规则与文化产业 …………………………………… / 97
　　一、1947 年《关税及贸易总协定》（GATT1947）的两个主要条款 …… / 98
　　二、WTO 与国际文化产品贸易有关的规则 …………………………… / 101
　　三、各国应对 WTO 规则的国内文化政策措施 ………………………… / 108
　第二节　文化多样性公约 …………………………………………………… / 110
　　一、公约的目标与指导原则 ……………………………………………… / 111
　　二、公约的适用范围 ……………………………………………………… / 112
　　三、缔约方的权利和义务 ………………………………………………… / 114
　　四、公约的争端解决机制 ………………………………………………… / 117
　　五、与其他公约的关系 …………………………………………………… / 117
　第三节　其他有关文化产业的国际公约 ………………………………… / 118
　　一、美加自由贸易协定 …………………………………………………… / 118
　　二、北美自由贸易协定 …………………………………………………… / 119
　　三、欧共体/欧盟的文化产品贸易规则 ………………………………… / 121

第四章　文化产业与版权法 ……………………………………………… / 126
　第一节　版权的概念与特征 ………………………………………………… / 127
　　一、版权的概念 …………………………………………………………… / 127
　　二、版权的特征 …………………………………………………………… / 128
　第二节　版权的主体、客体与内容 ………………………………………… / 129
　　一、版权主体 ……………………………………………………………… / 129
　　二、版权的客体 …………………………………………………………… / 131
　　三、版权的内容 …………………………………………………………… / 133
　第三节　邻接权 ……………………………………………………………… / 136
　　一、出版者权 ……………………………………………………………… / 136
　　二、表演者权 ……………………………………………………………… / 138
　　三、录制者权 ……………………………………………………………… / 139
　　四、广播组织者权 ………………………………………………………… / 140

第四节　版权的限制 / 141
一、合理使用 / 141
二、法定许可 / 142

第五节　版权的利用与报酬 / 143
一、版权的许可使用 / 143
二、版权的转让 / 145
三、版权的其他利用方式 / 146
四、版权利用的报酬 / 146

第六节　版权的侵权责任 / 154
一、侵犯版权的概念 / 154
二、仅承担民事责任的侵犯版权的形式 / 154
三、需承担民事责任、行政责任乃至刑事责任的侵犯版权的情形 / 155
四、侵犯版权的法律责任形式 / 156

第五章　出版产业法规 / 163

第一节　出版产业现行法规概述 / 163
一、我国出版业的现状 / 163
二、出版物市场管理体制 / 164
三、我国出版产业法规现状 / 164

第二节　出版单位的设立 / 165
一、出版单位设立的条件及程序一般规定 / 165
二、图书出版单位的设立 / 168
三、报纸出版单位的设立 / 170
四、期刊出版单位的设立 / 173
五、音像出版单位的设立 / 176
六、电子出版物出版单位的设立 / 177

第三节　出版单位的管理制度 / 178
一、出版物内容管理的基本规定 / 178
二、重大选题备案制度 / 180
三、书号、刊号、版号管理 / 181

四、图书质量管理 …………………………………………… / 182

　　五、稿件三审责任制度 ………………………………………… / 184

　　六、责任校对制度和"三校一读"制度 ……………………… / 185

　　七、责任编辑制度 ……………………………………………… / 185

　第四节　出版物印刷企业管理 …………………………………… / 186

　　一、印刷企业的设立 …………………………………………… / 186

　　二、出版物印刷企业管理制度 ………………………………… / 187

　第五节　出版物的发行管理 ……………………………………… / 189

　　一、出版物发行单位的设立 …………………………………… / 189

　　二、出版物发行活动管理 ……………………………………… / 194

　　三、出版物进口的管理 ………………………………………… / 197

　　四、订户订购进口出版物管理办法 …………………………… / 200

第六章　电影产业法规 …………………………………………… / 203

　第一节　电影产业法的立法现状及总原则 ……………………… / 203

　　一、我国电影产业发展现状 …………………………………… / 203

　　二、我国电影产业立法现状 …………………………………… / 205

　　三、电影产业促进的总原则 …………………………………… / 206

　第二节　电影创作、摄制 ………………………………………… / 208

　　一、电影剧本梗概备案制度 …………………………………… / 208

　　二、电影审查制度 ……………………………………………… / 211

　　三、中外合拍片管理规定 ……………………………………… / 215

　　四、聘用境外主创人员参与摄制国产影片管理规定 ………… / 217

　　五、电影的洗印、加工和后期制作 …………………………… / 218

　第三节　电影发行、放映 ………………………………………… / 218

　　一、电影发行、放映主体 ……………………………………… / 218

　　二、电影放映的管理 …………………………………………… / 220

　　三、电影票房管理 ……………………………………………… / 222

　第四节　电影产业支持、保障 …………………………………… / 230

　　一、支持的电影内容 …………………………………………… / 230

二、支持、保障措施 ………………………………………… / 230

三、国家电影事业发展专项资金管理 ……………………… / 232

第五节 法律责任 ……………………………………………… / 235

第七章 广播电视产业法规

第一节 广播产业政策与法规现状 …………………………… / 239

一、广播电视的概况 ………………………………………… / 239

二、我国广电产业立法现状 ………………………………… / 240

第二节 广播电台、电视台的设立 …………………………… / 243

一、广播电台、电视台设立、合并 ………………………… / 243

二、广播电台、电视台上星 ………………………………… / 245

三、设立广播电台、电视台分台的申请与审批 …………… / 246

四、合办广播电视频道或栏目 ……………………………… / 247

五、证照规范 ………………………………………………… / 247

六、境外机构设立驻华广播电视办事机构 ………………… / 248

第三节 广播电视节目管理 …………………………………… / 250

一、广播电视节目制作经营许可制度 ……………………… / 250

二、广播电视节目的内容管理 ……………………………… / 253

三、境外电视节目引进、播出管理制度 …………………… / 255

第四节 广播电视播出管理制度 ……………………………… / 257

一、广播电视节目传送业务经营的许可制度 ……………… / 257

二、广播电视传输覆盖网 …………………………………… / 262

三、广播电视节目传送管理 ………………………………… / 264

四、广播电视安全播出管理 ………………………………… / 265

第五节 电视剧管理 …………………………………………… / 271

一、电视剧管理的政策文件 ………………………………… / 271

二、电视剧内容管理 ………………………………………… / 272

三、重大革命和历史题材电影、电视剧立项及完成片审查 … / 278

四、中外合作制作电视剧管理 ……………………………… / 280

第八章 演出娱乐业法规 / 286

第一节 营业性演出管理规定 / 286
一、营业性演出的范围及管理部门 / 286
二、营业性演出经营主体的设立 / 287
三、营业性演出管理规范 / 290
四、监督管理 / 298

第二节 娱乐场所管理规定 / 299
一、娱乐场所的设立 / 300
二、娱乐场所的经营管理 / 304
三、监督管理 / 308

第九章 网络媒体法规 / 311

第一节 网络媒体法规概述 / 311
一、网络媒体的概念及发展趋势 / 311
二、网络媒体的立法现状 / 312

第二节 网络安全法 / 314
一、网络信息安全主管部门 / 315
二、网络媒体内容管理 / 315

第三节 互联网新闻信息服务管理 / 320
一、互联网新闻信息服务许可制度 / 320
二、互联网新闻信息服务运行管理 / 325
三、监督检查 / 328

第四节 网络出版服务管理制度 / 330
一、网络出版服务的管理权限 / 330
二、网络出版服务许可制度 / 331
三、网络出版服务管理 / 334
四、网络出版监督管理 / 337

第五节 互联网视听节目服务管理制度 / 340
一、互联网视听节目服务的类别 / 340
二、主管机关 / 343

三、互联网视听节目服务许可证制度 …………………………… / 343
　　四、互联网视听节目的内容管理 ………………………………… / 346
　　五、互联网视听节目服务单位的义务 …………………………… / 348
　　六、广播电影电视和电信主管部门的管理职责 ………………… / 348
　　七、网络剧、微电影等网络视听节目管理 ……………………… / 349
　　八、微博、微信等网络社交平台传播视听节目的管理 ………… / 350
　第六节　互联网文化管理制度 ……………………………………… / 351
　　一、互联网文化管理的范围 ……………………………………… / 351
　　二、管理机关及其职责 …………………………………………… / 352
　　三、互联网文化单位的设立、变更与终止 ……………………… / 352
　　四、进口互联网文化产品的规范 ………………………………… / 355
　　五、互联网文化产品的内容监管 ………………………………… / 355
　　六、网络表演经营活动管理 ……………………………………… / 358
　　七、网络音乐内容管理 …………………………………………… / 361
　第七节　互联网直播服务管理 ……………………………………… / 363
　　一、主管部门职责分工 …………………………………………… / 363
　　二、互联网直播服务提供者和发布者的义务 …………………… / 363
　　三、罚则 …………………………………………………………… / 366

第十章　广告法 …………………………………………………… / 368
　　一、广告的主体 …………………………………………………… / 369
　　二、广告内容准则 ………………………………………………… / 370
　　三、广告行为规范 ………………………………………………… / 376
　　四、监督管理 ……………………………………………………… / 381
　　五、广播电视广告播出规范 ……………………………………… / 383
　　六、互联网广告管理规范 ………………………………………… / 388
　　七、公益广告管理规范 …………………………………………… / 392

本书主要参考文献 ………………………………………………… / 398

第一章　文化产业政策与法规概述

第一节　文化产业的概念与范围界定

一、文化产业的三个发展阶段

至今，文化产业发展大致经历了以印刷技术、电子技术和以互联网为代表的数字信息技术三次传播媒介技术革命为科技背景的三个阶段。第一阶段，从1926年到1947年，属于文化产业的工业化发展阶段，这个阶段与印刷技术引起的第一次传播媒介的革命相适应。在这一阶段，一些国家的政府不断地将文化政策从社会和政治领域调整到经济领域，从而产生了人类传统文化与文化产业的分化。第二阶段，从1947年到1997年，属于文化产业的产业化发展阶段，这个阶段与电子技术引起的第二次传播媒介的革命相适应。1947年，德国法兰克福学派的两名代表人物阿道尔诺与霍克海默共同出版了《启蒙辩证法》一书，并表述了文化产业的基本特征，认识到了"文化工业"必然要向"文化产业"转变，可以说，这是一次质的飞跃。但法兰克福学派使用的"文化工业"一词具有强烈的批判性和否定性意味。第三阶段，从1997年至今，属于文化创意产业或文化产业的全球化扩张阶段，这个阶段与以互联网为代表的数字信息技术引起的第三次传播媒介的革命相适应。在这一阶段，全世界多数国家都认同把文化纳入经济决策制定的范围，这标志着西方发达国家的文化产业进入了全球化扩张阶段。

二、国际上对文化产业的界定

二战以后欧美发达国家文化产业的持续发展与经济、社会和文化的巨大变化紧紧联系在一起,自20世纪70年代起,文化产业这一概念所含的否定性含义日渐褪去,逐渐成为学术界描述现实社会中文化生产、传播和消费,以及经济、社会、文化相互关系的理论分析工具,并最终成为国民经济统计中的产业分类概念。联合国教科文组织(UNESCO)和欧盟委员会(EC)都在其正式文件中使用了这一概念。联合国教科文组织对文化产业的定义是:文化产业就是按照工业标准,生产、再生产、储存以及分配文化产品和服务的一系列活动。在这里,"工业标准"包含了工业生产的专业化、程序化等一般内容,它侧重指文化生产中的物化劳动,并不意味着文化劳动中精神劳动部分的模式化和标准化。但是,由于各国的经济、社会和文化发展状况有着较大差异,文化产业作为产业分类概念,其内涵没有统一标准。出于同样的原因,文化产业在各国的发展从内容到形式都有很大的不同。特别是随着技术的发展,文化产业自身的业态不断发生着变化,而这一变化又在各国表现出巨大的差异性。国际学术界和各国政府都一致认同这一概念具有多重含义,并在不同的历史和文化背景下和不同的意义上理解和使用这一概念。作为学术概念,各国学者们用这一概念来研究文化生产、传播和消费,以及文化生产与其他生活物质产品生产、流通和消费的区别,因此,从学术层面看,学术界对这一概念的理解和使用尽管存在着分歧,但是共同点大于不同点。

作为产业分类概念,文化产业这一概念在各国的使用存在明显的差异。如美国就没有在国民经济统计中使用文化产业这个词,而是定期发布版权产业研究报告,更侧重于版权产业。英国、澳大利亚则强调对文化的创意,强调任何文化产业都必须奠定在文化的底蕴之上,将文化产业定位为文化创意产业,认为那些出自个人的创造性、技能及智慧和通过对知识产权的开发,生产可以创造潜在财富和就业机会的活动,统属文化产业。日本、韩国更多强调文化产业为内容产业。其实不管是内容产业、信息产业、知识产业、创意产业、版权产业等概念称谓,或者是反映了文化产业在特定国家和历史时期的产业业态，或者是揭示了文化产业某个侧面的特征，或者是旨在说明文化产业与社会某一方面变化发展的联系，都与文化产业有着内在的关联。

三、我国学术界对文化产业的界定

我国文化产业发展比较晚。文化产业是改革开放后我国文化建设中崛起的一种全新的文化现象，它与改革开放紧密相关，与市场经济的发展相连，与文化领域的工业化、信息化相关，与科学技术和传媒技术的现代化一致。20世纪80年代初文化领域始有经营性活动，但作为一个完整的产业形态出现在经济领域还是20世纪90年代中期以后的事。随着我国文化产业的发展和文化产业政策实践的深入，学术界开始对文化产业发展进行了跟踪、观察和理性思考，展开了一系列学术研究，进入20世纪90年代中期以后，文化产业研究在国内形成高潮。我国学者们在文化产业的概念定义上各有自己的观点。如胡惠林教授认为：文化产业是指各种文化生产、经营事业，与工业有着密切的联系，是整个产业体系构成中的一个重要组成部分。张曾芳、张龙平两位学者对文化产业作的划分为：广义的文化产业，是指生产文化产品或提供文化服务以满足社会需要的各类行业门类的总称；狭义的文化产业，是指生产文化产品或提供文化服务以满足社会精神需要的各类行业门类的总称，它排除指向于物质生产和物质生活领域的文化活动，例如某些高科技产业化活动、技术贸易和服务活动等。他们更主张采用广义上的文化产业定义，并强调无论是广义的文化产业还是狭义的文化产业，在资源配置方式上，都以市场为基本手段；在生产方式上，都采用社会化大生产的方式，尤其是工业生产的方式。笔者更认同叶朗教授对文化产业的界定。他认为文化产业是指：以生产和经营文化商品和文化服务为主要业务，以创造利润为核心，以文化企业为骨干，以文化价值转化为商业价值的协作关系为纽带所组成的社会生产的基本组织结构。

四、我国官方对文化产业及范围的界定

虽然我国文化部早在1998年就成立了文化产业司，但"文化产业"

这一概念还是在2000年10月《中共中央关于制定国民经济和社会发展第十个五年计划的建议》中被正式提出，"完善文化产业政策……推动有关文化产业发展"。国家统计局在2004年3月29日印发的《文化及相关产业分类》（以下简称《分类》）中将"文化产业"的概念界定为：为社会公众提供文化、娱乐产品和服务的活动，以及与这些活动有关联的活动的集合。根据上述界定，文化及相关产业的范围包括提供文化产品（如图书、音像制品等）、文化传播服务（如广播电视、文艺表演、博物馆等）和文化休闲娱乐（如游览景区服务、室内娱乐活动、休闲健身娱乐活动等）的活动，它们构成文化产业的主体；同时，还包括与文化产品、文化传播服务、文化休闲娱乐活动有直接关联的用品、设备的生产和销售活动以及相关文化产品（如工艺品等）的生产和销售活动，它们是文化产业的补充。在该《分类》中，统计局把文化产业又区分为文化产业核心层、文化产业外围层和相关文化产业层。其中文化产业核心层包括：①新闻服务；②出版发行和版权服务；③广播、电视、电影服务；④文化艺术服务。文化产业外围层包括：①网络文化服务；②文化休闲娱乐服务；③其他文化服务。相关文化产业层包括：①文化用品、设备及相关文化产品的生产；②文化用品、设备及相关文化产品的销售。为了从产业链的角度观察文化活动，并进一步观察文化对社会经济的推动作用，《分类》设置了"相关文化服务"分层。"相关文化服务"主要包括以下几个方面的活动：一是制作文化产品的相关活动，即制作文化产品（如图书、音像制品等）所必须的设备和材料的生产经营活动；二是文化传播服务的相关活动，即提供文化传播服务（如广播、文艺创作、文艺表演等）所必须的设备和用品的生产经营活动；三是文化消费活动的相关活动，即文化消费（如看电视、玩电子游艺等活动）所必须的设备和用品的生产经营活动；四是含有较高文化内容的其他相关产品（如工艺品等）的生产经营活动。

党的十七届五中全会提出推动文化产业成为国民经济支柱性产业的战略目标，党的十七届六中全会进一步强调推动文化产业跨越式发展，使之成为新的增长点、经济结构战略性调整的重要支点、转变经济发展方式的重要着力点,对文化产业统计工作提出了新的要求。同时,由于新的《国民经济行业分类》(GB/T 4754-2011)颁布实施,联合国教科文组织《文化统计框架—2009》的发布,文化新业态不断涌现。国家统计局对2004年制定的《文化及相关产业分类》进行修订,颁布了《文化及相关产业分类》(2012)。2012版分类中提出了"文化产业及相关产业"这一概念,并把这一概念界定为:为社会公众提供文化产品和文化相关产品的生产活动的集合。

根据以上定义,我国文化及相关产业的范围包括:

(1)以文化为核心内容,为直接满足人们的精神需要而进行的创作、制造、传播、展示等文化产品(包括货物和服务)的生产活动;

(2)为实现文化产品生产所必需的辅助生产活动;

(3)作为文化产品实物载体或制作(使用、传播、展示)工具的文化用品的生产活动(包括制造和销售);

(4)为实现文化产品生产所需专用设备的生产活动(包括制造和销售)。

第二节 文化产业与文化事业的关系

文化事业主要是建设、引导、调控和管理社会的公益性文化,由传统的"事业单位"来实施管理,享受国家财政拨款。公益性文化的特征是它的公共服务性、非盈利性和先进文化的导向性,其根本目标是为社会提供文化公共物品,满足全社会的公共文化需要,提高全民族的思想道德水平和科学文化素质,适应并引导人民群众公共性的和高品位的文化需求。我国社会主义改造基本完成之后,文化领域的所有制关系越来越单一,文化机构几乎全部成了事业单位,服从计划经济模式的管理。改革开放之后,尽管我们在实践上对不少文化机构已经实行"事业单位,企业管理",使它们成为创造利润的经济实体,但在观念上,很长一段时间一直把文化当"事业"看待。直到2001年3月的"第十个五年计划纲要",才把发展文化产业列入国家计划。这当然是对客观事实的尊重。从 1980 年代中期开始，由个体劳动者和私营企业带动的文化市场如雨后春笋般发展起来。1990 年代，我国的文化市场体系已经基本成型，成为社会主义市场经济体系中的一个重要组成部分。庞大的文化企业群体已经形成为文化产业，吸纳了大量经营者和从业人员，创造了可观的经济效益。文化产业已经成为第三产业中一个举足轻重的部类。文化事业和文化产业的区分也已经水到渠成。关于文化事业的范围在学术界与实践中存在争议。《中国文化产业竞争力报告》将我国的文化事业具体分为四类：一是如新华社、《人民日报》《求是》杂志、省级党报党刊等承担国家喉舌功能的政治性文化事业；二是如作为国粹的京剧、昆剧等民族文化遗产的文化事业；三是如公共图书馆、文物馆、博物馆、纪念馆等公益性文化事业；四是如面向社区群众的文艺演出、文化展览活动等文化事业。十六大报告提出，文化事业大致包括以下内容：九年义务教育、党和国家重要的新闻媒体和社会科学研究机构、体现民族特色和国家水准的重大文化项目和艺术院团、重要文化遗产和优秀民间艺术、老少边穷地区和中西部地区的文化发展、面向大众的文化基础设施建设，等等。西方没有文化事业的概念。在统计分类中，行业与产业的概念是等同的，英语中都译为"industry"。国际上的有关分类一般翻译为"产业"，而我国相对应的分类叫"行业"。国家统计局颁布的《文化及相关产业分类》采用社会上普遍认同的"产业分类"名称，既包括了公益性的文化单位，又包括了经营性的文化单位。由于《文化产业分类》是依据活动的同质性原则划分，没有按照公益性和经营性划分，因此，无法用其划分公益性文化单位和经营性文化单位，因而，在官方的统计文件中广义的文化产业实际上包括了狭义的文化产业与文化事业。

文化产业与文化事业是中国文化建设过程中两个互有交叉渗透又相互独立的不同形态。文化产业与文化事业范围的无法明确区分源于对文化资源和产品的产权属性的困惑。文化资源和产品的产权属性具有如下特征：①消费的非排他性。即当一位消费者消费文化产品时，并不影响其他消费者对文化的消费，其他消费者也可以同时消费。②消费的非竞争性。即当一个消费者消费某种文化产品时，其他人同时消费此种文化产品，并不会增加提供此种文化产品的成本。③产权的公共性。④产权的难以交易性。⑤强烈的、持久的外部效应。文化事业和文化产业的划分应该基于文化资源和产品的产权属性。

文化资源和产品的产权属性是一个动态的演变过程，随着技术进步和文化市场的发展，文化资源和产品的公共性将会逐步减弱。由于文化资源和产品的产权属性是一个动态的变化过程，在一定程度上讲，我国文化资源和产品由公共产品向准公共产品，甚至向私人产品的转变进程才刚刚开始，因此，文化产业与文化事业的区分将基本呈现出一个动态的演变过程。文化本身具有意识形态和经济两个基本属性。从文化发展的规律来看，在文化生产和文化服务上，文化事业和文化产业并没有本质的区别，文化事业和文化产业是可以统一起来的，因而不应该将两分法绝对化。两分法主要是出于文化管理的目的。由于文化本身的双重属性，文化产业必然在不同程度上具有"事业"倾向，政府不可能不予关注并在一些领域适当调控；而文化事业又在不同程度上具有"产业"倾向，即使是事业单位也应该有投入有产出，这个产出除了以资本的方式以外主要以对社会的回报等其他方式出现，只不过政府或其他公共组织充当了出售人和买单人两个角色而已。

近年来我国学者对它们的关系较为一致的意见是二者的运作方式是有区别的：文化事业是重要的社会公益事业之一，是向社会提供公共产品和公共文化服务，运作所需资金主要依靠政府部门拨款，主体的主要行为是非赢利活动；文化产业是文化建设活动中活动主体用产业方式进行运作，一般进行以赢利为目的的经济活动。但文化产业和文化事业两者都是为了满足人民群众的精神文化需要。

文化事业与文化产业相互渗透、相互配合、相互促进，以其特有的方式构成了文化的驱动链与文化的有机体，使文化既成为经济发展和社会进步的精神引导与智力支撑，又成为经济发展和社会进步的直接要素与具体指标。文化事业和文化产业的联系主要表现在两个方面：一方面，文化产业的发展对文化事业的发展有巨大的影响作用。文化产业的发展速度和规模将影响文化事业的发展速度和规模。优秀文化产品的增多将促进文化事业的发展。另一方面，文化事业对文化产业有引导和限制的作用。文化事业对于那些有不良影响的文化产品必须要加以限制。此外，文化事业还要抵制外来文化产品的侵略，发现、扶植、鼓励、开发优秀的文化产品，达到提高文化事业和文化产业的双重目的。整个社会主义文化建设中，文化事业和文化产业都是十分重要的组成部分，各自发挥着不可替代的独特作用。大力发展文化事业，不但可以培养和发展人们的文化消费需求，为文化产业创造和拓展文化市场，而且可以促进文化产业不断提高文化产品的文化含量和品位，推动文化产业不断增强市场竞争力。积极发展文化产业有利于调动广大文化工作者的积极性和创造性，活跃和繁荣文化市场，满足群众多层次、多方面的精神文化需求，增强文化的活力和竞争力。文化产业还可以为国家创造物质财富，使国家有更多的物力和财力用以支持文化公益事业的发展。

对文化产业与文化事业的关系有一个科学的认识和准确的定位有利于在具体的实践过程中避免两种极端。一种极端是主张把全部文化生产部门变成文化企业，把全部文化生产活动变成营利性的经营活动；另一种极端则是认识不到文化产业发展的必要性，认为文化产业化、市场化，提倡文化生产部门追求利润最大化与文化的社会主义生产目的的实现是格格不入的，从而阻挠文化产业部门的改革。不把文化事业与文化产业区分开，将影响这两种文化形态的发展。用产业的标准对待文化馆、图书馆、博物馆等公益性文化，将使文化事业举步维艰；用事业的办法对待垄断性文化，将会捆住文化产业的手脚，并且使整个文化建设又回到计划经济时代。在承认两者有所交叉的同时看到它们的区别，将给它们开辟更广阔的空间。要制定科学的文化产业政策，首先必须根据实践的需要恰当区分文化产业和文化事业，针对不同的政策对象，区别对待。不能按发展文化事业的思路发展文化产业，不能将文化产业政策混同于文化事业政策，要严格按照产业政策的规范和要求制定文化产业政策，将文化产业政策纳入国民经济产业政策序列加以研究和规划。当然，公益性文化与经营性文化在实践中并不是完全泾渭分明的。这种你中有我、我中有你的复杂关系无疑增加了制定文化产业政策的难度。

第三节　我国的文化产业政策

产业政策是指一国政府根据本国经济发展规律的客观要求和一定时期内产业发展的状况，综合运用经济手段、法律手段以及必要的行政手段，对产业发展进行引导和适度干预，弥补市场缺陷，促进资源有效配置、产业结构优化升级及提高产业国际竞争力所制定实施的与产业有关的一系列政策的总和。文化产业政策是国家根据文化经济与社会发展的要求和一定历史时期内文化产业发展的现状和变动趋势，以市场机制为基础，规划、干预和引导文化产业形成和发展的政策系统。其政策目标是引导社会资源在产业部门之间以及文化产业内部实现优化配置，建立高效和谐的文化产业结构，促进国民经济和社会文化的持续、协调和健康发展。文化产业政策要解决的是怎样扶持和引导文化产业稳定、持续发展的问题，是市场经济条件下政府对文化进行宏观调控的重要手段。联合国教科文组织在公开发表的文件《文化的发展》中明确了文化产业政策的功能：可以更接近文化，可以提高大众交流的质量并发展独立的公共媒介，可以促进创造性的工作，可以使传统文化机制现代化，可以加强民族文化生产，并且可以保护国家的文化出口。文化产业属性构成的多重性，决定了文化产业政策系统的复杂性。某一文化产业政策有若干项子政策，各种不同的文化产业之间也会有各不相同的政策，甚至在同一个行业里，不同的市场主体还可能享受不同的产业政策。子政策和各文化产业的政策是相互关联的，不是相互促进关系，就是相互制约关系，而一个科学有效的文化产业政策体系应该是协调的。

从2000年"文化产业"一词首次出现在中央文件中开始，文化产业的发展定位就逐步提高。2001年3月，发展文化产业被正式写入《政府工作报告》；2002年"十六大"召开，第一次从国民经济与社会文化协调发展的高度提出了"要积极发展文化事业和文化产业"的战略政策；2006年，我国发布了《国家"十一五"时期文化发展规划纲要》；2007年，党的十七大提出"要提高国家文化软实力"，实施"重大文化产业项目带动战略"；2009年，国务院常务会议通过了《文化产业振兴规划》；2011年，中共十七届六中全会通过了《中共中央关于深化文化体制改革、推动社会主义文化大发展大繁荣若干重大问题的决定》，首次确立了"建设社会主义文化强国"这一长期战略目标。配套产业发展定位，中央及主管部门连续出台了多部政策文件，如2014年《国务院关于推进文化创意和设计服务与相关产业融合发展的若干意见》，2014年文化部、财政部提出《关于推动特色文化产业发展的指导意见》，2014年文化部、工业和信息化部、财政部《关于大力支持小微文化企业发展的实施意见》，2015年中共中央办公厅、国务院办公厅印发《关于推动国有文化企业把社会效益放在首位、实现社会效益和经济效益相统一的指导意见》，2016年文化部出台《文化部"一带一路"文化发展行动计划（2016—2020年）》，等等，支持文化产业的大发展大繁荣。

一、推动文化产业成为国民经济支柱性产业

发展文化产业是社会主义市场经济条件下满足人民多样化精神文化需求的重要途径。文化产业是最具发展潜力的新兴产业之一，对推动经济结构战略性调整、加快转变经济发展方式具有重要作用。2009年9月26日，我国第一部文化产业专项规划——《文化产业振兴规划》发布，标志着文化产业已经上升为国家的战略性产业。该文件明确产业规划目标是：①完成经营性文化单位转企改制，文化市场主体进一步完善，活力进一步增强，文化产业规模不断扩大，推动经济社会发展的功能和作用得到较好发挥。②文化产业结构进一步优化。重点行业和项目对文化的拉动作用明显增强，文化创意、影视制作、出版发行、印刷复制、广告、演艺娱乐、文化会展、数字内容和动漫等产业得到较快发展，以资本为纽带推进文化企业

兼并重组取得重要进展，力争形成一批跨地区跨行业经营、有较强市场竞争力、产值超百亿的骨干文化企业和企业集团。③文化创新能力进一步提升。④现代文化市场体系进一步完善。市场在文化资源配置中的决定性作用得到更好的发挥，文化产品和生产要素合理流动，城乡文化市场进一步发展，现代流通组织和流通形式逐步成为文化流通领域的主要力量，文化消费领域不断拓展，在城乡居民消费结构中的比重明显增加。⑤文化产品和服务出口进一步扩大。一批外向型骨干文化企业和国际知名品牌初步形成，对外文化贸易渠道和网络进一步拓展，文化产品和服务出口大幅增长，文化贸易逆差明显缩小，成为我国服务贸易出口的重要增长点。

2011年十七届六中全会通过的《中共中央关于深化文化体制改革、推动社会主义文化大发展大繁荣若干重大问题的决定》提出加快发展文化产业，推动文化产业成为国民经济支柱性产业。首先，构建现代文化产业体系。要在重点领域实施一批重大项目，推进文化产业结构调整，发展壮大出版发行、影视制作、印刷、广告、演艺、娱乐、会展等传统文化产业，加快发展文化创意、数字出版、移动多媒体、动漫游戏等新兴文化产业。鼓励有实力的文化企业跨地区、跨行业、跨所有制兼并重组，培育文化产业领域战略投资者。优化文化产业布局，发挥东中西部地区各自优势，加强文化产业基地规划和建设，发展文化产业集群，提高文化产业规模化、集约化、专业化水平。其次，形成公有制为主体、多种所有制共同发展的文化产业格局。再次，推进文化科技创新。最后，扩大文化消费。增加文化消费总量、提高文化消费水平是文化产业发展的内生动力。要创新商业模式，拓展大众文化消费市场，开发特色文化消费，扩大文化服务消费，提供个性化、分众化的文化产品和服务，培育新的文化消费增长点。

二、深化国有文化单位改革，创新文化管理体制

我们国家传统文化管理体制如今依然是一种分业管理模式，公益性文化事业和经营性文化产业按照不同的思路进行管理，党委和政府共同管理的"双轨"制，导致了目前文化管理权力过于分散，我国还没有统一的国有文化资产管理机构，管理方式不尽合理。从中央到地方，最近几年加大了国有文化资产管理体制创新实践与探索的步伐。2005 年，中共中央、国务院出台《关于深化文化体制改革的若干意见》，其后的多份政策文件里提及要创新文化管理体制。党的十八大以来，我国社会主义文化强国建设呈现出文化内容建设与文化体制改革并重的鲜明特点。强调增强全民族的文化创造活力，必须深化文化体制改革。文化体制改革要把握好意识形态属性和产业属性、社会效益和经济效益的关系，始终坚持社会主义先进文化前进方向，始终把社会效益放在首位。党的十八届三中全会明确提出了"建立党委和政府监管国有文化资产的管理机构，实行管人管事管资产管导向相统一"的战略目标要求。2014 年《关于印发文化体制改革中经营性文化事业单位转制为企业和进一步支持文化企业发展两个规定的通知》出台，明确按照政企分开、政事分开原则，推动政府部门由办文化向管文化转变，强化政策调节、市场监管、社会管理、公共服务职能，推动政企分开、政事分开，推动党政部门与其所属的文化企事业单位进一步理顺关系。建立党委和政府监管国有文化资产的管理机构，完善管人管事管资产管导向相结合的国有文化资产管理体制，健全文化市场综合行政执法机构，加快文化立法，提高文化建设法制化水平。要落实谁主管谁负责和属地管理原则，深入开展"扫黄打非"，完善文化市场管理。

从现阶段我国推进的文化体制改革的内容来看，它广泛涉及文化生产、文化流通、文化组织、文化结构、文化分配、文化权利等各个方面。既包括对文化事业和文化产业的区分，又包括对原有文化利益格局的调整；既包括对在计划经济体制下形成的制度性障碍的破除，又包括对原有文化经济格局的结构性调整与重组。

以建立现代企业制度为重点，加快推进经营性文化单位改革，培育合格市场主体。推进一般国有文艺院团、非时政类报刊社和新闻网站转企改制，拓展出版、发行和影视企业改革成果，加快公司制股份制改造，完善法人治理结构，形成符合现代企业制度要求、体现文化企业特点的资产组织形式和经营管理模式。创新投融资体制，支持国有文化企业面向资本市场融资，支持其吸引社会资本进行股份制改造。对经营性文化事业单位转制为企业,相关政策文件要求认真做好资产清查、资产评估和产权登记等基础工作,依法落实原有债权债务。资产变动事项经主管部门审核同意后,报同级国有文化资产管理机构审批,并按有关规定办理;其中,涉及重大国有文化资产变动事项的,应由文化行政主管部门审核后报请党委宣传部门审查把关。国有资产监督管理机构监管企业所属的经营性文化事业单位转制为企业,应当报该国有资产监督管理机构审批,并按有关规定办理资产变动等事项。加快发展文化产业,必须毫不动摇地支持和壮大国有或国有控股文化企业,毫不动摇地鼓励和引导各种非公有制文化企业健康发展。要培育一批核心竞争力强的国有或国有控股大型文化企业或企业集团,在发展产业和繁荣市场方面发挥主导作用。

三、鼓励社会资本及外资参与文化产业投资

在计划经济体制下,我国绝大多数的文化产业都实行国家专营政策,不仅非国有资本不能进入文化产业领域,而且国有资本也不能进入文化产业,从事文化产业的经营。中国加入世界贸易组织和文化体制改革的深入、中国文化产业战略性发展的需求和产业扩张的需求都提出了对原有文化市场准入政策和制度进行变革的要求。从21世纪初开始,我国政府对非公有资本进入文化产业的政策作了重大调整,调整内容集中体现在2005年国务院出台的《国务院关于非公有资本进入文化产业的若干决定》(以下简称《决定》)、《关于文化领域引进外资的若干意见》(以下简称《意见》)等文件里。其后中央多次出台的有关文化产业发展文件中多次提及要在国家许可范围内,引导社会资本以多种形式投资文化产业,参与国有经营性文化单位转企改制,参与重大文化产业项目实施和文化产业园区建设,在投资核准、信用贷款、土地使用、税收优惠、上市融资、发行债券、对外贸易和申请专项资金等方面给予支持,营造公平参与市场竞争、同等受到法律保护的体制和法制环境,加强和改进对非公有制文化企业的服务和管理,引导他们自觉履行社会责任。

1. 民营资本进入文化产业领域的规定

《决定》在鼓励和支持非公有资本进入文化产业的原则之下,明确规定了非公有资本进入文化产业的"鼓励""允许""限制"和"禁止"四种情况,对非公有资本可以进入文化产业的领域和禁止进入的领域作了详尽的规定。

(1) 鼓励类。

鼓励和支持非公有资本进入以下领域:文艺表演团体、演出场所、博物馆和展览馆、互联网上网服务营业场所、艺术教育与培训、文化艺术中介、旅游文化服务、文化娱乐、艺术品经营、动漫和网络游戏、广告、电影电视剧制作发行、广播影视技术开发运用、电影院和电影院线、农村电影放映、书报刊分销、音像制品分销、包装装潢印刷品印刷等;鼓励和支持非公有资本从事文化产品和文化服务出口业务;鼓励和支持非公有资本参与文艺表演团体、演出场所等国有文化单位的公司制改建,非公有资本可以控股。

(2) 允许类。

允许非公有资本进入出版物印刷、可录类光盘生产、只读类光盘复制等文化行业和领域。

(3) 限制类。

非公有资本可以投资参股下列领域国有文化企业:出版物印刷、发行,新闻出版单位的广告、发行,广播电台和电视台的音乐、科技、体育、娱乐方面的节目制作,电影制作发行放映;上述文化企业国有资本必须控股51%以上;非公有资本可以建设和经营有线电视接入网,参与有线电视接收端数字化改造,从事上述业务的文化企业国有资本必须控股51%以上;非公有资本可以控股从事有线电视接入网社区部分业务的企业。非公有资本可以开办户外、楼宇内、交通工具内、店堂等显示屏广告业务,还可以在符合条件的宾馆饭店内提供广播电视视频节目点播服务。非公有资本进入文化产业按现行有关规定管理,限制类事项还须有关行政主管部门批准。要严格审批程序、完善审批办法、规范文化产业发展、保护企业合法权益和取缔违法违规经营。非公有制文化企业在项目审批、资质认定、融资等方面与国有文化企业享受同等待遇。

（4）禁止类。

非公有资本不得投资设立和经营通讯社、报刊社、出版社、广播电台（站）、电视台（站）、广播电视发射台（站）、转播台（站）、广播电视卫星、卫星上行站和收转站、微波站、监测台（站）、有线电视传输骨干网等；不得利用信息网络开展视听节目服务以及新闻网站等业务；不得经营报刊版面、广播电视频率频道和时段栏目；不得从事书报刊、影视片、音像制品成品等文化产品进口业务；不得进入国有文物博物馆。

2. 外资进入文化产业领域的规定

国务院颁布的《关于文化领域引进外资的若干意见》对外资可以进入文化产业的领域和禁止进入的领域也作了详尽的规定。对相关工作提出了明确的"允许"和"禁止"事项。

（1）允许类。

允许外商以独资或合资、合作的方式设立包装装潢印刷、书报刊分销、可录类光盘生产、艺术品经营等企业。在中方控股51%以上或中方占有主导地位的条件下，允许外商以合资或合作的方式设立出版物印刷和只读类光盘复制等企业。在不损害我国审查音像制品内容的权利的情况下，允许外商以合作且中方占有主导地位的方式设立除电影之外的音像制品分销企业。在中方控股51%以上或中方占有主导地位的条件下，《意见》允许外商以合资、合作的方式设立和经营演出场所、电影院、演出经纪机构、电影技术等企业，参与国有书报刊音像制品发行企业股份制改造。

（2）禁止类。

禁止外商投资设立和经营新闻机构、广播电台（站）、电视台（站）、广播电视传输覆盖网、广播电视节目制作及播放公司、电影制作公司、互联网文化经营机构和互联网上网服务营业场所（港澳除外）、文艺表演团体、电影进口和发行及录像放映公司。禁止外商投资从事书报刊的出版、总发行和进口业务，音像制品和电子出版物的出版、制作、总发行和进口业务[1]，以及利用信息网络开展视听节目服务、新闻网站和互联网出版等业务。外商不得通过出版物分销、印刷、广告、文化设施改造等经营活动，变相进入频道、频率、版面、编辑和出版等宣传业务领域。

《意见》还对引进外资的审批、投资方的资质提出明确要求，并强调要按照我国加入世贸组织的承诺做好引进外资工作；要建立健全市场退出机制，从严发放许可证，认真执行年度审核制度；各级文化、广播电影电视、新闻出版行政部门要大力推进综合执法，加大对违法违规行为的打击力度。

目前，除了一些与意识形态安全密切相关的核心业务外，其余的领域都已陆续对外开放，以公有制为主体、多种所有制共同发展的文化产业格局初步形成。

四、金融、财税并举支持文化产业发展

金融是现代经济的核心，加大金融业支持文化产业的力度，推动文化产业与金融业的对接，是培育新的经济增长点的需要，是促进文化大发展大繁荣的需要，是提高国家文化软实力和维护国家文化安全的需要。2010年3月19日，中宣部等9部委联合推出《关于金融支持文化产业振兴和发展繁荣的指导意见》。2014年3月17日文化部、中国人民银行、财政部联合出台《关于深入推进文化金融合作的意见》（文产发［2014］14号），推动文化金融合作成为我国文化产业持续快速健康发展的重要动力。

1. 金融支持文化产业发展

积极开发适合文化产业特点的信贷产品，加大有效的信贷投放；完善授信审批模式，加强和改进对文化产业的金融服务；大力发展多层次资本市场，扩大文化企业的直接融资规模；积极培育和发展文化产业保险市场等，开发推广适合对外文化贸易特点的金融产品及服务，加大金融支持文化消费的力度。要求推动多元化、多层次的信贷产品开发和创新。对于处

---

[1]《关于文化领域引进外资的若干意见》出台于2005年，2011年我国《出版物市场管理规定》修改，允许外资从事出版物的总发行及进口业务。

于成熟期、经营模式稳定、经济效益较好的文化企业，要优先给予信贷支持。积极开展对上下游企业的供应链融资，支持企业开展并购融资，促进产业链整合。对于具有稳定物流和现金流的企业，可发放应收账款质押、仓单质押贷款。对于租赁演艺、展览、动漫、游戏，出版内容的采集、加工、制作、存储和出版物物流、印刷复制，广播影视节目的制作、传输、集成和电影放映等相关设备的企业，可发放融资租赁贷款。建立文化企业无形资产评估体系，为金融机构处置文化类无形资产提供保障。对于具有优质商标权、专利权、著作权的企业，可通过权利质押贷款等方式，逐步扩大收益权质押贷款的适用范围。鼓励银行业金融机构发挥各自比较优势打造适合文化企业特点的金融服务特色产品。在有效控制风险的前提下，逐步扩大融资租赁贷款、应收账款质押融资、产业链融资、股权质押贷款等适合文化企业特点的信贷创新产品的规模，探索开展无形资产抵质押贷款业务，拓宽文化企业贷款抵质押物的范围。积极探索适合文化产业项目的多种贷款模式。对于融资规模较大、项目较多的文化企业，鼓励商业银行以银团贷款等方式提供金融支持。探索和完善银团贷款的风险分担机制，加强金融机构之间的合作，有效降低单个金融机构的信贷风险。对处于产业集群或产业链中的中小文化企业鼓励商业银行探索联保联贷等方式提供金融支持。鼓励银行、保险、投资基金等机构联合采取投资企业股权、债券、资产支持计划等多种形式为文化企业提供综合性金融服务。通过创新文化金融服务组织形式，建立完善文化金融中介服务体系，探索创建文化金融合作试验区等方式创新文化金融体制机制。

2010年12月29日，保监会、文化部联合推出《关于保险业支持文化产业发展有关工作的通知》，积极推进文化产业保险的创新发展，努力开发适合文化企业特点和文化产业需要的保险产品，逐步建立文化产业保险市场运行机制和制度。在现有传统财产保险业务的基础上，保监会和文化部共同组织开发、分批确定文化产业保险险种，并推进有关试点工作，有重点地推动当前文化产业保险市场发展。第一批文化产业保险试点险种有11种，分别是演艺活动财产保险，演艺活动公众责任保险，演艺活动取消保险，演艺人员意外和健康保险，展览会综合责任保险，艺术品综合保险，动漫游戏企业关键人员意外和健康保险，动漫游戏企业关键人员无法从业保险，文化企业信用保证保险，文化企业知识产权侵权保险和文化活动公共安全综合保险。参与文化保险试点的公司有三家，分别是中国人民财产保险股份有限公司、中国太平洋财产保险股份有限公司和中国出口信用保险公司。

文化企业无形资产评估涉及影响因素多、识别难度大、评估技术复杂的问题，使文化企业在上市、兼并重组、对外投资和融资过程中也难以体现无形资产价值。目前我国文化企业在兼并重组和转型发展过程中经常遇到"轻资产、融资难"等问题，无形资产的价值没有合理地反映在企业评估价值中或其单项资产价值难以体现。在中共中央宣传部和财政部的组织和指导下，中国资产评估协会制定并发布了《文化企业无形资产评估指导意见》（以下简称《指导意见》），该《指导意见》自2016年7月1日起施行。《指导意见》注重突出文化企业的特点，体现文化企业无形资产评估方法上的特殊性，明确细分各文化行业不同类型无形资产的范围和特征，以及评估需要考虑的各方面因素。注重对评估实践的指导，突出可操作性。部分条款以举例的形式介绍了文化企业的典型案例，为评估实施提供针对性强的指导。《指导意见》的发布将有助于文化企业无形资产的辨识以及价值衡量，构建完善、创新的无形资产评估体系，提高资产评估业务质量，维护各方合法权益，促进我国文化产业健康可持续发展。

2. 采取积极财政税收政策助力文化产业发展

现阶段我国文化产业组织还较弱小，需要国家在经济政策上予以扶持，尤其是财政税收和融资政策；同时我国大多数文化产业机构是由事业管理转变为产业经营的，因而在转变过程中离不开财政的支援。财政税收是有效的调节手段，实施优惠的财政税收政策是促进文化产业发展的重要手段。为深化文化体制改革，推进国有经营性文化事业单位转企改制，自2004年起，财政部和国家税务总局先后颁布税收优惠政策，主要涉及三个方面的税收优惠，一是经营性文化事业单位转制后企业的税收优惠政策，现行有效政策是《财政部、国家税务总局、中宣部关于继续实施文化体制改革中经营性文化事业单位转制为企业若干税收政策的通知》（财税[2014]84号）；二是支持文化企业发展的税收优惠政策，现在执行的是《财政部、海关总署、国家税务总局关于继续实施支持文化企业发展若干税收政策的通知》（财税[2014]85号），三是对特定宣传文化产品及单位的税收优惠政策，现在有效的是《财政部、国家税务总局关于延续宣传文化增值税优惠政策的通知》（财税[2018]53号），《关于延续动漫产业增值税政策的通知》（财税[2018]38号）。从2004年以来，相关税收优惠政策呈现延续及逐步细化的特点。要注意的是，所有的税收优惠政策都有有效期，到期后需要由财政部和国家税务总局重新确定政策是否延续。

(1) 鼓励经营性文化事业单位转企改制的税收优惠政策。

①经营性文化事业单位的认定条件及范围。

经营性文化事业单位是指从事新闻出版、广播影视和文化艺术的事业单位。转制包括整体转制和剥离转制。其中，整体转制包括：（图书、音像、电子）出版社、非时政类报刊出版单位、新华书店、艺术院团、电影制片厂、电影（发行放映）公司、影剧院、重点新闻网站等整体转制为企业；剥离转制包括：新闻媒体中的广告、印刷、发行、传输网络等部分，以及影视剧等节目制作与销售机构，从事业体制中剥离出来转制为企业。享受税收优惠政策的转制文化企业应同时符合以下条件：根据相关部门的批复进行转制；转制文化企业已进行企业工商注册登记；整体转制前已进行事业单位法人登记的，转制后已核销事业编制、注销事业单位法人；已同在职职工全部签订劳动合同，按企业办法参加社会保险；转制文化企业引入非公有资本和境外资本的，须符合国家法律法规和政策规定；变更资本结构依法应经批准的，需经行业主管部门和国有文化资产监管部门批准。

②经营性文化事业单位转制为企业，可以享受的税收优惠政策。

经营性文化事业单位转制为企业，自转制注册之日起免征企业所得税；由财政部门拨付事业经费的文化单位转制为企业，自转制注册之日起对其自用房产免征房产税；党报、党刊将其发行、印刷业务及相应的经营性资产剥离组建的文化企业，自注册之日起所取得的党报、党刊发行收入和印刷收入免征增值税；对经营性文化事业单位转制中资产评估增值、资产转让或划转涉及的企业所得税、增值税、营业税、城市维护建设税、印花税、契税等，符合现行规定的享受相应税收优惠政策；转制为企业的出版、发行单位处置库存呆滞出版物形成的损失，允许按照税收法律法规的规定在企业所得税前扣除。其中"转制注册之日"，是指经营性文化事业单位转制为企业并进行工商注册之日。对于经营性文化事业单位转制前已进行企业法人登记，则按注销事业单位法人登记之日或核销事业编制的批复之日（转制前未进行事业单位法人登记的）起确定转制完成并享受本通知所规定的税收优惠政策。

（2）支持文化企业发展的税收优惠政策。

①新闻出版广电行政主管部门（包括中央、省、地市及县级）按照各自职能权限批准从事电影制片、发行、放映的电影集团公司（含成员企业）、电影制片厂及其他电影企业取得的销售电影拷贝（含数字拷贝）收入、转让电影版权（包括转让和许可使用）收入、电影发行收入以及在农村取得的电影放映收入免征增值税。一般纳税人提供的城市电影放映服务，可以按现行政策规定，选择按照简易计税办法计算缴纳增值税。

②对广播电视运营服务企业收取的有线数字电视基本收视维护费和农村有线电视基本收视费，免征增值税。

③为承担国家鼓励类文化产业项目而进口国内不能生产的自用设备及配套件、备件，在政策规定范围内，免征进口关税。支持文化产品和服务出口的税收优惠政策由财政部、税务总局会同有关部门另行制定。

④对从事文化产业支撑技术等领域的文化企业，按规定认定为对国家需要重点扶持的高新技术企业减按15％的税率征收企业所得税；开发新技术、新产品、新工艺发生的研究开发费用，允许按照税收法律法规的规定，在计算企业应纳税所得额时加计扣除。文化产业支撑技术等领域的具体范围和认定工作由科技部、财政部、税务总局和中央宣传部等部门另行明确。

⑤出版、发行企业处置库存呆滞出版物形成的损失，允许按照税收法律法规在企业所得税前扣除。

（3）对特定宣传文化产品及单位的税收优惠政策。

①对下列出版物在出版环节执行增值税100%先征后退政策：中国共产党和各民主党派各级组织的机关报纸和机关期刊，各级人大、政协、政府、工会、共青团、妇联、残联、科协的机关报纸和机关期刊，新华社的机关报纸和机关期刊，军事部门的机关报纸和机关期刊。上述各级组织不含其所属部门。机关报纸和机关期刊增值税先征后退范围掌握在一个单位一份报纸和一份期刊以内；专为少年儿童出版发行的报纸和期刊，中小学的学生课本；专为老年人出版发行的报纸和期刊；少数民族文字出版物；盲文图书和盲文期刊；经批准在内蒙古、广西、西藏、宁夏、新疆五个自治区内注册的出版单位出版的出版物；政策文件列明的图书、报纸和期刊。

②除按规定可以增值税100%先征后退的出版物之外，其他各类图书、期刊、音像制品、电子出版物及政策文件列明的报纸，在出版环节执行增值税先征后退50%的政策。

③对少数民族文字出版物的印刷或制作业务及政策文件列明的新疆维吾尔自治区印刷企业的印刷、制作业务执行增值税100%先征后退的政策。

④继续免征图书批发、零售环节增值税。

⑤对科普单位的门票收入，以及县级及以上党政部门和科协开展的科普活动的门票收入免征增值税。

⑥对属于增值税一般纳税人的动漫企业销售其自主开发生产的动漫软件，按16%的税率征收增值税后，对其增值税实际税负超过3%的部分，实行即征即退政策。动漫软件出口免征增值税。

五、加快发展对外文化贸易

文化贸易作为服务贸易的重要组成部分，资源消耗低，环境污染少，发展潜力大，是调整经济结构和繁荣文化市场的着力点。扩大文化出口是提升中国文化产品和服务在国际市场竞争力的主要途径。近年来，政府出台了一系列推动文化产品与服务出口的政策，先后有《关于进一步加强和改进文化产品和服务出口工作的意见》（中办发［2005］20号），国务院办公厅转发财政部等部门《关于鼓励和支持文化产品和服务出口的若干政策》（国办发［2006］88号），2007年商务部、外交部、文化部、国家广电总局、新闻出版总署、国务院新闻办公室联合颁发《文化产品和服务出口指导目录》（该目录在2012年被修改），2009年商务部、文化部、国家广电总局、新闻出版总署、中国进出口银行共同颁布《关于金融支持文化出口的指导意见》，2010年商务部、中宣部、财政部、文化部、中国人民银行、海关总署、国家税务总局、国家广电总局、新闻出版总署、国家外汇管理局共同制定《关于进一步推进国家文化出口重点企业和项目目录相关工作的指导意见》（商服贸发［2010］28号），2014年国务院制定《关于加快发展对外文化贸易的意见》（国发［2014］13号）。《关于加快发展对外文化贸易的意见》是对2005年以来有关文化出口相关政策的一次全面总结和升级，确定对外文化贸易的发展目标为：加快发展传统文化产业和新兴文化产业，扩大文化产品和服务出口，加大文化领域对外投资，力争到2020年，培育一批具有国际竞争力的外向型文化企业，形成一批具有核心竞争力的文化产品，打造一批具有国际影响力的文化品牌，搭建若干具有较强辐射力的国际文化交易平台，使核心文化产品和服务贸易逆差状况得以扭转，对外文化贸易额在对外贸易总额中的比重大幅提高，我国文化产品和服务在国际市场的份额进一步扩大，我国文化整体实力和竞争力显著提升。

1. 明确支持对外文化贸易的重点

（1）鼓励和支持国有、民营、外资等各种所有制文化企业从事国家法律法规允许经营的对外文化贸易业务，并享有同等待遇。进一步完善《文化产品和服务出口指导目录》，定期发布《国家文化出口重点企业目录》和《国家文化出口重点项目目录》，加大对入选企业和项目的扶持力度。

（2）鼓励和引导文化企业加大内容创新力度，创作开发体现中华优秀文化、展示当代中国形象、面向国际市场的文化产品和服务，在编创、设计、翻译、配音、市场推广等方面予以重点支持。

（3）支持文化企业拓展文化出口平台和渠道，鼓励各类企业通过新设、收购、合作等方式，在境外开展文化领域投资合作，建设国际营销网络，扩大境外优质文化资产规模。推动文化产品和服务出口交易平台建设，支持文化企业参加境内外重要国际性文化展会。鼓励文化企业借助电子商务等新型交易模式拓展国际业务。

（4）支持文化和科技融合发展，鼓励企业开展技术创新，增加对文化出口产品和服务的研发投入，开发具有自主知识产权的关键技术和核心技术。支持文化企业积极利用国际先进技术，提升消化、吸收和再创新能力。

2. 加大财税支持对外文化贸易的力度

（1）充分发挥财政资金的杠杆作用，加大文化产业发展专项资金等支持力度，综合运用多种政策手段，对文化服务出口、境外投资、营销渠道建设、市场开拓、公共服务平台建设和文化贸易人才培养等方面给予支持。中央和地方有关文化发展的财政专项资金和基金要加大对文化出口的支持力度。

（2）对国家重点鼓励的文化产品出口实行增值税零税率。对国家重点鼓励的文化服务出口实行营业税免税。结合营业税改增值税改革试点，逐步将文化服务行业纳入"营改增"试点范围，对纳入增值税征收范围的文化服务出口实行增值税零税率或免税。享受税收优惠政策的国家重点鼓励的文化产品和服务的具体范围由财政部、税务总局会同有关部门确定。

（3）在国务院批准的服务外包示范城市从事服务外包业务的文化企业，符合现行税收优惠政策规定的技术先进型服务企业相关条件的，经认定可享受减按15%的税率征收企业所得税和职工教育经费不超过工资薪金总额8%的部分税前扣除政策。

3. 强化金融服务

（1）鼓励金融机构按照风险可控、商业可持续原则探索适合对外文化贸易特点的信贷产品和贷款模式，开展供应链融资、海外并购融资、应收账款质押贷款、仓单质押贷款、融资租赁、银团贷款、联保联贷等业务。积极探索扩大文化企业收益权质押贷款的适用范围。鼓励金融机构对符合信贷条件的国家文化出口重点企业和项目提供优质金融服务。

（2）支持符合条件的国家文化出口重点企业通过发行企业债券、公司债券、非金融企业债务融资工具等方式融资。积极发挥专业增信机构作用，为中小文化企业发行中期票据、短期融资券、中小企业集合票据、中小企业私募债券等债务融资工具提供便利。支持符合条件的文化出口项目发行非金融企业资产支持票据和证券公司资产证券化产品。鼓励有跨境投资需求的文化企业在境内发行外币债券。支持文化出口企业在国务院批准的额度内，赴香港等境外人民币市场发行债券。

（3）鼓励保险机构创新保险品种和保险业务，开展知识产权侵权险，演艺、会展、动漫游戏、出版物印刷复制发行和广播影视产品完工险和损失险，团体意外伤害保险、特定演职人员人身意外伤害保险等新型险种和业务。对国家文化出口重点企业和项目，鼓励保险机构提供出口信用保险服务，在风险可控的前提下可采取灵活承保政策，优化投保手续。

（4）鼓励融资性担保机构和其他各类信用中介机构开发符合文化企业特点的信用评级和信用评价方法，通过直接担保、再担保、联合担保、担保与保险相结合等方式为文化企业提供融资担保服务，多渠道分散风险。利用中小企业发展专项资金等对符合条件的融资性担保机构和担保业务予以支持。

（5）推进文化贸易投资的外汇管理便利化，确保文化出口相关跨境收付与汇兑顺畅，满足文化企业跨境投资的用汇需求。支持文化企业采用出口收入存放境外等方式提高外汇资金使用效率、简化跨境人民币结算手续和审核流程、提升结算便利和降低汇率风险。鼓励境内金融机构开展境外项目人民币贷款业务，支持文化企业从事境外投资。

4. 文化产品和服务出口指导目录

2012年修订的《文化产品和服务出口指导目录》明确了各主要文化贸易行业的重点企业及项目认定标准，要求各主管部门将列入目录的项目中认定一批有利于弘扬中华民族优秀传统文化、有利于维护国家统一和民族团结、有利于发展中国同世界各国人民友谊、具有比较优势和鲜明民族特色的国家文化出口重点项目；在符合目录要求的企业中认定一批具备较强国际市场竞争力、守法经营、信誉良好的国家文化出口重点企业，逐年公布认定名单。各部门、各地区依据有关规定在市场开拓、技术创新、海关通关等方面创造条件予以支持。相关认定标准如下：

（1）新闻出版类对外文化贸易项目及重点企业标准。

期刊数据库服务，其重点企业标准是：①年出口额50万美元以上；②具有国际市场开发和营销潜力。

电子书出口，是指数字出版物的境外销售，出口企业需经国务院出版行政管理部门批准，具有电子书出版、复制、发行资质或具有互联网出版资质。其重点企业标准是：①年出口额50万美元以上；②产品体现中华文化特色，具有国际市场开发潜力。

传统出版物境外发行，其重点企业标准是：①出版单位境外发行年营业额10万美元以上，发行单位、进出口企业境外发行年营业额50万美元以上；②具有国际市场开发和营销能力，产品体现中华文化特色。其中，传统出版物包括图书、报纸、期刊、音像制品以及中华文化内容的电子出版物（数码光盘）等。

出版单位版权输出，其重点企业标准是：①年出口额3万美元以上或版权输出种类达到30种；②产品体现中华文化特色，具有国际市场开发潜力。其中，版权输出包括出版单位出版的图书、报纸（含刊登的文章、图片）、期刊（含刊登的文章、图片）、音像制品、电子出版物、数字出版物等通过向境外出版单位授权在境外出版（刊登）。

出版单位合作出版，其重点企业标准是：①年出口额2万美元以上；②产品体现中华文化特色，具有国际市场开发潜力。其中，合作出版是指中方与境外出版机构共同投资、共同策划、共同分享收益并承担风险的出版业务；由中方出资策划、与境外出版机构联合出版，并由外方负责在境外开拓市场；外方出资策划、中方提供内容，体现中华文化特色并面向国际市场的重大出版项目。合作出版产品包括图书、报纸（含版面、专栏）、期刊（含版面、专栏）、音像制品、电子出版物、数字出版物等。

版权输出代理服务，包括版权代理机构和民营企业向境外出版单位授权出版中国作者的作品，其重点企业标准是：①年出口额10万美元以上；②产品体现中华文化特色，具有国际市场开发潜力。

新闻出版产品营销服务，其重点企业标准是：①年出口额10万美元以上；②服务具备较高专业化水平，具有持续创新和国际营销能力。其中，新闻出版产品营销服务包括为境外客户提供新闻出版产品采购服务；外向型新闻出版产品选题策划服务；出版物衍生产品设计、制作、营销服务等。

印刷服务，其重点企业标准是：①年服务出口额100万美元以上；②独立设计能力较强，印刷技术水平居世界前列；③有成熟的国际合作渠道；④印刷内容反映中华文化。其中，印刷服务包括印前的各种外包性的服务，如包装品设计、排版等。

（2）广播影视类对外文化贸易项目及重点企业标准。

电影，其重点企业标准是：①年出口金额50万美元以上；②具有良好的发展潜质，在提升电影文化产品的生产、发行、播映和后产品开发能力等方面成绩突出；③积极与国外广播影视机构合作，拥有较为成熟的境外销售网络，境外宣传和推广活动效果突出。其中，电影产品出口包括电影完成片、宣传片、素材及其版权的出口。

电视，其重点企业标准是：①年出口金额50万美元以上；②具有良好发展潜质，在提升电视文化产品的生产、发行、播映和后产品开发能力等方面成绩突出；③积极与国外广播影视机构合作，拥有较为成熟的境外销售网络，境外宣传和推广活动效果突出。其中，电视产品出口包括电视完成片、宣传片、素材及其版权的出口。

中外合作制作电影、电视节目服务包括：①中外合作制作电影，指依法取得《摄制电影许可证》或《摄制电影片许可证（单片）》的境内电影制片者与境外电影制片者在中国境内外联合摄制、协作摄制、委托摄制的电影；②中外合作制作电视剧，指境内依法取得资质的广播电视节目制作机构与外国法人及自然人合作制作电视剧（含电视动画片、纪录片）；③其他中外合作制作电影电视节目服务，指与电影电视业务相关的演出、制作、采编、传输、销售等服务；④含上述电影、电视产品版权的输出。

中外合作制作电影、电视节目服务中的重点企业标准：①年出口额10万美元以上；②积极与国外影视制作机构合作，针对国际市场开发的有良好市场潜力的影视文化产品和服务；③进入国际主流销售渠道，境外宣传和推广活动效果突出；④拥有自主知识产权或与外方共享知识产权的原创产品，弘扬我国优秀传统文化，对加深世界各国对中国的了解具有积极意义。

广播电视节目境外落地的集成、播出服务，其重点企业标准是：①年出口额50万美元以上；②已实施具有国际影响力的成功案例，在业内具有较高知名度；③对树立我国良好国际形象具有积极作用。

广播影视对外工程承包服务，其重点企业标准是：①年出口额50万美元以上；②具有对外承包工程资格，已实施具有国际影响力的成功案例，在业内具有较高知名度；③对树立我良好国际形象具有积极作用。

广播影视对外设计、咨询、勘察、监理服务，其重点企业标准是：①年出口额50万美元以上；②具有对外承包工程资格，已实施具有国际影响力的成功案例，在业内具有较高知名度；③对树立我良好国际形象具有积极作用。

（3）文化艺术类对外文化贸易项目及重点企业标准。

演艺及相关服务，包括文艺创作和表演、文艺演出经纪等，其重点企业标准是：①年出口额在10万美元以上；②具有一定国际市场开发和营销能力；③体现中华文化特色，拥有自主知识产权，具有较高的艺术水平和国际市场开发前景。

商业艺术展览，指在境外专门从事某种文化艺术的展览、展示和节庆活动，并获取服务费用或门票收入的商业活动，具体展览和节庆服务内容包括传统艺术、现代艺术、民俗艺术等。其重点企业标准是：①年出口额在10万美元以上；②拥有1个（含）以上展览品牌的境外经营代理权；③展览体现中国主流艺术价值，具有较高的艺术水平和国际市场开发前景。

艺术品创作及相关服务。艺术品是指原创的绘画作品、书法篆刻作品、雕塑雕刻作品、艺术摄影作品、装置艺术作品及有上述作品授权的有限复制品、文物有限仿复品和利用传统技艺手工制作的装饰性物品等。艺术品创作和相关服务指上述产品的设计创作、经营销售、艺术授权、经纪代理、修复管理、评估担保、拍卖鉴定等。其重点企业标准是：①境外市场规模在业界位于前列，国际化程度较高；②拥有自主知识产权；③产品代表中华文化，具有原创性和较高艺术水平。

工艺美术品创意设计及相关服务，其重点企业标准是：①境外市场规模在业界位于前列，国际化程度较高；②拥有自主知识产权和自有品牌，工艺不存在知识产权问题；③产品体现中华文化特色，具有较高艺术水平；④保持较高的研发设计、品牌建设投入，具有持续创新和国际营销能力；⑤重点支持类别：具有显著民族特色的工艺品，或属于经过认定的国家级非物质文化遗产。其中，工艺美术通常是指美化生活用品和生活环境的造型艺术，突出特点是物质生产与文化内涵相结合，以实用物品或装饰用品为载体，同时具有审美性和艺术性，体现文化价值，包括设计创作、生产营销、品牌授权、经纪代理等。

文化休闲娱乐服务出口，包括大型文化主题公园建设、大型商业文化活动经营。其重点企业标准是：①年出口金额在50万美元以上；②经营活动具有民族特色，健康向上，科技含量高。

（4）综合服务类对外文化贸易项目及重点企业标准。

游戏包括网络游戏（含通过互联网、移动通信网、有线电视网等信息网络提供的游戏产品和服务）、电子游戏机游戏、家用视频游戏、桌面游戏以及依托新兴技术传播的游戏新种类等游戏产品及其衍生品。其重点企业标准是：①年出口额在50万美元以上，或版权输出金额10万美元以上，或游戏衍生产品出口金额100万美元以上；②拥有自主知识产权的原创游戏形象和内容或核心技术；③内容主题积极、健康，体现中华文化特色，具有国际市场开发潜力。

动漫产品是指以创意为核心，以动画、漫画为表现形式，包含动漫图书、报刊、电影、电视、音像制品、舞台剧、软件和基于现代信息技术传播手段的动漫新品种等动漫产品及其衍生品。其重点企业标准是：①年出口金额在50万美元以上，或版权输出金额10万美元以上，或动漫衍生产品出口金额100万美元以上；②拥有自主知识产权的原创动漫形象或核心技术；③内容主题积极、健康，体现中华文化特色，具备国际市场开发潜力。

境外文化机构的新设、并购和合作，指企业依法通过新设、收购、合作等方式投资境外文化领域，包括投资出版社、报刊社以及出版、印刷、发行服务机构、广播电视网、影视节目制作或销售机构、电视节目演播室、电影院线、剧场、演艺经纪公司、艺术品经营机构以及建设境外文化产业园区等行为。其重点企业标准是：①在境外通过新设、收购、合作等方式，成功在境外投资设立分支机构，并经营良好；②境外分支机构年营业额50万美元以上；③对树立我良好国际形象具有积极作用；④财务状况优良，信誉良好。

网络文化服务，包括网络新闻、网络音乐、网络文学、网络艺术品、网络视频等网络内容产品的创意、制作、传输、技术研发、生产经营、传输及营销推广等，以及网络文化传播服务的开发与建设，包括技术研发平台，专业文化网站及其他新兴传播服务形式等。其重点企业标准是：①年出口金额50万美元以上；②以国际传播和产品与服务出口为导向，产品拥有自主知识产权，有一定的品牌效应和国际影响力；③主题积极、健康，体现中华文化特色，具有国际市场开发潜力。

专业文化产品的设计、调试等相关服务，其重点企业标准是：①境外市场规模在业界位于前列，国际化程度较高；②拥有自主知识产权和自主品牌；③具备较高的文化附加值和科技含量，保持较高的研发设计投入，具有持续创新和国际营销能力；④服务具备较高专业化水平，在业内有较强影响力，处于行业领先地位。其中专业文化产品和设备包括乐器、舞台灯光音响等演艺设备、印刷设备、专业影视器材等为开展文化活动所必须的文化用品和设备。

文化产品数字制作及相关服务，指采用数字技术制作对舞台剧目、音乐、美术、文物、非物质文化遗产、文献资源等文化内容以及各种出版物进行数字化转化和开发，为各种显示终端提供内容，以及采用数字技术传播、经营文化产品。其重点企业标准是：①年出口金额 50 万美元以上；②核心技术拥有自主知识产权，服务具备较高专业化水平；③主题积极、健康，体现中华文化特色，具有国际市场开发潜力。

创意设计服务，主要包括广告设计、平面设计、工业设计、视觉设计等，特别是能够增加产品附加值的文化创意设计。其重点企业标准是：①创意设计服务年出口额 50 万美元以上；②拥有自主知识产权，体现较高的文化附加值；③保持较高的研发设计、品牌建设投入，具有持续创新和国际营销能力。

节目模式出口，其重点企业标准是：①单个项目年出口金额 10 万美元以上；②具有原创性，体现中华文化特色；③拥有较为成熟的创意研发团队和国际销售网络。其中节目模式指节目概念、创意、制作指导蓝本等。

文化产品的对外翻译制作服务，其重点企业标准是：①年出口额 10 万美元以上；②具有良好的译制资质，从事中华文化产品的外语译制出版工作；③使用外语发行到境外或在境外进行本土化发行和传播。

文化相关会展服务，是指通过举办各类会议、展览、展销、推介、比赛等活动及提供相关配套服务推动文化投资交易与交流发展，直接或间接地创造社会效益和经济效益。其重点企业标准是：①展会直接收入以外汇结算部分每届在 50 万美元以上；②每年至少举办 2 个以上专业性文化展会，或 1 个以上综合性文化展会；③所举办的展览有固定举办的届次，在业内有一定的规模和知名度。

第四节 文化产业法规概述

一、文化产业法的概念及法律渊源

(一) 文化产业法的概念

学术界一般认为，法是由国家制定或认可并有国家强制力保证实施的，反映着统治阶级（即掌握国家政权的阶级）意志的规范系统，这一意志的内容是由统治阶级的物质生活条件决定的，它通过规定人们在相互关系中的权利和义务，确认、保护和发展对统治阶级有利的社会关系和社会秩序。其目的在于维护、巩固和发展一定的社会关系和社会秩序。所有的部门法都调整一定的社会关系，笔者认为，文化产业法是调整、规范文化产业中各种社会关系、促进文化产业发展、保护文化产业主体合法文化权益的法律规范的总称。

(二) 文化产业法的法律渊源

法律渊源，又称法源，是法的表现形式。文化产业法的渊源主要有如下几个方面：

1. 宪法

《中华人民共和国宪法》是中华人民共和国的根本大法，拥有最高法律效力。中华人民共和国成立后，曾于1954年9月20日、1975年1月17日、1978年3月5日和1982年12月4日通过四部宪法，现行宪法为1982年宪法，并历经1988年、1993年、1999年、2004年四次修订。从根本上说，我国文化产业法的一切原则、规则，都是依据宪法的原则制订的，任何条文都不得违反宪法的原则。一切违反宪法原则的规定，均属无效；一切违反宪法原则的法律解释均属无效。凡是《宪法》中和文化产业相关的条款，都是对文化产业发展具有根本意义的法律规范，是文化产业法的最高指导原则。

我国现行宪法中有关文化产业方面的条款主要集中在《宪法》第22条、第35条、第47条。其中第22条规定，国家发展为人民服务、为社主义服务的文学艺术事业、新闻广播电视事业、出版发行事业、图书馆博物馆文化馆和其他文化事业，开展群众性的文化活动。国家保护名胜古迹、珍贵文物和其他重要历史文化遗产。第35条规定，中华人民共和国公民有言论、出版、集会、结社、游行、示威的自由。第47条规定，中华人民共和国公民有进行科学研究、文学艺术创作和其他文化活动的自由。国家对于从事教育、科学、技术、文学、艺术和其他文化事业的公民的有益于人民的创造性工作，给以鼓励和帮助。

2. 法律

作为法律渊源的法律特指由全国人民代表大会及其常务委员会制定、颁布的规范性文件，分为基本法律和基本法律以外的其他法律。在我国现行法律体系之下和文化产业活动关系十分密切的最重要的基本法律是：《刑法》《刑事诉讼法》《民法通则》《民事诉讼法》《行政诉讼法》《行政处罚法》。《刑法》规定犯罪和刑罚，作为最高的禁止性规范，它与文化产业中传媒业的依法运作关系紧密，如《刑法》中关于煽动分裂国家罪、煽动颠覆国家政权罪、煽动民族仇恨罪、煽动群众抗拒法律实施罪的刑事制裁规定，编造并传播虚假证券信息罪、侮辱罪和诽谤罪、传播淫秽物品罪、侵犯著作权罪等知识产权犯罪条款同样适用于传媒业。《民法通则》中有关公民和法人的人身权利部分与新闻传播活动关系密切，和有关知识产权的规定特别是著作权的规定与文化产业发展的版权基础密不可分。作为文化产业重要组成部分的传媒业，其大众传播媒介在报道新闻、发表评论过程中，要注意保护《民法通则》所规定的公民的姓名权、肖像权、名誉权、荣誉权、隐私权以及法人的名誉权等。

除上述相关法律之外，其他法律所调整的社会关系在不同方面、不同程度上与文化产业各行业活动发生关联，如《电影产业促进法》《著作权法》《广告法》《旅游法》等法律。

3. 司法解释

最高司法机关有关涉及处理新闻传播案件的指导性文件以及对这些案件如何适用法律所作的解释、批复、答复等司法解释，也是文化产业法的渊源。现行司法解释中涉及文化产业的条款主要与传媒业依法经营活动有关。

民事法律方面的司法解释分别是：①《最高人民法院关于审理名誉权案件若干问题的解答》（1993年）对新闻侵权案件的管辖和受理、侵权的认定、责任的承担等问题做出了司法解释。②《最高人民法院关于审理名誉权案件若干问题的解释》（1998年），对新闻侵权案件的具体管辖、"内参"失实的补救问题、权威消息来源失实媒体的责任、主动消息来源失实的责任承担、公正评论等作出了相应的规定。③《最高人民法院关于侵害名誉权案件有关报刊社应否列为被告和如何适用管辖问题的批复》（1988年），对新闻侵权案件的管辖、侵犯名誉权的认定、责任承担形式等作出了司法解释。④《最高人民法院关于确定民事侵权精神损害赔偿责任若干问题的解释》（2001年）规定，公民因生命权、健康权、身体权、姓名权、肖像权、名誉权、荣誉权、人格尊严权、人身自由权等遭受非法侵害，可向人民法院起诉请求赔偿精神损害。⑤《最高人民法院关于民事诉讼证据的若干规定》（2001年）规定，对于涉及国家秘密、商业秘密、个人隐私的材料，当事人及其诉讼代理人可以申请人民法院调查搜集证据。

刑事法律方面的司法解释分别是：①《最高人民法院关于审理非法出版物刑事案件具体应用法律若干问题的解释》（1998年），对与新闻传播活动关系最为密切的10种罪名的应用作了具体解释。如在出版物中公然侮辱他人或者捏造事实诽谤他人，情节严重的，分别以侮辱罪或者诽谤罪定罪处罚。出版刊载歧视、侮辱少数民族内容的作品情节恶劣并造成严重后果的情形，以出版歧视、侮辱少数民族作品罪定罪处罚。②《最高人民法院、最高人民检察院关于办理利用互联网、移动通讯终端、声讯台制作、复制、出版、贩卖、传播淫秽电子信息刑事案件具体应用法律若干问题的解释》（2004年），对利用互联网传播淫秽内容犯罪的认定和处理做出了解释。③《关于办理利用信息网络实施诽谤等刑事案件适用法律若干问题的解释》（2013年），对于利用信息网络实施的诽谤、寻衅滋事、敲诈勒索、非法经营等犯罪认定和处理作出明确解释。

4. 行政法规和规章

国务院制定的有关文化产业管理工作方面的行政法规，如《广播电视管理条例》《电影管理条例》《出版管理条例》《音像制品管理条例》和《印刷业管理条例》。行政规章是依据法律和国务院的行政法规、各文化产业的归口管理部门在法定的职权范围内制定的部门规章。发布的行政规章中关于文化产业的规范，包括《出版物市场管理规定》《广播电视广告播出管理办法》《电视剧内容管理规定》《互联网广告管理暂行办法》《互联网信息搜索服务管理规定》《图书出版管理规定》《广播电视节目传送业务管理办法》和《广播电视视频点播业务管理办法》等。我国文化产业各行业的法律规定主要以行政法规和部门规章形式存在。

5. 地方性法规

地方各级人民代表大会、地方各级人民政府、民族自治地区的自治机关在宪法、法律规定的权限内制订的决议、命令、地方性法规、自治条例、单行条例中有关文化产业的规定等，也都是文化产业法的渊源。如《北京市文化娱乐场所经营单位安全生产规定》《北京市互联网上网服务营业场所管理办法》等。

6. 特别行政区的法律、法规

香港、澳门回归祖国建立特别行政区以后，根据基本法的规定，特别行政区的多数法律继续有效，同时还制定了一些新的法律、法规。这些法律法规中涉及文化产业方面的内容也属于我国文化产业管理政策法规的一部分。

7. 国际公约

我国的文化产业工作还要遵守我国政府已签署的国际公约和国际惯例中有关文化产业的内容。例如，我国已于1992年加入《世界版权公约》和《伯尼尔保护文学和艺术作品公约》；2001年中国签署入世协议，在我国的文化产业工作中，也必须遵循WTO的三大支柱规则：GATT、GATS、TRIPS。2001年全国人大常委会批准加入《经济、社会、文化权利国际公约》，这些公约的许多内容与文化产业活动有关，公约中的相应条款也属于我国文化产业法的法源。

二、我国文化产业法的立法问题

近几年，我国陆续出台了一些文化方面或与文化产业密切相关的法律法规，如《著作权法》《电影产业促进法》《广告法》《文物保护法》《旅游法》《公共文化服务法》，初步形成了法律、行政法规和部门规章相互衔接、相互配套的文化法律体系框架。但总体上我国文化产业法律环境与文化产业的发展还不相适应，主要存在如下问题：

1. 立法滞后

我国文化产业立法进程远远落后于实践需要，文化产业的各种管理关系尚未完全制度化和规范化，现行法规数量少，涵盖面不够。新闻出版、广播电视等重要领域只有一些行政法规和部门规章，对文化产业的管理还习惯于用管理事业单位的方法去管理，造成有些法律法规已明显与现实脱节；有些法律带有过渡性，无法应对文化产业迅速发展出现的新问题；一些文化产业和高新科技的发展孕育产生的新业态，新兴媒体管理方面的立法也比较欠缺；一些法律法规定义不明确、规定过于概括、操作起来灵活性太强。

2. 立法层次低，"上位法"缺失

我国的文化产业立法还处于初级阶段，一方面没有发展文化产业的基本大法，另一方面一些对发展文化产业必不可少的法律也都有待建立，如《新闻法》《出版法》《电影法》《广播电视法》和《网络法》等。目前对文化产业的管理仍多停留在行政法规或者是部门规章的层次，直接影响了管理的权威性和有效性，一些管理规范尚停留在政策文件管理层次上，一些行之有效的政策尚未以法律法规的形式确定。

3. 重审批、轻发展

与其他产业领域相比，文化产业拥有双重属性，即经济属性与文化属性并存。历史上由于我国对文化产业和文化产品的特殊性认识不足，过多地强调文化产品的特殊性及意识形态性，现有的文化立法基本上都是在经济体制转型过程中制定和形成的，大多数带有原来体制的痕迹，政府部门在文化产业的发展上缺乏统一有效的文化市场管理与产业宏观调控法律准则。投资、税收和文化市场管理体系不完善。投资法律保障机制不完善，投资渠道不畅通、投资方式不合理，民间资本和外来资本所关注的法律地位、权益保护、退出机制等核心问题都还没有得到很好的解决。由此导致政府各部门在各文化产业领域"各行其是"，呈现出一种多头管理的治理现状，无形中增加了文化市场交易的成本。现有一些规定与WTO规则和文化多样性公约等国际公约不相符，文化例外、文化多样性、文化主权等国际公约中的规则在我国的文化立法中还没有得到充分运用。

三、我国文化产业法律体系完善的对策

纵观世界各国文化产业较发达国家和地区的成功经验，其必备条件之一是建立完善的文化产业法律体系，以法律的强制性和权威性提振文化产业发展。近邻的日、韩两国从二十世纪七八十年代就陆续制定振兴文化产业的相关法律，从而有力促进两国的文化产业的繁荣。文化产业作为我国国民经济的支柱产业，理应得到法律的保护与支持。没有效力等级较高的法律法规保驾护航，文化产业难以在错综复杂的市场环境下健康发展。尊重文化产业发展规律，建立健全文化产业法律体系，强化法律保障是我国发展文化产业要着重解决的当务之急。

首先，WTO为我国参与国际贸易提供了一个相对安全、可预见的整体环境。加入WTO，不仅仅是加入了一个国际组织，成为世界经济的重要组成部分，还意味着对一种新的法律理念、法律文化和规则系统的接受，从而对自身的法律理念和规则体系进行反思和创新。制定合理的文化产业法律，使其既符合现有的国际规则，又体现促进中国文化产品发展的目标。因此，我国在制定相应的文化产业发展规则时，应考虑现有的国际贸易规则的要求，积极运用这些规则给我们提供的便利、机会和措施。立法部门在起草相关法律、法规时，应当专门组织人员认真研究该立法可能涉及的国际条约、WTO协定规定，特别是对在此规范框架内文化贸易强国国内具体文化政策措施进行深入研究，广泛征求各方面的意见，避免法律、法规的条款与国际条约、协定相冲突，尽力消除在WTO败诉的条款隐患。

其次，提高立法位阶，尽快出台《文化产业促进法》。十八届四中全会审议通过的《中共中央关于全面推进依法治国若干重大问题的决定》指出，要制定《文化产业促进法》，把行之有效的文化经济政策法定化，健全促进社会效益和经济效益有机统一制度规范。各主管部门要放弃部门利益的争夺，共同致力于文化产业的繁荣发展，适时制定《文化产业促进法》。对现有的行政管理办法、规定及相关文件进行整合、补充、扩展与完善，着眼于法律体系的统一性，提高整体水平和透明度，保护文化产业中投资者与消费者的合法权益，将其上升到法律的层面。除了《文化产业促进法》，还应加紧启动或完善演出法、出版法、电影法、新闻法、文化市场管理法等文化立法工作，做到立法先行。

及时出台《文化产业促进法》，一是对现有的行政法规和部门规章进行梳理，并赋予其更高的法律地位，增强法律效力、执行力。二是通过制定和实施《文化产业促进法》，尽可能地在文化产业领域里树立起法律意识，有助于做好组织社会资源进入文化产业领域、促进文化产业平等主体地位建立，从而使得法律框架和文化企业实际作为更吻合。三是可以通过法律来规范部门和部门之间的行为边界，可以解决文化资源被不同的地区抢夺的现象，还可以有效区分政府在文化事业与文化产业之间的职责与权力。四是它有助于促进协同管理。在《文化产业促进法》的统一指导下，作为下位法的行政法规、部门规则可以形成严密的法律体系，各管理机构之间也可以逐步从多头管理转型为协同管理，为文化市场中的主体提供稳定的预期。五是使得政府宏观调控有法可依。中国文化产业正处在转型升级阶段，技术革新、模式创新等产业变化都要求政府的管理职能发生转变。过往的政府管理方式已经无法适应产业的高速发展现状。《文化产业促进法》为政府管理划定适当的界限，为社会留出创新的空间，更有助于政府发挥市场宏观调控的职能。

再次，积极参与国际文化贸易规则的制定。随着国际文化贸易市场快速壮大和文化贸易的不平衡发展，出于保护本国文化的安全与承继的考虑，国际文化贸易领域摩擦将加剧。处于贸易优势的国家如美国利用国家整体实力和政府机构职能积极参与国际文化贸易规则的制定，有效地干预国际文化贸易环境，利用国家力量和 WTO 条文规则积极干预国际贸易环境以实现预期利益。处于贸易弱势的发达国家如法国、加拿大及众多发展中国家则高举"文化例外""文化多样性"的旗帜，力推联合国教科文组织的《保护和促进文化表现形式多样性公约》的制定与生效，阻击美国大众文化的泛滥，从而维护本国的文化利益。由于我国文化产业化的起步较晚，企业规模、经济实力、生产服务以及宏观法律环境和投资方面还有很多地方有待完善，单靠市场的自我调节难以保证我国文化产品在国际贸易环境中公平发展。在全球化发展日益加深的今天，只有积极参与国家文化的竞争与合作，才能更好地维护与发展本国的文化利益。我国既是 WTO 的成员方，又是文化多样性公约的缔约国，我国还正在积极缔结和参加其他各项国际文化产品公约。在 WTO 环境下，我们可以参加新一轮的多边贸易谈判，特别是参与全面开放服务业市场问题的谈判；在其他国家文化公约中，我们也可以提出自己的主张和见解从而全面参与制定 21 世纪国际文化产品市场的竞争规则，扭转被动接受其他成员谈判结果的局面。拥有国际文化产品贸易规则的制定权对于在国际文化市场竞争中尚处于劣势的中国来说，无疑意义十分重大，它可以使我们不再受不公平竞争规则的制约，公平、平等地参与国际市场竞争。也只有在参与国际法律规则的创制中，我们的立场和观点才能得以表达，并影响国际规则的发展，维护我国文化利益。

最后，加强立法、司法以及相关行政主管部门之间在法律的制定、解释、执行方面的沟通、协调。另外还应注意弥补立法缺位，扩大立法范围以及确保新立法与其他部门法如对外贸易法、反垄断法等的衔接等，从而弘扬民族文化，保证国家文化安全得到法律上的保证。

四、文化产业执法综合改革

2004 年以来，按照党中央、国务院决策部署，文化市场综合执法改革由试点逐步向全国推开，各直辖市和市、县两级基本完成文化（文物）、新闻出版广电（版权）等文化市场领域有关行政执法力量的整合，组建文化市场综合执法机构，提升了执法效能、规范了市场秩序、推动了优秀文化产品的生产和传播、促进了社会效益和经济效益有机统一。当前，文化市场发展与管理面临许多新形势新要求。文化体制改革向纵深拓展，文化开放水平不断提高，各类文化市场主体迅速发展，新型文化业态大量涌现，迫切需要创新文化市场管理体制机制和丰富方式手段。行政执法体制、市场准入制度等方面改革逐步深入，迫切需要文化市场综合执法改革同步跟进、有效衔接。文化市场存在一些突出问题，如不良文化产品和服务时有泛滥，有害文化信息不断出现，损害未成年人文化权益、侵犯知识产权等行为屡禁不止，广大人民群众反映十分强烈，迫切需要进一步提高文化市场综合执法能力和水平。2016年4月4日，中共中央办公厅、国务院办公厅印发了《关于进一步深化文化市场综合执法改革的意见》，要求高度重视文化市场管理问题，进一步完善文化市场综合执法，推动现代文化市场体系建设，更好地维护国家文化安全和意识形态安全，更好地促进文化事业文化产业繁荣发展。该文件设定了文化综合执法的总体目标：通过深化改革，建设文化市场综合执法法律法规支撑体系；形成权责明确、监督有效、保障有力的文化市场综合执法管理体制；建设一支政治坚定、行为规范、业务精通、作风过硬的文化市场综合执法队伍；进一步整合文化市场执法权，加快实现跨部门、跨行业综合执法。

(一) 组织领导

1. 文化市场综合执法主管单位

建立由国务院文化行政部门牵头的全国文化市场管理工作联席会议制度，充分发挥各部门职能作用和资源优势，加强统筹、协调和指导。充实完善省、市、县三级文化市场管理工作领导小组，统一领导本行政区内文化市场管理和综合执法工作，推动文化领域跨部门、跨行业综合执法；领导小组由同级党委宣传部部长任组长，同级政府有关负责同志任副组长。

国务院文化行政部门负责指导全国文化市场综合执法工作，推动各直辖市和市、县两级文化（文物）、新闻出版广电（版权）等部门整合文化市场领域的执法职能；建立统一规范的综合执法工作规则，建设全国文市场技术监管体系，推进综合执法队伍建设；协调各有关行政部门对综合执法工作进行绩效考核。省（自治区）文化行政部门负责指导本地区内文化市场综合执法工作，统筹综合执法队伍建设；依法履行执法指导监督、跨区域执法协作、重大案件查处等职责。

落实市场主体守法经营责任、综合执法机构执法责任、行政主管部门监管责任和属地政府领导责任。厘清综合执法机构和行政主管部门关系，减少职责交叉，形成监管合力。

2. 明确机构设置、编制、人员和经费

各地应根据中央关于深化行政执法体制改革的有关精神，结合本地实际，探索文化市场综合执法机构设置的有效形式。直辖市文化市场综合执法机构可探索对区县文化市场综合执法工作实行直接管理，整合执法资源，提升执法能力。副省级城市、省辖市可整合市区两级文化市场综合执法队伍，组建市级文化市场综合执法机构。县级市和县的文化市场综合执法机构要加强队伍建设，切实履行监管责任。对经济发达、城镇化水平较高的乡镇，县级市和县文化广电新闻出版行政部门可根据需要和条件通过法定程序委托乡镇政府行使部分文化市场执法权。文化市场综合执法机构干部任免参照宣传文化单位干部管理规定办理。文化市场综合执法人员依法依规纳入参照《公务员法》管理。

3. 健全考核机制

文化市场综合执法工作要纳入社会治安综合治理成效评价体系，推动各级党委和政府履职尽责。健全文化市场综合执法绩效考评制度，加强对依法行政、市场监管、社会服务效能等方面的监督和评估。充分发挥"12318"文化市场举报电话和网络平台作用，畅通公众意见反馈渠道。建立文化市场综合执法工作第三方评价机制和群众评议反馈机制，制定公众满意度指标，增强综合执法工作评价的客观性和科学性。

（二）文化市场综合执法重点任务

1. 明确综合执法适用范围

文化市场综合执法机构的职能主要包括：依法查处娱乐场所、互联网上网服务营业场所的违法行为；查处演出、艺术品经营及进出口、文物经营等活动中的违法行为；查处文化艺术经营、展览展播活动中的违法行为；查处除制作、播出、传输等机构外的企业、个人和社会组织从事广播、电影、电视活动中的违法行为；查处电影放映单位的违法行为；查处安装和设置卫星电视广播地面接收设施、传送境外卫星电视节目中的违法行为；查处放映未取得《电影片公映许可证》的电影片和走私放映盗版影片等违法活动；查处图书、音像制品、电子出版物等方面的违法出版活动和印刷、复制、出版物发行中的违法经营活动；查处非法出版单位和个人的违法出版活动；查处著作权侵权行为；查处网络文化、网络视听、网络出版等方面的违法经营活动；配合查处生产、销售、使用"伪基站"设备的违法行为；承担"扫黄打非"有关工作任务；依法履行法律法规规章制度及地方政府赋予的其他职责。

2. 加强综合执法队伍建设

严格实行执法人员持证上岗和资格管理制度，未经执法资格考试合格，不得授予执法资格，不得从事执法活动。探索建立执法人员资格等级考试制度。健全执法人员培训机制，实施业务技能训练考核大纲和中西部地区执法能力提升计划，定期组织开展岗位练兵、技能比武活动。全面落实综合执法责任制，严格确定不同岗位执法人员执法责任，建立健全责任追究机制，通过落实党内监督、行政监督、社会监督、舆论监督等方式强化文化市场执法监督。落实综合执法标准规范，加强队容风纪管理，严格廉政纪律。使用统一执法标识、执法证件和执法文书，按规定配备综合执法车辆。

3. 健全综合执法制度机制

建立文化市场综合执法权力清单制度和行政裁量权基准制度，完善举报办理、交叉检查、随机抽查、案件督办、应急处置等各项工作流程。严格执行罚缴分离和收支两条线制度，严禁将罚没收入同综合执法机构利益直接或变相挂钩。建立文化市场跨部门、跨区域执法协作联动机制，完善上级与下级之间、部门之间、地区之间线索通报、案件协办、联合执法制度。建立文化市场行政执法和刑事司法衔接机制,坚决防止有案不移、有案难移、以罚代刑现象。推进政务信息公开,向社会公开执法案件主体信息、案由、处罚依据及处罚结果,提高执法透明度和公信力。

4. 推进综合执法信息化建设

加快全国文化市场技术监管与服务平台建设应用,加强与各有关行政部门信息系统的衔接共享,推进行政许可与行政执法在线办理,实现互联互通。通过视频监控、在线监测等远程监管措施,加强非现场监管执法。采用移动执法、电子案卷等手段,提升综合执法效能。推动信息化建设与执法办案监督管理深度融合,运用信息技术对执法流程进行实时监控、在线监察,规范执法行为,强化内外监督,建立开放、透明、便民的执法机制。构建文化市场重点领域风险评估体系,形成来源可查、去向可追的信息链条,切实防范区域性、行业性和系统性风险。

5. 完善文化市场信用体系

建设文化市场基础数据库,完善市场主体信用信息记录,探索实施文化市场信用分类监管,建立文化市场守信激励和失信惩戒机制。建立健全文化市场警示名单和黑名单制度,对从事违法违规经营、屡查屡犯的经营单位和个人,依法公开其违法违规记录,使失信违规者在市场交易中受到制约和限制。落实市场主体守法经营的主体责任,指导其加强事前防范、事中监管和事后处理工作。推动行业协会、商会等社会组织建立健全行业经营自律规范、自律公约和职业道德准则,引导行业健康发展。

6. 建立健全综合执法运行机制

文化市场综合执法机构依据法定职责和程序,相对集中行使文化(文物)、新闻出版广电(版权)等部门文化市场领域的行政处罚权以及相关的行政强制权、监督检查权,开展日常巡查、查办案件等执法工作。有关行政部门在各自职责范围内指导、监督综合执法机构开展执法工作,综合执法机构认真落实各有关行政部门的工作部署和任务,及时反馈执法工作有关情况,形成分工负责、相互支持、密切配合的工作格局。

(三)文化市场黑名单管理办法

根据2016年文化部出台的《文化市场黑名单管理办法(试行)》的

规定，文化市场黑名单制度主要内容如下：

1. 文化市场黑名单管理含义

文化市场黑名单管理，是指文化行政部门或者文化市场综合执法机构将含有禁止内容且社会危害严重的文化产品、严重违反文化市场有关法规规章的经营主体列入文化市场黑名单，并向社会公布，实施信用约束、联合惩戒等措施的统称。文化市场黑名单包括文化产品黑名单和经营主体黑名单。其中文化产品，包括营业性演出、艺术品、游戏游艺设备、歌舞娱乐场所播放的曲目和画面以及网络音乐、美术娱乐、网络游戏、网络动漫、网络演出剧（节）目、网络表演、手机音乐等网络文化产品。

2. 主管单位

文化部负责指导全国文化市场黑名单管理工作，负责文化产品黑名单的列入、公布工作，负责建立文化市场黑名单管理系统。县级以上文化行政部门或者文化市场综合执法机构负责本辖区文化市场黑名单管理工作，负责违法文化产品的信息的报送工作，负责本辖区经营主体黑名单的列入、移出等管理工作。

3. 文化产品黑名单范围及报送程序要求

文化部根据专家审查意见，经依法认定，将含有《营业性演出管理条例》《娱乐场所管理条例》《互联网上网服务营业场所管理条例》《互联网文化管理暂行规定》《网络游戏管理暂行办法》和《美术品经营管理办法》等文化市场有关法规规章禁止内容且社会危害严重的文化产品，列入文化产品黑名单。

县级以上文化行政部门、文化市场综合执法机构按照"谁处罚，谁报送"的原则，将含有禁止内容的文化产品信息，自行政处罚决定生效之日起5日内，通过文化市场黑名单管理系统或者其他方式报送文化部。报送内容应当包括违法文化产品名称、类型、经营者、统一社会信用代码、案由、处罚信息及违法文化产品内容（含视频、音频、游戏、歌词、剧本等）。

4. 文化市场经营主体黑名单范围及报送程序要求

县级以上文化行政部门或者文化市场综合执法机构按照属地管理及"谁处罚，谁列入"的原则，将有下列严重违法情形之一的经营主体，列入黑名单：

（1）因擅自从事文化市场经营活动，被文化行政部门或者文化市场综合执法机构行政处罚两次以上的；

（2）被文化行政部门或者文化市场综合执法机构吊销许可证的；

（3）因欺骗、贿赂等不正当手段取得的许可证、批准文件被文化行政部门撤销或者因伪造、变造许可证、批准文件被文化行政部门或者文化市场综合执法机构行政处罚的；

（4）法规规章规定的其他情形。

符合上述情形的，文化行政部门或者文化市场综合执法机构自行政处罚决定或者行政决定生效之日起5日内，将经营主体列入黑名单。

经营主体跨区域从事文化市场违法经营活动，被异地文化行政部门或者文化市场综合执法机构行政处罚，符合上述规定的，由作出行政处罚的文化行政部门或者文化市场综合执法机构通报经营主体所在地同级文化行政部门或者文化市场综合执法机构，由其负责将经营主体列入黑名单。

经营主体被列入黑名单后，列入机关应当于列入当日将有关信息录入文化市场黑名单管理系统。录入信息应当包括经营主体名称、法定代表人或者主要负责人、统一社会信用代码、地址、案由、处罚信息、列入日期、列入机关等。

5. 处罚内容

（1）统一向社会公开。除依法不宜公开的之外，文化部统一向社会公布全国文化市场黑名单。地方各级文化行政部门、文化市场综合执法机构可以根据各地实际情况，将本辖区的经营主体黑名单通过官方网站、报纸、广播、电视等方式予以公布，文化市场黑名单全国适用。

（2）黑名单的时效。被列入黑名单满5年的由列入机关组织、监督、检查，未发现在列入期间有违反文化市场有关法规规章行为的，移出黑名单并予公布。

（3）禁止传播、经营被列入黑名单的文化产品。文化行政部门进行行政审批时，对申请中含有黑名单文化产品的不予批准；对传播、经营过黑名单文化产品的经营者提交的申请予以重点审查。

（4）经营主体被列入黑名单期间，其法定代表人或者主要负责人依法不得担任新设立文化市场经营主体的法定代表人或者主要负责人。

（5）各级文化行政部门、文化市场综合执法机构应当将被列入黑名单的文化产品及经营主体纳入重点监管对象，加大执法检查频次，对再次发生违法违规行为的，依法从重处罚。

（6）文化行政部门、文化市场综合执法机构不得将被列入黑名单的文化产品纳入评奖评优的范围，不得将被列入黑名单的经营主体纳入表彰奖励、政策试点、政府采购、政策性资金及项目扶持等范围。

（7）文化行政部门、文化市场综合执法机构可以将经营主体黑名单通报有关部门，予以联合惩戒。

（8）黑名单异议制度。经营者对其文化产品被列入黑名单有异议的，或者经营主体对被列入黑名单有异议的，可以自公布之日起30日内，向列入机关提出书面申请并提交相关证明材料。列入机关应当在5日内决定是否受理。予以受理的，应当在20日内核实，并将核实结果书面告知申请人；不予受理的，将不予受理的理由书面告知申请人。通过核实发现列入黑名单存在错误的，应当自查实之日起5日内予以更正。列入经营主体黑名单所依据的行政决定或者行政处罚决定被撤销的，列入机关应当在知道相关决定后3日内将经营主体移出黑名单并报告文化部。

文化市场黑名单制度是文化市场信用监管的基本制度。开展黑名单管理是适应简政放权、先照后证改革、创新文化市场事中事后监管的迫切要求，是完善文化产品准入退出机制、实现文化市场精确管理的有效手段，是强化市场主体责任、加强行业自律、扩大社会监督的重要举措。要通过黑名单管理，完善守信激励、失信惩戒机制，提高文化市场监管效能，营造良好信用环境，保护未成年人合法权益，促进文化市场健康有序发展。

根据文化部相关文件的规定，按照试点先行、逐步推开的原则，在全国试行文化产品黑名单管理，在河北、天津、上海、浙江、湖南、广东、广西、重庆、云南等省（直辖市）试点文化市场经营主体黑名单管理，试点期限为一年。试点地区省级文化行政部门可以在现行规定的基础上，适当增加经营主体黑名单的列入情形，探索相关联合惩戒措施。试点期间，省级文化行政部门应当每半年向文化部报送试点工作情况。文化部将在试点结束后进行总结评估，并在完善管理制度和工作机制的基础上适时在全国推开。

本章思考题：

1. 什么是文化产业政策？其主要内容包括哪些？
2. 什么是文化产业法？我国文化产业法律体系存在什么问题，如何解决？
3. 搜集文化产品和服务出口企业名录及各企业的基本情况。
4. 搜集参与文化金融服务的银行及其具体支持文化产业发展的措施。
5. 搜集文化保险的相关案例及参与的保险公司的基本情况。
6. 搜集文化企业享受税收优惠的案例。
7. 文化市场黑名单制度存在什么问题，如何完善？

第二章 外国文化产业政策与法规

第一节 美国的文化产业政策与法规

一、美国文化产业的现状

美国的文化产业一般称为版权产业,美国国际知识产权联盟(IIPA)从 1990 年起连续推出《美国经济中的版权产业报告》,在 1990 年第一个报告中把版权产业分为四大类:核心版权产业、部分版权产业、与发行有关的版权产业、相关版权产业(core, partial, distribution, and copyright related)。但从 2004 年报告起,为了与国际标准一致,采用由 WIPO 界定的版权产业四分法:核心版权产业、部分版权产业、边缘版权产业、交叉版权产业(core, partial, non-dedicated support, and interdependent)。其中核心版权产业是指那些主要目的是为了原创、生产、发行或展览版权产品的产业,这些产业包括:报纸、图书、期刊、电影、录制音乐、广播和电视播放、软件等;部分版权产业是指那些某些方面或部分产品适用版权保护的产业,这部分产业包括纺织业、珠宝业、家具业、玩具业、游戏业等;边缘版权产业包括那些将受版权保护和部分不受版权保护的产品发行给商家和消费者的产业,包括运输服务业、电讯业、批发和零售业,这些行业产生的全部产值中只有一部分被视作版权产业的产值;交叉版权产业是指那些生产、制造和销售其主要功能是促进有版权属性作品的创造、生产或者使用的设备的产业,包括 CD 机、电视机、VCR 机、个人电脑及空白录音材料和特定类别纸张的生产商、批发商和零售商。前四类版权产业一起被称为整体版权产业。

据美国国际知识产权联盟（IIPA）公布的《2014美国经济中的版权产业》报告，版权产业对美国国民生产总值（GDP）贡献巨大。2013年，美国核心版权产业对美国GDP的增加值超过1.1万亿美元（11 265.9亿美元），占美国经济的6.71%。整体版权产业对GDP的增加值超过1.9万亿美元（19 220亿美元），占美国经济的11.44%。文化产业对美国经济的另一重要贡献则在于其对美国就业的拉动作用。2013年，核心版权产业雇用近550万工人，占全美劳动力的4.03%，占美国私人就业总数的4.81%。2013年向核心版权工作者支付的薪酬87 860美元，远远超过支付给所有美国工人的平均年薪65 723美元。2013年，版权行业雇用的工人总数超过1 120万，占美国所有就业的8.26%，占美国所有私营企业的9.85%。2013年向版权行业雇员支付的平均年薪（77 942美元）超过美国年平均工资的19%。版权行业的实际增长率超过美国经济的其余部分。在2009～2013年期间，核心版权产业的年增长率为3.9%。整个美国经济的同期平均年增长率只有2.25%。核心版权产业的增长率超过美国经济其余部分的70%以上。在同一时期，版权产业的年增长率为3.45%，也远远超过美国其他经济体的增长率。版权行业对外国销售和出口大幅增长，超过美国主要行业领域。2013年海外市场上核心美国版权产品销售额为1 563亿美元，比前几年大幅增长。作为比较，核心版权产业的国外销售额超过其他美国主要行业的国外销售额，其中包括化学品（不包括医药和药物）（1 478亿美元），航空航天产品和零件（1 283亿美元），农业（689亿美元）和制药与药品（516亿美元）。伴随文化产品出口的同时也输出美国的文化价值观，通过影响人们的观念进一步培育消费市场成了美国发展文化产业的法则。而且在文化输出中，美国的文化产业奠定了自己的海外占有地位，并以此为契机进一步开拓市场，使其有了越来越广阔的销售市场。美国文化产业在GDP、就业和外贸出口方面的连续而积极的趋势巩固了其在美国经济发展中的领导地位，成为21世纪知识经济的重要驱动力量。

目前，美国有 1 500 多家日报，8 000 余家周报和小报。《纽约时报》《今日美国》《华尔街日报》的发行量都超过 100 万份。有 1.22 万种杂志，1 965 家电台，1 440 家电视台，拥有美国广播公司、哥伦比亚广播公司和全国广播公司三大电视网。好莱坞是世界最大的电影生产基地，其先进的电影生产流水线和成熟的商业运作经验使它多年来垄断世界电影市场，迪士尼公司的动画片制作世界闻名。音像业已经成为美国最有影响的行业之一，曾以每年 12%~20% 的势头增长，其出口额已经超过航空业的出口额。到 20 世纪末，美国的传媒产业走向集约化和巨型化。文化产业与制造业、金融业相互融合，共同组成的产业群凭借其规模优势开拓国内和国际市场。

二、美国文化行政体制

美国从中央到地方各级政府都没有设置专门的文化行政主管部门，没有一套从中央到地方的垂直文化管理系统。在国家层面，美国没有设置文化部，其功能被其他国家政府机构所"分担"。在行政体制上，与美国文化产业有关的政府机构主要有：政府机构中设有的版权办公室隶属于国会图书馆，主要负责版权的登记、申请、审核等工作，以及为国会等部门提供版权咨询；美国贸易代表署负责知识产权方面的国际贸易谈判；海关主要负责涉及知识产权产品的进出口审核等相关工作；总统艺术与人文委员会，负责研究艺术和人文方面的政策问题，提出和支持艺术与人文方面的重要计划，对艺术和人文方面的优秀作品予以确认。教育和文化事务局负责确保公共外交（影响外国受众）和公共事务（服务美国人民）与传统外交手段协调发展，维护美国国家利益和安全；美国国土文化安全局负责发现和清除国家安全中存在的文化隐患；在国内外通过开展各种文化活动，培养、提升积极的美国文化形象，通过研讨会、出版物等形式，对文化机构领导人和管理者进行培训；联邦艺术及人文委员会代表政府协调全国重要的文化艺术活动，并对国际交流的重要艺术展览审定是否予以保险资助；国家艺术基金会代表政府向文艺团体和艺术家提供财政和技术援助，帮助他们发展艺术，保护美国的文化艺术传统。

虽然美国各级政府在提供社会服务中承担了重要职责,但有限政府的公共管理理念又使它们在社会发展中更多地履行着设计者、研究者和推动者的职能,而非包揽一切社会事务。

美国之所以能够以少量的财政资金构建并成功运作庞大的公共文化体系,得益于鼓励社会各界（包括个人）参与公益事业的税收及法律体系,得益于发达的、被誉为政府和企业之外的"第三部门"的公益组织的有力补充。非政府组织（NGO）是介于政府和企业之间,具有公正性和独立性的公益组织。美国政府通过积极推动该类组织的发展,使它们有效地承担了许多"企业不为,政府不能"的具体的公共管理和社会服务工作。国家艺术基金会是美国最大的非政府组织,代表政府向艺术家提供财政和技术援助。类似组织还有国家人文科学基金会、美国国会图书馆、美国艺术协会、国际教育协会、国际教育和文化交流联盟、美国博物馆协会、艺术全球发展协会、美国文化协会、国家文化遗产网络协会和美国电影商协会等。这些社会组织尽其所能,通过各种合法渠道对国会和政府施加影响,使国会和政府在立法和政策制定上向文化艺术行业倾斜。这些社会组织还通过组织义捐和实施放款,帮助文化艺术行业解决融资不足的问题。

三、美国的文化产业政策内容

1. "无为而治"的文化政策

美国政府在对待文化发展问题上,基本采取"无为而治"(non-activity, non-regulation),其目的是保护言论自由和产业自由。这种表面上没有策略本身就是一种文化战略。这个传统与欧盟国家扶持文化发展的传统形成鲜明对照。在历届美国执政者看来,任何以国家政策的方式对文化发展做出规划、引导都是对个人表达自由的干涉。美国政府对国内文化市场的监管方式,与钢铁、汽车等其他产业部门几乎没有区别。与此相应,在国际贸易领域美国也要求其他国家开放本国文化市场,取消对本国文化产业的保护壁垒,以实现全球文化产品的贸易自由和资本的自由流动。将文化产业与其他产业部门同等对待,可以说是美国文化产业政策与法国、英国、加拿大等国,甚至是世界上绝大多数国家的文化产业政策根本不同之处。美国政府认为，文化产业在经济领域不具有特殊地位，文化不需要特殊的规划和"保护"，政府所应做的是为文化企业的经济活动以及个人的文化创造提供一个公平合理、充分竞争的舞台。政府通过提供宽松的外部环境和严格的法律保障对文化产业给予大力扶持。

2. 鼓励多元化投资

美国对文化产业采取的是多方投资和多种经营的方式，鼓励非文化部门和外来资金的投入。在美国，无论是公益性文化产业领域，还是营利性文化产业领域，都已形成了以更具多元化的融资渠道。如在美国公益性文化产业领域目前已形成了以政府资助为引导，社会资助为主体的多元的混合融资体系。与其他国家不同的是，美国公益性文化产业领域所需发展资金绝大部分来源于社会资助，而不是政府提供。

3. 采取积极灵活的税收机制

美国政府采取积极灵活的税收机制倡导和鼓励各类资本向文化产业集聚。一是通过减免税额为文化产业发展注入持续活力。20世纪70年代，美国推出了著名的"501"条款，对非营利艺术团体与机构、艺术产业捐助者，实行销售税和财产税的减免优惠，以此提高大财团、各类社会组织和个人为文化企业"输血"的积极性。二是为知识产权业异军突起创造宽松环境。例如，美国政府给予软件开发企业"永久性研发税优惠"待遇，充分显示出对新兴文化产业的大力扶持。依据《国内税收法》第41部分中有关"研究与试验税优惠"的规定，美国文化企业的创意性研究费用可降低1/5的税率。三是对公益性出版单位，根据出版公司性质、图书刊物的内容，采取上下浮动10%~30%的税率，以调节和引导出版资源朝着维护国家文化安全方向流转。而对创造利润的出版企业，不仅没有任何优惠政策，相反还会根据其获利数额收取较高的企业所得税。四是大力扶持会展业。美国各个州、市对坐落在其辖域内的各类展馆给予无偿投入，尤其对那些在世界上具有颇高知名度的国际展馆给予较大资助，从而为会展业兴盛注入强大活力。例如，拉斯维加斯市政府早在1986年就出台政策，规定从该市所有宾馆营业额中收取10%的特别税，并将所征收的税费直接划拨给当地各大展览企业作为扩大产业规模的准备金。

4. 文化政策以维护国家安全作为出发点和落脚点

美国文化产业政策的制定和调整完全服务于国家利益和国家安全，把保障国家利益作为根本取向，把增强本国文化影响力和凝聚力作为唯一衡量尺度。在国际贸易领域，美国曾是"文化例外"的首倡者：在1950年的《佛罗伦萨协议》中，美国坚持协议应有"保留条款"，允许各国不进口那些"可能对本国文化产业发展构成损害的文化商品"。然而，当国际市场对于美国文化产业的发展越来越重要时（1996年文化产品出口首次超过汽车等传统工业的出口，上升为美国出口的第一产业），美国也越来越坚持全球文化市场的自由开放，坚决反对法国、加拿大等国通过贸易壁垒、政府补贴、配额制等形式对国外文化产业活动的限制。在具体实践中通过签订《教育、科学和文化物品进口协定》等有关国际贸易文件，毫不客气地把禁止进口威胁国家文化安全的文化产品的条款写进文件，保留随时采取单边行动的特权。

5. 采取丰富的文化外交政策

美国政府很早就意识到了文化在其全球战略中的份量，文化产业既是商业的摇钱树又是政治的传声筒。文化外交在美国政府对外关系中扮演着重要的角色，是美国政府对外政策和国家安全战略的重要组成部分。1946年，美国文化外交史上著名的《富布赖特法案》通过，法案授权美国务院可与外国政府签订交流协议，并使用二战出售武器所得外汇从事文化及教育交流活动，首次以立法形式对国际文化活动的经费来源予以保障。该项目主要是对双边性学生、教师、学者、专业人士和行政管理人员的交流与培训提供赞助。富布赖特项目的管理方式分两种：在与美签有"富布赖特双边协议"的国家（目前有51个），由富布赖特双边委员会管理，所涉费用由两国政府分摊；在未签协议国家，则由美驻当地的使馆文化处负责。其他的美国文化外交主要做法还有：①美国艺术项目。该项目包括海外演展活动和文化专题讲座等，由美国国务院公民交流办公室管理；②信息中心项目。美国现在海外共设有170个信息中心。中心项目多由美国驻外使馆文化处承办或由其与当地图书馆合办；③英语教学计划。美国国务院教育文化事务局内专设英语教学办公室，统筹管理海外英语教学事宜，多采用向海外英语教学机构提供教材、协助制订教学大纲和进行教师培训等方式开展英语教学；④使馆艺术品展项目。美国政府定期向驻外使领馆提供各类艺术作品，在大使官邸展出。该项目由美国国务院海外馆舍局负责实施，展示的艺术品均由美国国务院向有关文化机构或私人收藏家租借而来；⑤海外文化遗产保护项目。美国国务院教育文化事务局专门设有国际文化遗产保护办公室，其主要职能是根据有关条约打击国际文物走私行为。

四、美国主要的文化产业法规

虽然美国没有统一的文化产业政策，但却是公认的第一个进行文化立法的国家，其立法理念、原则和内涵渗透自由主义思想。1791年的美国宪法第一修正案指出："国会不得制定法律剥夺人民的言论和出版自由。"这是一个最大限度限制政府权力和开拓文化生活空间的原则，它使行政和立法机构在文化政策干预面前变得十分谨慎。

在美国国内，政府主要通过反垄断法，防止某一文化产业领域的市场份额集中在少数大型企业手中。因为市场份额过分集中，会阻碍这一领域的充分竞争，窒息该领域发展活力。《谢尔曼法》《联邦贸易委员会法》和《克莱顿法》，这三部被视为美国实施文化产业反垄断的基础性法律，赋予了各级各类文化企业平等参与市场竞争的权利，保护其合法权益。美国对于垄断的约束一向比较严格，但随着海外文化市场的扩大，美国文化企业日益立足全球而不仅限于国内，美国对于文化产业的垄断约束有了微妙的变化。自1996年《电信法》颁布以来，美国对文化产业实行了新一轮的"放松管制"，它赋予电话公司在其营业区内销售视频节目、经营有线电视等权利，并放宽了对文化、信息企业合并的限制。该法案颁布后不久，美国的广播电视业就出现了空前的大兼并与大联合。目前，美国有电视台1000多家、广播电台8807家，而在此轮大兼并、大重组中，已形成了如全国广播公司（NBC）、哥伦比亚广播公司（CBS）、美国广播公司（ABC）、有线新闻广播公司（CNN）和福克斯电视台（FOX）等全国性广播电视网。强行拆分微软与容许时代华纳兼并，是美国根据国际竞争需要、灵活运用反垄断法的两个典型个案：微软已占据全球相关市场90%的份额，即使拆分也不会影响美国在这一领域的国际竞争力；而容许时代华纳兼并，是为了加强美国在媒介领域的全球竞争力。这说明美国在文化管理方面"兵无常法"，不拘泥于固定的手段，在自身目标——争取、保证美国文化产业的全球竞争力明确的前提下，随着情况的不同而进行不断的调整。

一方面，通过国会立法推动文化企业在文化市场上公平竞争、优胜劣汰；另一方面，通过运用法律手段促进文化企业追求利益最大化。版权作为文化产业发展的重要基础和保障，是促进文化产业健康发展的有效途径。美国文化产业的发展有赖于其完善的版权保护体系。在保护知识产权方面，美国国会立足于原有的《版权法》，于1998年审议通过了包括《版权保护期限延长法》等在内的诸多旨在打击盗版行为、保护创作者合法权益的法规；1999年，审议通过了《数字千年版权法》，全面系统地对互联网的侵权行为作出明确规定，将网络作品、音乐作品生产商的利益置于法律保护范畴；2000年，审议通过了《防止数字化侵权及强化版权赔偿法》，对未经文化企业授权而使用其版权的行为加大民事惩罚力度，为包括电脑软件在内的原创性作品的版权提供法律支撑；2005年，审议通过的《家庭娱乐与版权法》，由《艺术家与防盗版法》《家庭电影法》和《孤本作品保存法》共同组成，该法严禁在电脑收藏文本中存储尚未在市面公演的电影、正式发行的游戏作品或者音乐作品，触犯该法者将接受重磅罚款和3年左右监禁的处罚。目前，美国已经形成了以《专利法》《商标法》《版权法》以及《反不正当竞争法》为主的一套完整的知识产权保护法律体系，从而使文化产业的发展得到了强有力的法律保护。在国际贸易中，美国还利用"特殊301条款"等贸易保护手段来迫使他国加强版权保护。同时，美国还将知识产权保护与美国政府在贸易中实行的普惠制结合在一起，在国际上极力推行知识产权保护，使知识产权和国际贸易紧密地联系在了一起，从而形成了一套有利于美国的文化贸易体系。

除了整治和规范市场秩序外，美国政府还借助立法保护公共利益。例如，针对互联网上色情和暴力内容泛滥的状况，美国国会先后颁布了《未成年人在线保护法》《未成年人互联网保护法》《儿童隐私保护与父母授权法》；以立法形式成立未成年人网上保护法委员会，将网络技术的最新发展积极运用到公共教育体系之中；在已有的《隐私权法》和《联邦电子通讯隐私权法》的基础上，1997年又审议通过了《全球电子商务发展框架》，旨在从各个方面编织起维护公民的知情权和隐私权的法律网络。其他相关法律有：《图书馆服务和技术法》《国家艺术及人文事业基金法》《博物馆图书馆事业法》《联邦电信法》《国际广播法》《相互教育与文化交流法案》《联邦税法》《间谍法》《煽动法》《隐私法》《劳工法》《合同法》《公司法》《反垄断法》《消费者权益保护法》等。

第二节　英国文化产业政策与法规

一、英国文化产业的界定及现状

在英国，文化产业被称为"创意产业"（Creative Industry），我国学者多用"文化创意产业"一词概括。根据英国政府《英国创意产业路径文件》的定义，其创意产业是指那些从个人的创造力、技能和智力中获取发展原动力，并且可以通过开发知识产权，创造出潜在财富和就业机会的行业。英国因之成为世界上最早把文化创意产业作为一种国家产业政策及战略理念来实践的国家。英国的文化创意产业主要包括广告、建筑、艺术品和古玩、手工艺、设计、时尚设计、电影和录像、互动休闲软件、音乐、表演艺术、出版、软件和计算机服务、广播和电视等13项产业，这13项产业还可以进一步归类为三个大类：产品类、服务类、艺术和工艺类。其中，出版业、广播和电视业、电影和录像业、互动休闲软件和时尚设计业五个门类属于产品类。软件和计算机游戏业、设计业、音乐业、广告和建筑业五个门类属于服务类。表演艺术、艺术品和古玩、手工艺三个门类属于艺术和工艺类。这一划分方式与我国《文化及相关产业分类（2012）》

相比，划分领域有所不同，少了文化用品设备及旅游等产业范畴，一方面是因为英国的旅游、体育已经有了相对固定且较为成熟的统计范畴和方式；另一方面是因为英国已经实现了工业制造大国向服务贸易大国的转变，对于文化产业更关注那些原创性强、附加值高的行业。

英国创意产业是英国经济中增长速度最快的一个产业。英国政府官方统计创意产业的经济数据主要有三个方面的指标，一是生产总增加值（GVA），其中 GVA 加上相关产品税再加上产品补贴后的总额就是国民生产总值；二是就业标准；三是服务出口指标。2016 年 7 月，英国文化、媒体和体育部公布最新数据，2014 年英国创意产业 GVA 总值是 841 亿英镑，占英国经济的 5.2%，比 2013 年增长 8.9%。其创意产业（包括创意和支持性工作）的就业数量在 2014 年和 2015 年之间增加了 3.2%，增至 190 万个。自 2011 年以来，这一数字增加了 19.5%。英国创意经济中的总就业机会在 2014 年至 2015 年期间增加了 5.1%（280 万至 290 万个就业岗位），自 2011 年以来增长了 19.6%。2015 年，创意职业有 200 万个就业岗位，自 2014 年以来增长 4.9%，比 2011 年增长 19.2%，同期英国经济中就业岗位总数增长是 2.0%。出口指标同样表现优秀，2014 年英国创意产业服务出口价值 198 亿英镑，比 2013 年增长 10.9%，来自创意产业的服务出口占 2014 年英国服务出口总额的 9.0%。其中，2014 年，来自"IT，软件和计算机服务"的服务出口占比最高，达 44.6%，"电影，电视，视频，广播和摄影"行业的服务出口额在位居第二，占 23.8%。其出版业出口在 2013 年和 2014 年之间增长最大，增长 62.8%，达到 21 亿英镑。英国创意产业服务出口的主要目的地是欧洲大陆其他国家和美国，呈现出明显的产业内贸易和水平贸易特征。其中 2014 年，欧洲进口英国创意产业服务占英国创意产业出口总额的 57.3%（114 亿英镑），美国是 2014 年英国创意产业服务出口比例最大的市场，占英国创意产业出口总额的 25.3%（50 亿英镑）。

英国出版传媒业非常发达，是公认的出版强国。英国主要媒体包括通讯社、纸媒、电波媒体及网络媒体。英国的通讯社主要有 3 家。其一是路透社：1851 年成立，总部设在伦敦，在 130 个国家内设立 190 多个分支机构，拥有约 2 400 名编辑、记者和摄影师等工作人员。其二是新闻联合社：1868 年创办，由 PA 新闻、PA 体育、PA 检索和 PA 数据设计 4 家公司联合经营，专门为英国和加拿大的企业提供公关和投资信息。其三是 AFX 新闻有限公司：由法新社与金融时报联合经营，向欧洲的金融及企业界提供信息和服务，在欧洲 12 国、美国及日本设立分支机构，总部在伦敦。英国新闻出版业发达，目前全国共有 1 300 多种报纸，8 500 种周刊和杂志，其中全国性日报 11 份，每周日发行的报纸 11 份。主要报刊、杂志有《泰晤士报》《金融时报》《每日电讯报》《卫报》《独立报》《世界新闻》《观察家报》《星期日泰晤士报》和《经济学家》等。其中《金融时报》是最有影响力的国际性财经类报纸，全球发行量达 45 万份以上。英国共有 5 家通过地面发射覆盖全国的电视台，即英国广播公司（BBC）、第三频道（ITV）、第四频道（Channel 4）、第五频道（FIVE）和专门针对威尔士地区并使用威尔士语的 S4C。此外还有卫星电视和有线电视，如天空电视等。英国最大的广播电台是 BBC 广播电台。《金融时报》（网址：www.ft.com）是英国最有影响力的财经网络媒体，而且是全球访问人数最多的新闻网站之一。在英国，还有许多知名的中文网站，包括 BBC 中文网、《金融时报》中文网、路透中文网等，英华园是旅英华人的网络家园，在华人社区有较大的影响力。

英国的软件和计算机游戏业风头正劲。随着互动休闲软件的发展，英国国内游戏业的生产规模不断扩大，其所创造的产值、所解决的就业人数、所达到的出口额及年增长率均居于各创意产业的前列。游戏产业的发展使英国成为欧洲最大的游戏生产基地。

英国是世界上最大的设计业出口国，设计业也是英国文化创意产业中规模最大的产业，包括有美术设计、平面设计、时尚设计、手工艺术设计、多媒体-网络-数字媒体设计、电视图文设计、制造业设计等。没有哪个单一的门类足以代表英国设计业的全部。不过，英国的时装设计个性化特点明显且比较前沿，在全球规模最大。音乐产业是英国的文化创意产业支柱之一。

英国的百代（EMI）和维珍（VIRGIN）都位于全球音乐制作公司前六名。与美国的华纳（WARNER）和奥特斯曼（BMG）、加拿大的宝丽金（POLYGRAM）、日本的索尼（SONY）不相上下。英国的音乐产业也基本上由这六大制作公司占据了一大半。英国的音乐产业收入主要依赖于音乐制品的出口。英国音乐产业在出品地位和影响力上仅次于美国，位居世界第二。

英国的表演艺术产业结构多元，包括各类舞蹈（芭蕾舞及现代舞蹈等）和各类戏剧（歌剧、话剧和音乐剧等）。这些文艺作品的作品创作、节目制作、演出与巡回演出、道具及灯光的设计与生产等都属于这一产业的核心商业活动；音乐产业、电影业、电视、广播业、设计业、出版业、特技效果制作业等属于这一产业的周边商业活动；旅游业、餐饮业及一些娱乐活动产业等属于这一产业的相关商业活动。从事英国表演艺术行业的主体，既有大型的商业公司，也有完全依靠公共经费或者私人投资运作的小型团体。英国的表演艺术行业的发展也得益于政府的支持与资助。

二、英国文化管理机构

（一）创意产业内政管理机构

英国政府近20年来始终按照"大文化"的理念，改革政府文化管理机构，合并管理职能，扩大管理范围。1992年，梅杰政府将原先分散隶属于艺术和图书馆部、环境部、贸工部、就业部、内政部、科教部等6个部门的文化职责集于一部，成立了国家文化遗产部。1997年，布莱尔政府将国家文化遗产部更名为文化、传媒和体育部（Department for Culture, Media and Sport, DCMS），内设"创意产业工作组"，下设"创意产业出口""设计合作""文化遗产与旅游"和"表演艺术国际发展组织"等4个机构，由首相亲自担任工作组主席，由文化、传媒和体育部与贸易和投资部的官员担任分设机构的领导职务，文化、传媒和体育部也成为英国创意产业最重要的政府管理部门，负责英国艺术、广播、报刊、博物馆、美术馆、图书馆、体育和娱乐、历史建筑和古迹、旅游音乐产业以及国家彩票等事务。实践证明，对文化集中统一管理，避免了各部门间在发展文化过程中相互牵制甚至相互推诿的现象。其他机构还有大伦敦管理局（the Greater London Authority）、英国国家科学、科技和艺术资助委员会（Britain National Endowment for Science, Technology and the Arts, NESTA），这些都属于国家级别。2011年，卡梅伦联合政府成立了全国性的创意产业委员会，负责组织协调指导全国创意产业发展，包括制定产业政策、规划产业发展蓝图、预算和划拨产业资金等。各级地方政府相应地成立了本级创意产业组织领导机构。除了设立以上专门机构进行规划、管理、指导以外，英国还成立了专业性质的公共文化管理机构，如：电影协会、旅游委员会、遗产委员会、体育理事会等。这些管理机构行使直接管理文化产业的职能。至此，英国创意产业的管理形成了由中央政府纵向管理与地方政府和非政府部门横向管理相结合的管理体制。

（二）文化外交管理机构

除了上述机构外，英国在其外交部下还有三个专门推动英国文化输出的文化外交管理机构：外交与联邦事务部、英国文化协会和英国艺术来访署，与国内其他文化管理部门分立，其政策和经费也多由英国外交部下放。这三大文化管理机构相互联系，又各自分工明确，具备独立的运作机制。

1. 外交与联邦事务部

外交与联邦事务部是领导英国文化外交的重要机构，其职责是统一协调英国文化协会、英国艺术来访署等文化管理机构的文化外交活动。在外交与联邦事务部中，一个重要的部门是对外文化司。它负责制定英国政府对外文化政策以及英国对外文化交流的拨款工作。另外，公共外交及海外工作则是为推动海外民众对英国外交政策的理解，同时维护并展示英国良好的国家形象。其对文化外交工作的拨款主要集中在信息和访问服务、奖学金计划、英国广播公司、英国文化协会等四个领域。对外文化关系司通过开展广泛的文化和教育活动，进而服务于英国的海外利益。对外文化关系司的主要职责包括：协调外交与联邦事务部和英国文化协会之间的关系；制定预算、监督监管英国文化协会对政府拨款是否合理使用；管理外交与联邦事务部运作的奖学金项目；广泛处理双边或多边的国际社会文化关系。

2. 英国文化协会

英国文化协会，是英国重要的半官方机构，辅助英国与他国培育文化关系、开展对外文化外交活动。英国文化协会在全球各个国家和地区拥有分支机构，在英国外交和对外文化交流中担任着极为重要的角色。英国文化协会具有极强的政策性质，这一机构的工作重点、资金与援助投放方式实际上完全由英国的外交政策来决定。英国文化协会对外以慈善性组织的标志为自身定位，尽管它接纳政府拨款，却完全属于独立运行的机构。该协会的宗旨是扩大英国在海外的影响，实现海外受众对英国文化、英语语言的广泛了解，同时鼓励英国与世界各国开展文化、科学、技术和教育等领域的合作。

3. 英国艺术来访署

英国艺术来访署由以下部门合资建立，包括英格兰艺术委员会、苏格兰艺术委员会、威尔士艺术委员会、北爱尔兰艺术委员会、手工艺术委员会、外交与联邦事务部和英国文化协会。它是一个独立运营的机构。英国艺术来访署的宗旨是推动和促进世界其他国家的艺术在英格兰、苏格兰、威尔士和北爱尔兰等地区的良好传播，使来自海外的艺术流派和文艺形式能够为夯实文化关系、改善文化意识和增强互惠互利的国际文化联系做出一定的贡献。英国艺术来访署的工作分为咨询服务、顾问服务、出版物、开展培训和资助这五个部分。

三、英国创意产业主要政策措施

(一) 主管部门积极出台相关政策指导文件

英国在全球最早提出"创意产业"概念，也是世界上第一个政策性推动创意产业发展的国家。英国文化媒体和体育部是政府机构。1998年和2001年两次发表创意产业纲领文件（Creative Industries Mapping Document），提出创意产业发展战略，政策措施包括：在组织管理、人才培养、资金支持等方面加强机制建设；对文化产品的研发、制作、经销、出口等实施系统性扶持；逐步建立完整的创意产业财务支持系统，包括以奖励投资、成立风险基金、提供贷款及区域财务论坛等作为对创意产业的财务支持。2005年，文体部发布《创意经济计划》（The Creative Economy Program），为创意发展产业建立一个更好的政策框架。2006年又公布《英国创意产业竞争力报告》（Comparative Analysis of the UK's Creative Industries），将创意产业分类为三个产业集群：生产性行业（Production Industries）；服务性行业（Service Industries）；艺术品及相关技术行业（Arts and Crafts Industries）。2001年，出版了《创意产业融资实践指导》（Good Practice in Financing Creative Business），让金融机构及下议院对文化创意产业的资金应用问题有一个基本了解，鼓励其投资文化创意企业。从2002年以后，该部门每年秋季都发布《英国创意产业经济价值评估报告》（Creative Industries Economic Estimates）。2008年，文化、新闻和体育部联合商业、企业和监管改革部（BERR，Department of Business, Enterprise and Regulatory Reform）和大学革新和技能创新部（DIUS，Department of Innovation Universities and Skills）共同发布了《创意英国报告》（Creative Britain），对英国政府在创意经济发展过程中如何承担起良好角色给出了二十六条建设性意见，突出强调政府将创意经济产业同其他领域的政策更为密切地结合起来的必要性。经过十多年的努力，如今创意产业在英国已成为与金融服务业相媲美的支柱性产业，英国成为仅次于美国的世界第二大创意产品生产国。

（二）采取"混合经济"模式，实施宽松的税收政策

"混合经济"模式即政府公共投资与私人投资相结合。1993年英国就通过了《国家彩票法案》，国家彩票为创意产业设立了专门的基金，提供不低于彩票销售收入8%的资金。英国政府还定期为从事创意产业的企业或个人获取投资援助提供政策指导手册，并成立了众多基金会，建立了政府、银行和行业基金及创意产业之间紧密联系的融资网络，帮助创意产业解决最初的融资困难问题。在政府融资支持下，英国的私人资金也为创意产业的发展提供了重要融资来源，现在英国政府与金融机构、各行各业的

基金会同文化创意产业之间已经构建起一条比较密切的融资渠道,为英国文化创意产业的发展奠定了坚定的资金基础。

"一臂之距"(Arm's Length)原则长期以来被英国政府视作管理文化的法宝,这是英国首创的文化管理受政府的委托,但其也相对独立地履行自身职能。基本做法是英国文化、传媒和体育部只负责制定政策和财政拨款,没有直接管辖文化艺术团体和文化事业机构的权力;国家所有的大型文化单位,如大英博物馆、国家美术馆、大英图书馆等都是独立运作,不直接隶属于文化、传媒和体育部。文化传媒和体育部作为政府机构,不直接与企业、团体之间发生关系,而是通过社会中介机构(或称准官方机构),如英国文化委员会、英国艺术委员会、博物馆和美术馆委员会等由专家组成的机构对其申报项目进行评估和拨款,既减少了政府机构的行政事务,又有利于检察监督,避免产生腐败。这也是英国政府对文化拨款进行间接管理的一种模式。在中央政府部门以及接受政府拨款的文化艺术团体或企业之间,设置一级作为中介的非政府公共机构。目前,这种管理原则已被欧洲和国际很多发达国家普遍认定是一种对文化事业进行公共财政资助的办法。

在英国,免增值税产品仅有食品、儿童用品等屈指可数的几类,英国政府为了促进出版业的发展,对书籍报刊实行零增值税,对音乐产业中的唱片销售环节增收17.5%的增值税,而对音乐产业的其他环节全部免税。

(三) 推动英国文化输出

英国政府为了开拓文化创意产业的海外市场,成立了三个产业出口指导小组:创意出口小组(CEG)、表演艺术发展小组(PAID)和设计协作小组(Designers Partners)。这三个小组的组成人员都是来自各种机构、企业和领域的专家。他们合作制定发展规划、提供政策咨询,提升政府决策和企业运作的科学性、可操作性。英国政府为了为本国产品开拓国际市场,甚至以驻世界各地的大使馆作为推广其文化创意产品的媒介,使其产品通过本国使馆人员自然而然地推广开来。英国政府致力于寻求与他国的交流,以促进不同国家间的合作,消除其与他国之间的贸易壁垒,产生优劣互补的效果，推动本国创意产业的发展。

四、完善的法律环境建设

通过立法进行规范和管理是英国管理文化创意产业的基本方式之一。英国为了规范发展文化创意产业，保证市场有序进行，为文化创意产业的发展创造了良好的法律环境，制定颁布了以下法律：1985年《电影法案》、1990年《广播法案》和《计算机滥用法》、1993年《国家彩票法案》、1994年《计算机信息系统安全管理法典》、1998年《数据库保护法》、1999年《电子商务法》、2001年《传媒、通讯白皮书》和2003年《通讯法案》，等等。

英国具有400多年的知识产权保护历史，是世界上最早通过颁布法律来保护知识产权的国家。其于1623年颁布的《垄断权条例》是世界上第一部正式而完整的专利法，1709年颁布的《安娜女王法令》是世界上第一部具有现代意义的著作权法。这两部法律的颁布为英国奠定了世界知识产权保护制度鼻祖的地位，也对后来资本主义各国的知识产权立法产生了重要影响。在完善自身知识产权制度的同时，英国也在不断推动世界知识产权保护制度的发展。英国参加了众多保护知识产权的国际公约，包括1883年保护工业产权《巴黎公约》、1886年保护文学艺术作品《伯尔尼公约》、1961年《罗马公约》、1970年《专利合作条约》和1994年与贸易有关的《知识产权协议（TRIPS协议）》，等等。同时，英国还严格实施欧盟的知识产权法律及《著作权、产品设计和专利法》《专利法》《商标法》等本国法律。英国对知识产权的保护达到了"苛求"的程度，对版权合理使用只允许"为科研或个人学习目的"而使用文字、音乐、绘画或雕塑等艺术品，因此，在英国为个人娱乐目的未经作者同意而使用作品属于侵权行为；对无法找到作者的作品，英国都给予了有效保护，各类企业在使用此类作品时都必须准备好备用金，以便作者现身时兑付。这一完善的法律保护体系也确立了英国出版、设计业大国的地位，目前英国作为世界出版业最大的出口与再出口国，每年出版的新书超过10万本，出版新书13万种，销售额超过100万英镑的出版社超过300家，而销售额超过500万英镑的出版社超过100家。

第三节　法国文化产业政策与法规

一、法国文化产业现状

在文化产业发展上，法国不太信赖自由市场的作用，也比较避讳使用"文化产业"的概念，主张国家和政府应积极干预文化发展，尤其要加强对民族文化发展的支持和保护。

据《法国创意论坛》2013年发布的《文化创意产业经济观察》研究报告，法国在文化创意产业的许多领域，如出版业、影视业及音乐、动漫游戏业等方面都处于世界领先地位。法国环球唱片公司是世界最大的音乐制作、出版和发行企业，法国出版社的数量在世界上首屈一指，阿歇特出版公司是世界第二大出版商。在影视业方面，电影在法国诞生，又在法国发展壮大，所以法国的电影不仅历史悠久，而且产量和质量都在世界前列。法国是世界第二大电影出口国、第三大电影生产国。2003至2011年，法国电影出口收入平均每年增幅达到3%。在世界电影市场上，法国是美国之外最活跃的电影出口国之一，在全球任何地方都能看到法国影片。欧洲是法国影片的传统市场，特别是西欧和欧洲法语国家对法国影片的旺盛需求始终不减。亚洲的日本和韩国逐渐成为法国影片越来越重要的买家。在动漫游戏业方面，法国是世界上第三大动漫生产国，法国的育碧软件娱乐公司是世界第三大电子游戏开发商。这样的优势也使得法国在对外文化贸易上长期处于顺差。

法国是一个多种文化和谐发展的国家，对于法国政府来说，文化成果是全体人民共有的。因此法国的历史文化古迹在特定的时期不仅可以免费开放，而且法国的很多图书馆都能免费借阅图书，给法国营造了绝好的文化氛围。另外，法国以其深厚的文化底蕴和美丽的人文景观深受世界旅游爱好者的好评，法国每年的旅游人次在全球的旅游市场都占有很大的比重。因此法国文化的国际影响力是十分巨大的，法国的文化发展状况直接影响到法国的政治地位和经济发展。

二、法国文化产业管理机构

为了加强对文化的管理，从 20 世纪 60 年代以来，法国从中央到地方已经建立起了较为健全、专职的文化管理机构系统。这套文化管理机构系统包括全国性的政府文化领导机构和地方性文化管理机构两大层级。

中央级的法国文化部，国内学者有的翻译为法国文化与通讯部或者法国文化及传播部，常见简写为法国文化部。该机构成立于 1959 年戴高乐政府时期，其使命是：促使最大多数的法国人能够获得人类（主要是法国）的文艺杰作，确保他们对法国文化遗产的兴趣，促进文学艺术创作，繁荣艺术园地。作为负责管理全国文化事务的政府机构，法国文化部的主要职责是：制定政府文化政策和文化法规；编制年度文化预算报议会审批；管理和使用文化经费；对国家重点文化设施、文化团体、艺术院校的领导和管理；保护文化遗产；促进艺术创作和文化普及工作；与外国的文化合作与交流。

地方文化机构主要是法国各大区的文化局。从 1977 年开始，法国中央文化和通讯部在一些大区设立地区文化局，负责分配国家拨款和协调当地一些大型文化活动，目前已有 28 个。大区文化局局长属于文化部官员，是中央政府派到地方的文化代表，受文化部及大区政府的双重领导。文化局局长的主要职责是：落实中央政府制定的各项文化政策，协调文化管理过程中中央政府与地方政府的关系，负责制定本地区的文化发展规划和组织本地区的重要文化活动等。除文化局长外，文化部机关各司局还以"文化顾问"的名义向地方派驻代表，除了向地方派驻文化官员代表以外，文化和通讯部还向地方的博物馆、档案馆、图书馆、电影资料馆等文化机构派遣专业技术人员以方便对全国文化设施进行统一管理。

三、法国文化政策的基本内容

法国是世界上首先制定文化政策的国家。法国最早的文化政策表现形式为皇室对艺术家的文艺资助，文艺复兴之后有了跨越式的发展，尤其在

16世纪弗朗索瓦一世执政时期，他十分重视文艺的发展，还建立了法国第一个官方文化机构——法兰西公学院，这是国家干预文化政策的雏形。在那之后直到今天，法国文化政策的重心与提法经历过几次大的变化，例如"文化例外"原则、"文化多样性"等，但它的整体发展一直都保持着连贯性。其中最重要的价值观都是强调所有人在文化前的平等性。

法国政府干预文化主要有两个理论依据：一是"文化福利国家"，要求国家将文化这项福利分配给每一位社会成员；二是"文化公共服务"，文化如同水电等公共服务，必须由国家负责。法国国家主导政策模式强调政府对本国文化产业的理性规划，有别于以自由主义为特征的美国模式。法国政府成为文化事业的主导者和文化领域的领导核心，即法国文化政策模式是国家主导的政策模式，显著特征是国家干预与政府控制，反对完全的自由化、市场化。其文化政策的战略核心是保卫法国国内文化市场，积极对外推广法兰西的文化，希望能通过文化这种无形的软实力资源，使世界能够接受法国的价值观，为法国重返世界大国舞台打下基础。

(一) 奉行文化民主化，实行央地契约式合作

"文化民主化"是法国文化政策当中最核心的理念。法国拥有丰富的民族文化遗产及稳定的公共文化政策，法国政府首脑重视文化事务的传统由古至今。弗朗索瓦一世曾立法确立法语的合法地位；路易十三保护法语的合法性与纯洁性；路易十四在位期间兴建了闻名于世的凡尔赛宫，并通过大力资助艺术家，对文学及艺术创造大力资助，其在位期间不仅为法国留下了大量的文化遗产，也成功领导了当时的欧洲思潮，奠定了法国世界文化大国地位。法国大革命以后，原是王室收藏艺术珍品的卢浮宫被收归公有，国民议会宣布卢浮宫属于大众，1793年卢浮宫正式对普通大众开放，成为公共博物馆。法国大革命之后的若干次文化政策调整都是朝着"文化民主"这个宏伟目标努力。政府创办各类音乐节、电影节、博物馆节及图书展，通过种种措施让法国普通民众参与文化活动，享受文化果实。让一切文化在一切地方为一切公众所享用的文化民主化同样是现任法国政府的优先政策。政府的优先政策是让文化普惠大众，让每个人都能够

在文化方面各得其所。

签署文化契约是法国央地合作的重要内容，这一机制不仅可以调动地方政府兴办文化事业的积极性，也体现了中央政府的施政方针，这是法国公共文化建设的独特之处。经过不断发展，法国公共文化政策形成了以中央和各级地方政府共同投入为主导的发展模式。政府的文化经费主要来源于文化部、其他部委和地方政府三个层面。政府在向地方拨款的同时，为确保实现政府的管理目标和投入经费的使用效果，通常通过文化部与地方政府签约的方式投入资金，鼓励地方政府共同参与文化建设，并利用契约方式对政府资助项目进行管理和监督。这种央地合作契约模式在法国的文化供给机制中有着重要的意义和作用：文化发展计划由下而上提出，最能反映地方需要，有利于培植地方文化规划能力，而中央政府只负责前期引导和最后评估。

（二）倡导文化例外及文化多样性

"文化例外"原则是法国文化模式的一个突出亮点，该政策是法国文化保护主义在国际文化贸易中的延伸。法国认为文化产品是一种特殊的商品，不能仅仅将文化产业作为和其他产业一样的产业，它认为文化产业关系到国民素质、民族传统和凝聚力、国家形象及国家文化安全等，是与其他产业有着巨大区别的特殊领域；美国的大众文化在强势资本的推动下，对于法国本土文化带来的冲击会严重威胁法国文化安全。法国始终将文化产业的意义与重点放在社会价值与文化价值而非经济效益上，这种价值取向使得法国政府在国际贸易谈判中坚定地采取"文化例外"原则。这一立场也被大多数欧洲国家所采纳以应对美国大众娱乐文化的扩张。法国政府坚定以"文化例外"原则作为贸易谈判的底线，主要目的就是让影视音像产品免受世界贸易规则的规制，从而通过财政补贴制度来庇护本土的影视音像产业。因此，在"文化例外"原则的庇护下，法国政府继续对影视音像行业采取资金补贴及配额政策。法国对本土电影和音像制品的资助程度很高，无论是全部资助来源还是政府资助来源，都远远超出德国、英国、西班牙等其他欧盟国家。

20世纪90年代末,"文化多样性"的概念逐步发展壮大,渐渐取代了"文化例外"。在针对"文化多样性"的国际谈判中,联合国教科文组织扮演着重要角色。在法国政府的大力推动下,联合国教科文组织大会于2001年和2005年先后通过了《世界文化多样性宣言》和《保护和促进文化表现形式多样性公约》(以下简称《公约》)。《公约》标志着文化多样性的概念被正式列入国际法保护范畴,但其法律效力与世贸组织条约相比还有差距,两者在贸易争端中很难协调一致。此外,多样性原则还有许多不足,其实施过程也与法国国内文化政策有所冲突,比如在倡导多元文化和维护法兰西民族特性之间如何取舍。法国维护"文化例外"和"文化多样性",不仅有经济和文化方面的考虑,也有着社会和政治层面的重要意义。在探索国家和市场平衡关系的过程中,法国坚持其文化政策模式并积极探索全球化的新途径。

(三)重视财政税收手段扶持文化产业

在美国强势娱乐文化产业冲击下,为了保障国内文化产业不受其害,法国政府很早就通过对外来文化产品设置关税壁垒以及配额制度来限制进口影视音像产品。除了配额制度外,法国还采取了资金补贴制度以推动法国影视行业的发展。其实从1948年起,法国就实施了电影补贴政策,让每一位去电影院的消费者缴纳观影税,如对电影征收电影特别附加税(简称TSA税)以及国家预算补贴及其它税收,而这些税收则作为国营基金,下拨给电影生产商。从1948年开始,法国财政法中便明确规定法国电影工业享受电影扶植资金的支持。即采用票房预付款制度,规定国家电影中心可以从每张电影票(5~6欧元)中抽取11%的税金,形成两个主要资助基金:自动资金和选择资金,前者自动返回制作者,跟票房直接挂钩;后者主要是票房预付款制度,即国家电影中心预先支付给制片人影片预算的一部分资金(一般占5%~6%),如果影片可以盈利,制片人需将所借资金还给国家电影中心,如果影片失败,制片人则不必还钱。根据报道,为更好地支持法国电影企业、开发电影市场,吸引更多新片到法国拍摄,2016年法国文化部强化电影税收抵免政策。视听产品的税收抵免政策也将获得新的资助以促进法国电影的繁荣和传播、助推其在国际上获得成功。对音乐领域的支持也得到加强。唱片的税收抵免政策得到延长，同时建立了创新演出企业税收抵免政策。2016年出口机构资助金增长了50万欧元，新增一项专门针对正在上演剧目的紧急赞助基金，数额达480万欧元。

除增加政府拨款资助及政府贷款外，法国还设立了文化产业信贷制度，鼓励银行及财政机构对文化产业进行投资。另外法国文化部设有专项预算，如"资助剧作家"等津贴，政府还对一些国家文化机构、团体每年发放固定补贴，保证及促进这些文化机构不断进行艺术创作。法国政府对电影电视实行配额制，对外商投资文化产业进行限制，在一定程度上保证了法国文化在本土的主体地位。法国新闻、文学、艺术、电影、电视、音乐等行业均得到政府资助。如法国电影的制作、发行和放映公司均可获得政府的资助；各层次的文化部门也可得到政府资助。这些资助包括政府经济资助、地方以及欧盟的资助，还有私人或企业赞助。

（四）推动法国文化走出去

大国地位、文化中心一直是法国外交政策的最终目标。面对美国文化尤其是美国好莱坞电影以及美国制造的电视剧等文化产品强势侵袭，法国文化保护与推广成为独立自主外交政策的重要目标。法国是最早采用文化外交（cultural diplomacy）实现国家外交目的的国家之一。法国国家文化政策中最重要的部分是对于法语文化的传承和保护，为此法国成立了世界上第一个国家级别的语言组织：法语国家文化技术合作机构。21世纪以来，法国已经跟一百多个国家建立了文化交流、合作关系，法国已经持续多年举办外国文化周、文化季和文化年活动等，这已经逐渐成为法国的传统文化活动。

作为具有传统优势的文化产业，法国电影业担当了对外传播法兰西文化的重任，历来得到法国政府的重点资金扶持。法国文化部设立"法国电影对外传播协会"专门组织和支持法国电影的出口，该协会联合所有法国影片版权所有者和法国影片出口商，通过种种得力措施，为法国电影出口商提供服务。此外，法国外交部还设有一个电影事务办公室，用于组织、领导和协调法国驻外使领馆在国外举办的各类法国电影活动，费用全部由外交部承担。法国国家电影中心设有专门的影片出口资助金，资助制片人或者出口商，鼓励他们将法国影片输往世界各地，其中资助的条件是输出的影片必须用法语拍摄并必须拥有法国国家电影中心颁发的许可证。出口商在把法国影片输往外国电视台时，可向国家电影中心提出给输出的影片打字幕或进行译制的资助申请。法国政府向发展中国家提供对外经济援助时，常常附带一些有利于输出法国文化的条件，例如拿出一定比例的资金购买一些法国影片的版权和拷贝，然后无偿赠送给受援国，达到推广本国电影的目的。

四、法国文化产业相关法律制度

从20世纪60年代开始，法国就非常重视加强文化立法，以使境内文化产业的发展保持"正确的方向"，先后出台了《古迹保护法》《遗产捐赠与继承抵偿法》《建筑法》《图书单一价格法》《著作法》《电影分类制度》和《电台电视台法》，等等。法国文化产业之所以能实现跨越式发展，迅速成为文化产业强国，这与其具有相对完善的知识产权保护法律体系密切相关。早在1791年，法国就颁布了《专利法》。1857年法国又颁发了《商标法》，该法是世界上最早的三部知识产权法之一。1992年，法国又将之前的23项知识产权单行法规汇编成《知识产权法典》，该法典是世界上第一个知识产权专门法典。

为了保护本国影视产业，法国有明确的条例保护欧洲片和国产片的制作和播出份额。法国电影很多是由电视台参与制作的，相关法律规定，所有电视台要把每年3.2%的营业额投放到欧洲电影的制作中，其中2.5%为法国片。收费电视台的比例更高，要求拿出9.5%的营业额来投资法国本土电影。在传播方面，电视台60%的时间必须播放欧洲大陆制作的影视内容，其中40%必须是法国本土片，对于电台额外要求再拿出20%的播放时间，播放当地新艺术人员的作品以扶持新人。1990年法国政府停止原有电影审查制度，推行新的电影分类制度，以促进电影业的发展。通过这项政策，同样保护了青少年和儿童的身心健康。为推行该制度，法国成立了电影作品分类专门委员会，其成员不仅来自电影业的专家、代表，还包括社会代表，从而确保了电影分类制度的公正性及完善性。另外法国政府还建立票房与津贴合同相结合的制度。这项体制运行非常透明，使得票房收入与电视播放权能够受到监督。除此之外，政府采取众多措施严惩非法盗版 DVD 以保护电影业。在法国，新电影的 DVD 只有在电影首映 6 个月后才能进入市场。DVD 的价格一般是电影票价的 3 倍以上，在这种情况下，政府非常有效地保护了电影市场，使得非法 DVD 的市场份额不断减少。

对于英语文化的强势入侵，法国政府为了捍卫法语的纯洁性，与英语语言相抗衡，法国议会于 1994 年 8 月通过了《杜蓬法》。该法明确规定，禁止在影视节目（外语节目除外）中使用外语，要求境内出版物须有法语的概述，在法国境内召开的各种研讨会议，法国人作大会发言必须使用本国语言……对违反《杜蓬法》的将处以 5 000 法郎~2.5 万法郎的罚款，违反多少次，罚多少次。该法的实施为法语文化节目和出版物赢得了必要的"本土市场"。

第四节　加拿大的文化产业政策与法规

一、加拿大文化产业现状

加拿大一直不懈地坚持文化主权，大力扶持本国文化产业。文化产业已经成为加拿大经济的重要组成部分。以音乐为例，加拿大被誉为世界第六大音乐市场，其音乐在世界范围具有一定的商业影响力。加拿大的太阳马戏团、巨幕公司（IMAX）、环球视觉公司（Vision Globale）等文化企业是文化产业中具有代表性的公司。

加拿大文化产业有两大特点：一是市场规模小，而且是很开放的市场。这个小市场还被两种官方语言分割为两个更小的市场，两个小市场的结构基本相同。市场规模小意味着单位生产成本高。二是与文化产业强国美国为邻。加拿大与世界上最大的文化产品出口国——美国有着开放的边界，加拿大文化产品必须与从美国进口的大量的、高质量的文化产品进行价格竞争，但美国市场规模巨大，单位生产成本相对较小。结果是，加拿大文化产品生产商被迫以高成本投入生产，但以低价位进行销售，因为价格被进口文化产品左右了。这是加拿大文化企业面临的最不利的竞争因素，图书、期刊、电视节目、录音制品生产莫不如此。

二、加拿大文化产业管理机构

加拿大实施文化管理分权制。文化市场的运作及其管理体系大致可分为联邦内阁和议会、联邦政府机构和各省政府内设的文化部、由文化遗产部协调的一系列分管各文化领域的联邦文化机构和各类文化艺术事业的基本经营单位4个级别。各省政府对文化事务的管理拥有自主权；主管文化艺术及文化市场的文化遗产部只负责与各省就文化事务进行联络、协调和沟通，各联邦政府文化机构实际上具有相当的独立性。

加拿大文化遗产部是加拿大政府中负责制定文化政策并支持文化产业发展的重要部门，其文化政策以促进全体公民参与文化生活为主要目标，这是文化遗产部制定政策的基础。其主要职能是鼓励文化产业相关部门创作、制作和推广加拿大产品，实施加拿大关于文化企业所有权的相关法律法规，做好对影视制作人、编辑和音乐制作人的服务。加拿大遗产部文化产业司具体负责文化产业发展支持政策与项目的实施管理，该司的基本职责主要是管理图书出版、音乐、杂志、影视政策和项目，承担加拿大音像认证办公室工作，主要任务是鼓励加拿大文化产品的创作和获取，培育加拿大音乐、图书和杂志出版、影视产业的生存能力。文化产业司和加拿大税务局共同管理两个税收减免信用项目。通过国会的授权，文化遗产部部长也负责管理一些其他的联邦文化机构，如加拿大电视电影发展公司、加拿大文艺理事会、国家图书馆、档案馆、博物馆，以及国家公园系统、国家战场管理委员会等。加拿大文化遗产部也负责一些与文化有关的其他事务，如促进多元文化发展，促进官方语言使用，以及体育、文化遗产和国家公园等。

在加拿大，广播是唯一受政府管制的媒体。进入电影、录音、书报、数字新媒体这些行业没有政府壁垒。当下加拿大广播产业的监管机构是由政府于1976年立法成立的"加拿大广播电视和电信委员会"（CRTC），这个机构一直存在至今。作为一个独立的公共管理机构，CRTC管理和监督加拿大广播和电信系统，但是不规制、管理报纸，杂志，手机，或电视和电台节目的质量和内容。此外，有别于美国联邦通信委员会，CRTC的管辖范围并不包括技术性事务。有关频谱编排、呼号发放、防止讯号干扰等事务由联邦工业部负责。

三、加拿大文化产业政策

受美加特殊关系的影响，美国文化在加拿大的市场需求很大，为了保护本国文化产业和国家文化安全，无论是在文化贸易领域还是在文化投资领域，扶持本国文化产业和限制美国文化都是加拿大文化产业政策的特色。加拿大政府确定的文化政策目标是：确保加拿大文化表达和文化产品的市场空间，促进高质量的加拿大文化内容的创造，反映加拿大多元文化的特点，保护加拿大文化遗产。

加拿大政府扶持文化发展的政策以1957年为分界线划为两个时期，第一个时期（1957年以前），加拿大政府扶持文化发展的模式比较传统，主要是建立一些大型国家文化机构，比如国家艺术画廊（1880年）、国家档案馆（1912年）、加拿大广播公司（1936年）、国家电影委员会（1939年）和国家图书馆（1953年）就是在这一时期建立起来的。第二个时期（1957年以后），主要是建立扶持文化发展的长效机制，政府又出台了一系列的扶持政策，促进加拿大电影、出版、电视和音乐产业的发展。加拿大文化产业政策的内容主要有：坚持多元文化主义以确保加拿大内容，限制外资加入加拿大文化市场等几个方面。

（一）坚持多元文化主义政策

加拿大是世界上十分典型的多元文化国家，其构成不仅有加拿大联邦国家主体文化的英、法移民文化，还有加拿大印第安等原住民文化，另有从世界200多个国家和地区进入加拿大的移民文化（1990当时全国总人口的一半）。这种英、法与原住民文化融合又与来自世界其他国家和地区移民文化交织的缤纷斑斓、多姿多彩的加拿大文化"马赛克",在世界上独一无二。其核心为"尊重(respect)、平等(equality)、多样(diversity)"六个字,于是创造和谐美好的多元文化环境并使文化成为包括来自世界各国移民的全体加拿大人共享的重要精神生活内容构成了加拿大文化经贸政策制定的重要基础。

多元文化主义在加拿大作为官方政策,其主要内容是"消除歧视和群体生存",这也是加拿大现行宪法关于多元文化主义的两条原则。它是一种既带有预防性和保护性又具有积极性和实验性的措施,在消除歧视的同时积极确保文化的保持,这两种方式带来的双重"包容需求"——个人权利的平等和群体自治始终贯穿于多元文化主义在加拿大从政策到法律的过程之中。

随着多元文化主义政策的实施和不断修正,迫切需要一种制度性的保障。自1982年对联邦宪法修改之后,加拿大各级立法机构针对多元文化主义进行了较为集中的立法,形成了以宪法为统领,以《多元文化主义法》为框架的多元文化法的体系,为多元文化主义政策在加拿大的施行基本奠定了成文法的框架。联邦政府和省政府依据多元文化法,通过设立不同的机构和各种委员会来确保多元文化政策的实行。

(二)坚持"加拿大内容"的政策

"加拿大内容"(Canadian Content,简称CANCON或CAN-CON)有两层含义,第一层含义是从内容生产者而言,要求是全部或至少部分地由加拿大人创作、生产、呈现或以其他方式贡献(written, produced, presented, or otherwise contributed)的内容;第二层含义指内容本身,即在本质上是加拿大性质的文化及创意内容(cultural and creative content that is Canadian in nature)。后来又补充为不仅要促进在加拿大本土生产的节目(made in Canada),也要支持为加拿大生产的节目(made for Canada)。

"加拿大内容"是加拿大广播政策的核心,其它政策都从属于这个核心。在加拿大广播产业的三个组成部分中,即无线电台广播产业、电视产业及广播传输产业中,"加拿大内容要求"无处不在。为了实现这个目标,从传输和播放两个环节都制定了政策和激励措施。就具体节目类别而言，加拿大广播电视和电信委员会（CRTC）致力于推动"加拿大内容"的两个重点节目的制播，一是加拿大本土音乐，这是吸引无线电台广播听众的主要内容，也是吸引电视观众的重要内容；二是由本国公司制作、通常很难收回成本的电视节目，如电视剧、音乐舞蹈、综艺节目等。

（三）对外资拥有权的限制政策

在文化投资领域，加拿大规定外资不得控股文化企业：最高拥有电视22%和报纸25%的股权，且不得控股电影发行公司和图书出版公司。"加拿大拥有权"（Canadian ownership）是加拿大广播政策的一个基本原则。1991年《广播法案》规定，"加拿大广播系统必须为加拿大人有效拥有和控制"。换言之，法案并不是完全禁止外商投资于加拿大广播产业。"加拿大拥有权"是对于在加拿大持有广播执照的公司，加拿大人拥有不少于80%的投票股权（voting share）。如果加拿大广播执照申请者为某一集团公司下属的子公司，则"加拿大人所有"是指在集团母公司中，加拿大人拥有不少于2/3的投票股权。

与此类似，《加拿大投资法》（Investment Canada Act）对于投资加拿大其他文化产业的外国公司也有类似规定。如果外资持股比例可以达到拥有或控制一家加拿大公司的水平，文化遗产部将负责对其审核，有权要求这家公司履行遗产部设定的一系列加拿大文化政策目标之义务。如专门用于认定和审核外国资本对加拿大图书出版产业的投资是否有利于加拿大的利益。按照法案规定，加拿大文化遗产部负责对外方投资本土图书出版产业的提案进行审议；只有经过加拿大遗产部审核，并认为该提案是有利于加拿大自身文化发展利益的，该外方投资才可以施行。

（四）财政金融支持文化产业政策

加拿大政府通过财政资助支持文化产业的发展。比如，在基金扶助方面，政府注资与吸纳社会资金建立各类文化基金。除加拿大政府建立的加拿大创新基金会外，加拿大全国性和地方性纯文化基金名类繁多。在影视领域，有加拿大故事片基金、加拿大独立电影和录像基金、加拿大电视剧基金等；音乐领域，有加拿大音乐基金；出版领域，有加拿大期刊基金；数字技术领域，有加拿大新媒体基金等。此外，加拿大艺术理事会每年为加拿大艺术家、艺术表演团体、演出商提供资助以鼓励和促进文化艺术的发展，资助主要是通过基金会来实现，包括演出基金、协调基金、表演艺术管理基金等。文化艺术机构开展艺术活动或运作项目均可向加拿大艺术理事会申请政府文化经费资助，各省和市也设有同类或相应机构。

此外，政府对文化投资和文化产品创新实行税收减免优惠。按照加拿大国家税务总署界定的健康福利、教育、宗教和"有益社会"四类可申请减免税情况，文化艺术机构接受投资款和捐赠款，根据"有益社会"类可享受政府税务部门免税待遇。凡向税务部门申报并获核准减免税优待的文化艺术机构接受捐款时免交所得税，同时捐助者凭受赠者出具的"善款发票"则所交联邦货物服务税可悉数退税。此外，文化企业经文化、税务等主管部门同意，还有某些其他税收优惠，包括影视制作应纳税抵免、加拿大艺术品交易应税收入减免、艺术家存货应税收入减免、艺术家捐赠享受等额收入豁免。这样，为文化产业"减负"，加强了对影视制作人、编辑和音乐制作人的服务，对文化产业从业人员很有吸引力。

加拿大为了扶持本国影视业发展，特别设计了电影界的"加拿大电影录像片制作税赋信用"制度，制片总成本中人工开支费用的60%将享受"税赋信用"和"税款优待"。加拿大返还性的应纳税抵免，鼓励在加拿大拍摄时使用加拿大劳动力；确保加拿大具有符合国际水准的影视生产基础设施；促进加拿大成为可供国内外影视公司选择的生产基地。加拿大影视制作享受的税收优惠有：对不超过生产成本（剔除政府补助）60%的有资格劳动力支出提供25%的应纳税抵免，激励影视产品创意，支持影视制作。享受条件是：与加拿大有关的内容必须经过认证且雇用一定数量的加拿大劳动力。影视制作服务享受的税收优惠有：对有资格劳动力支出提供16%的应纳税抵免，但要求雇用加拿大劳动力，且主要针对国外制作商。加拿大大多数省级政府都有影视制作应纳税抵免政策，加拿大影视返还性的应纳税抵免政策有力地支持了加拿大影视制作生产。

（五）文化例外及文化多样化政策

"文化例外"最早是法国提出来的。法国主张，文化产品与其他产品具有差异性，文化产品和服务传达着观念、价值和生活方式，并反映了一个国家的多重身份及其多样性。"文化例外"应运而生，成为为了保护本国的文化不被其他文化侵袭而制定的一种政策。基于文化主权，加拿大坚持把"文化例外"原则作为维护其文化产业和文化市场的主要工具。通过"文化例外"原则保障国家利益和文化独立性是加拿大政府文化政策的最高宗旨。除了用多种政策行为的组合来保障自己的文化主权外，加拿大还积极参与国际组织以及国际规则的协定与重塑，推进本国政策主张。在国际上，加拿大一贯主张和坚持"文化例外"、文化多样性原则，发展和保持本国文化产业发展的特色和丰富性，以民族利益和经济利益为由抵制文化领域的自由贸易。法国和加拿大等国，利用联合国教科文组织等国际组织在国际文化事务方面的权威地位及"文化多样性"政策系统，使本国抵制自由贸易、保护文化独立性及弱小文化产业的政策、措施变得合理合法。

在文化贸易领域，文化例外是加拿大政府保护本国文化产业的重要工具。在乌拉圭回合谈判中，以加拿大和法国为代表的部分欧洲国家强调文化产业的意识形态属性，认为关贸总协定过于注重商业层面的考虑，不利于保护文化的多样性，并最终在谈判中取得成功，对文化特殊性的强调使得其保护了视听服务和其他文化行业。同样是通过文化例外条款，加拿大政府也将文化市场排除在北美自由贸易协定之外，并长期对本国新闻出版、广播影视和艺术生产等文化产业进行税收优惠、资金补助和准入限制。对文化产业的保护政策在很大程度上促进了国内文化产业的发展，但其政策毕竟违背了WTO的原则，因此时常遭到其他国家的指责和报复。美国就曾以实行贸易保护政策为由将加拿大告到WTO，最终WTO判定加拿大败诉，要求加拿大取消反渗透进入税，并取消对杂志的邮费补贴。加拿大之后对国内政策进行了调整，但美国指责这种调整仅是形式的改变，而没有改变具体内容。以邮政补贴为例，加拿大取消了国内杂志的优惠邮寄费率，同国内外杂志享受同一费率，但加拿大政府将邮政补贴直接支付给了国内杂志出版商。

四、加拿大文化产业法律规定

法律是文化产业政策的最高表现形式。加拿大文化产业的法律主要包括《加拿大遗产法》《广播法案》《加拿大广播电视委员会法》《电信法》《版权法》《旅游展览赔偿法》《投资加拿大法》《所得税法》《艺术家身份法》《文化资产出口和进口法案》和《博物馆法案》等。各种有关文化的立法，均首要强调加拿大主体性和加拿大主权观念，维护共同价值的延续性，强调社会责任感，确保"加拿大内容"在文化经贸等国家一切文化活动中占主导地位。加拿大《版权现代化法案》（CMA）于2012年7月11日生效，目的是在"创作者与使用者需求之间达成权利平衡"，同时该法案使加拿大版权法符合加拿大已签署的两部世界知识产权组织条约（《世界知识产权组织版权条约》与《世界知识产权组织表演和录音制品条约》）。

1988年联邦议会通过了《多元文化主义法案》，它以《1969年权利法案》《官方语言法》、1977年《加拿大人权法》和1982年《加拿大权利和自由宪章》为法律基础，确认了多元文化主义是加拿大社会的基本特征。该法案是在官方多元文化主义政策确立后颁布的一个专门法，法案的目的是保护和促进加拿大多元文化，消除歧视，促进相互理解，促进联邦政府对多元文化主义的制度性改变。这一法案为现行的多元文化主义政策提供了一个成文法的框架支持，种族和文化平等的原则充分体现在这部法案之中。在此之后联邦议会先后通过了《官方语言法》（1988年修改）、《加拿大种族关系基金法案》（1990年）和《传统语言机构法案》（1991年）等一系列有关多元文化的法案。初步形成了以宪法为原则，多元文化主义法案为框架，中央和地方以多元文化相关法律为内容的加拿大多元文化法体系。1991年加拿大议会通过了《传统语言机构法案》，根据该法案，在埃德蒙顿成立传统语言机构，旨在全国范围内为少数族裔语言课程的教师提供培训，并对课程内容进行标准化设计。1991年通过的《种族关系基金法案》规定在多伦多建立一个种族关系基金,目的在于通过对公众的教育消除种族主义。多元文化的因素深深渗透在宪法的演进过程之中,也不断地投射到其它法律之上,对加拿大整个法律制度产生了深刻的影响。少数族裔的权利诉求在多元文化法这一制度性框架中理性地提出并得到合理满足和规制。

第五节 韩国文化产业政策与法规

一、韩国文化产业现状

韩国文化产业虽然起步晚,但发展速度非常快,目前发展的程度很高。韩国政府在20世纪90年代提出了"文化产业"这一概念,亚洲金融风暴后确立了"文化立国"的战略,并将文化产业确立为21世纪的支柱产业,努力寻求新的经济增长方式。20世纪末,韩国文化产品风靡全世界。韩国的文化产业主要有:动漫、游戏、音乐、电影、出版、广告、广播等,大都与流行的娱乐文化紧密相关,并由此带动了旅游、出版、玩具、饮食、服装、日用消费品和化妆品等行业的发展,从而掀起了一阵强劲的"韩流",给韩国带来了巨大的经济效益,韩国文化影响力在亚洲乃至全世界大大提高。韩国的文化产业在政府的全方位扶持和社会的努力下,已经发展得相对成熟和完善。韩国文化产业的发展拉动了其国内经济的增长,像影视作品的出口能够吸引各国的游客来韩国旅游,带动旅游产业的发展,从而加快了韩国经济增长速度,不仅有利于韩国文化产品出口创汇,而且有利于韩国本土文化走向国际。在我国,韩国文化的影响渗透到了人们生活的诸多方面,其中主要包括电视、音乐、游戏、出版物等。在我国各个城市都可以听到和看到正在播放的韩国音乐和韩国电视节目,许多韩国明星在我国也有着极高的知名度和影响力。

不同于美国文化产业主要依靠市场驱动促进发展,韩国在文化产业方面主要通过法律制度以立法确定促进文化产业发展的基本制度和原则,政府在法律的框架下制定具体政策,创造发展平台,建立和促进相关制度的形成。韩国文化产业法律制度在推动文化产业发展方面取得了卓越的成效，让韩国从一个文化产业落后的国家成了一个文化大国。韩国的文化输出主要集中在电影、电视、游戏、音乐等领域，而出版、漫画、游戏、音乐、电影、动画、广播电视、广告、角色、知识信息和内容物匹配软件这些文化产品在韩国被定义为"内容物"，与这些文化内容的制作、流通、消费相关的产业被称为"内容产业"（content industry）或"文化内容产业"。韩国"文化产业"一词范围较为宽泛，除了包括内容产业以外还包括与文化遗产、大众文化艺术、传统工艺等文化形式相关的产业。我国"文化产业"一词与韩国"文化内容产业"一词范畴较为接近。韩国的"文化内容产业"所包含的产业类型大体上可以和我国文化产业定义中的大部分产业类型相对应。

二、韩国文化产业管理机构

1. 主要管理机构

韩国主管内容产业的政府部门是韩国文化体育观光部（下称"文体部"）。文体部是韩国中央行政机关，最初名为文化部，后于1993年改名为文化体育部，于1998年改名为文化观光部，最终于2008年改名为文化体育观光部并沿用至今。韩国文体部是主导韩国文化艺术、文化内容等有关各类文化产业发展的最高政府主管机构，以文化产业政策制定为主要职能。含室局企划调整室、文化内容产业室、宗务室、文化政策局、艺术局、观光产业局、体育局、宣传支援局。

文体部内主管内容产业政策的部门是文化内容产业室，作为具体负责文化产业的机构是其中最大的组织，文化内容产业室由课室组成，分别为文化产业政策课、影像产业课、游戏产业课、内容技术人力课、内容振兴课、战略软体课、著作权政策课、著作权产业课、媒体政策课、传播影像广告课、出版印刷产业课、新媒体产业课。韩国文化产业管理机构非常的细化，各部门的职责非常的明确，同时文化管理机构的设置也越来越专业化，各部门各负其责，协调运转，共同促进了文化产业的发展。这种机构组成方式，一方面可以分清政策对象，确立政策着力点，有利于形成对各具体文化产业的针对性支援，另一方面形成专业部门处理在文化产业发展中起基础性作用的教育、技术开发、著作权保护以及法律保障等问题，使得机构能够在决策合理化基础上，发挥各政策间的交互协同作用，形成政策合力，更好地促进文化产业发展。

2013年韩国朴槿惠政府上台后新设了名为"未来创造科学部"（下称"未来部"）的中央行政机关部门。未来部的前身是韩国科学技术部，经过几次合并与改制，最终于2013年设立了现在的未来创造科学部。未来部的主要工作是制定、整合和调整与科学技术有关的政策，研究、开发和振兴科学技术，培养科学技术人才，研究、开发、生产和使用核能，促进信息化和数字化，管理广播电视、通信业等。值得注意的是，未来部设立后，原本由文体部管理的数字内容产业振兴的业务移交未来部管理，因此韩国内容产业实际上由文体部和未来部共同管理，但是文体部的管理依然占主导地位。然而，内容产业在文体部和未来部的管理间存在一定的冲突。随着信息技术的发展，目前传统内容产业和通信业逐渐发生融合，许多传统内容物被数字化，传统内容产业和数字内容产业的界限越来越模糊。文体部和未来部制定振兴内容产业政策的主要依据都是《内容产业振兴法》，而该法律中没有明确区分传统内容产业和数字内容产业，这就会导致两个部门针对同一对象制定类似或重复的振兴政策，造成行政资源的浪费。

2. 主要支持机构

韩国文化产业主要支持机构为特别法人团体——韩国文化内容产业振兴院，为文化产业政策执行机构，主要建构韩国文化内容产业的综合支援体系，执行全方位的支援。这种支援主要体现在人才培养、技术开发、改善流通环境、开拓市场、促进出口等方面，以提供资金、收集信息、提供交流平台等具体支援手段。人才培养主要由文化内容产业振兴院下设的学院具体负责，采取独立开设相关课程、与大学合办相关专业、开设专业学院，以及利用网络实行线上教育等方式进行。出口支援主要以资讯提供、商业机会提供、所在国行销支持等方式进行，此外韩国文化内容产业振兴院还分别于美国、日本、中国、欧洲设立了办事处,帮助企业在这些地方开拓市场。资金支持部分以税收优惠、奖励、低息贷款、补贴等方式进行。其他文化产业政策执行与支持机构包括文化产业振兴委员会、产业振兴院、游戏综合支援中心、游戏技术开发支持中心、游戏技术开发中心、韩国放送影像产业振兴院、文化观光研究院、韩国电影振兴委员会、韩国经济人联合会——文化产业特别委员会、地区报业发展委员会、韩国游戏开发院、游戏文化振兴协议会等。它们的主要职能为调查、研究、教育、训练,基础设施建设,制定发展规划,基金运营、经营支持、资金支持,促进市场流通,扩大海外市场。

三、韩国文化产业政策的内容

从金泳三政府到金大中、卢武铉、李明博等历代政府,韩国文化产业政策以规制为中心转变为以支援为中心,并呈现出明显的国家主导型特点。韩国实行总统五年单任制,随着新政府的组建,总统会依据其国家政策的理念建立国家政策的战略。文化发展政策及文化产业政策也是依据相同的国政运营方针制定并推进相关计划。

(一) 财税政策扶持

在财税政策方面,其一,韩国政府建立了文化产业财政资金扶持机制,主要从两方面着手进行:一方面,制定了年度国家公共财政预算,将政府公共基金全部向文化产业部门进行投资,并且提出国家每年支出的文化经费应保持在财政总预算支出的1%左右;另一方面,鼓励民间机构进行非盈利性资金投资,与官方机构的财政资金共同出资,对各个经由文化振兴院评定的文化项目、文化部门给予金额不等的援助。其二,为提高国民的福利和扶植文化等弱势产业,韩国政府自1999年1月以来先后颁布实施了《税收减免管理法》《特别税收待遇管理法》等税收法律,以鼓励和扶持当时仍处于起步阶段的包括文化产业在内的各种新兴产业规范快速地发展。对于文化产业具体而言有以下措施:①采取间接税收优惠政策方式扶持文化产业的持续发展;②对于尚处于起步阶段的文化企业,按照税率6年逐级递增的公司所得税优惠政策实行;③实施文化产业地区差异化税率优惠政策,以鼓励文化产业实现均衡协调发展。税法改革,对于提高文化产业相关企业的积极性和促进文化产业基础的形成具有积极的意义。

(二) 创新文化产业融资方式

文化产业专门投资组合是韩国文化产业一种新的融资方式,以动员社会资金为主,多渠道筹措文化产业发展资金,按照"集中与选择"的原则,有目的、有重点地实施资金支持,在经费上确保文化产业的发展。比如,电影振兴公社2001年通过电影专门投资组合成功融资3 000亿韩元,用于62部影片的拍摄和制作,从而为电影产业的发展提供了资金保障;首先,鼓励文化产业领域的风险投资,支持更多企业对游戏、电影、音乐、人物形象等重点行业进行了风险投资,其次,政府还提出对进驻文化产业园区的单位和企业长期提供低息贷款以形成产业聚合效果。再次,韩国政府近年来每年向政府招标中投标后中标的银行提供100亿至500亿韩元不等的政府预置金补助,使这些中标银行能够为文化企业提供符合市场标准的低息贷款,以这种方式对本国文化产业进行间接扶持。

(三) 鼓励出口

在鼓励出口方面,提出实施所谓"前沿据点"的战略规划,通过制定一系列的优惠政策,来大力支持和鼓励文化产品和服务走出国门,尤其是激励包括影视产业和游戏产业等在内的这些在国际上久负盛名,具有较强竞争优势的产业参与到国际文化市场的竞争中去。例如为了促进影视产品的出口,韩国政府几乎全额补助翻译与制作费用以鼓励电影公司、影视制作单位将韩文翻译成各国外语以吸引各国购买其版权扩大出口。同时,还积极鼓励国内文化企业与各国文化企业之间进行相互合作,并设立了海外出口奖励机制,帮助其文化企业占据更多的国际文化市场份额。韩国也积极举办和参与国际性文化产品展销洽谈活动。

(四) 设立文化产业专项基金,建立奖励机制

韩国政府设立了广播发展基金、文艺振兴基金、电影振兴基金、资讯促进基金、出版基金、地区报业发展基金及文化产业振兴基金等多项文化产业发展基金,为文化产业的发展提供了资金保障。基金的主要职能是为

中小企业、弱小项目的开发、制作、流通、出口提供资金支持。资金来源以国家财政支持为主，民间参与和自营收入为辅，由投资公司进行专业化运营，注重经营而非单纯资金提供，避免道德风险。

此外，韩国政府为推动文化产业的发展还实行了一系列的奖励机制，加大对重点文化产业行业的奖励力度；给予优秀的文化产品和文化企业重大的奖励。同时，为了使文化产业的奖励更具有权威性，政府还设立了"国家总理奖、文化观光部长官奖""特别奖"以及"总统奖"，这大大提高了企业和个人发展文化产业的积极性，促进了文化产业的发展。

(五) 韩国文化产业的人才政策

韩国政府在发展文化产业的过程中始终高度地重视人才的作用，尤其关注文化产业专门人才的培养规模及其缺口。韩国制定了一系列政策，主要包括：

第一，完善人才管理系统。为了便于制定文化产业人才培养计划，韩国政府成立了文化产业人才培养委员会。为了方便对文化产业教育机构实行认证，鼓励提高企业和个人参与文化产业发展的积极性，韩国政府还成立了教育机构认证委员会。教育部门非常重视非正规院校在文化产业人才培养中的作用，因此它会给予非正规院校尽可能多的教学任务，通过产、学、研共同配合形成文化产业双赢的人才培养机制。同时，为了吸引更多的专家，文化产业振兴院还建立了文化产业人才数据库。

第二，对与文化产业相关的专业人员进行资格培训。在这一方面主要是委托相关院校和企业对从事文化产业的人员进行资格培训，并对他们的资格培训进行相应的规范。在韩国，为了满足动漫市场对人才的需求，韩国游戏产业开发院、文化内容产业振兴院、富川漫画情报资料中心、首尔动漫等机构都会定期对动漫企业进行培训。此外，韩国电影产业的培训机构也特别多。

第三，加强与外国的交流和合作。韩国非常重视跟其他国家进行交流与合作，在交流合作中取长补短，学习别国的成功经验。为了培养具有国际水平水准的文化产业人才，政府还会选派人员去国外学习进修。

第四,通过网络和教育机构来培养文化产业人才。在韩国,凭借网络教学,开设文化产业相关专业,培养文化产业急需人才已成为屡见不鲜的方式。

四、韩国文化产业法律规定

韩国政府在内容产业的发展过程中扮演了重要的角色,在法律的规范下实施促进内容产业的政策,构建韩国内容产业的制度基础。

1. 文化产业三部基本法

韩国在1995年制定了《影像振兴基本法》,它是韩国在内容产业领域的第一部基本法,法律明文规定了保障影像产业的制作自由,为后来内容产业的健康发展打下了基础。1999年制定的《文化产业振兴基本法》扩大了调整的范围,从《影像振兴基本法》主要调整影像产业扩大到了对整个内容产业以及大众文化艺术、文化遗产、传统艺术等的调整,为振兴包括内容产业在内的整个文化产业奠定了法律基础,对促进韩国内容产业的发展起了至关重要的作用。之后随着网络信息技术的发展,内容产业的形式也发生了极大的变化,因此韩国为了适应市场的变化于2002年制定了《网络数字内容产业发展法》,2010年进行修订时将法律调整的对象扩大到整个内容产业,并改名为《内容产业振兴法》。以上三部法律构成了韩国文化产业的基本法律框架,在这三部一般法的基础上韩国还制定了规范和调整个别领域的法律,分别是《电影和录像振兴法》《游戏产业振兴法》《电子竞技振兴法》《音乐产业振兴法》《漫画振兴法》《新闻类振兴法》《期刊振兴法》《新闻通信振兴法》《出版文化产业振兴法》。此外,还有一些法律与内容产业关系较为密切,例如调整著作权法律关系的《著作权法》和保障公民文化权利的《文化基本法》等。

《影像振兴基本法》制定于1995年。制定该法是为了对振兴影像产业的政策进行基本性规定,以期达到提高国民文化生活水平、加强影像产业竞争力的目的。该法律的调整对象主要为"影像物"和"影像产业"。《影像振兴基本法》第4条规定,"国家应当保障和尊重创作影像物的自由和自律性",1996年韩国宪法法院判决电影"事前审查"制度违反了宪法

第 21 条规定的言论自由，至此韩国电影事前审查制度终于被废止并以电影分级制取而代之。

1999 年韩国政府制定的《文化产业振兴基本法》通过详细的条款对包括内容产业在内的文化产业发展中的基本原则、政府责任以及基本制度作出了规定。《文化产业振兴基本法》对"文化商品"和"文化产业"两个概念进行了详细阐述，该法中的"文化商品"包括电影、音乐、游戏、出版印刷物、广播电视、文化遗产、角色、动画、设计、广告、演出、美术品、传统工艺品、多媒体内容等形式，而"文化产业"则指与生产、流通和消费上述文化商品有关的产业，而内容产业是文化产业中的重要组成部分。《文化产业振兴基本法》制定以来至今经过了 10 次修订，其中最大的变化就是删除了文化产业振兴基金和文化产业振兴委员会的规定，加入了文化产业专业公司的规定。文化产业专业公司是《文化产业振兴基本法》2006 年修订时新加入的制度，按照该法律的规定，文化产业专业公司是指以实施特定文化产业事业为目的，为文化商品的企划、开发、制作、生产、流通和消费提供服务，管理、利用和处分文化商品，申请登记成立的公司。文化产业专业公司通常为实施特定企划而设立，并且通常伴随企划的开始而设立，随着企划结束解散。从公司形式上来看，文化产业专业公司可以是有限责任公司或股份有限公司，但没有营业场所和职员，是一种形式上的公司。设立这种公司制度是为更好地吸引投资者参与到文化产业企划的投资中，保障企划制作过程中资金流的透明性而设立的制度。

根据韩国《内容产业振兴法》的定义，"内容物"一词指含有符号、文字、图形、色彩、语音、声音、图片和视频等的资料或信息，而"内容产业"一词指对有经济附加价值的内容物或对提供内容物的服务（包括它们的复合体）进行制作、流通和利用的产业。而现在通行的对内容产业的定义则是采用韩国文化体育观光部的定义，即与出版、漫画、游戏、音乐、电影、动画、广播电视、广告、角色、知识信息和内容物匹配软件的生产、流通、消费有关的产业。这是因为内容产业一词的广泛运用始于 2008 年韩国文化体育观光部的设立。在此之前韩国更多使用"文化产业"一词，而文化产业包含广义和狭义两个概念。广义的文化产业包括内容产业以及文化艺术、国民休闲活动、文化遗产、图书馆、美术馆等产业，而狭义的文化产业仅指内容产业。文化体育观光部的前身文化观光部在制作年度《文化产业统计》时，就使用的"文化产业"一词，但统计的领域则为出版、漫画、音乐、游戏、电影、动画、广播电视、广告、角色、数字教育和数字信息产业的相关数据，因此可以认为在该统计中"文化产业"一词使用的是狭义概念，即内容产业的概念。文化体育观光部设立后则改变了用语的使用，"文化产业"一词专门用于指代广义概念，而"内容产业"一词取代了文化产业的狭义概念。

《内容产业振兴法》制定于 2002 年，最初名为《网络数字内容产业发展法》。随着内容产业和文化产业概念的明确化，韩国于 2010 年将该法律的调整范围扩大到整个狭义的文化产业即内容产业，并改名为现今的《内容产业振兴法》。2010 年《网络数字内容产业发展法》修订为《内容产业振兴法》后，该法律对保障内容产业稳定发展起了积极作用，内容产业进入了新的发展时代。即使在 2010 年全球金融危机的背景下，韩国内容产业依旧可以实现大规模增长，并在之后的几年保持稳定的上升趋势。

在法律效力上《内容产业振兴法》和《文化产业振兴基本法》虽然都属于文化产业领域的基本法，但两者的地位并不完全等同。在内容产业领域《内容产业振兴法》优先于《文化产业振兴基本法》适用，而《文化产业振兴基本法》只有在《内容产业振兴法》没有规定的情况下才能适用，不难看出两者间具有特别法和一般法的关系。换句话说，内容产业的法律适用问题上优先适用调整具体领域的特别法，在特别法没有规定时适用《内容产业振兴法》，都没有规定时才可以适用《文化产业振兴基本法》。

2. 主要的特别法

《游戏产业振兴法》于 2006 年 4 月 28 日颁布，并在 2006 年 10 月 29 日实施。这部法律是为了保护韩国在线游戏的健康发展而制定的，因为韩国是世界上在线游戏发展最快的国家。《游戏产业振兴法》规定了游戏产业振兴综合计划，为了实现这一计划，政府对创业问题、专门人才的培养、技术开发的推进、协同开发及研究、标准化问题、流通秩序的确立、国际合作、海外市场开拓援助及实况调查等制定了相应的政策。同时，政府通过预防游戏的不良作用创建良好的游戏文化基础，保护游戏创作产权，保护使用者的利益。为了对游戏产品做出等级分类，有委员会审议和决定游戏物的等级分类、流通制作以及供给等的等级分类事后管理工作。

《音乐产业振兴法》于2006年4月28日正式制定并颁布，2006年10月29日开始正式实施。《音乐产业振兴法》将与音乐相关的法律内容从先前的音乐为主扩展到了音乐产业全领域，从先前的限制为主改变为振兴为主，拓展音乐产业的产业范围，为音乐产业的发展提供良好的契机。同时引入数码形态的音乐概念，不仅适应了音乐环境的变化，而且有利于促进音乐制作和音乐产品流通的基础设施建设。《音乐产业振兴法》针对数码形态的音乐文件和音乐影像文件通过网络和移动电话等被广为传播和使用的状况，在市、郡、区设立"网络音乐服务供给业"。

《出版文化产业振兴法》对图书的定价制度作了相应的规定。关于图书的定价制度在通常情况下要继续实行，而对于那些实用性很强的图书，从法律上允许它们不实行定价制度。为了保护实体店不至于在网络销售兴旺发达的局面下萎缩，《出版文化产业振兴法》对网络书店、电子出版、附加赠品销售等现象进行了关注，并在具体做法上作出了相应的调整。

《知识产权法》于2007年6月29日正式实施修订案。修订案重新规定和修改了知识产权相关的定义，对知识产权的权限、创作作品的使用问题、知识产权持有者的权利、网络服务提供者的义务、对知识产权为图案管理团体的指导和监督、知识产权审议调整委员会的作用和职能、知识产权侵害行为的防范对策等进行了整顿和规划，特别是对知识产权的权限重新作出了规定。

第六节　日本文化产业政策与法规

一、日本文化产业现状

在日本，文化产业统称为娱乐观光业，而实际上，几乎与文化相关的产业都被日本政府认为是文化产业。具体来说，日本文化产业包括内容产业、休闲产业和时尚产业三大类。近年来，日本更倾向于用"内容产业"（content industry）来取代"文化产业"的说法，实际上是更加强调文化产品中的文化内容属性。内容产业是指电脑、网络、电视、多媒体系统建构、数字影像处理、数字影像讯号发送、录影软件、音乐录制、书籍杂志、新闻等产业门类。休闲产业是指学习休闲、鉴赏休闲、运动设施和学校及补习班、体育比赛售票、国内旅游、电子游戏、音乐伴唱等七类产业。时尚产业是指时尚设计和化妆品这两类产业。

2001 年度日本文化产业已成为仅次于制造业的日本第二大支柱产业。相对于日本整体经济的滑坡，日本文化产业仍然呈现良好的发展态势。在文化产业内部，以音乐、动漫、美食、绘画、娱乐、时装、广告、设计为代表的日本"酷文化"更是风靡全球，已成为新的经济增长点。内容产业是日本文化产业的支柱。日本有发达的文化传播媒介，媒体系统十分发达。例如，日本拥有六家全国性电视台，其中由国家运营的 NHK 电视台在每个县都设有规模较大的分支机构，而其他大型电视台如朝日、富士等，其运营规模和收视率也非常可观。日本的三大报纸《读卖新闻》《朝日新闻》以及《每日新闻》是世界上销量最多的报纸，此外，名义销量能够达到百万份以上的报纸也有十几家之多。在出版业，日本拥有角川书店、讲谈社、小学馆等一大批世界知名的出版集团，其营销机构遍布日本的居民区、公共交通网点、商业街等。动漫产业是内容产业中最重要的构成部分。日本是世界上最大的动漫制作国和输出国，素有"动漫王国"之称。目前全世界有 60% 以上的动漫产自日本，在欧洲这个比例更高，达到 80% 以上。日本动漫产业是日本的第三大产业，年收入已经达到了 230 万亿日元，动漫行业的市场份额超过日本国内生产总值十几个百分点。

日本有许多著名文化公司，演出界有四季剧团、宝冢歌剧团，电影界有松竹公司、东映公司、东宝公司，出版界有大日本印刷公司、凸版印刷公司，票务界有琵雅公司，广告界有电通公司。此外，日本还拥有一批综合性的文化公司，如吉本兴业公司、艺神公司等。日本正是依靠这些文化企业的努力，文化的产业化运作才得以成功地实现。日本许多企业还参与和赞助大型文化活动，并且经常通过1990年成立的支援文化艺术协会来参与文化体育活动。日本的报社和电视台也热衷于举办各类文化活动，以扩大影响、提高知名度。这种日本独有的现象对文化产业的发展也起到了积极的推动作用。日本还有大约800家企业拥有自己的博物馆和美术馆，大多都展出各自的美术收藏品。

二、日本文化产业管理机构

日本政府主管文化产业的部门主要有经济产业省、总务部（原邮政省）、文化科学省和内阁官房（负责各省厅间的协调机构）等，他们通过制定有关法律法规对文化产业进行管理和强化。同时，日本的一些经济组织和社会团体，如经团联、日本动画协会等也参与了文化产业管理，它们根据各业界的意见对文化产业政策提出建议。日本在文化产业的发展过程中，成功地利用"产官学"模式。该模式特点是企业与政府、科研机构联合，一起协作参与文化产业的发展。这种模式整合了三者的长处，效益较高。如政府能为企业提供政策支持，科研机构能为企业提供信息支持。

在日本，几乎每个文化行业都有自己的行业协会，这些行业自律性的组织在制定行业规则、审查文化产品、维护成员利益等方面起到了政府难以替代的重要作用。比如成立于1939年的日本音乐著作权协会，其主要职能是根据《著作权中介业务法》，负责征收音乐著作权的使用费。该协会拥有作曲家和作词家会员1.2万余人，管理着160多万首曲目。成立于1994年的日本电脑娱乐提供者协会，现有会员2 000多家。该协会除了负责对行业的发展进行调查研究、行业统计之外，还于2002年制定了游戏软件分级制度，并对游戏的内容进行了严格审查。电影的审查则主要由日本影协属下的电影伦理管理委员会负责。另外，日本的演员、歌手、画家等文化工作者都有自己的经纪人，签约和相关法律问题都委托经纪人和律师负责。日本的文化经纪人对于发掘培养新人、规范文化市场起到了非常重要的作用。

三、日本文化产业政策的内容

日本文化产业发展得益于其建立了一套较为完善并具活力的政策支撑体系，通过产业政策对文化产业进行有效的监督和管理。1995年，日本文化政策推进会议在其发表的《新文化立国：关于振兴文化的几个重要策略》的报告中，确立了日本在未来21世纪的"文化立国方略"。1996年以后，日本又先后制定、修改了扶持文化艺术的政策。《特殊21计划》就是日本文化厅旨在扶持文艺创作的计划，把推动国际艺术交流作为所要开展的重要事业之一。

1. 实施文化产业大国战略

日本是首先在亚洲实施文化产业大国战略并取得相应成功的范例。日本在2004年出版的《内容产业振兴政策——软实力时代的国家战略》中明确提出了10年内将日本建成世界上第一个知识产权强国的目标。2009年日本内阁官房知识产权战略事务局又宣布"知识产权战略计划2009"，文化政策促进会于2010年提出了《文化产业大国战略》，也就是"酷日本"战略。战略中提出主要抓好几方面的建设，包括要尽力拓宽融资渠道，加大国际业务份量，提高技术革新、合作效益，广纳贤才等，同时提出了促进海外扩张，在投资融资、税制、保险等方面加大支持力度。

2. 采取政府推动、政府和民间一起投入的财政政策

首先，日本经济产业省的职责是从经济角度管理文化产业，其下属的情报、信息、政策部门专门设立了文化产业政策关联科，负责为财务省制定相关税收政策提供参考依据。

其次，日本政府常以财政补助、财政投资与政府财政采购、财政基金、综合援助等形式来扶持文化产业中的各行各业。例如，对于具有地方和民间特色的传统文化工艺和文化遗产实施综合财政援助（财政补助、税

收优惠、财政贴息贷款和政府担保等），以鼓励传统文化的传承、保护与发展；中央政府与地方政府联手，共同举办全国规模的文化节等。

再次，文化产业的投融资也依赖于企业、公司的投资和资金赞助。日本政府通过文化登记制度、税收减免制度等政策措施，鼓励企业投资文化产业。例如，为文化产业发展提供赞助的企业可以享受一定比例的税收优惠；捐款赞助文化事业的企业或个人可以获得企业和个人所得税抵免。正是因为这些政策优惠，几乎所有的日本大型企业都十分愿意以各种形式支持、参与文化活动，他们将此视为提升企业形象的重要举措。

此外，日本还设有扶持文化产业发展的基金。1990年3月，由日本政府拨款530亿日元和民间团体组织出资112亿日元，成立了"振兴艺术文化基金"，共同对各领域的文化艺术活动给予资金援助。同年，日本企业联合发起设立了"企业赞助文化艺术协议会"，通过宣传来增强国内企业支持文化艺术的意识，并为积极赞助文化艺术的企业提供各种服务，包括信息和中介服务、调查研究、赞助认定和表彰、国际交流活动等。

3. 积极的金融政策

首先，日本政府大力支持文化企业的证券（包括股票和债券等）发行，这不仅为企业提供了更广阔的资金来源渠道，也改善了融资公司的治理结构。其次，日本在文化产业中鼓励发展风险投资，并在一段时间的发展中逐渐渗透到了从创业初始投资到产品后期衍生产品开发的各个层次，既达到了控制风险的目的，又使收益能够被投资者共享。再次，日本文化产业内部建立了由社会各方共同投资的文化产品开发的投资联盟体系，既能拓宽资金的筹集渠道，又能分散开发新产品的风险。

4. 大力拓展海外市场的政策

日本政府面向全球的日本文化推广计划主要通过以下几个方面组织并实施。一是通过日本基金会在全球范围内推广日语教学。首先，直接把外国教师请到日本，让他们参加日语免费培训课程。其次，广泛地在其他国家成立日语中心，培训日语老师，传播日本文化。二是充分利用日本国内的各种大型活动，宣传和推广日本文化。这些大型活动包括大型的国际文艺演出、多国文化艺术交流、政府或企业开展的大型展览交流活动等。在这些大型平台上，日本广泛宣传其多样化的文化产业，如动漫文化、饮食文化、建筑文化，等等。为了加强日本的"文化输出"，日本政府还采取了一系列有效措施，包括增加国际文化基金数额，在各国设立并大量扩充日本文化研究机构和文化交流设施，给东南亚国家赠送大量书籍，等等。

此外，日本为应对近年来中韩等国文化产业的迅速崛起和冲击，积极实施"酷日本"战略，提升文化产业的海外竞争力。首先，加强对象国研究。日本贸易振兴机构自2005年起就定期发布中国文化产业市场信息，细致报告日本文化产品在中国播放、上映、销售的情况，以及中国有关文化产业相关法令法规等；2012年5月，日本经济产业省又发布了《关于加强创意产业海外拓展的调查报告书》，对日本及周边各国的文化市场现状进行深入分析，找准本国文化产品在国际文化市场的定位。其次，积极为本国文化企业打造贸易平台。2009年，日本最大的官民投资基金"产业革新机构"成立，最高投资额可达9 000亿日元；2012年2月，该基金投资60亿日元设立"全日本娱乐工厂"，把本国的动漫、影视、游戏、玩具等向海外推广；同年4月，投资150亿日元成立"出版数字机构"，对日本图书进行电子化并进行翻译，推动日本文学通过信息化渠道向海外传播；最后，日本政府积极寻找机会促进本国文化企业与国内外大型企业合作，推动日本文化产业与相关产业的对接搭桥，为此，经产省投入资金10亿日元进行项目策划。

四、日本文化产业法律法规

日本是一个法治国家，在经济社会发展方面都是法律先行，为经济社会发展创造健全而良好的法律环境，在推进文化和文化产业发展方面也是如此。为配合实施"文化立国"战略，日本制定了一系列法律法规来保障文化产业的顺利发展，为文化产业的繁荣创造了良好的法律环境。2000年批准通过《高度信息通信网络社会形成基本法》（通称"IT基本法"或"信息技术基本法"）；2001年通过了《文化艺术振兴基本法》，同时对1970年颁布的《著作权法》进行修改，更名为《著作权管理法》并开始实施。该法的作用是引导人们公正使用文化成果，有效维护作者的权利，使文化产业得以健康有序发展。另外针对文化市场的中介业务、中介组织、经纪人、经济公司等，日本制定了《著作权中介业务法》。2002年制定了《知识产权基本法》；2004年，日本正式公布《关于促进创造、保护及应用文化产业的法律案》（通称"文化产业促进法"），该法规定文化产业除了丰富人们的生活、促进经济健康发展之外，还肩负着让其他国家了解日本文化的任务，因此国家、地方政府、公共团体都有义务积极扶持，在融资和税收方面给予优惠待遇。2005年4月日本文部科学省制定了《文化遗产保护法》，旨在保护及有效利用文化遗产，提高国民文化生活水平，同时对世界文化的进步做出贡献。2005年开始实行的《文字、印刷物文化振兴法》是为了综合性地推进文字·活字文化的振兴及国家和自治团体的基本责任和义务的法律。为了更好地以国家的行为来推动海外文化遗产的保护，2006年6月，日本制定了《关于推进国外文化遗产保护国际合作的法律》。该法制定的目的是为了避免海外文化遗产损伤、衰退、消失或遭受破坏，通过国际合作加强海外文化遗产保护的基本理念，力争进一步拓宽日本对国际文化的贡献。2007年，修改并实施《观光立国基本法》。这些法律法规能够促进文化产品生产的积极性、提高生产效率，使文化产业的生产能够迅速达到经济规模，促进并保障了文化产业的快速发展。

  综上所述，日本非常重视法律法规的建设，在各个领域都设立了相应的法律法规制度以此进行系统规范的管理，并且根据形势的发展及时制定并更新相关的法律法规，通过这些完善和健全法律法规体系为文化产业的发展保驾护航。这些法律法规的可操作性很强，通常在正式的法律法规颁布后，紧接着还会有完善和更为具体的配套措施。如《文化艺术振兴基本法》颁布后，紧接着就颁布了《关于文化艺术振兴的基本方针》与之相配套；《知识产权战略大纲》是与《知识产权基本法》相配套的措施。

  另外，日本政府为进一步提高各项法规的执行效率，还根据法律组建了相应组织机构。如2003年设立的"知识财富战略本部"就是日本政府根据《高度信息通信网络社会形成基本法》，旨在把"新文化产业"确定为国家发展战略的一项重要内容，对这一产业放宽限制、增加预算和完善相关法律。首相亲任部长，重新设定了国民经济的基础产业，把电影、音乐等文化产业与技术、工艺、名牌产品等也划归为国民经济基础产业并制定相关政策大力扶植。为完善相关法规，"知识财富战略本部"在制定"知识产业促进计划"的同时，还设立了"文化产业调查会"，以期尽早发现问题，及时补充和修订文化发展策略，制定出更加切实可行的文化政策，并最终促使日本国会于2004年5月批准通过了《关于促进创造、保护及应用文化产业的法律案》。日本通过健全的法律法规手段，使文化产业发展支撑体系逐步完备和日臻成熟，使政府调控文化产业的手段逐渐完善，文化市场体系更加完备和成熟，从而大大提高了日本参与国际或地区文化市场的竞争力。

本章案例思考

2016年12月23日，美国总统奥巴马签署了《波特曼-墨菲反宣传法案（Portman-Murphy Counter-Propaganda Bill）》（以下简称《反宣传法》）。根据该法，美国国防部将在2017年获得额外预算，专门建立一个反宣传中心，对抗外国对美国的宣传。提案者波特曼称提案的目的是提升美国和盟国的整体防卫战略，反制来自俄罗斯、中国和其他国家的政治宣传与谣言。该法案是2017年国防授权法的配套法案。波特曼是共和党籍参议员，而墨菲是民主党籍参议员，所以这个法案可以看作是两党在此事上取得了一定的共识。

法案提议在五角大楼内成立一个跨部门的情报机关，在联邦政府各个部门反制政治宣传。这项法案也将为诸多非政府组织（NGO）、智库和学术机构提供资金来进行与反宣传相关的工作。他们认为这个法案可以加强目前的反宣传能力，并且防止海外盟国变成其他国家的傀儡。这个法案也将帮助在海外推动言论自由、媒体自由和学术自由，这样可以帮助盟国获得更加真实的信息,保护外国民众免受宣传洗脑。

《反宣传法》将在两方面推动所谓的反宣传计划:第一,定制一个全联邦政府的反政治宣传和谣言战略。这个法案将提升全球作战中心(the Global Engagement Center)对反制中俄和非国家团体的权威性和合法性。中心将由国务院领导,但是来自国防部、国际开发署(USAID)、广播理事会、情报机关和相关部门的高级官员也将参与中心的领导。中心将发展和整合全联邦政府的资源,对外国政治宣传和谣言进行反制和曝光。第二,该法案力图和非政府专业人士与团体合作,创造更具可行性的美国战略选择。该法案将建立一个基金,帮助培训各地记者,并向非政府组织、民间社团、智库、私营部门、媒体组织和政府外的专家提供资助合同。让这些机构或个人具有更强的能力来识别和分析外国最新的宣传与信息造假技术。

请结合上述材料谈谈美国文化外交政策的特点及变化。

本章思考题

1. 简述美国文化产业政策的主要内容。
2. 简述美国文化产业领域的主要法律。
3. 简述英国"一臂间隔"原则及其应用。
4. 什么是"文化例外"原则?该原则对国际文化贸易的影响有哪些?
5. 什么是"加拿大内容"制度?搜集相关资料,谈谈该制度对我国文化产业发展的启示。
6. 简述加拿大文化产业投资制度的要求及其对我国的启示。
7. 韩国文化产业三部基本法律是哪些,简述其基本内容。
8. 韩国文化产业发展的主要政策及其对我国的借鉴意义。
9. 日本文化产业主要法律有哪些?有哪些值得我国借鉴?

第三章　国际公约与文化产业

国际文化市场法律文件类型多样。世界文化贸易规则在某些方面要实行世贸组织的世界贸易规则，而在另一些方面却要实行其他规则，或保留其独有的例外规定。国际文化贸易涉及若干国际组织和数量可观的法律文件，这些法律文件有多边的、地区的、双边的，表现形式有声明、建议、指南、议定书、公约、条约等。公约、条约、协定、议定书等是具有法律约束力的文件，声明、建议、指南等是不具有法律约束力的文件。其中，多边协定涉及多个国际组织，如世界贸易组织、世界知识产权组织、联合国教科文组织、国际劳工组织等，对世界文化贸易规则产生重要的指导作用和影响。随着文化产品和服务在世界范围内的流通，目前，国际文化贸易的法律规则主要体现为两大国际组织的多边国际公约即世界贸易组织的多边贸易规则及联合国教科文组织的《文化多样性公约》。

第一节　GATT/WTO 规则与文化产业

贸易自由化是世界贸易组织（以下简称 WTO）及其前身关税与贸易总协定（以下简称 GATT）的基本目标之一，也是多边贸易体制的基础。作为市场经济不断发展和贸易自由化不断加剧的结果——可进行贸易的商品的种类不断增加，范围不断扩大，已经渗透到了具有精神内容的文化领域，即各国的文化产品融入到了贸易自由化的大潮中来。20 世纪 20 年代早期，电影的生产和销售状况很快就揭示了电影可以为广大的海外观众所接受的潜力，各国由此看到电影及电影业强大的贸易能力。由于视听商品与服务（以下简称视听产品）具有公共财产性质，通过大量制造与流通会创造巨额收益，然而，视听产品的自由流通也可能造成弱势文化商品与服务逐渐被逐出市场，因此，视听产品国际贸易自由化议题，成为自由贸易主义者和贸易保护主义者争执不下的领域。体现在 GATT/WTO 法律体制中，法律规制的对象主要集中于电影、电视作品的规范方面。

一、1947 年《关税及贸易总协定》（GATT1947）的两个主要条款

GATT（General Agreement on Tariffs and Trade 以下简称 GATT）是世界上第一部在国际经济关系中规范各国的关税与贸易政策的多边协定，虽然实际上具有国际贸易组织的功能，但其涵盖的范围仅限于有形货物而不包括无形货物，而且对于有形货物贸易的规范也有不足之处，所以，GATT 乌拉圭回合谈判最后决定成立世界贸易组织 WTO，以取代 GATT 的功能。

在 1947 年订立 GATT 时，视听产品尚未像如今这样发达，电影、电视还没有广泛普及，所以，刚开始的 GATT 条文并没有慎重考虑具有文化价值的产品和服务是否列为自由贸易体制之外的议题。但由于美国电影大举进入战时和战后欧洲市场，欧洲国家担心其本土的文化认同将受美国大众文化所带来的价值观的影响，在 GATT1947 第 4 条中加入了有关电影影片的特殊规定（Special Provisions relating to Cinematograph Films）。就 GATT 1947 而言，第 4 条电影制品特殊条款、第 3 条第 10 款将电影制品在满足第 4 条规定的具体条件下列为国民待遇的例外、第 20 条一般例外之 a 款为保护公共道德所必要之措施和 f 款为保护有艺术、历史或考古价值的国家宝藏所采取的必要措施，均与文化产品有一定的关联性。

（一）GATT1947 第 4 条

GATT1947 第 4 条是有关电影影片的特殊规定（Special Provisions Relating to Cinematograph Films），其具体内容如下：

如任何缔约方制定或维持有关已曝光电影片的国内数量法规，则此类法规应采取符合下列要求的放映限额形式：

（a）放映限额可要求在不少于1年的特定期限内，国产电影的放映应在来自任何国家的所有电影的商业性放映实际使用的全部放映时间内占特定的最低比例。放映限额应根据每年或相等时间内每一电影院的放映时间计算；

（b）除根据放映限额为国产电影保留的放映时向外，包括原为国产电影保留的、后经行政行为放开的时间在内的放映时间，不得在形式上或实际上在各供应来源之间进行分配；

（c）虽然有本条（b）项的规定，但是任何缔约方仍可以维持符合本条（a）项要求的放映限额，即对实行放映限额的缔约方之外的一特定来源的电影保留放映时间的最低比例；但是此类放映限额的最低比例不得提高至超过1947年4月10日已实施的水平；

（d）放映限额的限制、放宽或取消需进行谈判。

第4条建立了对电影这一特殊的文化商品的例外机制。该条规定任何缔约方凡对公开放映的电影设置或保持国内含量管理者，在管理中应采取符合一定条件的电影配额（screen quotas）形式。该条赋予缔约方可要求在不少于1年的特定期限内，国产电影的放映应在来自任何国家的所有电影的商业性放映实际占用的时间总数中占一定的特定最低比例的权利。该条a款和b款对实施银幕配额的要求作了进一步的说明：电影配额应以每一年每一家影剧院的放映时间为计算基础。b款规定电影配额仅可以在外国与国产电影间进行差别对待，也就是说，禁止对外国电影实施优惠待遇；c款在祖父条款的意义上为b款规定了一项例外；d款最后要求缔约方应发起对银幕配额进行限制、自由化或者取消的谈判，但相关谈判至今也没有真正启动。

在GATT1947第4条中，仅规定了电影的例外措施，而没有涉及其他诸如书籍、杂志等文化商品，其原因主要有两个：一是，电影是当时进行政治宣传和对观众的政治立场产生影响的最有效工具。GATT1947之前，欧洲国家采取两种制度抵制美国电影的入侵，数量限制（限制一定数量之外的电影拷贝进口）和电影配额（保障本国影片在影院的放映时间）。然而，GATT1947 只允许电影配额的保障措施。在 1947 年，GATT 的起草者强烈认为，由于电影具有传播政治理念的特性，所以应该给予特殊的对待。二是，当时，美国以外的其他国家，特别是欧洲国家对美国好莱坞生产的影片大举侵占本国市场的现象给予了高度关注。在 20 世纪 20 年代，好莱坞影片开始形成了广泛的吸引力，并逐渐占领世界电影市场，故而，美国以外的国家为了防止受到美国的"文化帝国主义"的侵害，而主张限制美国产的影片进口本国市场。

GATT1947 第 4 条也没有提及电视节目的贸易问题，其主要原因有：一是，电视节目是否构成货物贸易或服务贸易的一部分在当时还不是很明确；二是，即使电视节目贸易可划归入货物贸易的范畴，由于该条的明确措辞，电视节目也很难涵盖入这条当中去。GATT 并没有明确电视节目是属于货物贸易还是属于服务贸易，美国的法院和其他机构倾向于认为，电视节目贸易属于货物贸易，而从界定视听产品政策的欧洲指令来看，欧洲国家认为电视节目应属于服务贸易。

随着电视在二十世纪五六十年代的逐渐普及，GATT 第 4 条的例外是否应包括电视节目也成为新的议题。在后来成立的工作组中，参与各方形成了三种不同的意见：第一，美国认为电视节目应属于货物贸易之一，且其性质与电影影片差异甚大，故不为 GATT 第 4 条的例外所涵盖；并且当时大部分的国家除了电视不普及外，更由国家经营。国家通常立法限制电视节目的来源需为本国制作，故美国要求跟缔约国应立法保障外来节目的包房时数与时段。而欧洲国家则根本性地否认电视节目属于货物贸易的范畴，认为其应属于服务贸易之一，故不适用 GATT 的规定。而且当时的 GATT 还没有涉及服务贸易的问题，各国当然可以制定本国的贸易政策，限制外国电视节目的贸易政策，限制外国电视节目的进口或播放。第二种意见认为可对 GATT 第 4 条做必要的变动以符合电视节目的特性。但持此意见者不同意美国提出的市场开放要求，认为其将形成 GATT 原本条文以外的新义务。第三种意见则从根本上质疑将电视节目置于 GATT 当中讨论的正当性，此集团主要以法国为首。法国认为电视节目乃是新形态的科技传输讯号，不属于货物贸易的范畴，故其建议于传输科技发展成熟后，再将电视节目纳入贸易自由化讨论的议题。这三种不同意见并没有达成共识。美国后来于1962年11月和1964年3月曾两次提出建议，但各缔约国始终对电视节目的贸易自由化没有采取具体行动，此事也就不了了之。

（二）1947年《关税及贸易总协定》（GATT1947）第20条"一般例外"之a款和f款

GATT第20条规定：在遵守关于此类措施的实施加工不在情形相同的国家之间构成任意或不合理歧视的手段或构成对国际贸易的变相限制的要求前提下，而排除自由贸易原则的适用。其中与文化产品贸易有关的是第a款：为保护公共道德所必需的措施；第f款：为保护具有艺术、历史或考古价值的国家财富（national treasures）所采取的措施。

到目前为止，专家组或上诉机构均未明确界定GATT文本中的a款中"公共道德"概念和第f款的"国家财富"的含义和认定标准。缔约国可以为了保护"国家财富"而采取对某些产品的贸易限制措施，但此条款是否可成为GATT规则中的文化产品贸易例外的依据，尚未有一个统一的意见。在保护GATT缔约方国内文化产业、维护其文化认同方面，上述条文发挥的作用实为有限。GATT将电影影片排除于自由贸易之外，但并无明确的法律条文和判例显示将广泛的文化产品都排除适用自由贸易。通说又倾向于对此作严格解释，也即所谓的"国家财富"应是经历了时间考验的视觉艺术与建筑工艺方面的卓越制成品，而影视节目、网络游戏及常见的当代视听产品都没有资格得到该条款的保护。同时第20条"前言"中有关一般例外措施不得在相同条件下对不同国家构成"武断或不正当歧视"的规定，也适用于f款可能涉及的文化保护措施。另外，第20条a款有关公共道德的例外规定是否可以作为保护文化对抗自由贸易消极作用的工具还有待进一步解释论证。

二、WTO与国际文化产品贸易有关的规则

WTO是一个规模宏大的法律体系，其核心是一部"基本法"，"基本法"下则是两项"程序法"、三大"协定"及十六个配套的附属协议。一部"基本法",即《建立世界贸易组织的马拉喀什协议》;两项"程序法",即《争端解决规则与程序的谅解》和《贸易政策审议机制》;三大"协定"即《关税和贸易总协定》《服务贸易总协定》和《与贸易有关的知识产权协定》。总体来说,WTO的法律规则内容涉及货物贸易、服务贸易和知识产权,规定了自由化的原则及可允许的例外。它包括WTO成员削减关税及其他贸易壁垒的承诺、开放和保护服务市场开放的承诺,规定了争端解决的程序,并规定给予发展中国家和地区以特殊待遇。它要求各成员使自己的财贸政策具有透明度,方法是将实施的法律和采取的措施通知WTO,及由WTO秘书处定期对其贸易政策进行审议并提出报告。

(一) 1994年《关税及贸易总协定》(GATT1994)

GATT1994即1994年《关税及贸易总协定》(GATT1994),是WTO最主要的法律规则。GATT1994与GATS和TRIPS是WTO鼎足而立的三大支柱,三者分别用于规范货物贸易、服务贸易和对知识产权的保护。GATT1994是在对GATT1947进行修改、补充的基础上形成的,是1986-1994年的GATT"乌拉圭回合"多边贸易谈判的产物。GATT1994和"乌拉圭回合"多边贸易谈判所达成的12项多边货物贸易协议,共同构成了WTO多边货物贸易法律体系。GATT1994实际上是保留了GATT1947的原本及附件,然后加上一个修正说明。根据修正说明,GATT1994包括:①GATT1947的各项规定(不包括临时适用性议定书),及《建立世界贸易组织的协议》生效之前所实施的法律核准修正和修订的文本及附件。②在《建立世界贸易组织的协议》生效之前,根据GATT1947生效的以下文件:有关关税减让的议定书或证明书;加入议定书(失效的部分除外);在《建立世界贸易组织的协议》生效时仍有效的根据GATT1947第25条授予的豁免义务的决定;GATT1947缔约方全体做出的其他决定。③有关解释GATT条款的六项谅解。④GATT1994马拉喀什议定书。从文件情况看,GATT1994主要包括序言、正文、"乌拉圭回合"关税减让表和9个附件。此外还包括GATT1994马拉喀什议定书和解释GATT1994的6项谅解等其他文件。就与国际文化产品贸易活动有关直接和密切关系的GATT1994

条文来说，主要还是上文已经分析过的从 GATT1947 保留下来的那几个条文。

（二）服务贸易协定（GATS）

服务贸易总协定（General Agreement on Trade in Service，GATS）于 1995 年正式生效。GATS 成立的目的在于"希望建立一个服务贸易原则和规则的多边框架，以期在透明和逐步自由化的条件下扩大此类贸易，并以此为手段促进所有贸易伙伴的经济增长和发展中国家的发展"。GATS 的成立弥补了以往 GATT 的不足，原来的 GATT 基本原则，例如，最惠国待遇、国民待遇、透明度等贸易自由原则仍然适用于 GATS，但考虑到服务贸易与货物贸易之间的本质区别，GATS 将其规则分为基础条文和附件两大部分。基础条文确立服务贸易应遵循的贸易自由化与透明化，即前文所述的贸易自由原则，而附件为服务贸易在市场准入、国民待遇方面承诺的特殊方式，即各成员方可以自行决定是否开放市场或给予不同对象以国民待遇。GATS 在承诺对象与范围上都采取具体正面列表的方式，并且归纳出四种不同的服务提供模式，由各成员方决定是否开放以及开放的程度。

1. 文化服务的分类

GATS《国际服务贸易分类表》对文化服务作了如下的划分：在商业服务中，有法律服务、软件服务、数据处理和数据库服务、广告服务、摄影服务、包装服务、印刷和出版服务；在视听服务中，有电影和录像的制作和分销服务、电影放映服务、广播电视服务、无线电广播和电视传输服务、录音服务；在娱乐、文化和体育服务中，有文娱服务、新闻社服务、图书馆、档案馆和其他文化服务、体育和娱乐服务。此外，近几年涌现出的文化会展服务、文化中介服务、文化咨询服务等新型服务以及相关的文化产品，也属于文化服务的范围。

WTO 法律规则中对文化产品与文化服务的规定不同，对前者的规定比后者严格一些。依据 WTO 法律规则判断一项行为是以文化产品为主还是以文化服务为主，仍存在争议。一般可将"书籍、多媒体产品、报纸、软件、唱片、电视、录音录像、光碟、手工艺品或是设计草图"划为"文化产品"的行列；而将"音乐、戏剧、芭蕾和巡回演出及其他文化事项"归入"文化服务"范围内。"文化服务"也包括利用实验室、文献中心和博物馆保存与收藏文化信息、出版社或出版集团出版与发行期刊或书籍、新闻机构发布新闻、广播公司或电视台传播信息和其他内容。视听制品的传播、复制或译制电影、电视/无线电节目、电影的展出及电缆、卫星和广播设备等的运转，也处于"文化服务"的范围内。

从国际文化贸易法律制度的理论层面上讲，区分文化产品与服务并非难事，但在实践中很难将两者截然分开，其中的区别也有些模糊，因为有些产品同时具有产品与服务两种特性。科技的迅猛发展使 GATS 中对视听服务的传统分类已不能完全反映服务行业的发展水平，如消费者可直接通过网络来欣赏电影和音乐，而不是仅限于影院。虽然视听部门仅限于视听服务，但一些 WTO 成员方实行"电影剧院一体化运营服务"，会与"娱乐、文化和体育服务"重合。再如通信服务部门，它包括有声电视服务、电子邮件、在线信息与数据库查询和网络信息与数据等服务。GATS 中关于电信服务的附件详述了有关影响进入和使用公共电信传输网络和服务措施的规定，排除"电影电台或电视节目的电缆或广播播送措施"服务。但在实践中，我们很难区分电信服务和视听服务。内容创新、技术创新的前提下，一些新的力量在文化产品与服务贸易的内部与外部成长起来。如新技术的应用、互联网的普及；新的传播和分销渠道，如付费电视、付费电影等。再如网上音乐下载也是一种新的分销渠道。

2. GATS 的具体承诺方式

遵循 GATT1994 已经形成的模式，GATS 规定成员国在第二部分（最惠国、透明度等）规定一般义务之外，应该就其关于国民待遇、市场准入义务在特定服务领域的具体承诺互相进行谈判。即成员可选择作出具体承诺的服务部门或分部门，并列于承诺减让表所附的清单之中，同时对于作出具体承诺的部门或分部门的限制也必须在清单中写明；GATS 第 2 条"最惠国待遇"属于一般义务，原则上适用于所有服务部门，但该条第 2 款又赋予成员国在加入 WTO 时就此义务进行豁免的权利，即可在承诺减让表关于第 2 条第 2 款的清单中列明哪些部门或分部门不适用最惠国待遇。如此灵活的承诺方式为成员国提供了宽泛的国内保护空间,事实上却很少有成员国对文化部门作出具体承诺,这是因为一旦成员国制订了关于特定服务部门的承诺,就不能轻易撤回;另一方面,许多国家又都利用 GATS 中最惠国豁免清单的方式在其就开放贸易与自由市场方面做出的承诺进行限制。

1995 年 GATS 订立时,许多国家仍然将限制外国影视节目播出时间与时长作为保护本地节目制作的主要措施,可以说这是 GATS 承诺减让表中最经常出现的国内限制方式,实为 GATT1994 第 4 条在 GATS 领域内的翻版。然而同货物贸易一样,服务贸易也应在现有的 GATS 基础上通过谈判逐步实现自由化。GATS 第 19 条"具体承诺的谈判"虽然没有具体规定服务贸易自由化的速度与程度,但也承认自由化的进程应适当尊重国内政策目标和成员的整体及具体部门的发展水平,尽管并没有特别提到一国文化身份的维护。GATS 所特有的成员国具体承诺方式,乍一看很灵活,似乎成员国可以有完全的自主权利制定视听领域内的政策措施,但 GATS 第 2 条第 2 款最惠国豁免却含有期限限制的条款,即不得超过 10 年。截至 2005 年,只有二十六个成员方依据多哈回合宣言提出视听部门的承诺清单,大部分的承诺项目集中于电影相关措施,对于广播电视节目的市场准入和国民待遇做出承诺的成员极少;并且依据谈判进程,成员方本应于 2003 年 3 月 31 日前于承诺清单上再提出初始让步,但却只有六国遵守了谈判进程的规定,并且该初始让步条件与其原来承诺清单差异不大。

(三)《与贸易(包括冒牌商品贸易在内的)有关的知识产权协议》(TRIPS)

文化产品与知识产权息息相关,因文化产品之内容通常以观点、信息来表现其价值,而知识产权往往以创意等智力创造活动为对象。这些正是知识产权与文化产品的交汇之处。TRIPS 通过与贸易利益相挂钩的方式,保留了原属世界知识产权组织(WIPO)管理的主要知识产权条约的基本原则和主要内容,增加了知识产权新类型,延长了保护期,实现了与原有知识产权公约的衔接。TRIPS只是WTO有关协议，有关知识产权的一个公约而已，与既存的国际条约不相冲突，TRIPS要求各成员国承担已有的国际知识产权条约的义务。现有的国际知识产权条约众多，以世界知识产权组织WIPO为例，在它的主导与参与之下，有1886年《保护文学艺术作品的伯尔尼公约》（以下简称《伯尔尼公约》）、1971年《保护唱片公约》、1961年《保护邻接权公约》。所以WTO一方面不与现存国际知识产权协定矛盾且保证各成员国的既得利益，另一方面希望能将现存的国际知识产权制度融合在WTO体系内。与国际文化产品贸易较为密切的规则主要在于对著作权和商标权的保护方面。

TRIPS包括序言和正文七个部分，共73条。其中，第一部分为一般义务与基本原则，包括两个非歧视原则：国民待遇（第3条）与最惠国待遇（第4条）；第二部分为知识产权的效力、范围及使用的标准，由8节组成，涵盖不同的知识产权保护方面的内容；其中第9条到第14条是规范版权及邻接权保护的内容，与文化产品贸易直接相关。公约的第三部分是关于成员国的义务，第四部分是关于知识产权的获得与维护。TRIPS的第五部分是独特的争端解决机制，而第六部分与第七部分分别是过渡性事项和最后条款。

（1）关于著作权的保护对象。TRIPS协议第9条规定《伯尔尼公约》与TRIPS之间的关系：TRIPS的成员国需遵守《伯尔尼公约》的第1条至第21条及其附件。该条第2款规定，著作权的保护应及于表达，而不及于思想、工艺、操作方法或数学概念本身。TRIPS协议第10条第1款规定，计算机程序无论是以源代码还是以目标代码表达，均应按《伯尔尼公约》规定的文学作品来保护。这一点较《伯尔尼公约》更明确了计算机作品的保护地位。TRIPS协议第10条第2款规定，数据汇编或其他资料汇编，不论是用机器可读形式或者其他形式，由于对其内容的选择或安排构成一种智力创作而应受到保护。但这种保护不应及于数据和资料本身，也不应损害数据或资料本身的著作权。

（2）关于作品的出租权。TRIPS协议第11条规定，至少对于电影作品和计算机程序作品两类作品，各成员应授予其权利人享有商业出租权。当然，对这两类作品的出租权，其也规定了例外，一是除非电影作品的出租导致广泛的擅自复制，否则，成员国可免于承担该项义务；二是计算机程序本身不是主要标的，则成员国无义务确认计算机程序的出租权。

（3）关于作品保护期。TRIPS 协议第 12 条规定，除摄影作品和实用艺术作品外，如果不是以自然人的生命为基础来计算保护期的，这一期限自授权出版之年起不得少于 50 年，或者如果作品完成起 50 年内没有授权出版，其保护期也不少于 50 年，从该作品完成之年年终起算。

（4）限制与例外。TRIPS 协议第 13 条规定，各成员应将各种专有权的限制和例外局限于某些特殊情形，这些特殊情形不得与作品的正常利用相冲突，且不得损害权利人所持有的合法权益。这一条款实际上是对成员有关作品合理使用的限制。当然，各成员在遵守上述原则的基础上，可以自行规定限制与例外，比如合理使用及法定许可等制度。

（5）关于邻接权的内容。TRIPS 协议第 14 条第 1 款规定，表演者应享有禁止将其表演加以录制及对录制品复制的权利，同时也应享有禁止将其现场表演以无线方式广播或向公众传播的权利。TRIPS 协议第 14 条第 2 款规定，录音制品制作者应享有授权或禁止将其录音制品复制的权利；该条第 4 款规定，录音制品制作者还应享有出租权。TRIPS 协议第 14 条第 3 款规定，广播组织享有四项权利：①有权禁止他人将其广播节目加以固定；②有权禁止他人将其广播节目进行复制；③有权禁止他人将其广播节目以无线方式转播；④有权禁止他人将其电视广播节目向公众进行传播。TRIPS 协议第 14 条同时规定，对表演者和录音制品制作者的保护期至少应为 50 年，自固定制作和举行表演之年年终起算；对广播组织的保护期至少应为 20 年，自广播播出之年年终起算。协议规定的对表演者和录音制品制作者的保护期长于《罗马公约》的 20 年保护期，而对广播组织的保护期限是一样的。

（6）此外，TRIPS 还强化对仿冒和盗印商标贸易的预防和处罚力度；强调对反竞争和歪曲贸易的控制；对透明度问题、侵权商品的处理及与仿冒或盗印商标有关的边境措施作了规定；强化并扩大了磋商和争端解决办法；对过渡性安排及发展中国家和地区特殊待遇问题作了规定。协议规定了 WTO 成员保护知识产权的最低标限，并在 WTO 范围内实行统一的争端解决机制，包括实施跨部门的贸易报复。TRIPS 把包括商业秘密在内的几乎所有知识产权形式都纳入了保护范围，在保护期限、权利范围和有关作用的规定方面都大大超过了现有的任何国际公约。TRIPS 规定了详细的知识产权法律实施的程序，包括行政、民事、刑事以及边境和临时程序。

三、各国应对 WTO 规则的国内文化政策措施

在 WTO 框架内没有几个国家对视听服务做出具体的承诺，相反，更多的国家声明保留适用国内文化政策措施的权利。这些国内文化政策措施通常是以下列方式存在的：

第一，补贴措施。例如欧洲筹备委员会为欧洲艺术品的生产提供特权和贷款。在欧洲媒体联盟中规定对媒体产品的销售建立起一种新的自动救济机制，以鼓励欧洲的电影向海外进军。在五年内捐赠三亿一千万欧元来为欧盟成员国执行上述制度提供各种支持。上述那种国内机制，在加拿大、美国、瑞士都以近似方式的补贴计划对国内的电影产业进行直接的支持。对于那些国内视听产业规模相对较小的国家，像瑞士每年都要制订出一定的政府预算来支持国内的电影产业。加拿大同样通过赋予特权、市场援助和无息贷款的方式来补贴出版业。

第二，国内含量措施，即规定广播和电视播报必须含有一定比例的国内事务的措施。例如在欧共体、澳大利亚、加拿大和法国都使用国内广播含量措施以控制国内广播和电视过多播报外国的新闻或相关的外国节目的行为。

第三，市场准入限制措施。例如，在法国、墨西哥、韩国和西班牙的电影影片配额；意大利对放映国内电影的影院适用票房收入退税制度；墨西哥禁止对国外电影进行配音；西班牙适用配音许可证制度，即当电影发行人订约发行一定数量的国内电影时才能取得对国外电影的配音许可证。同时，美国电影协会（MPAA）使用电影分级制度来限制在美国境内的电影发行。

第四,特许限制措施。和上面的措施很近似,通过特许限制来控制进入到国内广播和电视播报市场的措施。1994年,加拿大广播电视和通信委员会(CRTC)对国内的一些像新国家广播网(NCN)这样的专业频道颁发特许证,而对美国一些已在加拿大境内经营十多年的国外专业频道却没有颁发特许证。

第五,税收措施。各国对视听产业存在名目繁多的税收形式,并且范围极广。例如,法国对票房收入征税,对广播公司的收入征税,对支持当地电影生产的录像带采取优惠税收方式。1995年,加拿大对通过人造卫星流入国内的美国杂志的广告收入征收80%的税,因为这种杂志的内容虽然和美国国内原始版本的相同,但上面的广告却针对当地市场做了5%以上的替换。而由于其是通过人造卫星从美国流入加拿大境内,因而避免了过关而被征收关税。在这个著名的加拿大期刊案中,美国在WTO争端解决程序中成功地指控了加拿大的上述行为。该案确认了几乎所有形式的补贴都不能以金钱给付的形式直接授予国内生产商,因为这不符合GATT第3条第8款b项规定的国内补贴。因此,这个案件对给予其他文化产品的生产者以资金资助的方式有着深远的影响。

第六,知识产权保护措施。许多国家都使用私人拷贝计划或使用"空白征税"措施来保护知识产权。例如,一些欧洲国家和其他国家的版权法将间接使用权作为一种私人拷贝权或再传送权加以保护。上述这种特殊的税收通常由政府授权的特殊机构排他地管理。这种规定既适用于国内权利享有者也适用于外国的。结果,国外的权利享有者为了获得在这些国家中关于自己作品得到补偿的权利不得不听命上述特殊机构的管理并交纳一定的管理费用。而这种特殊机构又保留一部分"空白税收"用来给有关于当地视听产品的项目进行补贴。

第七,外国投资和所有权措施。该种措施限制外国投资和所有权,包括国有化政策。例如,澳大利亚、加拿大、英国和美国的广播产业中的相关措施。

第八,电影副产品协定措施。该种措施在许多国家中使用以刺激文化产品的生产,尤其是电影产业,最明显的例子是欧洲委员会在1992年牵头制订的《电影副产品斯特拉兹堡欧洲公约》。

上述列举的八类措施虽然不能穷尽各国所实施的文化政策措施,但它可从一个侧面反映出各国在处理和文化相关的货物和服务甚至知识产权领域的市场准入问题上一直都是持小心翼翼的态度,大多采取实则和自由贸易相违背的限制措施。

第二节 文化多样性公约

联合国教育、科学及文化组织（United Nations Educational, Scientific and Cultural Organization, 缩写 UNESCO）属联合国专门机构,简称联合国教科文组织,1946 年 11 月 4 日在巴黎宣告正式成立。其宗旨是"通过教育、科学及文化促进各国间合作,对和平与安全作出贡献,以增进对正义、法治及联合国宪章所确认之世界人民不分种族、性别、语言或宗教均享人权与基本自由之普遍尊重"。自联合国教科文组织诞生之日起,该组织就致力于促进各成员方的教育、科学及文化交流与合作。从 20 世纪 50 年代到 20 世纪 70 年代末期,联合国教科文组织先后通过了一些有关的国际公约、建议和宪章,提出对"Cultural Property（文化财产）"的保护。其中,与文化产品和国际文化产品贸易关系密切的公约主要有:联合国教科文组织 1954 年《关于在武装冲突情况下保护文化财产的海牙公约》（Hague Convention for the Protection of Cultural Property in the Event of Armed Conflict）（以下简称《1954 年海牙公约》）、1970 年《关于采取措施禁止和防止非法进出口文化财产和所有权非法转让的公约》(the Convention on the Means of Prohibiting and Preventing the Illicit Import, Export and Transfer of Ownership of Cultural Property)、1950 年《佛罗伦萨协定》及其《内罗毕议定书》。由于对于"贸易和文化问题"的不同认识,导致在多边贸易体系中此类纠纷频繁发生。在具有强大的经济、政治实力的美国的阻挠下,在世界贸易组织成立之时,关于文化的例外规则也未能囊入多边贸易体制中。在贸易和文化的激烈冲突的背景下,由联合国教科文组织制定的《保护和促进文化表现形式多样性公约》（以下简称《文化多样性公约》）于2005年10月20日以148票赞成、2票反对（美国、以色列）、4票弃权的压倒性优势，审议通过。目前为止，包括欧盟在内的75个国家已经批准了公约，我国于2006年12月29日批准了该公约。公约于2007年3月18日开始生效。

一、公约的目标与指导原则

1. 公约的目标

（1）保护和促进文化表现形式的多样性；

（2）以互利的方式为各种文化的繁荣发展和自由互动创造条件；

（3）鼓励不同文化间的对话，以保证世界上的文化交流更广泛和均衡，促进不同文化间的相互尊重与和平文化建设；

（4）加强文化间性，本着在各民族间架设桥梁的精神开展文化互动；

（5）促进地方、国家和国际层面对文化表现形式多样性的尊重，并提高对其价值的认识；

（6）确认文化与发展之间的联系对所有国家，特别是对发展中国家的重要性，并支持为确保承认这种联系的真正价值而在国内和国际采取行动；

（7）承认文化活动、产品与服务具有传递文化特征、价值观和意义的特殊性；

（8）重申各国拥有在其领土上维持、采取和实施他们认为合适的保护和促进文化表现形式多样性的政策和措施的主权；

（9）本着伙伴精神，加强国际合作与团结，特别是要提高发展中国家保护和促进文化表现形式多样性的能力。

2. 指导原则

（1）尊重人权和基本自由原则。

只有确保人权以及表达、信息和交流等基本自由，并确保个人可以选择文化表现形式，才能保护和促进文化多样性。任何人都不得援引本公约的规定侵犯《世界人权宣言》规定的或受到国际法保障的人权和基本自由或限制其适用范围。

（2）主权原则。

根据《联合国宪章》和国际法原则，各国拥有在其境内采取保护和促进文化表现形式多样性措施和政策的主权。

（3）所有文化同等尊严和尊重原则。

保护与促进文化表现形式多样性的前提是承认所有文化，包括少数民族和原住民的文化在内，具有同等尊严，并应受到同等尊重。

（4）国际团结与合作原则。

国际合作与团结的目的应当是使各个国家，尤其是发展中国家都有能力在地方、国家和国际层面上创建和加强其文化表现手段，包括其新兴的或成熟的文化产业。

（5）经济和文化发展互补原则。

文化是发展的主要推动力之一，所以文化的发展与经济的发展同样重要，且所有个人和民族都有权参与两者的发展并从中获益。

（6）可持续发展原则。

文化多样性是个人和社会的一种财富。保护、促进和维护文化多样性是当代和后代的可持续发展的一项基本要求。

（7）平等享有原则。

平等享有全世界丰富多样的文化表现形式，所有文化享有各种表现形式和传播手段，是增进文化多样性和促进相互理解的要素。

（8）开放和平衡原则。

在采取措施维护文化表现形式多样性时，各国应寻求以适当的方式促进向世界其他文化开放，并确保这些措施符合本公约的目标。

二、公约的适用范围

1. 公约适用于缔约方采取的有关保护和促进文化表现形式多样性的政策和措施

2. 公约对如下内容中的如下名词做了解释

（1）文化多样性。

"文化多样性"指各群体和社会借以表现其文化的多种不同形式。这些表现形式在他们内部及其间传承。

文化多样性不仅体现在人类文化遗产通过丰富多彩的文化表现形式来表达、弘扬和传承的多种方式，也体现在借助各种方式和技术进行的艺术创造、生产、传播、销售和消费的多种方式。

（2）文化内容。

"文化内容"指源于文化特征或表现文化特征的象征意义、艺术特色和文化价值。

（3）文化表现形式。

"文化表现形式"指个人、群体和社会创造的具有文化内容的表现形式。

（4）文化活动、产品与服务。

"文化活动、产品与服务"是指从其具有的特殊属性、用途或目的考虑时，体现或传达文化表现形式的活动、产品与服务，无论他们是否具有商业价值。文化活动可能以自身为目的，也可能是为文化产品与服务的生产提供帮助。

（5）文化产业。

"文化产业"指生产和销售上述第（4）项所述的文化产品或服务的产业。

（6）文化政策和措施。

"文化政策和措施"指地方、国家、区域或国际层面上针对文化本身或为了对个人、群体或社会的文化表现形式产生直接影响的各项政策和措施，包括与创作、生产、传播、销售和亨有文化活动、产品与服务相关的政策和措施。

（7）文化间性。

"文化间性"指不同文化的存在与平等互动，以及通过对话和相互尊重产生共同文化表现形式的可能。

三、缔约方的权利和义务

（一）缔约方在本国的权利

1. 各缔约方可在文化政策和措施范围内，根据自身的特殊情况和需求，在其境内采取措施保护和促进文化表现形式的多样性

这类措施可包括：

（1）为了保护和促进文化表现形式的多样性所采取的管理性措施；

（2）以适当方式在本国境内的所有文化活动、产品与服务中为本国的文化活动、产品与服务提供创作、生产、传播、销售和享有的机会的措施，包括规定上述活动、产品与服务所使用的语言；

（3）为国内独立的文化产业和非正规产业部门活动能有效获取生产、传播和销售文化活动、产品与服务的手段采取的措施；

（4）提供公共财政资助的措施；

（5）鼓励非营利组织以及公共和私人机构、艺术家及其他文化专业人员发展和促进思想、文化表现形式、文化活动、产品与服务的自由交流和流通，以及在这些活动中激励创新精神和积极进取精神的措施；

（6）建立并适当支持公共机构的措施；

（7）培育并支持参与文化表现形式创作活动的艺术家和其他人员的措施；

（8）旨在加强媒体多样性的措施，包括运用公共广播服务。

在不影响《文化多样性公约》第 5 条和第 6 条规定的前提下，缔约一方可以确定其领土上哪些文化表现形式属于面临消亡危险、受到严重威胁或是需要紧急保护的情况。在这种情形之下，缔约国可以采取一切符合公约的保护和保存文化表达的措施。

（二）缔约方的义务

1. 缔约方应努力在其境内创造环境，鼓励个人和社会群体采取如下促进文化表现形式的措施

（1）创作、生产、传播、销售和获取他们自己的文化表现形式，同时对妇女及不同社会群体，包括少数民族和原住民的特殊情况和需求给予应有的重视；

(2) 获取本国境内及世界其他国家的各种不同的文化表现形式；

(3) 缔约方还应努力承认艺术家、参与创作活动的其他人员、文化界以及支持他们工作的有关组织的重要贡献，以及他们在培育文化表现形式多样性方面的核心作用。

2. 缔约方应采取信息共享和透明度制度

(1) 在联合国教科文组织四年一度的报告中，提供其在本国境内和国际层面为保护和促进文化表现形式多样性所采取的措施的适当信息；

(2) 指定一处联络点，负责共享有关本公约的信息；

(3) 共享和交流有关保护和促进文化表现形式多样性的信息。

3. 教育和公众认知

公约规定缔约方应采取如下对策：

(1) 鼓励和提高对保护和促进文化表现形式多样性重要意义的理解，尤其是通过教育和提高公众认知的计划；

(2) 为实现本条的宗旨与其他缔约方和相关国际组织及地区组织开展合作；

(3) 通过制定文化产业方面的教育、培训和交流计划，致力于鼓励创作和提高生产能力，但所采取的措施不能对传统生产形式产生负面影响。

4. 公民社会的参与

缔约方承认公民社会在保护和促进文化表现形式多样性方面的重要作用；缔约方应鼓励公民社会积极参与其为实现公约各项目标所作的努力。

5. 促进国际合作

缔约方应致力于加强双边、区域和国际合作，创造有利于促进文化表现形式多样性的条件，着重采取如下举措：

(1) 促进缔约方之间开展文化政策和措施的对话；

(2) 通过开展专业和国际文化交流及有关成功经验的交流，增强公共文化部门战略管理能力；

(3) 加强与公民社会、非政府组织和私人部门及其内部的伙伴关系，以鼓励和促进文化表现形式的多样性；

(4) 提倡应用新技术,鼓励发展伙伴关系以加强信息共享和文化理解,促进文化表现形式的多样性;

(5) 鼓励缔结共同生产和共同销售的协定。

6. 将文化纳入可持续发展

缔约方应致力于将文化纳入其各级发展政策,创造有利于可持续发展的条件,并在此框架内完善与保护和促进文化表现形式多样性相关的各个环节。

7. 为发展而合作

缔约方应致力于支持为促进可持续发展和减轻贫困而开展合作,尤其要关注发展中国家的特殊需要,主要通过以下途径来推动形成富有活力的文化部门:

(1) 通过以下方式加强发展中国家的文化产业:①建立和加强发展中国家文化生产和销售能力;②推动其文化活动、产品与服务更多地进入全球市场和国际销售网络;③促使形成有活力的地方市场和区域市场;④尽可能在发达国家采取适当措施,为发展中国家的文化活动、产品与服务进入这些国家提供便利;⑤尽可能支持发展中国家艺术家的创作,促进他们的流动;⑥鼓励发达国家与发展中国家之间开展适当的协作,特别是在音乐和电影领域。

(2) 通过在发展中国家开展信息、经验和专业知识交流以及人力资源培训,加强公共和私人部门的能力建设,尤其是在战略管理能力、政策制定和实施、文化表现形式的促进和推广、中小企业和微型企业的发展、技术的应用及技能开发与转让等方面。

(3) 通过采取适当的鼓励措施来推动技术和专门知识的转让,尤其是在文化产业和文化企业领域。

(4) 通过以下方式提供财政支持:①设立文化多样性国际基金;②提供官方发展援助,必要时包括提供技术援助,以激励和支持创作;③提供其他形式的财政援助,比如提供低息贷款、赠款以及其它资金机制。

8. 协作安排

缔约方应鼓励在公共、私人部门和非营利组织之间及其内部发展伙伴关系，以便与发展中国家合作，增强他们在保护和促进文化表现形式多样性方面的能力。这类新型伙伴关系应根据发展中国家的实际需求，注重基础设施建设、人力资源开发和政策制定，以及文化活动、产品与服务的交流。

四、公约的争端解决机制

《文化多样性公约》在第25条中也包含了一个争端解决机制。该条款要求当出现关于公约的适用或解释的争议时各方应当通过磋商寻求解决的途径。如果磋商不成，争端方应该通过第三方的调解或斡旋。最后的方法是通过一个"协调委员会"进行协调，但该种协调并没有约束力。

五、与其他公约的关系

《文化多样性公约》与其他条约的关系是相互支持，互为补充和不隶属。公约的第20条第1款规定缔约方应善意履行其在本公约及其为缔约方的其他所有条约中的义务。因此，在本公约不隶属于其他条约的情况下：①缔约方应促使本公约与其为缔约方的其他条约相互支持；②缔约方解释和实施其为缔约方的其他条约或承担其他国际义务时应考虑到本公约的相关规定。本公约的任何规定不得解释为变更缔约方在其为缔约方的其他条约中的权利和义务。第21条进一步指出缔约方应当承担起在其他的国际论坛上发展公约的目的和原则的责任，并且为了这一原则彼此作适当的磋商。

《文化多样性公约》处理争端和其他条约关系的条款最具有争议，现在的文本也是经过各方的激烈的讨价还价之后艰难形成的。《文化多样性公约》面对WTO强大的自由贸易法律体系无可奈何，因为它没有像WTO争端解决机制那样司法性质的争议解决机制，也不可能采取强有力的执行措施甚至报复措施，以监督缔约国对公约的执行。

第三节 其他有关文化产业的国际公约

除 WTO 协定涉及文化与贸易问题，一些双边、多边和区域性自由贸易协定也围绕着视听业、印刷业、出版业等具有文化特性的贸易产业作出相关规定。从历史的角度来看，在双边和区域性贸易协定中规定国际文化产品贸易比多边贸易规则早，而且，在某种程度上来讲，双边和区域性贸易协议的有关规则为多边贸易规则和多边文化公约对国际文化产品贸易的规制奠定了基础。较为典型的双边贸易规则是美加自由贸易协定，区域性贸易规则则是北美自由贸易协定和欧共体/欧盟规则。

一、美加自由贸易协定

（一）历史源由

美国与加拿大历史上一向经济关系密切。1986 年 3 月，美国和加拿大两国政府开始就自由贸易协定举行谈判，1988 年 1 月正式签署协定，并于 1989 年 1 月 1 日生效。《美加自由贸易协定》（CUSFTA）的目的是经过 10 年过渡期逐步建成美加自由贸易区。该协定文本共分八个部分，21 章，151 条。其范围之广泛，篇幅之巨大，均超过当时任何双边贸易协定。第一部分，目标与范围；第二部分，货物贸易；第三部分，政府采购；第四部分，服务、投资和临时过境；第五部分，金融服务；第六部分，机构条款；第七部分，其他条款；第八部分，最后条款。对于农产品、酒、酒貉、能源、汽车产品贸易、知识产权、有线电视转播权、国际收支平衡措施、国家安全、音响材料及政府采购法规等都作出规定。

（二）《美加自由贸易协定》中有关国际文化产品贸易的规定

《美加自由贸易协定》第 2005 条第 1 款规定，"文化产业例外于本协定规定的自由贸易规范"。而第 2012 条则给出了文化产业的定义，并详细列举文化产业的几种类型，如印刷品、音乐、录影带、广播电视的制作、发行、销售、传输等都包括在内；按照这些条文的规定，加拿大有权继续采取既有的文化保护政策，并且还有权为维护国家文化认同等原因，采取新的文化保护政策。但第 2005 条第 2 款却又规定，任何违反本协议其他条款（除了前项之外）的措施，他方可采取商业上相应的反制手段；据此，如果加拿大根据第 1 款的规定实施了对美国文化产业不平等待遇的措施，美国可采取相应的反制措施，并且报复对象不限于加拿大的文化产业。所以，加拿大在采取文化产业的贸易保护措施时，必须顾及美国的反制措施，以及国内其他产业的反对意见而不敢贸然行动。

（三）"文化例外"的例外

虽然《美加自由贸易协定》中有排除文化产业适用的规定，但在下列四个部分，却规定了"文化例外"的例外，也就是文化产业的自由化：

（1）部分文化产品必须降低关税。在该协定文化例外的章节中，明文规定仍适用第 401 条第 2 款第（a）项降低关税的规定，故音像出版物等文化产品于 1989 年 1 月 1 日起，仍须实施免关税协定。

（2）若加拿大根据其内国法，强制征收或强制外资的文化产业出售所持股时，必须以公平的市场价格加以补偿。此项规定依据的是传统的国际习惯法。

（3）保障有版权的电视/广播节目重复播放权。根据《美加自由贸易协定》第 2006 条，缔约国必须保障著作权利人获得重复播送的酬劳。亦即在电视/广播节目的邻接权上，《美加自由贸易协定》亦有相关的规定，并非排除适用。

（4）加拿大境内广告费用的减税规定，不再适用"于加国境内印制"的条款。

二、北美自由贸易协定

（一）历史源由

因为墨西哥是美国的一个重要贸易伙伴和投资场所，在美加自由贸易区建成后，美国便积极采取建立美洲经济圈的步骤。美国、加拿大和墨西哥自由贸易区是美国和加拿大自由贸易区的扩大和发展，其基本目标、体制和运行机制源于《美加自由贸易协定》，是构成《北美自由贸易协定》（NAFTA）的基型。美、加、墨三国谈判历时一年半，1992 年 8 月 12 日三国谈判代表在华盛顿就协议文本达成一致，美国总统布什、加拿大总理马尔罗尼、墨西哥总统萨利纳斯于1992年12月17日分别在各自首都签署了《北美自由贸易协定》，经各国议会批准后，于1994年1月1日正式生效。其宗旨是：取消贸易壁垒，创造公平竞争的条件，增加投资机会，保护知识产权，建立执行协定和解决争端的有效机制，促进三边和多边合作。

（二）《北美自由贸易协定》中有关国际文化产品贸易的规定

《北美自由贸易协定》中的"文化例外"条款源于《美加自由贸易协定》。在《北美自由贸易协定》谈判过程中，加拿大要求《北美自由贸易协定》接受"文化例外"，并将此作为加入的前提。因此，最终《北美自由贸易协定》承袭了《美加自由贸易协定》中"文化产业例外"的条款，作为该条约第2106条、2106条附件以及第2107条，并且关于"文化产业例外"，以及"文化产业"等术语的定义与《美加自由贸易协定》中规定的内容一致。但是《美加自由贸易协定》与《北美自由贸易协定》在涵盖范围上仍有不同，《美加自由贸易协定》未将知识财产权以及所有的服务业贸易都纳入规范，而《北美自由贸易协定》则包含了上述这些内容。

《北美自由贸易协定》第2106条和相关附件吸收了《美加自由贸易协定》关于文化例外和报复措施的规定，这意味着，美国可以通过限制任何产业的贸易对加拿大进行报复，只要他认为加拿大的"文化例外"措施破坏了贸易平衡。比如，加拿大对美国的录像带实施了"文化例外"措施，美国可以通过限制加拿大钢铁或鱼的进口对加拿大进行报复。加拿大认为美国在《北美自由贸易协定》下的报复措施应该以加拿大违反《美加自由贸易协定》的行为为限，不应该延伸至视听服务及知识产权领域。而美国则认为报复措施本来就是平衡"文化例外"的手段，因此仍旧威胁对加拿大在视听领域采取的"文化例外"措施进行报复。由此可见，虽然《北美自由贸易协定》完全引用了《美加自由贸易协定》的文化例外条款，亦即，受文化例外影响的国家可以采取相对应的反制措施，但对于知识财产权以及那些未被《美加自由贸易协定》涵盖的服务贸易，是否也可以通过《美加自由贸易协定》采取反制措施，尚存在疑虑。

此外,《北美自由贸易协定》第 2005 条第 1 款规定,除了一定的情况之外,NAFTA 的缔约国可自由选择在 NAFTA 的争端解决机制下起诉,还是在 GATT 架构下起诉。如果被诉方在 15 天内以书面形式要求在 NAFTA 机制内解决争端,则控诉方必须接受该项要求。并且,不管选定何种争端解决程序,一旦启动,则不能再选择其他争端解决程序。既然 GATT/WTO 没有如同《美加自由贸易协定》与《北美自由贸易协定》那样,明文将文化产业排除于自由贸易的条文,且 GATT/WTO 的争端解决机制向来没有把文化因素视为特殊因素,这使得争议方倾向于将文化产业的争端提交 GATT/WTO 争端解决机构解决。例如,1996 年美国与加拿大的期刊争议,美国即提交 WTO 解决,而不使用《北美自由贸易协定》或是《美加自由贸易协定》的争端解决机制。

三、欧共体/欧盟的文化产品贸易规则

在国际文化产品贸易的规制方面,欧共体/欧盟也相比其他地区,一体化程度要高些。但是,在高度一体化的同时,由于欧盟各成员方处于对其自身文化的保护和文化多样性的坚持,各成员方在文化产品贸易规则方面具有较高的自主性。欧洲的文化产品规则总体体现的是文化产品贸易规则的统一性与保护文化表现多样性的结合。文化产品贸易规则的统一性是欧盟文化产品贸易规则得以存在并延续的前提条件,而文化多样性的维护又是欧盟各成员国之间和睦共处、平衡发展与实现和平的基础。两者互为一体,不能分割。这是欧共体/欧盟文化产品贸易规则制定与执行的基石。

(一)欧共体的文化产品贸易规则

《欧洲文化公约》是第二次世界大战结束后出现的最重要的专门涉及欧洲文化的政策性文件。1954 年欧洲国家法、德等 14 个成员国共同签署了《欧洲文化公约》。该公约表明了各成员国相互间积极开展文化合作与交流的意图,捍卫并发扬欧洲文化的决心,以及为此采取共同行动与政策的意志及愿望;还特别强调了签约国在捍卫和发扬共同理念和原则等文化遗产过程中要团结一致,并要求各签字国采取切实措施保护共同文化遗产。该公约确定了欧洲文化政策的实质,也为欧洲共同文化的弘扬与发展

做出了重要贡献。从某种意义上说，该公约是欧洲理事会欧洲文化政策的基础，也成为整个欧洲文化政策的基础。

1957年的《罗马公约》第36条允许各国之间自由流动具有艺术、历史和考古价值的国家珍贵物品。这是欧共体首次对文化产品的贸易作出规定，但该条没有清晰界定珍贵物品与文化商品，其他条款也没有提及如何保护民族文化等问题。1968年，欧共体法院要求欧共体对《欧洲经济共同体条约》中第36条的例外情况加以严格的界定。结果，共同体的成员国以此为保护民族文化的理由，提出了文化物品是代表民族文化的珍贵物品，对文化商品的出口实施各种限制，各成员国把认为有必要保护的产品纷纷冠以"文化产品"的称谓。此后，随着欧洲统一化进程的加快，有关文化保护和文化产品贸易方面的决议和规则也逐渐地多了起来。在1988年，欧共体理事会通过了两项与文化有关的重要决议：一是建立一个负责欧共体文化行动的欧洲文化事务委员会，同时加强该委员会和欧委会、欧共体理事会之间的合作关系；二是确立了欧共体未来在文化领域的重要行动计划，诸如视听产业与书籍阅读、文化工作者的培训及商业赞助，等等。

1992年10月2日理事会在斯特拉斯堡签订了《欧洲电影合制公约》（European Convention on Cinematographic Co-Production）。该公约的宗旨即促进欧洲多方合作制作电影的发展，保卫表达的创造性与自由，保护不同欧洲国家的文化多样性。依据该公约，欧洲多边合制基金会（Eurimages）得以建立，主要用来促进欧洲电影合作生产。合作生产除了制片，也在一定程度上支持电影发行与影剧院建设，并把此项扶持限定在那些还没有加入欧盟媒体计划的国家。该基金会也以可偿还性贷款的方式投资电影，但此电影至少由两个不同的会员国合作拍摄。而且，拍摄计划必须在欧洲范围内实施。《欧洲电影合制公约》附录中有一个规定哪些因素构成欧洲电影作品的列表。预期效益好的项目和有文化吸引力的项目得到资助的程度是不同的：Eurimages确保前者得到7.5%的资助，但对后者只要求资助5%。宣传的资金一般有上限，而对有文化吸引力的项目不设此限制，条件是必须出具有公共机构参与赞助的证明。

2000年12月欧洲理事会通过了《文化多样性宣言》，内容包括：什么是文化多样性、为确保世界范围内可持续的文化多样性与视听政策及维护与发展文化多样性等三个部分，确认对文化多样性的尊重构成人类社会的必要元素，并在承认新信息科技、全球化与演进中的多边贸易政策的发展对于文化多样性造成了一定影响的基础上，重申维护与促进欧洲社会的文化合作、民主规则与结构是欧洲理事会的一项核心任务。该宣言对UNESCO的相关工作产生了很大的影响。

（二）欧盟的文化产品贸易规则

欧盟文化政策的法律依据是《马斯特里赫特条约》（第128条）和《阿姆斯特丹条约》（第151条）。其主要目的在于，保存欧洲人对其文化遗产的记忆，加强欧洲人对其文化的了解，改善欧洲文化发展的环境，并推动与其他国家的文化交流与合作。根据上述条约的规定，欧盟只能以鼓励的方式来合理利用这些共同的文化遗产，并且不得歧视与区别对待任何一种非主流的语言和文化。因此，有关欧盟的各项文化政策，须由欧委会提议，以部长理事会一致表决的方式通过；不得以过半数或有条件多数的形式通过。某些特殊的文化政策，还需要提交欧洲议会进行表决。

标志着欧盟正式成立的1993年《马斯特里赫特条约》正式将文化纳入职责范围。该条约第9章第128条规定，"共同体将致力于弘扬共同文化遗产，发展各成员国文化，尊重各国各地区的文化多样性"。构成了欧盟文化政策的基本原则。该条约还对这一原则进行了具体阐释：①摒弃完全从经济视角审视文化的观点，将文化提高到与政治、经济同样重要的地位，确保欧盟在进行政治经济决策时必须考虑与之相关的文化目标；②赋予欧盟管理文化的职能，欧盟的职责范围包括改善对欧洲各国人民历史文化的了解与传播；③根据欧盟的辅助与补充原则，创造了有助于欧洲文化多样发展的干预模式及决策模式，具体表现为鼓励各成员国之间在相关领域的合作，所有的相关决定都必须征询地区委员会的意见，并获得所有决策者的一致同意后才能通过；④欧盟还鼓励欧洲文化创作以及与其他国家和国际组织的文化合作。其后欧盟还制订了一系列有关文化与传媒的政策法规。

从历史上看，欧盟的前身欧洲经济共同体一直都是以经济为主要活动领域，欧盟成立后仍然将经济目标放在组织目标的重要地位，但是，与欧共体不一样的是，欧盟今后在进行经济决策的时候也必须考虑到与之相关的文化目标。

1997年《阿姆斯特丹条约》签署，进一步修订了之前的欧盟条约，该条约第151条是对《马斯特里赫特条约》第128条的继承，并且对欧盟文化事业的发展做出了明确的规定。至2001年，欧盟已经建构起一个统一而又强大的文化视听产业政策法规体制框架，并且发挥着切实有效的作用。其所涉及的领域相当广泛，包括自由传播与文化多样性原则、垄断与竞争、节目制作与传输、节目配额制、广告、政府补贴、有关淫秽诽谤等法律裁判、传媒新技术发展与信息社会建设等。欧盟文化视听产业政策一体化呈现出愈来愈扩展与加强的发展态势。

区域文化传媒贸易管理是国际文化传媒贸易的重要组成部分。例如，20世纪90年代的《电视无国界指令》规定电视节目的制作和传播事项，包括广告播出时间与方式，另外还规定了对少数群体的保护政策，限制不利于少数群体的电视节目，提出保卫民族视听文化的原则；另外一项与文化贸易相关的法律文件是《欧洲电影合制公约》（European Convention on Cinematographic Co-production），于1992年10月2日在斯特拉斯堡签订。该公约的宗旨即促进欧洲多方合作制作电影的发展，保护表达的创造性与自由，保护不同欧洲国家的文化多样性。为保证合作的实现，一部电影作品至少包括来自该公约3个不同签字国的3名制片人。允许来自非公约缔约国其它国家的制片人参与制片，但其制片投入不得超过该片总成本的30%。同时，一部合作影片还必须满足附件II中欧洲电影作品概念的要求。1990~1996年间《电信自由化指令》规定成员国有义务向欧盟通报国内信息服务规则。这些规章以欧共体条约为基础，在20世纪90年代新的历史环境中有所发展，重心放在推动欧洲文化视听业一体化进程，在大力促进文化视听商业发展自由化的同时，积极完善公共文化视听事业保护政策，建立更加完备的文化视听业知识产权和统一的技术标准体系。

本章思考题：

1. 搜集中美出版物进口案相关资料，思考 WTO 规则对我国文化产品国际贸易的影响。

2. 搜集美加期刊案相关资料，思考 WTO 与《北美自由贸易协定》和《美加自由贸易协定》的关系及对相关国家文化产业的影响。

3. 简述《文化多样性公约》与 WTO 规则的冲突及应用。

第四章 文化产业与版权法

在知识经济时代,企业价值的重心逐渐由有形资产转向无形的知识产权,并成为企业成长与获利的主要依据。文化创意产业属于知识密集型行业,其成长、壮大离不开知识产权的支持,也离不开知识产权的保护。仔细考察文化企业的各个工作环节就可以知道,文化企业的业务是围绕版权的经营展开的。从获得作品版权的策划开始,文化企业的经营管理内容就是获取版权并利用版权创造财富。文化产品或服务是版权的载体,不管是传统出版业的编辑加工、印刷、发行,还是广电影视业的制作、发行和播放都是为了将版权从潜在的权利变为现实的利益,把无形资产转变成有形的财富。文化产业的文化积累和财富增加,都是知识产权带来的,文化企业的经营决策者应看到文化产品背后的版权及相关知识产权的价值。

在我国版权保护的法律依据是《中华人民共和国著作权法》,简称《著作权法》,该法于1990年9月7日第七届全国人民代表大会常务委员会第十五次会议通过,1991年6月1日施行。该法第51条规定,本法所称的著作权即版权。至今该法已有两次修改,分别是2001年10月27日和2010年2月26日。第三次修正草稿正在征集意见中。与《著作权法》配套的相关版权法律规定及规范性文件还有:《著作权法实施条例》(2002年9月15日起施行,2011年和2013年两次修订)、《信息网络传播权保护条例》(2006年7月1日起施行,2013年修订)、《著作权集体管理条例》(2005年3月1日起施行)、《计算机软件保护条例》(2002年1月1日起施行，2011年和2013年两次修订）、《著作权行政处罚实施办法》（2003年9月1日起施行）、《最高人民法院关于审理著作权民事纠纷案件适用法律若干问题的解释》（2002年10月15日起施行）、《最高人民法院关于修改〈最高人民法院关于审理涉及计算机网络著作权纠纷案件适用法律若干问题的解释〉的决定（二）》（2006年12月8日起施行）、《互联网著作权行政保护办法》（2005年5月30日起施行）、《广播电台电视台播放录音制品支付报酬暂行办法》（2010年1月1日起施行）、《电影作品著作权集体管理使用费收取标准》（2010年10月实施）、《使用文字作品支付报酬办法》（2014年11月1日起实施）、《教科书法定许可使用作品支付报酬办法》（2013年12月1日起施行）、《关于规范网络转载版权秩序的通知》（2015年4月22日实施）。总体来讲，我国已基本建立了以《著作权法》为主体，以部门规章为配套，以规范性文件为补充的版权法律法规体系。

第一节 版权的概念与特征

一、版权的概念

版权又称著作权，是指作者依法对其创作的科学、文学、艺术作品所享有的人身权和财产权的总称，是创作者的专有权。版权对作者个人来讲是一种民事权利，对从事核心版权产业的出版社来讲，则是一种重要的无形资产。版权与版权的物质载体是不同的，也就是说，图书的购买者购买了图书，并不等于他拥有了作品的版权，他拥有的只是对作品物质载体——图书的所有权。

版权和著作权都是经过日文转译的外来词汇。版权保护制度最早建立于欧洲，大陆法系国家称版权为作者权，后经日文转译为著作权；英、美法系国家称版权为复制权，后经日文转译为版权。著作权一词的出现要晚于版权。1709年，英国的《安娜女王法》，其全名为《为鼓励知识创作而授予作者及购买者就其已印刷成册的图书在一定时期内之权利的法》，是世界上第一部版权法，奠定了现代版权制度的基础。自18世纪下半叶起，各主要资本主义国家均相继制定和颁布了版权法。到目前为止，世界上已有140多个国家制定了版权法，版权制度成为各国普遍承认的保护作者权益的一项重要的法律制度。我国的《著作权法》自1991年6月1日起生效。从历史的角度来看，版权法经历并适应了自印刷术至复印、影印等模拟技术的考验，现在又迎来了数字技术的挑战。如今版权保护的范围极为广泛，涉及科学技术、文学艺术、新闻出版、广播电视、计算机软件等多个领域。

二、版权的特征

1. 专有性

又称独占性和排他性，是指版权是版权人独自拥有的，在国家法律的保护之下，禁止他人侵犯与干涉。除经过版权人授权和法律规定的不受版权法保护的作品之外，其他任何人不得享有和使用这些权利。

2. 时间性

各国法律对于版权的保护都规定了一定的有效期限。一旦期限届满，任何人都可无偿地使用这种智力成果而不会侵权。版权作品因国别、版权主体、种类不同，保护期有所不同。

3. 地域性

是指版权人获得的版权保护只能在取得该版权的国家内有效。这是因为，从一般角度来说，版权法是国内法。在一国取得保护的作品，到别国则不受他国国内法的约束，别国对该作品也不承担保护的义务。克服地域性特点最好的手段是加入国际公约。通过加入国际公约，可使本国作品在公约成员国国内同时受到保护，得以扩大版权的地域保护范围。

4. 版权内容构成的多样性

由于版权保护对象的多样性和复杂性，决定了版权在内容构成上的多样性。版权的内容构成，主要包括人身权和财产权两方面，而每一方面又包括多种保护权利。根据我国《著作权法》的规定，著作权的具体内容总计达16项之多。

5. 可交易性与可继承性

版权由人身权和财产权两部分构成，其中人身权作为一个整体，是不能够继承和转让的，即不能成为交易对象。我国著作权法实施细则规定，创作人去世后由继承人或受遗赠人行使或保护。

对于作品的财产权，创作者可以自己使用其创作的作品以获取经济利益，也可以通过签订合同的方式，允许他人使用，或转让给他人，以从中获取经济利益，甚至可以将其作品的使用权赠与他人。

第二节 版权的主体、客体与内容

一、版权主体

版权主体是版权法律关系中权利的享有者，是指依法以自己的创作行为享有著作权或依法通过有效途径享有著作权的自然人、法人或其他组织的总称。版权的主体包括自然人、法人和非法人单位，在一定条件下，国家也可以成为版权主体。明确版权主体是实施版权保护的前提。确定权利的归属，便于作品版权的转让与许可，能够保证版权贸易的正常进行。一旦出现争端，也利于问题的解决。版权的主体大致有如下类型：

（一）版权的原始主体

版权的原始主体是指在作品创作完成之后，直接根据法律的规定或合同的约定，依法对科学、文学、艺术作品享有版权的人。通常情况下，版权的原始主体是作者。我国《著作权法》规定，由法人或非法人单位主持，代表法人或非法人单位意志创作，由法人或非法人单位承担责任的作品，法人或非法人单位视为作者。如无相反证明，在作品上署名的公民、法人或非法人单位视为作者。

（二）版权的继受主体

继受主体是指创作者之外的，通过受让、继承、受赠及其他法律认可的途径获得全部或部分版权的人。与原始主体相比，继受主体获得的版权都是不完整的，他只能获得原始主体财产权的全部或部分，而作品的人身权是无法获取的。

(三) 特殊作品的版权主体

1. 演绎作品的版权主体

演绎作品是对他人作品的再加工或是以另外一种方式来重新表现原著。改编、翻译、注释、整理已有作品而产生的作品，其著作权由改编、翻译、注释、整理人享有，但行使著作权时不得侵犯原作品的著作权。

2. 合作作品的版权主体

两人以上合作创作的作品是合作作品。两人以上合作创作的作品，著作权由合作作者共同享有。没有参加创作的人，不能成为合作作者。合作作品可以分割使用的，作者对各自创作的部分可以单独享有著作权，但行使著作权时不得侵犯合作作品整体的著作权。合作作品不可以分割使用的，其著作权由各合作作者共同享有，通过协商一致行使；不能协商一致，又无正当理由的，任何一方不得阻止他方行使除转让以外的其他权利，但是所得收益应当合理分配给所有合作作者。

3. 汇编作品的版权主体

汇编若干作品、作品的片段或者不构成作品的数据或者其他材料，对其内容的选择或者编排体现独创性的作品，为汇编作品，其著作权由汇编人享有，但行使著作权时，不得侵犯原作品的著作权。

4. 影视作品的版权主体

电影作品和以类似摄制电影的方法创作的作品的著作权由制片者享有，但编剧、导演、摄影、作词、作曲等作者享有署名权，并有权按照与制片者签订的合同获得报酬。电影作品和以类似摄制电影的方法创作的作品中的剧本、音乐等可以单独使用的作品的作者有权单独行使其著作权。

5. 职务作品的版权主体

公民为完成法人或者其他组织工作任务所创作的作品是职务作品。对主要是利用法人或者其他组织的物质技术条件创作，并由法人或者其他组织承担责任的工程设计图、产品设计图、地图、计算机软件等职务作品，作者享有署名权，著作权的其他权利由法人或者其他组织享有。除此以外,著作权由作者享有,但法人或者其他组织有权在其业务范围内优先使用。作品完成两年内,未经单位同意,作者不得许可第三人以与单位使用的相同方式使用该作品。

6. 委托作品的版权主体

委托作品是根据他人的委托而创作完成的作品。受委托创作的作品,著作权的归属由委托人和受托人通过合同约定。合同未作明确约定或者没有订立合同的,著作权属于受托人。

《最高人民法院关于审理著作权民事纠纷案件适用法律若干问题的解释》中规定两种特殊的委托作品的归属,其一是除著作权法规定的应认定为法人或单位作品外,由他人执笔,本人审阅定稿并以本人名义发表的报告、讲话等作品,著作权归报告人或者讲话人享有。著作权人可以支付执笔人适当的报酬。其二是当事人合意以特定人物经历为题材完成的自传体作品,当事人对著作权权属有约定的,依其约定;没有约定的,著作权归该特定人物享有,执笔人或整理人对作品完成付出劳动的,著作权人可以向其支付适当的报酬。

二、版权的客体

版权的客体,是指创作者所创作的,以某种物质形式存在的科学、文学、艺术作品。作品是指文学、艺术和科学领域内具有独创性并能以某种有形形式复制的智力成果。

(一)我国著作权法规定的作品种类

我国《著作权法》规定的作品种类包括以下列形式创作的文学、艺术和自然科学、社会科学、工程技术等作品:

(1)文字作品是指小说、诗词、散文、论文等以文字形式表现的作品。这是我国出版社版权贸易的主要作品。

(2)口述作品是指即兴的演说、授课、法庭辩论等以口头语言形式表现的作品。

(3)音乐、戏剧、曲艺、舞蹈、杂技艺术作品。其中音乐作品是指歌曲、交响乐等能够演唱或者演奏的带词或者不带词的作品;戏剧作品是指话剧、歌剧、地方戏等供舞台演出的作品；曲艺作品是指相声、快书、大鼓、评书等以说唱为主要形式表演的作品；舞蹈作品是指通过连续的动作、姿势、表情等表现思想情感的作品；杂技艺术作品是指杂技、魔术、马戏等通过形体动作和技巧表现的作品。

（4）美术、建筑作品。其中美术作品是指绘画、书法、雕塑等以线条、色彩或者其他方式构成的有审美意义的平面或者立体的造型艺术作品；建筑作品是指以建筑物或者构筑物形式表现的有审美意义的作品。

（5）摄影作品是指借助器械在感光材料或者其他介质上记录客观物体形象的艺术作品。

（6）电影作品和以类似摄制电影的方法创作的作品是指摄制在一定介质上，由一系列有伴音或者无伴音的画面组成，并且借助适当装置放映或者以其他方式传播的作品。该作品名称在《著作权法》修订草案中被改为视听作品。

（7）工程设计图、产品设计图、地图、示意图等图形作品和模型作品。其中图形作品是指为施工、生产绘制的工程设计图、产品设计图，以及反映地理现象、说明事物原理或者结构的地图、示意图等作品；模型作品是指为展示、试验或者观测等用途，根据物体的形状和结构，按照一定比例制成的立体作品。

（8）计算机软件是指计算机程序及其有关文档。是指以源程序或者目标程序表现的、用于电子计算机或者其他信息处理装置运行的指令，计算机程序的源程序和目标程序为同一作品。

（9）法律、行政法规规定的其他作品，如民间文学艺术作品等。

根据官方公布的《著作权法》修订草案的内容，作品类别又增加了两种，其一是实用艺术作品，是指玩具、家具、饰品等具有实用功能并有审美意义的平面或者立体的造型艺术作品；其二是立体作品，是指为生产产品、展示地理地形、说明事物原理或者结构而创作的三维作品。

著作权自作品创作之日起自动产生，无续履行任何手续。

（二）对作品著作权行使的限制或不适用著作权法的作品

首先，著作权人行使著作权，不得违反宪法和法律，不得损害公共利益。国家对作品的出版、传播依法进行监督管理。其次，著作权法不适用于：①法律、法规，国家机关的决议、决定、命令和其他具有立法、行政、司法性质的文件，及其官方正式译文；②时事新闻；③历法、通用数表、通用表格和公式。最后，超过版权保护期而进入公共领域的作品。这些作品版权的财产权已经失去了版权法的保护，对其使用可以不用进行申请。但是，这些作品的人身权是永存和不可侵犯的，对于这类作品的使用，要以尊重作者为前提。

三、版权的内容

版权的内容，是指创作者对其创作的科学、文学、艺术作品所享有的专有权。通常版权的内容包括两部分：人身权（精神权利）和财产权（经济权利）。

（一）人身权

人身权是作者基于作品依法享有的以人身利益为内容的权利，是与财产权益相对应的不含财产内容的权利。又称为版权的精神权利或人格权。一般认为，版权的人身权是不能够被转让、继承和被剥夺的，它不会随着财产权的转移、变更而发生变化。

我国《著作权法》第10条规定作品的人身权包括以下内容：

（1）发表权。这是版权中的首要权利，是指决定作品是否公之于众的权利。作者有权利决定在作品完成后是否发表，以及以什么样的方式、形式发表其作品。

（2）署名权。署名权是表明作者身份，在作品上署名的权利。署名权是法律上确认作者身份的重要途径。

（3）修改权。修改权是指作者对其作品进行修改或授权他人对其作品进行修改的权利。我国《著作权法》第34条规定图书出版者经作者许可，可以对作品修改、删节。报社、期刊社可以对作品作文字性修改、删节。对内容的修改，应当经作者许可。

（4）保护作品完整权。保护作品的完整权是保护作品不受歪曲、篡改的权利，保护其内容、形式不被破坏。保护作品的完整权是永久性的，作者在世时由作者进行保护，作者死后，由继承人、受让人负责保护。

（二）财产权

财产权，又称经济权利，是指版权人依法通过各种方式使用其作品并获取报酬的权利。我国《著作权法》第 10 条规定，著作财产权的内容具体包括：复制权、发行权、出租权、展览权、表演权、放映权、广播权、信息网络传播权、摄制权、改编权、翻译权、汇编权以及应当由著作权人享有的其他权利。

（1）复制权，即以印刷、复印、拓印、录音、录像、翻录、翻拍等方式将作品制作一份或者多份的权利。这是版权经济权利中最基本的权利。复制权是版权人专有的，非经版权人允许，他人不得对作品进行复制。作者行使版权多是集中在复制权上，因为这是使作品广泛传播的最重要手段。在实践中，我国出版社从事版权贸易的主要客体就是这种权利，一般称为出版权。

（2）发行权，即以出售或者赠与方式向公众提供作品的原件或者复制件的权利。所谓发行就是面向社会大众的，以实现经济利益为目的的行为。作者有权选择发行的方式、范围及发行者。作者可以自己独立行使发行权，也可以授权他人代其行使。出版社在与作者谈版权贸易合同时，应尽力争取更大范围的发行权，以保证出版经济目的的实现。

（3）出租权，即有偿许可他人临时使用电影作品和以类似摄制电影的方法创作的作品、计算机软件的权利，计算机软件不是出租的主要标的的除外。

（4）展览权，即公开陈列美术作品、摄影作品的原件或者复制件的权利。

（5）表演权，即公开表演作品，以及用各种手段公开播送作品的表演的权利。该权利与文化产业中的演出娱乐业关系密切。

（6）放映权，即通过放映机、幻灯机等技术设备公开再现美术、摄影、电影和以类似摄制电影的方法创作的作品等的权利。该权利是影视产业发展的重要基础权利。

（7）广播权，即以无线方式公开广播或者传播作品，以有线传播或者转播的方式向公众传播广播的作品，以及通过扩音器或者其他传送符号、声音、图像的类似工具向公众传播广播的作品的权利。该权利是广播业发展的重要基础权利。

（8）信息网络传播权，即以有线或者无线方式向公众提供作品，使公众可以在其个人选定的时间和地点获得作品的权利。信息网络传播权的内容包括著作权人有权在因特网上自行传播作品、许可他人传播作品、禁止他人未经许可而传播其作品。在传统媒体与网络媒体加速融合的时代，这一权利是文化企业极力争夺的权利。

（9）摄制权，即以摄制电影或者以类似摄制电影的方法将作品固定在载体上的权利。该权利也是影视产业发展的重要基础权利。

（10）改编权，即改编作品，创作出具有独创性的新作品的权利。改编作品中应包含有原作的内容，但同时要在原作的基础上有所创新。改编权是著作权人的权利，著作权人有权自行改编，也有权许可他人改编并获得报酬。出版社如出版的作品是经人改编的，要注意获改编人、原著作权人的双重授权，否则易生版权纠纷。版权法学界一般认为，影视公司把文学作品摄制影视产品时自然地包含改编权的授权。

（11）翻译权，即将作品从一种语言文字转换成另一种语言文字的权利。翻译主要针对文字作品。翻译的对象也可以是口头作品。翻译权是一项重要的财产权。在国际版权贸易中，涉及最多的就是翻译权许可的问题。由于翻译权是著作权人的专有权利，任何人要翻译作品，作商业使用，都应事先取得著作权人许可并付酬。

（12）汇编权，即将作品或者作品的片段通过选择或者编排，汇集成新作品的权利。出版社出版汇编作品，如该作品还在保护期，除取得汇编人的许可外，一定还要得到作品原作者的授权，才能没有法律障碍的出版。

（13）应当由著作权人享有的其他权利。

(三）版权的保护期

（1）作者的署名权、修改权、保护作品完整权的保护期不受限制。

(2) 公民的作品，其发表权、财产权的保护期为作者终生及其死亡后 50 年，截止于作者死亡后第 50 年的 12 月 31 日；如果是合作作品，截止于最后死亡的作者死亡后第 50 年的 12 月 31 日。

(3) 法人或者其他组织的作品、著作权（署名权除外）由法人或者其他组织享有的职务作品，其发表权、财产权的保护期为 50 年，截止于作品首次发表后第 50 年的 12 月 31 日，但作品自创作完成后 50 年内未发表的，不再保护。

(4) 电影作品和以类似摄制电影的方法创作的作品、摄影作品，其发表权、财产权的保护期为 50 年，截止于作品首次发表后第 50 年的 12 月 31 日，但作品自创作完成后 50 年内未发表的，不再保护。

(5) 作者生前未发表的作品，如果作者未明确表示不发表，作者死亡后 50 年内，其发表权可由继承人或者受遗赠人行使；没有继承人又无人受遗赠的，由作品原件的所有人行使。

(6) 作者身份不明的作品，其著作财产权的保护期截止于作品首次发表后第 50 年的 12 月 31 日。作者身份确定后，适用《著作权法》一般保护期的规定。

第三节 邻接权

邻接权是与著作权相邻接的一种权利，指作品传播者所享有的权利。我国《著作权法》把邻接权界定为"与著作权有关的权益"，是指出版者对其出版的图书和期刊的版式设计享有的权利，表演者对其表演享有的权利，录音录像制作者对其制作的录音录像制品享有的权利，广播电台、电视台对其播放的广播、电视节目享有的权利。

一、出版者权

1. 出版者权的含义及保护期限

邻接权中的出版者权与出版社关系最紧密。出版者权是指出版者对其出版的作品所享有的权利。作为邻接权的出版者权主指版式设计权。版式设计是书刊的排版格式，即出版社、杂志社和报社对其出版物的版式如：版心、版式、标题、字体、字号等设计享有专有权。我国《著作权法》规定：出版者有权许可或者禁止他人使用其出版的图书、期刊的版式设计。该权利的保护期为10年，截止于使用该版式设计的图书、期刊首次出版后第10年的12月31日。

2. 出版图书、报刊的版权规则

《著作权法》第30~35条规定了图书、报刊的出版应该遵守的版权规则：

（1）图书出版者出版图书应当和著作权人订立出版合同，并支付报酬。

（2）图书出版者对著作权人交付出版的作品，按照合同约定享有的专有出版权受法律保护，他人不得出版该作品。

（3）著作权人应当按照合同约定期限交付作品。图书出版者应当按照合同约定的出版质量、期限出版图书。图书出版者不按照合同约定期限出版，应当依法承担民事责任。图书出版者重印、再版作品的，应当通知著作权人，并支付报酬。图书脱销后，图书出版者拒绝重印、再版的，著作权人有权终止合同。著作权人寄给图书出版者的两份订单在6个月内未能得到履行，视为图书脱销。

（4）著作权人向报社、期刊社投稿的，自稿件发出之日起15日内未收到报社通知决定刊登的，或者自稿件发出之日起30日内未收到期刊社通知决定刊登的，可以将同一作品向其他报社、期刊社投稿。双方另有约定的除外。作品刊登后，除著作权人声明不得转载、摘编的外，其他报刊可以转载或者作为文摘、资料刊登，但应当按照规定向著作权人支付报酬。

（5）图书出版者经作者许可，可以对作品修改、删节。报社、期刊社可以对作品作文字性修改、删节。对内容的修改，应当经作者许可。

（6）出版改编、翻译、注释、整理、汇编已有作品而产生的作品，应当取得改编、翻译、注释、整理、汇编作品的著作权人和原作品的著作权人许可，并支付报酬。

（7）图书出版合同中约定图书出版者享有专有出版权但没有明确其具体内容的，视为图书出版者享有在合同有效期限内和在合同约定的地域范围内以同种文字的原版、修订版出版图书的专有权利。

（8）出版者行使权利，不得损害被使用作品和原作品著作权人的权利。

二、表演者权

（一）表演者权的含义、内容及保护期限

1. 表演者权的含义

表演者权是表演者对其表演享有的专有权利。其中表演是指演奏乐曲、上演剧本、朗诵诗词等直接或者借助技术设备并以声音、表情、动作公开再现作品的行为。表演者是指演员、歌唱家、舞蹈家和表演、歌唱、演说、朗诵、演奏或以别的方式表演文学艺术作品的其他人员。在我国，表演者包括自然人的表演者及演出单位，即剧团、歌舞团等表演法人及其他组织。外国人、无国籍人在中国境内的表演，受著作权法保护。

外国人、无国籍人根据中国参加的国际条约对其表演享有的权利，受《著作权法》保护。

2. 表演者权的内容

根据《著作权法》第38条的规定，表演者对其表演享有下列权利：①表明表演者身份；②保护表演形象不受歪曲；③许可他人从现场直播和公开传送其现场表演，并获得报酬；④许可他人录音录像，并获得报酬；⑤许可他人复制、发行录有其表演的录音录像制品，并获得报酬；⑥许可他人通过信息网络向公众传播其表演，并获得报酬。其中第①项和第②项两项权利属于表演者权的人身权，后四项属于财产权范畴。被许可人以第③项至第⑥项规定的方式使用作品，还应当取得著作权人许可，并支付报酬。

3. 表演者权的保护期

表演者权六项权利内容中，表明表演者身份和保护表演形象不受歪曲两项权利规定的权利的保护期不受限制。其余四项财产权能的权利的保护期为 50 年，截止于该表演发生后第 50 年的 12 月 31 日。

(二) 表演者应遵守的版权规则

(1) 使用他人作品演出，表演者（演员、演出单位）应当取得著作权人许可，并支付报酬。演出组织者组织演出，由该组织者取得著作权人许可，并支付报酬。

(2) 使用改编、翻译、注释、整理已有作品而产生的作品进行演出，应当取得改编、翻译、注释、整理作品的著作权人和原作品的著作权人许可，并支付报酬。

(3) 表演者行使权利，不得损害被使用作品和原作品著作权人的权利。

三、录制者权

(一) 录制者权的含义、内容及保护期限

1. 录制者权的含义

录制者权即录音录像制作者对其制作的录音录像制品享有的权利。其中录音制品，是指任何对表演的声音和其他声音的录制品；录像制品，是指电影作品和以类似摄制电影的方法创作的作品以外的任何有伴音或者无伴音的连续相关形象、图像的录制品；录音制作者，是指录音制品的首次制作人；录像制作者，是指录像制品的首次制作人。

外国人、无国籍人在中国境内制作、发行的录音制品，受《著作权法》保护。外国人、无国籍人根据中国参加的国际条约对其制作、发行的录音制品享有的权利，受《著作权法》保护。

2. 录制者权的内容及保护期限

录音录像制作者对其制作的录音录像制品，享有许可他人复制、发行、出租、通过信息网络向公众传播并获得报酬的权利；权利的保护期为 50 年，截止于该制品首次制作完成后第 50 年的 12 月 31 日。被许可人复制、发行、通过信息网络向公众传播录音录像制品，还应当取得著作权人、表演者许可，并支付报酬。

（二）录音录像制作者应遵守的版权规则

（1）录音录像制作者使用他人作品制作录音录像制品，应当取得著作权人许可，并支付报酬。

（2）录音录像制作者使用改编、翻译、注释、整理已有作品而产生的作品，应当取得改编、翻译、注释、整理作品的著作权人和原作品著作权人许可，并支付报酬。

（3）录音制作者使用他人已经合法录制为录音制品的音乐作品制作录音制品，可以不经著作权人许可，但应当按照规定支付报酬；著作权人声明不许使用的不得使用。

（4）录音录像制作者制作录音录像制品，应当同表演者订立合同，并支付报酬。

（5）录音录像制作者行使权利，不得损害被使用作品和原作品著作权人的权利。

四、广播组织者权

（一）广播组织者权的含义、内容及保护期限

1. 广播组织者权的含义

"广播组织者权"，是指广播电台、电视台依法对其播放的广播电视节目所享有的专有权利。

外国的广播电台、电视台根据中国参加的国际条约对其播放的广播、电视节目享有的权利，受著作权法保护。

2. 广播组织者权的内容与保护期限

《著作权法》第45条规定，广播电台、电视台有权禁止未经其许可的下列行为：①将其播放的广播、电视转播；②将其播放的广播、电视录制在音像载体上以及复制音像载体。前款规定的权利的保护期为50年，截止于该广播、电视首次播放后第50年的12月31日。

（二）广播电台、电视台应遵守的版权规则

（1）广播电台、电视台播放他人未发表的作品，应当取得著作权人许可，并支付报酬。

(2) 广播电台、电视台播放他人已发表的作品，可以不经著作权人许可，但应当支付报酬。

(3) 广播电台、电视台播放已经出版的录音制品，可以不经著作权人许可，但应当支付报酬。当事人另有约定的除外。

(4) 电视台播放他人的电影作品和以类似摄制电影的方法创作的作品、录像制品，应当取得制片者或者录像制作者许可，并支付报酬；播放他人的录像制品，还应当取得著作权人许可，并支付报酬。

(5) 广播电台、电视台行使权利，不得损害被使用作品和原作品著作权人的权利。

第四节　版权的限制

一、合理使用

(一) 合理使用的含义

为了评论、注释、新闻报道、教学和学习研究等目的，不经版权人许可，不向其支付报酬而使用其已发表的作品，但应当指明作者姓名、作品名称，并不得侵犯版权人的其他权利。

(二) 合理使用的范围

根据《著作权法》第 22 条的规定，在下列情况下可以合理使用他人作品：

(1) 为个人学习、研究或者欣赏，使用他人已经发表的作品；

(2) 为介绍、评论某一作品或者说明某一问题，在作品中适当引用他人已经发表的作品；

(3) 为报道时事新闻，在报纸、期刊、广播电台、电视台等媒体中不可避免地再现或者引用已经发表的作品；

(4) 报纸、期刊、广播电台、电视台等媒体刊登或者播放其他报纸、期刊、广播电台、电视台等媒体已经发表的关于政治、经济、宗教问题的时事性文章，但作者声明不许刊登、播放的除外；

（5）报纸、期刊、广播电台、电视台等媒体刊登或者播放在公众集会上发表的讲话，但作者声明不许刊登、播放的除外；

（6）为学校课堂教学或者科学研究，翻译或者少量复制已经发表的作品，供教学或者科研人员使用，但不得出版发行；

（7）国家机关为执行公务在合理范围内使用已经发表的作品；

（8）图书馆、档案馆、纪念馆、博物馆、美术馆等为陈列或者保存版本的需要，复制本馆收藏的作品；

（9）免费表演已经发表的作品，该表演未向公众收取费用，也未向表演者支付报酬；

（10）对设置或者陈列在室外公共场所的艺术作品进行临摹、绘画、摄影、录像；

（11）将中国公民、法人或者其他组织已经发表的以汉语言文字创作的作品翻译成少数民族语言文字作品在国内出版发行；

（12）将已经发表的作品改成盲文出版。

上述合理使用的情形适用于对出版者、表演者、录音录像制作者、广播电台、电视台的权利的限制。

二、法定许可

（一）法定许可的含义

法定许可指根据《著作权法》的规定，除著作权人声明不得使用外，以特定的方式使用已经发表的作品，可以不经著作权人许可，但应向版权人支付报酬，尊重作者相关权益的法律制度。该制度实质是将著作权中的某些权利从一种绝对权利降格为一种获得合理使用费的权利。

（二）法定许可的种类

1. 教科书编写使用

《著作权法》第23条规定，为实施九年制义务教育和国家教育规划而编写出版教科书，除作者事先声明不许使用的外，可以不经著作权人许可，在教科书中汇编已经发表的作品片段或者短小的文字作品、音乐作品或者单幅的美术作品、摄影作品，但应当按照规定支付报酬，指明作者姓名、作品名称,并且不得侵犯著作权人依照《著作权法》享有的其他权利。

2. 报刊相互转载、摘编

报刊转载其他报刊已经发表的文章可以适用法定许可制度。《著作权法》第 33 条第 2 款规定,作品刊登后,除著作权人声明不得转载、摘编的外,其他报刊可以转载或者作为文摘、资料刊登,但应当按照规定向著作权人支付报酬。著作权人依照《著作权法》第 33 条第 2 款声明不得转载、摘编其作品的,应当在报纸、期刊刊登该作品时附带声明。

3. 录音制品制作

《著作权法》第 40 条第 3 款规定,录音制作者使用他人已经合法录制为录音制品的音乐作品制作录音制品,可以不经著作权人许可,但应当按照规定支付报酬;著作权人声明不许使用的不得使用。著作权人依照《著作权法》第 40 条第 3 款声明不得对其作品制作录音制品的,应当在该作品合法录制为录音制品时声明。

4. 广播组织播放他人已发表的作品

《著作权法》第 43 条第 2 款规定,广播电台、电视台播放他人已发表的作品,可以不经著作权人许可,但应当支付报酬。

5. 广播组织播放已出版的录音制品

《著作权法》第 44 条规定,广播电台、电视台播放已经出版的录音制品,可以不经著作权人许可,但应当支付报酬。当事人另有约定的除外。具体办法由国务院规定。《广播电台电视台播放录音制品支付报酬暂行办法》已经 2009 年 5 月 6 日国务院第 62 次常务会议通过,自 2010 年 1 月 1 日起施行。

第五节 版权的利用与报酬

一、版权的许可使用

(一) 版权许可使用的概念

版权许可使用又称"授权使用",是指版权人许可他人在一定期限、地域内以一定方式使用其作品并获得报酬的授权行为。版权许可使用是一种重要的法律行为，通常表现为许可使用合同。版权人利用许可使用合同可以将版权财产权中的一项或多项内容许可他人使用，同时向被许可人收取一定数额的版权使用费，以保障实现版权财产权益。这是最常见的版权贸易，也是大多数版权人实现其版权财产权的主要方式。根据文化艺术作品的不同表现形式，著作权许可使用合同的种类也不同，常见的有：出版权许可使用合同、表演权许可使用合同、摄制权许可使用合同、翻译权许可使用合同及各类邻接权许可使用合同。

（二）版权许可合同的主要条款

任何合同要保障其合法有效，双方当事人都应当就合同的主要条款作出约定。版权许可使用合同的内容和形式都要符合法律的要求，避免合同无效或发生纠纷。《著作权法》第24条根据版权许可使用合同的性质和特点，规定合同的主要条款应当包括六个方面的主要内容：

1. 使用的权利种类

本条款是要求合同当事人在合同中约定具体授权的是哪一种版权财产权。

2. 许可使用的权利是专有使用权还是非专有使用权

专有使用权是一种独占的和排他的权利，是指版权人将许可使用的具体财产权，比如是出版权或摄制权授权给被许可人后，在合同的有效期间内，既不能再将上述权利授权给第三人使用，也不能自己使用。《著作权法》第31条规定，图书出版者对著作权人交付出版的作品，按照合同约定享有的专有出版权受法律保护，他人不得出版该作品。根据《著作权法实施条例》第23条的规定，使用他人作品应当同著作权人订立许可使用合同，许可使用的权利是专有使用权的，应当采取书面形式，但是报社、期刊社刊登作品除外。

非专有使用权是指版权人将某一项或某几项版权财产权许可他人使用之后，在合同的有效期间，还可以将同样的权利再许可第三人使用。如音乐作品的表演权一般是非专有许可使用。专有使用权和非专有使用权有很大区别，《著作权法》要求被许可人在与版权人签定合同时必须明确约定许可使用的性质，旨在保障被许可人的合法权益。《著作权法实施条例》第 24 条规定，《著作权法》第 24 条规定的专有使用权的内容由合同约定，合同没有约定或者约定不明的，视为被许可人有权排除包括著作权人在内的任何人以同样的方式使用作品；除合同另有约定外，被许可人许可第三人行使同一权利，必须取得著作权人的许可。

3. 许可使用的地域范围、期间

许可使用的范围是指被许可的版权在地域上的效力，是限于国内还是包含国际上其他国家或地区的使用许可。期间是指被许可人使用版权的时间上的效力。

4. 付酬标准和办法

5. 违约责任

双方可以在合同中约定，如果发生违约行为，应该按照约定义务承担相应违约责任。

6. 双方认为需要约定的其他内容

如合同纠纷解决的办法，双方或一方要求必须订立而被另一方接受而约定的条款，都可以成为该项合同的主要条款。

二、版权的转让

(一) 版权转让的概念

版权转让指双方当事人按照合同（书面合同）的约定，一方将版权中的部分或全部权利转移给另一方，另一方向其支付转让费而取得版权的部分或全部权利的行为，属于版权贸易的一种形式。

版权转让与版权许可使用有严格的区别。版权许可使用不改变版权的权利主体，版权转让则发生版权权利主体的变更，版权被许可使用人必须依赖于许可人权利的存在才能对抗第三人，版权受让人则可以独立地以自己的版权对抗第三人。版权转让是一种重要的法律行为，涉及双方当事人多方面的权利和义务。《著作权法》第 25 条规定，转让本法第 10 条第 1 款第（5）项至第（17）项规定的权利，应当订立书面合同。根据此规定，所有的版权转让合同均需订立书面合同。

（二）版权转让合同的主要条款

版权转让合同包括下列主要内容：

（1）作品的名称，合同首先要明确转让版权所依附的作品的基本情况。

（2）转让的权利种类、地域范围；本条款是要求合同双方当事人清楚界定要转让的版权财产权是哪一种，及其转让的地域是国内区域还是包括国际范围转让。

（3）转让价金；转让的权利种类越多，范围越广，价金则越高。

（4）交付转让价金的日期和方式。

（5）违约责任。

（6）双方认为需要约定的其他内容。

三、版权的其他利用方式

版权财产权除了可以许可使用及转让外，还可以用作质押担保，信托、破产财产等。版权质押担保是一种权利质押，被我国现行的《物权法》和《担保法》明确予以保护，同时要完成版权质押登记。《著作权质权登记办法》已由国家版权局通过，自2011年1月1日起施行。信托是指版权人用转让或其他处分的方式将版权托付给受托人，并约定获取报酬的标准和办法，让受托人以自己的名义按照一定的目的对版权进行管理或做其他处分的行为。版权的集体管理就是一种信托方式。破产财产是指破产宣告后，依法可供债权人清偿分配的破产企业的财产。破产企业在被宣告破产前对某些作品拥有的版权财产权可以列为破产财产。

四、版权利用的报酬

（一）使用文字作品支付报酬

使用文字作品支付报酬的法律依据是自2014年11月1日起施行的《使用文字作品支付报酬办法》。除法律、行政法规另有规定外，使用文字作品支付报酬由当事人约定；当事人没有约定或者约定不明的，适用该办法。

1. 付酬方式

以纸介质出版方式使用文字作品支付报酬可以选择版税、基本稿酬加印数稿酬或者一次性付酬等方式。

（1）版权制。版税，是指使用者以图书定价×实际销售数或者印数×版税率的方式向著作权人支付的报酬。

（2）稿酬制。基本稿酬，是指使用者按作品的字数，以千字为单位向著作权人支付的报酬。印数稿酬，是指使用者根据图书的印数，以千册为单位按基本稿酬的一定比例向著作权人支付的报酬。

（3）一次性付酬制。一次性付酬，是指使用者根据作品的质量、篇幅、作者的知名度、影响力以及使用方式、使用范围和授权期限等因素，一次性向著作权人支付的报酬。

2. 版税率标准和计算方法

（1）版税率标准：原创作品：3%～10%，演绎作品：1%～7%。

（2）计算办法：采用版税方式支付报酬的，著作权人可以与使用者在合同中约定，在交付作品时或者签订合同时由使用者向著作权人预付首次实际印数或者最低保底发行数的版税。首次出版发行数不足千册的，按千册支付版税，但在下次结算版税时对已经支付版税部分不再重复支付。

3. 稿酬制的基本稿酬标准和计算方法

（1）基本稿酬标准。

①原创作品：每千字 80～300 元，注释部分参照该标准执行。

②演绎作品：改编作品是每千字 20～100 元，汇编作品是每千字 10～20 元，翻译作品每千字 50～200 元。

（2）计算方法。

支付基本稿酬以千字为单位，不足千字部分按千字计算。支付报酬的字数按实有正文计算，即以排印的版面每行字数乘以全部实有的行数计算。占行题目或者末尾排不足一行的，按一行计算。诗词每十行按一千字计算，作品不足十行的按十行计算。辞书类作品按双栏排版的版面折合的字数计算。

(3) 印数稿酬标准和计算方法。

每印一千册，按基本稿酬的1%支付。不足一千册的，按一千册计算。作品重印时只支付印数稿酬，不再支付基本稿酬。

采用基本稿酬加印数稿酬的付酬方式的，著作权人可以与使用者在合同中约定，在交付作品时由使用者支付基本稿酬的30%~50%。除非合同另有约定，作品一经使用，使用者应当在6个月内付清全部报酬。作品重印的，应在重印后6个月内付清印数稿酬。

(4) 一次性付酬的标准和方式。

一次性付酬的，可以参照基本稿酬标准和计算方法规定支付。报刊刊载作品只适用一次性付酬方式。

(5) 报刊刊载作品的付酬标准和办法。

报刊刊载未发表的作品，除合同另有约定外，应当自刊载后1个月内按每千字不低于100元的标准向著作权人支付报酬。报刊刊载未发表的作品，不足五百字的按千字作半计算；超过五百字不足千字的按千字计算。

报刊依照《著作权法》的相关规定转载、摘编其他报刊已发表的作品，应当自报刊出版之日起2个月内，按每千字100元的付酬标准向著作权人支付报酬，不足五百字的按千字作半计算，超过五百字不足千字的按千字计算。报刊出版者未按前款规定向著作权人支付报酬的，应当将报酬连同邮资以及转载、摘编作品的有关情况送交中国文字著作权协会代为收转。中国文字著作权协会收到相关报酬后，应当按相关规定及时向著作权人转付，并编制报酬收转记录。报刊出版者按前款规定将相关报酬转交给中国文字著作权协会后，对著作权人不再承担支付报酬的义务。

(6) 使用演绎作品需要支付原作者报酬。

使用演绎作品，除合同另有约定或者原作品已进入公有领域外，使用者还应当取得原作品著作权人的许可并支付报酬。

(7) 没有版权使用合同或没有明确报酬支付方式和标准。

使用者未与著作权人签订书面合同，或者签订了书面合同但未约定付酬方式和标准，与著作权人发生争议的，应当按版税或稿酬制付酬标准的上限分别计算报酬,以较高者向著作权人支付,并不得以出版物抵作报酬。

(8) 被许可人向境外输出版权。

著作权人许可使用者通过转授权方式在境外出版作品,但对支付报酬没有约定或约定不明的,使用者应当将所得报酬扣除合理成本后的70%支付给著作权人。

(9) 以纸介质出版之外的其他方式使用文字作品的报酬支付。

以纸介质出版方式之外的其他方式使用文字作品,除合同另有约定外,使用者应当参照该办法规定的付酬标准和付酬方式付酬。在数字或者网络环境下使用文字作品,除合同另有约定外,使用者可以参照该办法规定的付酬标准和付酬方式付酬。

(二) 教科书法定许可使用作品支付报酬办法

为保护文学、艺术和科学作品作者的著作权,规范编写出版教科书使用已发表作品的行为,国家版权局制定出台《教科书法定许可使用作品支付报酬办法》,自2013年12月1日起施行。

1. 适用范围

适用于使用已发表作品编写出版九年制义务教育和国家教育规划教科书的行为。但是教科书不包括教学参考书和教学辅导材料。

九年制义务教育教科书和国家教育规划教科书,是指为实施义务教育、高中阶段教育、职业教育、高等教育、民族教育、特殊教育,保证基本的教学标准,或者为达到国家对某一领域、某一方面教育教学的要求,根据国务院教育行政部门或者省级人民政府教育行政部门制定的课程方案、专业教学指导方案而编写出版的教科书。

2. 使用作品的范围

在教科书中汇编已经发表的作品片断或者短小的文字作品、音乐作品或者单幅的美术作品、摄影作品,除作者事先声明不许使用的外,可以不经著作权人许可,但应当支付报酬,指明作者姓名、作品名称,并且不得侵犯著作权人依法享有的其他权利。

作品片断或者短小的文字作品，是指九年制义务教育教科书中使用的单篇不超过 2 000 字的文字作品，或者国家教育规划（不含九年制义务教育）教科书中使用的单篇不超过 3 000 字的文字作品。

短小的音乐作品，是指九年制义务教育和国家教育规划教科书中使用的单篇不超过 5 页面或时长不超过 5 分钟的单声部音乐作品，或者乘以相应倍数的多声部音乐作品。

3. 付酬标准

教科书汇编者支付报酬的标准如下：

（1）文字作品：每千字 300 元，不足千字的按千字计算；

（2）音乐作品：每首 300 元；

（3）美术作品、摄影作品：每幅 200 元，用于封面或者封底的，每幅 400 元；

（4）在与音乐教科书配套的录音制品教科书中使用的已有录音制品：每首 50 元。

支付报酬的字数按实有正文计算，即以排印的版面每行字数乘以全部实有的行数计算。占行题目或者末尾排印不足一行的，按一行计算。诗词每十行按一千字计算；不足十行的按十行计算。非汉字的文字作品，按照相同版面同等字号汉字数付酬标准的 80% 计酬。

使用改编作品编写出版教科书，按照上述规定确定报酬后，由改编作品的作者和原作品的作者协商分配，协商不成的，应当等额分配。使用的作品有两个或者两个以上作者的，应当等额分配该作品的报酬，作者另有约定的除外

4. 教科书汇编者的责任

（1）按时付酬。

教科书出版发行存续期间，教科书汇编者应当按照《教科书法定许可使用作品支付报酬办法》每年向著作权人支付一次报酬。报酬自教科书出版之日起 2 个月内向著作权人支付。教科书汇编者未按照前款规定向著作权人支付报酬，应当在每学期开学第一个月内将其应当支付的报酬连同邮

资以及使用作品的有关情况交给相关的著作权集体管理组织。教科书汇编者按规定将相应报酬转交给著作权集体管理组织后，对著作权人不再承担支付报酬的义务。

教科书汇编者支付的报酬到账后，著作权集体管理组织应当及时按相关规定向著作权人转付，并及时在其网站上公告教科书汇编者使用作品的有关情况。著作权集体管理组织收转报酬，应当编制报酬收转记录。使用作品的有关情况包括使用作品的名称、作者（包括原作者和改编者）姓名、作品字数、出版时间等。

5. 教科书汇编者的责任

（1）提供样书。教科书出版后，著作权人要求教科书汇编者提供样书的，教科书汇编者应当向著作权人提供。教科书汇编者通过著作权集体管理组织转付报酬的，可以将样书交给相关的著作权集体管理组织，由其转交给著作权人。转交样书产生的费用由教科书汇编者承担。

（2）及时支付报酬的民事责任。教科书汇编者未按规定支付报酬的，应当承担停止侵权、消除影响、赔礼道歉、赔偿损失等民事责任。

（3）教科书汇编者向录音制作者支付报酬，同样遵守前述规定。

（三）广播电视播放录音制品支付报酬办法

播放，是指广播电台、电视台以无线或者有线的方式进行的首播、重播和转播。为了保障著作权人依法行使广播权，方便广播电台、电视台播放录音制品，《广播电台电视台播放录音制品支付报酬暂行办法》（以下简称《付酬办法》）由国务院于2011年修订，并于2011年1月8日起施行。

1. 适用的情形

根据《付酬办法》的规定，广播电台、电视台播放已经出版的录音制品，如果已经与著作权人订立许可使用合同的，按照合同约定的方式和标准支付报酬；未经著作权人许可播放已经出版的录音制品的，按照《付酬办法》向著作权人支付报酬。

广播电台、电视台可以就播放已经发表的音乐作品向著作权人支付报酬的方式、数额等有关事项与管理相关权利的著作权集体管理组织进行约定。

2. 计酬方式

《付酬办法》根据国际通行做法规定了三种计酬方式，供当事人选择，作为约定或者协商支付报酬的基础：一是由广播电台、电视台与相关著作权集体管理组织约定每年向著作权人支付固定数额的报酬；二是按广播电台、电视台广告收入的一定比例计酬，即以本台或者本台各频道（频率）本年度广告收入扣除15%成本费用后的余额，乘以《付酬办法》第6条规定的付酬标准，计算支付报酬的数额；三是按广播电台、电视台播放录音制品的时间多少计酬，以本台本年度播放录音制品的时间总量，乘以《付酬办法》第7条规定的单位时间付酬标准，计算支付报酬的数额。

这样规定，主要考虑是：国际上广播电台、电视台向著作权人支付报酬，其方式和标准都是由当事人协商确定的，选择哪种方式计酬是双方博弈的结果。我国以行政法规形式规定计酬方式，首先应当尊重当事人的约定。考虑到可能出现双方当事人就支付报酬的方式和数额达不成一致的情形，为了更好地保护著作权人的权益，《付酬办法》规定：广播电台、电视台播放录音制品，未能依照本办法的规定与管理相关权利的著作权集体管理组织约定支付报酬的固定数额，也未能协商确定应支付报酬的，应当依照本办法按广告收入一定比例计酬的计酬方式和付酬标准，确定向著作权集体管理组织支付报酬的数额。

3. 付酬标准

《付酬办法》规定了两种具体的付酬标准：

（1）以广告收入的一定比例计酬的标准。

①播放录音制品的时间占本台或者本频道（频率）播放节目总时间的比例（以下称播放时间比例）不足1%的，付酬标准为0.02%；

②播放时间比例为1%以上不足3%的，付酬标准为0.03%；

③播放时间比例为3%以上不足6%的，相应的付酬标准为0.12%到0.2%，播放时间比例每增加1%，付酬标准相应增加0.04%；

④播放时间比例为6%以上10%以下的，相应的付酬标准为0.3%到0.5%，播放时间比例每增加1%，付酬标准相应增加0.05%；

⑤播放时间比例超过10%不足30%的,付酬标准为0.6%;

⑥播放时间比例为30%以上不足50%的,付酬标准为0.7%;

⑦播放时间比例为50%以上不足80%的,付酬标准为0.8%;

⑧播放时间比例为80%以上的,付酬标准为0.9%。

(2) 按广播电台、电视台播放录音制品的时间多少计酬的标准。

①广播电台的单位时间付酬标准为每分钟0.30元;

②电视台的单位时间付酬标准为每分钟2元。

(3) 优惠政策。

①转播的计酬标准。广播电台、电视台转播其他广播电台、电视台播放的录音制品的,其播放录音制品的时间按照实际播放时间的10%计算。

②西部地区的广播电台、电视台以及全国专门对少年儿童、少数民族和农村地区等播出的专业频道(频率),依照本办法规定方式向著作权人支付报酬的数额,按照依据《付酬办法》规定计算出的数额的50%计算。

(4) 计酬结算时间。

广播电台、电视台向著作权人支付报酬,以年度为结算期。广播电台、电视台应当于每年度第一季度将其上年度应当支付的报酬交由著作权集体管理组织转付给著作权人。广播电台、电视台通过著作权集体管理组织向著作权人支付报酬时,应当提供其播放作品的名称、著作权人姓名或者名称、播放时间等情况,双方已有约定的除外。广播电台、电视台依照规定将应当向著作权人支付的报酬交给著作权集体管理组织后,对著作权集体管理组织与著作权人之间的纠纷不承担责任。

(5) 对著作权集体管理组织会员以外的著作权人付酬。

《付酬办法》不仅适用于广播电台、电视台向著作权集体管理组织会员的著作权人支付报酬,也适用于向著作权集体管理组织会员以外的著作权人支付报酬。实践中,广播电台、电视台播放录音制品可能使用著作权集体管理组织会员以外的著作权人的作品,为保障这部分著作权人的合法权益,《付酬办法》根据《著作权集体管理条例》的相关规定,规定了向管理相关权利的著作权集体管理组织会员以外的著作权人转付报酬的制度;广播电台、电视台播放录音制品,未向管理相关权利的著作权集体管理组织会员以外的著作权人支付报酬的,应当按照规定将应支付的报酬送交管理相关权利的著作权集体管理组织;管理相关权利的著作权集体管理组织应当向著作权人转付。

第六节 版权的侵权责任

一、侵犯版权的概念

侵犯版权是指除法律另有规定者外,未经版权人许可而从事版权法授权版权人所控制、限制或禁止的活动,此处的版权包括邻接权。根据《著作权法》的规定,实施版权侵权行为应该承担相应的法律责任,我国《著作权法》对版权侵权行为规定了民事责任、行政责任及刑事责任制度。

二、仅承担民事责任的侵犯版权的形式

《著作权法》第47条列举了仅承担民事责任的侵权行为的十一种形式:

(1) 未经著作权人许可,发表其作品的;

(2) 未经合作作者许可,将与他人合作创作的作品当作自己单独创作的作品发表的;

(3) 没有参加创作,为谋取个人名利,在他人作品上署名的;

(4) 歪曲、篡改他人作品的;

(5) 剽窃他人作品的;

(6) 未经著作权人许可,以展览、摄制电影和以类似摄制电影的方法使用作品,或者以改编、翻译、注释等方式使用作品的,本法另有规定的除外;

(7) 使用他人作品,应当支付报酬而未支付的;

(8) 未经电影作品和以类似摄制电影的方法创作的作品、计算机软件、录音录像制品的著作权人或者与著作权有关的权利人许可,出租其作品或者录音录像制品的,本法另有规定的除外;

（9）未经出版者许可，使用其出版的图书、期刊的版式设计的；

（10）未经表演者许可，从现场直播或者公开传送其现场表演，或者录制其表演的；

（11）其他侵犯著作权以及与著作权有关的权益的行为。

三、需承担民事责任、行政责任乃至刑事责任的侵犯版权的情形

侵犯版权的行为，因性质不同，危害程度和范围也有区别。有些侵权行为仅损害了版权人的合法权益，如前述第47条中的十一种情形，只承担相应的民事责任就可以达到法律救济的目的。但是，《著作权法》第48条规定的下述八种侵权行为，不仅侵害了版权人的合法权益，同时还欺骗了公众，损害了社会利益，破坏了国家正常的经济秩序。对这类侵权行为，除了依法承担民事责任，著作权行政管理部门还可责成行为人承担相应的行政责任，构成犯罪的，还需依法承担刑事责任。

（1）未经著作权人许可，复制、发行、表演、放映、广播、汇编、通过信息网络向公众传播其作品的，本法另有规定的除外；

（2）出版他人享有专有出版权的图书的；

（3）未经表演者许可，复制、发行录有其表演的录音录像制品，或者通过信息网络向公众传播其表演的，本法另有规定的除外；

（4）未经录音录像制作者许可，复制、发行、通过信息网络向公众传播其制作的录音录像制品的，本法另有规定的除外；

（5）未经许可，播放或者复制广播、电视的，本法另有规定的除外；

（6）未经著作权人或者与著作权有关的权利人许可，故意避开或者破坏权利人为其作品、录音录像制品等采取的保护著作权或者与著作权有关的权利的技术措施的，法律、行政法规另有规定的除外；

（7）未经著作权人或者与著作权有关的权利人许可，故意删除或者改变作品、录音录像制品等的权利管理电子信息的，法律、行政法规另有规定的除外；

（8）制作、出售假冒他人署名的作品的。

四、侵犯版权的法律责任形式

根据《著作权法》及相关法律法规的规定，侵犯著作权行为的法律责任主要有民事责任、行政责任和刑事责任。

(一) 民事责任

民事责任是指行为人违反《著作权法》的规定所应承担的民法上的责任。依据违法行为的性质和表现形式的不同，违反《著作权法》的民事责任可以分为违约责任和侵权责任。前者是指合同当事人对自己违反合同规定的义务所应承担的法律后果；后者是指侵权人对其侵犯著作权的行为依法应承担的民事责任。

1. 违约责任

违约责任，即违反著作权合同的法律责任。根据《著作权法》的规定，使用他人作品应当同著作权人订立合同。合同应对使用作品的方式、范围、期限、付酬标准和办法、违约责任以及是否专有使用等作出规定。违反合同的行为就是违约行为。根据《民法通则》的规定，承担违约责任的方式主要有三种：

(1) 支付违约金。违约金，是指在履行合同中发生违约行为时，违约方按照合同的约定或者法律的规定，向对方支付一定数额违约金的责任方式。违约金的支付以一方出现违约行为为依据，而不考虑违约方主观上是否有过错以及违约是否给对方造成损失。

(2) 赔偿损失。赔偿损失，是指一方当事人违约，给另一方当事人造成损失时，依法或根据合同规定向对方当事人支付一定数额的金钱，以弥补对方的损失的责任方式。这种责任方式不仅以违约行为发生为前提，而且以违约行为给对方造成实际损失为条件。

(3) 强制对方继续履行。强制对方继续履行，是指合同一方当事人不履行、不完全履行或不适当履行合同义务时，另一方当事人有权要求违约方全面履行合同规定的义务。

《著作权法》第54条规定，当事人不履行合同义务或者履行合同义务不符合约定条件的，应当依照《中华人民共和国民法通则》和《中华人民共和国合同法》等有关法律规定承担民事责任。当事人违反著作权合同或邻接权合同,应当依照《民法通则》和《合同法》等法律有关规定承担违约责任。著作权合同或邻接权合同的一方当事人不履行合同义务或者履行合同义务不符合约定条件的,另一方当事人有权要求其履行合同,或者要求其采取补救措施以使合同得以履行。一方当事人违约给对方造成损失的,应当赔偿损失。当事人违约,还应当支付违约金。违约金的数额,由当事人之间约定。双方当事人都违约的,各自承担相应的民事责任。

2. 民事侵权责任

侵犯著作权的责任方式,根据《著作权法》第47条和第48条的规定,主要有以下三种:

(1) 停止侵害。是指责令侵权人立即停止正在实施的侵犯他人著作权的行为。采用这一责任形式,无论侵权人主观上是否有侵权动机,只要在客观上有侵权行为即可。责令停止侵害,对于及时制止侵权行为的继续进行,挽回损失和防止损害的扩大有重要意义。停止侵害的具体做法可以是停止出版、播放、传播、发行,封存处理,中止正在传播的侵权作品的扩散等。

(2) 消除影响和赔礼道歉。这主要是针对侵犯著作权的行为给权利人造成的人身权利的侵害而适用的非财产性的责任方式,以弥补侵权行为给著作权人造成的人身权利的损害。消除影响,是指给权利人所造成的不利影响,其中主要是恢复名誉。侵权人在多大范围内对受害人的名誉造成了损害,就要在同样大的范围内消除损害带来的影响。赔礼道歉,是抚慰受害人精神创伤的一种方式。赔礼道歉可以单独使用,也可以与消除影响同时使用。

(3) 赔偿损失。赔偿损失是侵权人用自己的财产补偿著作权人因遭受侵权所造成的损失。适用这一责任形式的前提条件是有损失存在。

《著作权法》第49条规定,侵犯著作权或者与著作权有关的权利的,侵权人应当按照权利人的实际损失给予赔偿;实际损失难以计算的,可以按照侵权人的违法所得给予赔偿。赔偿数额还应当包括权利人为制止侵权行为所支付的合理开支。权利人的实际损失或者侵权人的违法所得不能确定的，由人民法院根据侵权行为的情节，判决给予 50 万元以下的赔偿。

(二) 行政责任

行政责任是国家著作权行政管理部门对于某些侵犯他人著作权的行为所给予的行政处罚。《著作权法》赋予了著作权行政管理机关对侵犯著作权的侵权人行使行政处罚权的权力。行政处罚是著作权行政管理部门为实现其管理职能实施的具体行政行为。所以，对侵权行为进行处罚，是著作权行政管理部门的主动行为。自己发现、受害人要求、他人举报都是进行行政处罚的行为依据。

1. 行政管理的部门

国务院著作权行政管理部门主管全国的著作权管理工作；各省、自治区、直辖市人民政府的著作权行政管理部门主管本行政区域的著作权管理工作。有《著作权法》第 48 条所列侵权行为，同时损害社会公共利益的，由地方人民政府著作权行政管理部门负责查处。国务院著作权行政管理部门可以查处在全国有重大影响的侵权行为。

2. 行政处罚的种类和罚款数额

根据《著作权法》第 48 条的规定，有《著作权法》第 48 条所列侵权行为的，同时损害公共利益的，可以由著作权行政管理部门责令停止侵权行为，没收违法所得，没收、销毁侵权复制品，并可处以罚款；情节严重的，著作权行政管理部门还可以没收主要用于制作侵权复制品的材料、工具、设备等。由此可见，著作权行政管理部门进行的行政处罚包括：

(1) 责令停止侵权行为。

(2) 没收违法所得、销毁侵权复制品。包括没收非法所得，没收、销毁侵权复制品，没收主要用于制作侵权复制品的材料、工具、设备等。由于侵权行为的目的一般是为了营利，对其侵权行为所带来的经济收益予以没收，可以起到阻止侵权人达到其侵权的目的。没收侵权复制品是为了防止侵权人利用这些复制品继续营利。没收其制作侵权复制品的材料、工具、设备等，则是对侵权人投资的没收，断绝其继续实施侵权行为的物质基础和条件。

(3) 罚款。是对侵权人经济上的处罚。根据《著作权法实施条例》第36条规定,有《著作权法》第48条所列侵权行为,同时损害社会公共利益,非法经营额5万元以上的,著作权行政管理部门可处非法经营额1倍以上5倍以下的罚款;没有非法经营额或者非法经营额5万元以下的,著作权行政管理部门根据情节轻重,可处25万元以下的罚款。

(三) 刑事责任

对于侵犯著作权、邻接权的行为,侵权人除承担民事责任、行政责任外,许多国家和我国台湾地区在"刑法"或者"著作权法"中规定,对侵犯著作权、邻接权的行为,情节严重、构成犯罪的,还要受到刑事制裁。

1. 侵犯著作权罪

侵犯著作权罪,是指以营利为目的,侵犯他人著作权,违法所得数额较大或者有其他严重情节的行为。其犯罪主体可以是个人,也可以是单位;犯罪客体是他人的著作权及与著作权有关的权益。客观表现为实施了侵犯著作权的行为,且违法行为的数额较大或有其他严重情节。

我国《刑法》第217条规定了侵犯著作权罪的犯罪构成、犯罪情形及刑事责任。该条规定,以营利为目的,有下列侵犯著作权情形之一,违法所得数额较大或者有其他严重情节的,处三年以下有期徒刑或者拘役,并处或者单处罚金;违法所得数额巨大或者有其他特别严重情节的,处三年以上七年以下有期徒刑,并处罚金:①未经著作权人许可,复制发行其文字作品、音乐、电影、电视、录像作品、计算机软件及其他作品的;②出版他人享有专有出版权的图书的;③未经录音录像制作者许可,复制发行其制作的录音录像的;④制作、出售假冒他人署名的美术作品的。

《最高人民法院、最高人民检察院、公安部关于办理侵犯知识产权刑事案件适用法律若干问题的意见》(法发〔2011〕3号)的司法解释中,详细规定了侵犯著作权犯罪的认定标准:

(1) 关于侵犯著作权犯罪案件"以营利为目的"的认定问题。该司法解释规定,除销售外,具有下列情形之一的,可以认定为"以营利为目的":①以在他人作品中刊登收费广告、捆绑第三方作品等方式直接或者间接收取费用的;②通过信息网络传播他人作品,或者利用他人上传的侵权作品,在网站或者网页上提供刊登收费广告服务,直接或者间接收取费用的;③以会员制方式通过信息网络传播他人作品,收取会员注册费或者其他费用的;④其他利用他人作品牟利的情形。

(2) 关于侵犯著作权犯罪案件"未经著作权人许可"的认定问题。该司法解释规定,"未经著作权人许可"一般应当依据著作权人或者其授权的代理人、著作权集体管理组织、国家著作权行政管理部门指定的著作权认证机构出具的涉案作品版权认证文书,或者证明出版者、复制发行者伪造、涂改授权许可文件或者超出授权许可范围的证据,结合其他证据综合予以认定。在涉案作品种类众多且权利人分散的案件中,上述证据确实难以一一取得,但有证据证明涉案复制品系非法出版、复制发行的,且出版者、复制发行者不能提供获得著作权人许可的相关证明材料的,可以认定为"未经著作权人许可"。但是,有证据证明权利人放弃权利、涉案作品的著作权不受我国《著作权法》保护,或者著作权保护期限已经届满的除外。

(3) 关于《刑法》第217条规定的"发行"的认定及相关问题。"发行",包括总发行、批发、零售、通过信息网络传播以及出租、展销等活动。非法出版、复制、发行他人作品,侵犯著作权构成犯罪的,按照侵犯著作权罪定罪处罚,不认定为非法经营罪等其他犯罪。

(4) 关于通过信息网络传播侵权作品行为的定罪处罚标准问题。该司法解释规定,以营利为目的,未经著作权人许可,通过信息网络向公众传播他人文字作品、音乐、电影、电视、美术、摄影、录像作品、录音录像制品、计算机软件及其他作品,具有下列情形之一的,属于《刑法》第217条规定的"其他严重情节":①非法经营数额在五万元以上的;②传播他人作品的数量合计在五百件(部)以上的;③传播他人作品的实际被点击数达到五万次以上的;④以会员制方式传播他人作品,注册会员达到一千人以上的;⑤数额或者数量虽未达到第①项至第④项规定标准,但分别达到其中两项以上标准一半以上的；⑥其他严重情节的情形。实施前款规定的行为，数额或者数量达到前款第①项至第⑤项规定标准五倍以上的，属于《刑法》第217条规定的"其他特别严重情节"。

2. 销售侵权复制品罪

销售侵权复制品罪，是指以营利为目的，销售明知是侵权的复制品，违法所得数额巨大的行为。犯罪主体可以是个人，也可以是单位；犯罪客体是侵权复制品。客观表现为销售了侵权复制品。主观表现为故意，即明知是侵权复制品，还故意销售。

《刑法》第218条规定，以营利为目的，销售明知是本法第217条规定的侵权复制品，违法所得数额巨大的，处三年以下有期徒刑或者拘役，并处或者单处罚金。

2004年最高人民法院、最高人民检察院《关于办理侵犯知识产权刑事案件具体应用法律若干问题的解释》第6条规定，以营利为目的，实施《刑法》第218条规定的行为，违法所得数额在10万元以上的，属于"违法所得数额巨大"，应当以销售侵权复制品罪判处3年以下有期徒刑或者拘役，并处或者单处罚金。第14条规定，实施《刑法》第217条规定的侵犯著作权的行为，又销售该侵权复制品，构成犯罪的，应当依照《刑法》第217条的规定，以侵犯著作权罪定罪处罚。实施《刑法》第217条规定的侵犯著作权的行为，又销售明知是他人的侵权复制品，构成犯罪的，应当实行数罪并罚。第15条规定，单位实施《刑法》第213条至第219条规定的行为，按照本解释规定的相应个人犯罪的定罪量刑标准的三倍定罪量刑。第16条规定，明知他人实施侵犯知识产权犯罪，而为其提供贷款、资金、账号、发票、证明、许可证件，或者提供生产、经营场所或运输、储存、代理进出口等便利条件、帮助的，以侵犯知识产权犯罪的共犯论处。

本章思考题：

1. 文化企业如何构建版权经营保护体系？

2. 简述什么是版权，版权与文化产业的关系。
3. 版权的主体是什么，包括哪些主体？
4. 版权的客体是什么，具体范围包括哪些？
5. 版权的权利内容是什么，具体包括哪些权利？
6. 版权付酬标准有哪几种，及其各自的计算方法。
7. 简述版权侵权的类型及法律责任类型。
8. 搜集当年发生的版权案件，利用本章版权知识解读。

第五章 出版产业法规

第一节 出版产业现行法规概述

一、我国出版业的现状

2016年，全国出版、印刷和发行服务实现营业收入超过2.3万亿，印刷复制、数字出版和出版物发行分居收入前三位，数字出版占比提高。对外版权输出增速加快，数字出版物出口占出版物出口比重进一步提高。图书出版结构进一步优化，本土原创文学和少儿类图书表现抢眼。数字出版继续保持高速增长，对全行业营业收入增长贡献超2/3。报刊出版仍面临严峻挑战，报纸出版主要经济指标降幅趋缓。新闻出版单位数量下降，企业法人单位占据主导。2016年，全国共有新闻出版单位30.5万家，较2015年降低3.0%。其中，法人单位15.2万家，增长1.5%，占单位总数的49.9%；个体经营户14.4万家，降低7.3%，占单位总数的47.3%。企业法人单位数量持续增加，在全行业营业收入、资产总额和利润总额中所占比重持续提高；个体经营户数量与占比持续下降。在印刷复制企业和出版物发行企业中，国有全资企业营业收入、资产总额、利润总额所占比重持续降低，民营企业所占比重持续提高。就业总人数增长，报纸、期刊从业人数降幅大。出版传媒集团营业收入和利润总额显著增长，整体规模持续壮大，行业占比明显提高。截至2016年年底，全国共有经国务院新闻出版行政管理部门或省级新闻出版行政管理部门批准的出版传媒集团126家，其中图书出版集团 40 家、报刊出版集团 47 家、发行集团 27 家、印刷集团 12 家。百亿级出版传媒集团集群基本形成，产业规模化、集约化程度加深。出版传媒上市公司规模不断扩大，保持稳健发展态势。截至 2016 年 12 月 31 日，中国内地在境内外上市的出版传媒公司共计 37 家。其中，出版公司 11 家，报业公司 7 家，发行公司 6 家，印刷公司 10 家，新媒体公司 3 家。其中在中国内地上市 33 家，中国香港上市 4 家。

二、出版物市场管理体制

国务院出版行政主管部门负责全国的出版活动的监督管理工作。国务院其他有关部门按照国务院规定的职责分工，负责有关的出版活动的监督管理工作。

县级以上地方各级人民政府负责出版管理的行政部门（以下简称出版行政主管部门）负责本行政区域内出版活动的监督管理工作。县级以上地方各级人民政府其他有关部门在各自的职责范围内，负责有关的出版活动的监督管理工作。

三、我国出版产业法规现状

伴随改革开放的历史进程，与整个国家社会主义法制建设同步，我国出版法制建设日趋完善，但是多以行政法规和政府规章为主。对出版业的法制化管理起统领作用的是《出版管理条例》，该条例自 2002 年 2 月 1 日起施行，先后历经四次修订，现行的是 2016 年修订版本。行业内另外几个行政法规是《印刷业管理条例》《音像制品管理条例》《中华人民共和国外国常驻新闻机构和外国记者采访条例》。部门规章有《出版物市场管理规定》《图书出版管理规定》《报纸出版管理规定》《期刊出版管理规定》《书号实名申领管理办法》《图书质量保障体系》《图书出版管理规定》《订户订购进口出版物管理办法》《报刊记者站管理办法》《台湾记者在祖国大陆采访办法》《新闻记者证管理办法》《音像制品出版管理规定》《音像制品进口管理办法》及《音像制品制作管理规定》等。

第二节　出版单位的设立

一、出版单位设立的条件及程序一般规定

（一）出版单位的范围与出版活动的方向、原则

1. 出版单位的范围

传统的出版单位包括图书出版社、报社、期刊社、音像出版社、电子出版物出版社。法人出版报纸、期刊，不设立报社、期刊社的，其设立的报纸编辑部、期刊编辑部视为出版单位。现在网络出版单位发展如火如荼，根据本书体系，网络出版单位的设立与管理安排在后面的网络媒体管理法规一章中，故本章里的出版单位均指传统的出版单位。我国对出版单位的设立采取严格的许可制度，取得相应的出版许可证才可以从事出版活动。出版单位的设立与管理首先要遵守的法律规定是《出版管理条例》，根据具体出版单位类别再依据相应的管理办法的规定，完成设立程序，并遵守相关管理制度。

2. 出版活动应遵守的方向与原则

出版活动，包括出版物的出版、印刷或者复制、进口、发行。出版物，是指报纸、期刊、图书、音像制品、电子出版物等。报纸、期刊、图书、音像制品和电子出版物等应当由出版单位出版。出版活动必须坚持为人民服务、为社会主义服务的方向，坚持以马克思列宁主义、毛泽东思想、邓小平理论和"三个代表"重要思想为指导，贯彻落实科学发展观，传播和积累有益于提高民族素质、有益于经济发展和社会进步的科学技术和文化知识，弘扬民族优秀文化，促进国际文化交流，丰富和提高人民的精神生活。从事出版活动，应当将社会效益放在首位，实现社会效益与经济效益相结合。

（二）出版单位设立的条件与程序一般规定

1. 设立条件及程序

（1）根据《出版管理条例》的规定，设立出版单位，应当具备下列条件：

①有出版单位的名称、章程；

②有符合国务院出版行政主管部门认定的主办单位及其主管机关；

③有确定的业务范围；

④有 30 万元以上的注册资本和固定的工作场所；

⑤有适应业务范围需要的组织机构和符合国家规定的资格条件的编辑出版专业人员；

⑥法律、行政法规规定的其他条件。

审批设立出版单位，除依照前款所列条件外，还应当符合国家关于出版单位总量、结构、布局的规划。

（2）设立出版单位的申请书应当载明下列事项：

①出版单位的名称、地址。

②出版单位的主办单位及其主管机关的名称、地址。出版单位的上级主管部门是指中央各部门的出版社，其主管部门是中共中央和国务院各部委、各民主党派和人民团体；解放军系统的出版单位，其主管部门是解放军总政治部宣传部；属地方的出版单位，其主管部门是所在地省级新闻出版局或音像出版行政管理部门。

③出版单位的法定代表人或者主要负责人的姓名、住址、资格证明文件。

④出版单位的资金来源及数额。

⑤设立报社、期刊社或者报纸编辑部、期刊编辑部的，申请书还应当载明报纸或者期刊的名称、刊期、开版或者开本、印刷场所。

⑥申请书应当附具出版单位的章程和设立出版单位的主办单位及其主管机关的有关证明材料。

（3）审批程序。

设立出版单位，由其主办单位向所在地省、自治区、直辖市人民政府出版行政主管部门提出申请；省、自治区、直辖市人民政府出版行政主管部门审核同意后，报国务院出版行政主管部门审批。设立的出版单位为事业单位的，还应当办理机构编制审批手续。

国务院出版行政主管部门应当自受理设立出版单位的申请之日起 60 日

内，作出批准或者不批准的决定，并由省、自治区、直辖市人民政府出版行政主管部门书面通知主办单位；不批准的，应当说明理由。

设立出版单位的主办单位应当自收到批准决定之日起60日内，向所在地省、自治区、直辖市人民政府出版行政主管部门登记，领取出版许可证。登记事项由国务院出版行政主管部门规定。

出版单位领取出版许可证后，属于事业单位法人的，持出版许可证向事业单位登记管理机关登记，依法领取事业单位法人证书；属于企业法人的，持出版许可证向工商行政管理部门登记，依法领取营业执照。

报社、期刊社、图书出版社、音像出版社和电子出版物出版社等应当具备法人条件，经核准登记后，取得法人资格，以其全部法人财产独立承担民事责任。视为出版单位的报纸编辑部、期刊编辑部不具有法人资格，其民事责任由其主办单位承担。

2. 出版单位变更的程序

出版单位变更名称、主办单位或者其主管机关、业务范围、资本结构，合并或者分立，设立分支机构，出版新的报纸、期刊，或者报纸、期刊变更名称的，应当依照《出版管理条例》设立审批手续的相关条款办理。出版单位属于事业单位法人的，还应当持批准文件到事业单位登记管理机关办理相应的登记手续；属于企业法人的，还应当持批准文件到工商行政管理部门办理相应的登记手续。

出版单位除前款所列变更事项外的其他事项的变更，应当经主办单位及其主管机关审查同意，向所在地省、自治区、直辖市人民政府出版行政主管部门申请变更登记，并报国务院出版行政主管部门备案。出版单位属于事业单位法人的，还应当持批准文件到事业单位登记管理机关办理变更登记；属于企业法人的，还应当持批准文件到工商行政管理部门办理变更登记。

3. 出版单位终止的程序

出版单位中止出版活动的，应当向所在地省、自治区、直辖市人民政府出版行政主管部门备案并说明理由和期限；出版单位中止出版活动不得超过180日。

出版单位终止出版活动的，由主办单位提出申请并经主管机关同意后，由主办单位向所在地省、自治区、直辖市人民政府出版行政主管部门办理注销登记，并报国务院出版行政主管部门备案。出版单位属于事业单位法人的，还应当持批准文件到事业单位登记管理机关办理注销登记；属于企业法人的，还应当持批准文件到工商行政管理部门办理注销登记。

图书出版社、音像出版社和电子出版物出版社自登记之日起满180日未从事出版活动的，报社、期刊社自登记之日起满90日未出版报纸、期刊的，由原登记的出版行政主管部门注销登记，并报国务院出版行政主管部门备案。

因不可抗力或者其他正当理由发生前款所列情形的，出版单位可以向原登记的出版行政主管部门申请延期。

二、图书出版单位的设立

图书，是指书籍、地图、年画、图片、画册，以及含有文字、图画内容的年历、月历、日历，以及由新闻出版总署认定的其他内容载体形式。图书出版单位，是指依照国家有关法规设立，经新闻出版总署批准并履行登记注册手续的图书出版法人实体。图书出版单位应当具备法人条件，经核准登记后，取得法人资格，以其全部法人财产独立承担民事责任。

截至2016年年底，全国共有出版社584家（包括副牌社33家），其中中央级出版社219家（包括副牌社13家），地方出版社365家（包括副牌社20家）。

1. 图书出版单位的设立条件

设立图书出版单位，应当具备下列条件：

（1）有图书出版单位的名称、章程；

（2）有符合新闻出版总署认定条件的主办单位、主管单位；

（3）有确定的图书出版业务范围；

（4）有30万元以上的注册资本；

（5）有适应图书出版需要的组织机构和符合国家规定资格条件的编辑出版专业人员；

（6）有确定的法定代表人或者主要负责人，该法定代表人或者主要负责人必须是在境内长久居住的具有完全行为能力的中国公民；

（7）有与主办单位在同一省级行政区域的固定工作场所；

（8）法律、行政法规规定的其他条件。

设立图书出版单位，除前款所列条件外，还应当符合国家关于图书出版单位总量、结构、布局的规划。

2. 需要提交的材料

申请设立图书出版单位，须提交以下材料：

（1）按要求填写的设立图书出版单位申请表；

（2）主管单位、主办单位的有关资质证明材料；

（3）拟任图书出版单位法定代表人或者主要负责人简历、身份证明文件；

（4）编辑出版人员的出版专业职业资格证书；

（5）由依法设立的验资机构出具的注册资本验资证明；

（6）图书出版单位的章程；

（7）工作场所使用证明；

（8）设立图书出版单位的可行性论证报告。

3. 审批程序

中央在京单位设立图书出版单位，由主办单位提出申请，经主管单位审核同意后，由主办单位报新闻出版广电总局审批。

中国人民解放军和中国人民武装警察部队系统设立图书出版单位，由主办单位提出申请，经中国人民解放军总政治部宣传部新闻出版局审核同意后，报新闻出版广电总局审批。

其他单位设立图书出版单位，经主管单位审核同意后，由主办单位向所在地省、自治区、直辖市新闻出版行政部门提出申请，省、自治区、直辖市新闻出版行政部门审核同意后，报新闻出版广电总局审批。

4. 注册登记手续

申请设立图书出版单位的主办单位应当自收到新闻出版广电总局批准

文件之日起 60 日内办理如下注册登记手续：

（1）持批准文件到所在地省、自治区、直辖市新闻出版行政部门领取图书出版单位登记表，经主管单位审核签章后，报所在地省、自治区、直辖市新闻出版行政部门；

（2）图书出版单位登记表一式五份，图书出版单位、主办单位、主管单位及省、自治区、直辖市新闻出版行政部门各存一份，另一份由省、自治区、直辖市新闻出版行政部门在收到之日起 15 日内，报送新闻出版总署备案；

（3）新闻出版总署对图书出版单位登记表审核后，在 10 日内通过中国标准书号中心分配其出版者号并通知省、自治区、直辖市新闻出版行政部门；

（4）省、自治区、直辖市新闻出版行政部门对图书出版单位登记表审核后，在 10 日内向主办单位发放图书出版许可证；

（5）图书出版单位持图书出版许可证到工商行政管理部门办理登记手续，依法领取营业执照。

图书出版单位的主办单位自收到新闻出版总署批准文件之日起 60 日内未办理注册登记手续，批准文件自行失效，登记机关不再受理登记，图书出版单位的主办单位须将有关批准文件缴回新闻出版总署。

图书出版单位自登记之日起满 180 日未从事图书出版的，由原登记的新闻出版行政部门注销登记，收回图书出版许可证，并报新闻出版广电总局备案。

因不可抗力或者其他正当理由发生前款所列情形的，图书出版单位可以向原登记的新闻出版行政部门申请延期。

三、报纸出版单位的设立

报纸，是指有固定名称、刊期、开版，以新闻与时事评论为主要内容，每周至少出版一期的散页连续出版物。报纸出版单位，是指依照国家有关规定设立，经新闻出版总署批准并履行登记注册手续的报社。法人出版报纸不设立报社的，其设立的报纸编辑部视为报纸出版单位。报社应当具备法人条件，经核准登记后，取得法人资格，以其全部法人财产独立承担民事责任。报纸编辑部不具有法人资格，其民事责任由其主办单位承担。近年来随着网络媒体的兴起，传统纸媒关停合并的较多。报纸出版单位设立的法律依据是自 2005 年 12 月 1 日起施行的《报纸出版管理规定》。

1. 报纸创办与报纸出版单位设立的条件

创办报纸、设立报纸出版单位，应当具备下列条件：

（1）有确定的、不与已有报纸重复的名称；

（2）有报纸出版单位的名称、章程；

（3）有符合新闻出版总署认定条件的主管、主办单位；

（4）有确定的报纸出版业务范围；

（5）有 30 万元以上的注册资本；

（6）有适应业务范围需要的组织机构和符合国家规定资格条件的新闻采编专业人员；

（7）有与主办单位在同一行政区域的固定的工作场所；

（8）有符合规定的法定代表人或者主要负责人，该法定代表人或者主要负责人必须是在境内长久居住的中国公民；

（9）法律、行政法规规定的其他条件。

除前款所列条件外，还须符合国家对报纸及报纸出版单位总量、结构、布局的规划。

2. 提交材料

创办报纸、设立报纸出版单位，由报纸出版单位的主办单位提出申请，并提交以下材料：①按要求填写的《报纸出版申请表》；②主办单位、主管单位的有关资质证明材料；③拟任报纸出版单位法定代表人或者主要负责人的简历、身份证明文件及国家有关部门颁发的职业资格证书；④新闻采编人员的职业资格证书；⑤报纸出版单位办报资金来源及数额的相关证明文件；⑥报纸出版单位的章程；⑦工作场所使用证明；⑧报纸出版可行性论证报告。

3. 审批程序

中央在京单位创办报纸并设立报纸出版单位，经主管单位同意后，由主办单位报新闻出版总署审批。

中国人民解放军和中国人民武装警察部队系统创办报纸并设立报纸出版单位，由中国人民解放军总政治部宣传部新闻出版局审核同意后报新闻出版总署审批。

其他单位创办报纸并设立报纸出版单位，经主管单位同意后，由主办单位向所在地省、自治区、直辖市新闻出版行政部门提出申请，省、自治区、直辖市新闻出版行政部门审核同意后，报新闻出版总署审批。

两个以上主办单位合办报纸，须确定一个主要主办单位，并由主要主办单位提出申请。报纸的主要主办单位应为其主管单位的隶属单位。报纸出版单位和主要主办单位须在同一行政区域。

其他具体审批手续要符合出版单位设立审批的一般规定。

4. 注册登记程序

报纸主办单位应当自收到新闻出版总署批准决定之日起60日内办理注册登记手续：

（1）持批准文件到所在地省、自治区、直辖市新闻出版行政部门领取并填写《报纸出版登记表》，经主管单位审核签章后，报所在地省、自治区、直辖市新闻出版行政部门；

（2）《报纸出版登记表》一式五份，由报纸出版单位、主办单位、主管单位及省、自治区、直辖市新闻出版行政部门各存一份，另一份由省、自治区、直辖市新闻出版行政部门在15日内报送新闻出版总署备案；

（3）省、自治区、直辖市新闻出版行政部门对《报纸出版登记表》审核无误后，在10日内向主办单位发放《报纸出版许可证》，并编入国内统一连续出版物号；

（4）报纸出版单位持《报纸出版许可证》到工商行政管理部门办理登记手续，依法领取营业执照。

报纸主办单位自收到新闻出版总署的批准文件之日起60日内未办理注

册登记手续，批准文件自行失效，登记机关不再受理登记，报纸主办单位须把有关批准文件缴回新闻出版总署。报纸出版单位自登记之日起满90日未出版报纸的，由新闻出版总署撤销《报纸出版许可证》，并由原登记的新闻出版行政部门注销登记因不可抗力或者其他正当理由发生前款所列情形的，报纸出版单位的主办单位可以向原登记的新闻出版行政部门申请延期。

5. 休刊与注销手续

报纸休刊连续超过10日的，报纸出版单位须向所在地省、自治区、直辖市新闻出版行政部门办理休刊备案手续，说明休刊理由和休刊期限。

报纸休刊时间不得超过180日。报纸休刊超过180日仍不能正常出版的，由新闻出版总署撤销《报纸出版许可证》，并由所在地省、自治区、直辖市新闻出版行政部门注销登记。

报纸出版单位终止出版活动的，经主管单位同意后，由主办单位向所在地省、自治区、直辖市新闻出版行政部门办理注销登记，并由省、自治区、直辖市新闻出版行政部门报新闻出版总署备案。

报纸注销登记，以同一名称设立的报纸出版单位须与报纸同时注销，并到原登记的工商行政管理部门办理注销登记。

注销登记的报纸和报纸出版单位不得再以该名称从事出版、经营活动。

6. 报业集团设立的审批

中央报纸出版单位组建报业集团，由新闻出版总署批准；地方报纸出版单位组建报业集团，向所在地省、自治区、直辖市新闻出版行政部门提出申请，经审核同意后，报新闻出版总署批准。

四、期刊出版单位的设立

期刊又称杂志，是指有固定名称，用卷、期或者年、季、月顺序编号，按照一定周期出版的成册连续出版物。期刊出版单位，是指依照国家有关规定设立，经新闻出版总署批准并履行登记注册手续的期刊社。法人出版期刊不设立期刊社的，其设立的期刊编辑部视为期刊出版单位。期刊由依法设立的期刊出版单位出版。期刊出版单位出版期刊，必须经新闻出版总署批准，持有国内统一连续出版物号，领取《期刊出版许可证》。期刊社应当具备法人条件，经核准登记后，取得法人资格，以其全部法人财产独立承担民事责任。期刊编辑部不具有法人资格，其民事责任由其主办单位承担。

1. 期刊创办和期刊出版单位设立

创办期刊、设立期刊出版单位，应当具备下列条件：

（1）有确定的、不与已有期刊重复的名称；

（2）有期刊出版单位的名称、章程；

（3）有符合新闻出版总署认定条件的主管、主办单位；

（4）有确定的期刊出版业务范围；

（5）有30万元以上的注册资本；

（6）有适应期刊出版活动需要的组织机构和符合国家规定资格条件的编辑专业人员；

（7）有与主办单位在同一行政区域的固定的工作场所；

（8）有确定的法定代表人或者主要负责人，该法定代表人或者主要负责人必须是在境内长久居住的中国公民；

（9）法律、行政法规规定的其他条件。

除前款所列条件外，还须符合国家对期刊及期刊出版单位总量、结构、布局的总体规划。

2. 申请材料

创办期刊、设立期刊出版单位，由期刊出版单位的主办单位提出申请，并提交以下材料：

（1）按要求填写的《期刊出版申请表》；

（2）主管单位、主办单位的有关资质证明材料；

（3）拟任出版单位法定代表人或主要负责人简历、身份证明文件及国家有关部门颁发的职业资格证书；

（4）编辑出版人员的职业资格证书；

（5）办刊资金来源、数额及相关的证明文件；

（6）期刊出版单位的章程；

（7）工作场所使用证明；

（8）期刊出版可行性论证报告。

3. 审批程序

同于报纸和报社创办的审批程序。

4. 注册手续

期刊主办单位应当自收到新闻出版总署批准决定之日起 60 日内办理注册登记手续：

（1）持批准文件到所在地省、自治区、直辖市新闻出版行政部门领取《期刊出版登记表》，填写一式五份，经期刊主管单位审核签章后，报所在地省、自治区、直辖市新闻出版行政部门，省、自治区、直辖市新闻出版行政部门应在 15 日内，将《期刊出版登记表》报送新闻出版总署备案；

（2）公开发行的期刊，可以向 ISSN 中国国家中心申领国际标准连续出版物号，并向新闻出版总署条码中心申领条形码；

（3）省、自治区、直辖市新闻出版行政部门对《期刊出版登记表》审核无误后，在 10 日内向主办单位发放《期刊出版许可证》；

（4）期刊出版单位持《期刊出版许可证》到工商行政管理部门办理登记手续，依法领取营业执照。

《期刊出版登记表》由期刊出版单位、主办单位、主管单位及所在地省、自治区、直辖市新闻出版行政部门各留存一份。

5. 休刊与注销手续

期刊休刊，期刊出版单位须向所在地省、自治区、直辖市新闻出版行政部门备案并说明休刊理由和期限。期刊休刊时间不得超过一年。休刊超过一年的，由新闻出版总署撤销《期刊出版许可证》，所在地省、自治区、直辖市新闻出版行政部门注销登记。

期刊出版单位终止期刊出版活动的，经主管单位同意后，由其主办单位向所在地省、自治区、直辖市新闻出版行政部门办理注销登记，并由省、自治区、直辖市新闻出版行政部门报新闻出版总署备案。

期刊注销登记，以同一名称设立的期刊出版单位须与期刊同时注销，并到原登记的工商行政管理部门办理注销登记。

注销登记的期刊和期刊出版单位不得再以该名称从事出版、经营活动。

6. 期刊集团设立的审批

中央期刊出版单位组建期刊集团，由新闻出版总署批准；地方期刊出版单位组建期刊集团，向所在地省、自治区、直辖市新闻出版行政部门提出申请，经审核同意后，报新闻出版总署批准。

五、音像出版单位的设立

截至2016年年底，全国共有音像制品出版单位372家，电子出版物出版单位309家。音像制品是指录有内容的录音带（AT）、录像带（VT）、激光唱盘（CD）、数码激光视盘（VCD）及高密度光盘（DVD）等。国家对出版音像制品，实行许可制度；未经许可，任何单位和个人不得从事音像制品的出版活动。音像制品出版的许可证件和批准文件，不得出租、出借、出售或者以其他任何形式转让。

1. 音像出版社的设立条件

设立音像出版单位，应当具备下列条件：

（1）有音像出版单位的名称、章程；

（2）有符合新闻出版总署认定的主办单位及其主管机关；

（3）有确定的业务范围；

（4）有适应业务范围需要的组织机构和取得国家出版专业技术人员资格的编辑人员，其人数不得少于10人，其中从事音像出版业务2年以上并具有中级以上出版专业技术人员职业资格的不得少于5人；

（5）有30万元以上的注册资本；

（6）有适应业务范围需要的设备和工作场所；

（7）法律、行政法规规定的其他条件。

审批设立音像出版单位，除依照前款所列条件外，还应当符合国家关于音像出版单位总量、布局和结构的规划。

2. 审批程序

申请设立音像出版单位，由所在地省、自治区、直辖市人民政府出版行政主管部门审核同意后，报国务院出版行政主管部门审批。国务院出版行政主管部门应当自受理申请之日起60日内作出批准或者不批准的决定，并通知申请人。批准的，发给《音像制品出版许可证》，由申请人持《音像制品出版许可证》到工商行政管理部门登记，依法领取营业执照；不批准的，应当说明理由。

六、电子出版物出版单位的设立

电子出版物出版单位设立的法律依据是自2008年4月15日起施行《电子出版物出版管理规定》。根据该规定，电子出版物，是指以数字代码方式，将有知识性、思想性内容的信息编辑加工后存储在固定物理形态的磁、光、电等介质上，通过电子阅读、显示、播放设备读取使用的大众传播媒体，包括只读光盘（CD-ROM、DVD-ROM等）、一次写入光盘（CD-R、DVD-R等）、可擦写光盘（CD-RW、DVD-RW等）、软磁盘、硬磁盘、集成电路卡等，以及新闻出版总署认定的其他媒体形态。

1. 电子出版物出版单位的设立

设立电子出版物出版单位，应当具备下列条件：

（1）有电子出版物出版单位的名称、章程；

（2）有符合新闻出版总署认定条件的主管、主办单位；

（3）有确定的电子出版物出版业务范围；

（4）有200万元以上的注册资本；

（5）有适应业务范围需要的设备和工作场所，其固定工作场所面积不得少于200平方米；

（6）有适应业务范围需要的组织机构，有2人以上具有中级以上出版专业职业资格；

（7）法律、行政法规规定的其他条件。

除依照前款所列条件外，还应当符合国家关于电子出版物出版单位总量、结构、布局的规划。

2. 申请材料

申请设立电子出版物出版单位,应当提交下列材料:

(1)按要求填写的申请表,应当载明出版单位的名称、地址、资本结构、资金来源及数额,出版单位的主管、主办单位的名称和地址等内容;

(2)主办单位、主管单位的有关资质证明材料;

(3)出版单位章程;

(4)法定代表人或者主要负责人及《电子出版物出版管理规定》第6条要求的有关人员的资格证明和身份证明;

(5)可行性论证报告;

(6)由依法设立的验资机构出具的注册资本验资证明;

(7)工作场所使用证明。

3. 审批程序

设立电子出版物出版单位,经其主管单位同意后,由主办单位向所在地省、自治区、直辖市新闻出版行政部门提出申请;经省、自治区、直辖市新闻出版行政部门审核同意后,报新闻出版总署审批。

设立电子出版物出版单位的主办单位应当自收到批准决定之日起60日内,向所在地省、自治区、直辖市新闻出版行政部门登记,领取新闻出版总署颁发的《电子出版物出版许可证》。

电子出版物出版单位持《电子出版物出版许可证》向所在地工商行政管理部门登记,依法领取营业执照。

第三节 出版单位的管理制度

一、出版物内容管理的基本规定

出版物必须由合法的出版单位出版,任何单位和个人不得伪造、假冒出版单位名称或者报纸、期刊名称出版出版物。合法出版物受法律保护,任何组织和个人不得非法干扰、阻止、破坏出版物的出版。出版物是出活动的最终产品，是精神文化产品的物质载体，具体精神产品的特殊属性，因此对出版单位的管理制度要求多是围绕出版物内容的管理。

1. 出版物禁止的内容

根据现行《出版管理条例》第 25 条的规定，任何出版物不得含有下列内容：

（1）反对宪法确定的基本原则的；

（2）危害国家统一、主权和领土完整的；

（3）泄露国家秘密、危害国家安全或者损害国家荣誉和利益的；

（4）煽动民族仇恨、民族歧视，破坏民族团结，或者侵害民族风俗、习惯的；

（5）宣扬邪教、迷信的；

（6）扰乱社会秩序，破坏社会稳定的；

（7）宣扬淫秽、赌博、暴力或者教唆犯罪的；

（8）侮辱或者诽谤他人，侵害他人合法权益的；

（9）危害社会公德或者民族优秀文化传统的；

（10）有法律、行政法规和国家规定禁止的其他内容的。

2. 对未成年出版物的特别规定

对未成年人的特殊保护体现在《出版管理条例》第 26 条，以未成年人为对象的出版物不得含有诱发未成年人模仿违反社会公德的行为和违法犯罪的行为的内容，不得含有恐怖、残酷等妨害未成年人身心健康的内容。

3. 出版物内容真实公正的要求

出版物的内容不真实或者不公正，致使公民、法人或者其他组织的合法权益受到侵害的，其出版单位应当公开更正，消除影响，并依法承担其他民事责任。

报纸、期刊发表的作品内容不真实或者不公正，致使公民、法人或者其他组织的合法权益受到侵害的，当事人有权要求有关出版单位更正或者答辩，有关出版单位应当在其近期出版的报纸、期刊上予以发表；拒绝发表的，当事人可以向人民法院提起诉讼。

4. 出版物出版形式的要求

出版物必须按照国家的有关规定载明作者、出版者、印刷者或者复制者、发行者的名称、地址，书号、刊号或者版号，在版编目数据，出版日期、刊期以及其他有关事项。出版物的规格、开本、版式、装帧、校对等必须符合国家标准和规范要求，保证出版物的质量。

出版物使用语言文字必须符合国家法律规定和有关标准、规范。

二、重大选题备案制度

1. 重大选题

重大选题，是指涉及国家安全、社会安定等方面的内容，对国家的政治、经济、文化、军事等会产生较大影响的选题。

2. 重大选题备案的范围

（1）有关党和国家的重要文件、文献选题；

（2）有关党和国家曾任和现任主要领导人的著作、文章以及有关其生活和工作情况的选题；

（3）涉及党和国家秘密的选题；

（4）集中介绍政府机构设置和党政领导干部情况的选题；

（5）涉及民族问题和宗教问题的选题；

（6）涉及我国国防建设及我军各个历史时期的战役、战斗、工作、生活和重要人物的选题；

（7）涉及"文化大革命"的选题；

（8）涉及中共党史上的重大历史事件和重要历史人物的选题；

（9）涉及国民党上层人物和其他上层统战对象的选题；

（10）涉及苏联、东欧以及其他兄弟党和国家重大事件和主要领导人的选题；

（11）涉及中国国界的各类地图选题；

（12）涉及香港特别行政区和澳门、台湾地区图书的选题；

（13）大型古籍白话今译的选题（指500万字以及500万字以上的项目）；

（14）引进版动画读物的选题；

（15）以单位名称、通讯地址等为内容的各类"名录"的选题。

3. 重大选题备案的具体程序

在《图书、期刊、音像制品、电子出版物重大选题备案方法》《关于加强和改进重大选题备案工作的通知》及其后的《关于重大选题备案工作补充规定的通知》中对重大选题备案的具体程序规定如下：

（1）出版单位填写《重大选题月报表》，各省、自治区、直辖市新闻出版局、在京出版单位的主管部门，每月10日须列表将下一个月拟安排的有关需要备案的选题，报送新闻出版总署，并同时抄送中宣部出版局。各省、自治区、直辖市新闻出版局月报内容上报前，须经省委宣传部同意。

（2）出版单位向各省、自治区、直辖市新闻出版局、在京出版单位的主管部门上报备案申请报告、选题申请单、书稿清样（文章）、作者情况介绍、三审意见、图片或者样片、样带、出版行政主管部门或省、自治区、直辖市党委宣传部的审核意见。

（3）新闻出版总署自决定受理备案之日起30日内，对备案申请予以答复或提出意见，逾期未作答复或提出意见的，备案即自动生效。

三、书号、刊号、版号管理

1. 书号、刊号、版号

对出版单位的书号、刊号、版号的管理是出版行政部门对出版单位生产出版物数量、结构管理的一种手段。书号是指中国标准书号，它是1986年国家标准局批准颁布、1987年1月1日起实施的一项国家标准，是在中国注册的出版社所出版的每 种图书和电子出版物的每 一个版本世界性的唯一标识代码。刊号是指中国标准刊号，即中国标准连续出版物号。它是1988年国家标准局批准颁布、1989年7月1日起实施的一项国家标准，是在中国登记的每一种报纸和期刊的每一个版本唯一的标准编码。版号是指中国标准音像制品编码，它是1992年国家标准局批准颁布、1993年1月1日起实施的一项国家标准，是在中国注册的所有音像出版社都必须在其生产的每一种音像制品（包括唱片、录音带、录像带、激光视盘、激光唱片等）上，对所录入的节目以及节目中每一项可以独、使用的部分编加的国际性唯一标识编码。

2. 书号实名申领

现在出版系统对书号采取实名申领制度。根据《书号实名申领管理办法（试行）》的规定，书号实名申领是指出版单位在图书出版活动中按书稿实名申领书号，有关部门见稿给号，一书一号。

书号申领的要求是：出版单位须按照出版法规，对所申报的书稿内容、书稿质量及其出版活动严格把关，承担相应责任。

（1）出版单位在按规定完成书稿"三审"程序后，方可进行书号实名申领。

（2）涉及党和国家领导人等重大题材作品和涉及国家安全、社会安定等方面的重大选题，要严格执行重大革命和重大历史题材作品管理办法和图书重大选题备案办法，在履行重大选题备案手续后方可进行书号实名申领。

（3）出版单位不得向任何单位或者个人出售或者以其他形式转让本单位的书号。

（4）书号实名申领通过基于互联网的计算机系统（书号实名申领信息系统）实现，书号实名申领工作涉及的部门、单位应依据工作流程和职能通过该系统进行相关工作。

（5）出版单位已完成"三审"的书稿可随时通过网络进行书号实名申领。申领书号信息要完整、真实、准确。书稿出版后要向有关部门及时报送有关出版物信息，并按规定向出版行政部门送缴样本。

（6）各省、自治区、直辖市出版行政部门（或负责中央出版单位书号实名申领工作的有关部门）应对所辖出版单位的申请在7个工作日内通过书号实名申领信息系统予以办理。

四、图书质量管理

1. 图书质量的等级

《图书质量管理规定》自2005年3月1日起施行。根据该规定，图书质量包括内容、编校、设计、印制四项，分为合格、不合格两个等级。内容、编校、设计、印制四项均合格的图书，其质量属合格。内容、编校、设计、印制四项中有一项不合格的图书，其质量属不合格。

2. 具体的判定标准

（1）内容质量判定标准。

图书内容符合《出版管理条例》第 26、27 条规定的图书，其内容质量属合格。不符合《出版管理条例》第 26、27 条规定的图书，其内容质量属不合格。

（2）编校质量判定标准。

差错率不超过万分之一的图书，其编校质量属合格。差错率超过万分之一的图书，其编校质量属不合格。图书编校质量差错的判定以国家正式颁布的法律法规、国家标准和相关行业制定的行业标准为依据。图书编校质量差错率的计算按照《图书质量管理规定》附件《图书编校质量差错率计算方法》执行。

经检查属编校质量不合格的图书，差错率在万分之一以上万分之五以下的，出版单位必须自检查结果公布之日起 30 天内全部收回，改正重印后可以继续发行；差错率在万分之五以上的，出版单位必须自检查结果公布之日起 30 天内全部收回。对出版编校质量不合格图书的出版单位，由省级以上新闻出版行政部门予以警告，可以根据情节并处 3 万元以下罚款。

（3）设计质量判定标准。

图书的整体设计和封面（包括封一、封二、封三、封底、勒口、护封、封套、书脊）、扉页、插图等设计均符合国家有关技术标准和规定的，其设计质量属合格。图书的整体设计和封面（包括封一、封二、封三、封底、勒口、护封、封套、书脊）、扉页、插图等设计中有一项不符合国家有关技术标准和规定的，其设计质量不合格。

（4）印制质量判定标准。

符合中华人民共和国出版行业标准《印刷产品质量评价和分等导则》（CY/T2-1999）规定的图书，其印制质量属合格。不符合中华人民共和国出版行业标准《印刷产品质量评价和分等导则》（CY/T2-1999）规定的图书，其印制质量属不合格。

一年内造成三种以上图书不合格或者连续两年造成图书不合格的直接责任者，由省、自治区、直辖市新闻出版行政部门注销其出版专业技术人员职业资格，三年之内不得从事出版编辑工作。

五、稿件三审责任制度

审稿是编辑工作的中心环节，是一种从出版专业角度，对书稿进行科学分析判断的理性活动。切实做好初审、复审和终审工作，三个环节缺一不可。

初审应由出版社具有编辑职称或具备一定条件的助理编辑人员担任（一般为注册责任编辑）。初审在审读全部稿件的基础上，要对书稿的社会效益、文化学术价值和出版价值进行审核，严格把好导向关、知识关、文字关，并写出初审报告，对稿件提出取舍意见和修改建议。

复审应由出版社具有副编审以上职称的编辑室主任一级的人员担任。复审应审读全部稿件，并对稿件质量及初审报告提出复审意见，作出总体评价，并解决初审中提出的问题。

终审应由具有正、副编审职称的社长、总编辑（副社长、副总编辑）或由社长、总编辑指定的具有正、副编审职称的人员担任。非社长、总编辑终审的书稿意见，要经过社长、总编辑审核。终审根据初审、复审意见，主要负责对稿件的内容，包括出版导向、学术质量、社会效果、是否符合党和国家的政策法规等方面作出评价；对涉及重大选题备案内容的选题，要按规定督促履行重大选题备案程序；对初审和复审意见不一致的，终审者应在通读稿件基础上，对稿件能否采用做出决定。

在三审工作中，任何两个环节的审稿工作不能同时由一人担任。同时要体现专业性，初审一般应具有书稿涉及的相应或相关专业知识背景；对综合性较强或涉及边缘学科的书稿，要注重初审和复审的学科交叉。

在三审的每个环节都要严把政治关和政策关，确保书稿坚持正确的出版导向。同时切实检查稿件的科学性、艺术性和知识性，努力打造精品力作。

六、责任校对制度和"三校一读"制度

专业校对是出版流程中不可缺少的环节,直接影响图书的质量。出版社应配备足够的具有专业技术职称的专职校对人员,负责专业校对工作。出版社每出一种书,都要指定一名具有专业技术职称的专职校对人员为责任校对,负责校样的文字技术整理工作,监督检查各校次的质量,并负责付印样的通读工作。一般图书的专业校对应不低于三个校次,重点图书、工具书等,应相应增加校次。终校必须由本社有中级以上专业技术职称的专职校对人员担任。聘请的社外校对人员,必须具有相应的专业技术职称和丰富的校对经验。对采用现代排版技术的图书,还要通读付印软片或软片样。

七、责任编辑制度

出版单位实行编辑责任制度,保障出版物刊载的内容符合法律的规定。图书的责任编辑由出版社指定,一般由初审者担任。除负责初审工作外,还要负责稿件的编辑加工整理和付印样的通读工作,使稿件的内容更完善,体例更严谨,材料更准确,语言文字更通达,逻辑更严密,消除一般技术性差错,防止出现原则性错误;并负责对编辑、设计、排版、校对、印刷等出版环节的质量进行监督。为保证图书质量,也可根据稿件情况,适当增加责任编辑人数。

根据《出版专业技术人员职业资格管理规定》的内容,在出版单位拟担任责任编辑的人员,应首先进行职业资格登记,然后申请责任编辑注册,取得责任编辑证书后,方可从事责任编辑工作。责任编辑注册申请可与职业资格登记申请同时提出。

责任编辑首次注册应当提交以下材料:①中级以上出版专业职业资格证书原件;②身份证复印件;③责任编辑注册申请表;④继续教育证明材料。

责任编辑注册材料由申请人所在出版单位统一报送。中央在京出版单位注册材料由新闻出版总署受理，其他出版单位注册材料由所在地省、自治区、直辖市新闻出版行政部门受理。注册部门应在受理后 20 日内办理责任编辑注册手续，为同意注册者颁发责任编辑证书。

责任编辑注册有效期 3 年，每 3 年续展注册一次。续展注册时，由申请人所在出版单位于有效期满前 30 日内申请办理续展注册手续；如有特殊情况，注册有效期可适当延长，但最长不超过 3 个月，逾期仍不办理续展注册手续的，原注册自动失效。责任编辑注册失效后，按规定参加继续教育的，可以保留其 5 年内申请责任编辑续展注册的资格。

第四节　出版物印刷企业管理

出版物印刷企业的设立是对印刷行业进行依法管理的第一个步骤。我国印刷行业企业的设立实行经营许可制度。只有依据《印刷业管理条例》相关规定，取得出版物印刷经营许可证的印刷单位才有资格从事出版物的印刷经营活动。根据《印刷业管理条例》的规定，出版物，包括报纸、期刊、书籍、地图、年画、图片、挂历、画册及音像制品、电子出版物的装帧封面等；印刷经营活动，包括经营性的排版、制版、印刷、装订、复印、影印、打印等活动。2016 年全国出版物印刷企业（含专项印刷）共计 8 936 家。

一、印刷企业的设立

国家实行印刷经营许可制度。未依照规定取得印刷经营许可证的，任何单位和个人不得从事印刷经营活动。出版物印刷企业的设立条件，除了要遵守《印刷业管理条例》的规定外，还要遵守《公司法》《企业法人登记管理条例》等法律法规的要求。

1. 出版物印刷企业的设立条件

企业从事印刷经营活动，应当具备下列条件：

（1）有企业的名称、章程；

（2）有确定的业务范围；

（3）有适应业务范围需要的生产经营场所和必要的资金、设备等生产经营条件；

（4）有适应业务范围需要的组织机构和人员；

（5）有关法律、行政法规规定的其他条件。

审批从事印刷经营活动申请，除依照前款规定外，还应当符合国家有关印刷企业总量、结构和布局的规划。

2. 审批程序

设立从事出版物印刷经营活动的企业，应当向所在地省、自治区、直辖市人民政府出版行政部门提出申请。申请人经审核批准的，取得印刷经营许可证，并持印刷经营许可证向工商行政管理部门申请登记注册，取得营业执照。

出版行政部门应当自收到申请之日起 60 日内作出批准或者不批准的决定。批准申请的，应当发给印刷经营许可证；不批准申请的，应当通知申请人并说明理由。印刷经营许可证应当注明印刷企业所从事的印刷经营活动的种类。印刷经营许可证不得出售、出租、出借或者以其他形式转让。

国家允许设立中外合资经营印刷企业、中外合作经营印刷企业，允许设立从事包装装潢印刷品印刷经营活动的外资企业。具体办法由国务院出版行政部门会同国务院对外经济贸易主管部门制定。

二、出版物印刷企业管理制度

《印刷业管理条例》规定，在印刷经营活动中，印刷业经营者应当建立、健全承印验证制度、承印登记制度、印刷品保管制度、印刷品交付制度、印刷活动残次品销毁制度等。

1. 出版物印刷的内容的要求

国家鼓励从事出版物印刷经营活动的企业及时印刷体现国内外新的优秀文化成果的出版物，重视印刷传统文化精品和有价值的学术著作。从事出版物印刷经营活动的企业不得印刷国家明令禁止出版的出版物和非出版单位出版的出版物。

2. 出版物印刷合同制度

印刷出版物的，委托印刷单位和印刷企业应当按照国家有关规定签订印刷合同。

3. 承印验证制度

印刷企业接受出版单位委托印刷图书、期刊的，必须验证并收存出版单位盖章的印刷委托书，并在印刷前报出版单位所在地省、自治区、直辖市人民政府出版行政部门备案；印刷企业接受所在地省、自治区、直辖市以外的出版单位的委托印刷图书、期刊的，印刷委托书还必须事先报印刷企业所在地省、自治区、直辖市人民政府出版行政部门备案。印刷委托书由国务院出版行政部门规定统一格式，由省、自治区、直辖市人民政府出版行政部门统一印制。

印刷企业接受出版单位委托印刷报纸的，必须验证报纸出版许可证；接受出版单位的委托印刷报纸、期刊的增版、增刊的，还必须验证主管的出版行政部门批准出版增版、增刊的文件。

印刷企业接受委托印刷内部资料性出版物的，必须验证县级以上地方人民政府出版行政部门核发的准印证。

印刷企业接受委托印刷宗教内容的内部资料性出版物的，必须验证省、自治区、直辖市人民政府宗教事务管理部门的批准文件和省、自治区、直辖市人民政府出版行政部门核发的准印证。

出版行政部门应当自收到印刷内部资料性出版物或者印刷宗教内容的内部资料性出版物的申请之日起30日内作出是否核发准印证的决定，并通知申请人；逾期不作出决定的，视为同意印刷。

4. 承印境外出版物的管理制度

印刷企业接受委托印刷境外的出版物的，必须持有关著作权的合法证明文件，经省、自治区、直辖市人民政府出版行政部门批准；印刷的境外出版物必须全部运输出境，不得在境内发行、散发。

5. 承印登记制度

委托印刷单位必须按照国家有关规定在委托印刷的出版物上刊载出版单位的名称、地址，书号、刊号或者版号，出版日期或者刊期，接受委托印刷出版物的企业的真实名称和地址，以及其他有关事项。印刷企业应当自完成出版物的印刷之日起 2 年内，留存一份接受委托印刷的出版物样本备查。

6. 合法经营

印刷企业不得盗印出版物，不得销售、擅自加印或者接受第三人委托加印受委托印刷的出版物，不得将接受委托印刷的出版物纸型及印刷底片等出售、出租、出借或者以其他形式转让给其他单位或者个人。印刷企业不得征订、销售出版物，不得假冒或者盗用他人名义印刷、销售出版物。

第五节　出版物的发行管理

为规范出版物发行活动及其监督管理，建立全国统一开放、竞争有序的出版物市场体系，《出版物市场管理规定》2016 年修订出台。适用该规定的出版物，是指图书、报纸、期刊、音像制品、电子出版物。发行，包括批发、零售以及出租、展销等活动。批发是指供货商向其他出版物经营者销售出版物。零售是指经营者直接向消费者销售出版物。出租是指经营者以收取租金的形式向消费者提供出版物。展销是指主办者在一定场所、时间内组织出版物经营者集中展览、销售、订购出版物。

国家对出版物批发、零售依法实行许可制度。从事出版物批发、零售活动的单位和个人凭出版物经营许可证开展出版物批发、零售活动；未经许可，任何单位和个人不得从事出版物批发、零售活动。任何单位和个人不得委托非出版物批发、零售单位或者个人销售出版物或者代理出版物销售业务。

一、出版物发行单位的设立

（一）出版物批发单位的设立

1. 设立条件

单位从事出版物批发业务，应当具备下列条件：

（1）已完成工商注册登记，具有法人资格；

（2）工商登记经营范围含出版物批发业务；

(3) 有与出版物批发业务相适应的设备和固定的经营场所，经营场所面积合计不少于 50 平方米；

(4) 具备健全的管理制度并具有符合行业标准的信息管理系统。

2. 审批程序

单位申请从事出版物批发业务，可向所在地地市级人民政府出版行政主管部门提交申请材料，地市级人民政府出版行政主管部门在接受申请材料之日起 10 个工作日内完成审核，审核后报省、自治区、直辖市人民政府出版行政主管部门审批；申请单位也可直接报所在地省、自治区、直辖市人民政府出版行政主管部门审批。

省、自治区、直辖市人民政府出版行政主管部门自受理申请之日起 20 个工作日内作出批准或者不予批准的决定。批准的，由省、自治区、直辖市人民政府出版行政主管部门颁发出版物经营许可证，并报国家新闻出版广电总局备案。不予批准的，应当向申请人书面说明理由。

申请材料包括下列书面材料：①营业执照正副本复印件；②申请书，载明单位基本情况及申请事项；③企业章程；④注册资本数额、来源及性质证明；⑤经营场所情况及使用权证明；⑥法定代表人及主要负责人的身份证明；⑦企业信息管理系统情况的证明材料。

出版物批发单位可以从事出版物零售业务。

(二) 从事出版物零售业务的条件

1. 设立条件

单位、个人从事出版物零售业务，应当具备下列条件：

(1) 已完成工商注册登记；

(2) 工商登记经营范围含出版物零售业务；

(3) 有固定的经营场所。

2. 审批程序及材料

单位、个人申请从事出版物零售业务，须报所在地县级人民政府出版行政主管部门审批。县级人民政府出版行政主管部门应当自受理申请之日起 20 个工作日内作出批准或者不予批准的决定。批准的，由县级人民政府出版行政主管部门颁发出版物经营许可证，并报上一级出版行政主管部门备案；其中门店营业面积在 5 000 平方米以上的应同时报省级人民政府出版行政主管部门备案。不予批准的，应当向申请单位、个人书面说明理由。

申请材料包括下列书面材料：①营业执照正副本复印件；②申请书，载明单位或者个人基本情况及申请事项；③经营场所的使用权证明。

书友会、读者俱乐部或者其他类似组织申请从事出版物零售业务也照此办理手续。

(三) 中小学教科书发行单位的设立

中小学教科书，是指经国务院教育行政主管部门审定和经授权审定的义务教育教学用书（含配套教学图册、音像材料等）。

1. 设立条件

单位从事中小学教科书发行业务，应取得国家新闻出版广电总局批准的中小学教科书发行资质，并在批准的区域范围内开展中小学教科书发行活动。单位从事中小学教科书发行业务，应当具备下列条件：

(1) 以出版物发行为主营业务的公司制法人；

(2) 有与中小学教科书发行业务相适应的组织机构和发行人员；

(3) 有能够保证中小学教科书储存质量要求的、与其经营品种和规模相适应的储运能力，在拟申请从事中小学教科书发行业务的省、自治区、直辖市、计划单列市的仓储场所面积在 5 000 平方米以上，并有与中小学教科书发行相适应的自有物流配送体系；

(4) 有与中小学教科书发行业务相适应的发行网络。在拟申请从事中小学教科书发行业务的省、自治区、直辖市、计划单列市的企业所属出版物发行网点覆盖不少于当地 70%的县（市、区），且以出版物零售为主营业务，具备相应的中小学教科书储备、调剂、添货、零售及售后服务能力；

(5) 具备符合行业标准的信息管理系统；

(6) 具有健全的管理制度及风险防控机制和突发事件处置能力；

（7）从事出版物批发业务五年以上。最近三年内未受到出版行政主管部门行政处罚，无其他严重违法违规记录。

审批中小学教科书发行资质，除依照前款所列条件外，还应当符合国家关于中小学教科书发行单位的结构、布局宏观调控和规划。

2. 审批程序及材料

单位申请从事中小学教科书发行业务，须报国家新闻出版广电总局审批。

国家新闻出版广电总局应当自受理之日起20个工作日内作出批准或者不予批准的决定。批准的，由国家新闻出版广电总局作出书面批复并颁发中小学教科书发行资质证。不予批准的，应当向申请单位书面说明理由。

申请材料包括下列书面材料：①申请书，载明单位基本情况及申请事项；②企业章程；③出版物经营许可证和企业法人营业执照正副本复印件；④法定代表人及主要负责人的身份证明，有关发行人员的资质证明；⑤最近三年的企业法人年度财务会计报告及证明企业信誉的有关材料；⑥经营场所、发行网点和储运场所的情况及使用权证明；⑦企业信息管理系统情况的证明材料；⑧企业发行中小学教科书过程中能够提供的服务和相关保障措施；⑨企业法定代表人签署的企业依法经营中小学教科书发行业务的承诺书；⑩拟申请从事中小学教科书发行业务的省、自治区、直辖市、计划单列市人民政府出版行政主管部门对企业基本信息、经营状况、储运能力、发行网点等的核实意见；⑪其他需要的证明材料。

（四）出版物出租单位的设立

单位、个人从事出版物出租业务，应当于取得营业执照后15日内到当地县级人民政府出版行政主管部门备案。备案材料包括下列书面材料：①营业执照正副本复印件；②经营场所情况；③法定代表人或者主要负责人情况。相关出版行政主管部门应在10个工作日内向申请备案单位、个人出具备案回执。

（五）外商投资出版物发行单位的设立

国家允许外商投资企业从事出版物发行业务。

设立外商投资出版物发行企业或者外商投资企业从事出版物发行业务，申请人应向地方商务主管部门报送拟设立外商投资出版物发行企业的合同、章程，办理外商投资审批手续。地方商务主管部门在征得出版行政主管部门同意后，按照有关法律、法规的规定，作出批准或者不予批准的决定。予以批准的，颁发外商投资企业批准证书，并在经营范围后加注"凭行业经营许可开展"；不予批准的，书面通知申请人并说明理由。

申请人持外商投资企业批准证书到所在地工商行政主管部门办理营业执照或者在营业执照企业经营范围后加注相关内容，并按照有关规定到所在地出版行政主管部门履行审批或备案手续。

允许香港、澳门永久性居民中的中国公民依照内地有关法律、法规和行政规章，在内地各省、自治区、直辖市设立从事出版物零售业务的个体工商户，无需经过外资审批。

(六) 网络书店的设立

单位、个人通过互联网等信息网络从事出版物发行业务的，根据是批发业务还是零售业务参考前述的批发或零售单位的设立条件及程序办理，取得出版物经营许可证。

已经取得出版物经营许可证的单位、个人在批准的经营范围内通过互联网等信息网络从事出版物发行业务的，应自开展网络发行业务后15日内到原批准的出版行政主管部门备案。备案材料包括下列书面材料：①出版物经营许可证和营业执照正副本复印件；②单位或者个人基本情况；③从事出版物网络发行所依托的信息网络的情况。相关出版行政主管部门应在10个工作日内向备案单位、个人出具备案回执。

(七) 出版物临时零售点的设立

从事出版物发行业务的单位、个人可在原发证机关所辖行政区域一定地点设立临时零售点开展其业务范围内的出版物销售活动。设立临时零售点时间不得超过10日，应提前到设点所在地县级人民政府出版行政主管部门备案并取得备案回执，并应遵守所在地其他有关管理规定。

备案材料包括下列书面材料：①出版物经营许可证和营业执照正副本

复印件；②单位、个人基本情况；③设立临时零售点的地点、时间、销售出版物品种；④其他相关部门批准设立临时零售点的材料。

(八) 出版物发行分支机构的备案

出版物批发、零售单位设立不具备法人资格的发行分支机构，或者出版单位设立发行本版出版物的不具备法人资格的发行分支机构，不需单独办理出版物经营许可证，但应依法办理分支机构工商登记，并于领取营业执照后15日内到原发证机关和分支机构所在地出版行政主管部门备案。

备案材料包括下列书面材料：①出版物经营许可证或者出版单位的出版许可证及分支机构营业执照正副本复印件；②单位基本情况；③单位设立不具备法人资格的发行分支机构的经营场所、经营范围等情况。相关出版行政主管部门应在10个工作日内向备案单位、个人出具备案回执。

(九) 审批

从事出版物发行业务的单位、个人变更出版物经营许可证登记事项，或者兼并、合并、分立的，应当依照规定到原批准的出版行政主管部门办理审批手续。出版行政主管部门自受理申请之日起20个工作日内作出批准或者不予批准的决定。批准的，由出版行政主管部门换发出版物经营许可证；不予批准的，应当向申请单位、个人书面说明理由。

申请材料包括下列书面材料：①出版物经营许可证和营业执照正副本复印件；②申请书，载明单位或者个人基本情况及申请变更事项；③其他需要的证明材料。从事出版物发行业务的单位、个人终止经营活动的，应当于15日内持出版物经营许可证和营业执照向原批准的出版行政主管部门备案，由原批准的出版行政主管部门注销出版物经营许可证。

二、出版物发行活动管理

出版物发行活动管理包括对出版物发行活动的限制、对发行单位经营方式和手段、网络交易平台管理、出版物展销、中小学教科书的发行管理等方面的规范，涉及出版物发行活动的各个环节。

1. 对出版物发行活动的限制

(1) 按照《出版物发行市场管理规定》的要求，任何单位和个人不得发行下列出版物：

①含有《出版管理条例》禁止内容的违禁出版物；

②各种非法出版物，包括：未经批准擅自出版、印刷或者复制的出版物，伪造、假冒出版单位或者报刊名称出版的出版物，非法进口的出版物；

③侵犯他人著作权或者专有出版权的出版物；

④出版行政主管部门明令禁止出版、印刷或者复制、发行的出版物。

（2）内部发行的出版物不得公开宣传、陈列、展示、征订、销售或面向社会公众发送。

2. 基本经营规范

从事出版物发行业务的单位和个人在发行活动中应当遵循公平、守法、诚实、守信的原则，依法订立供销合同，不得损害消费者的合法权益。从事出版物发行业务的单位、个人，必须遵守下列规定：

（1）从依法取得出版物批发、零售资质的出版发行单位进货；发行进口出版物的，须从依法设立的出版物进口经营单位进货；

（2）不得超出出版行政主管部门核准的经营范围经营；

（3）不得张贴、散发、登载有法律、法规禁止内容的或者有欺诈性文字、与事实不符的征订单、广告和宣传画；

（4）不得擅自更改出版物版权页；

（5）出版物经营许可证应在经营场所明显处张挂；利用信息网络从事出版物发行业务的，应在其网站主页面或者从事经营活动的网页醒目位置公开出版物经营许可证和营业执照登载的有关信息或链接标识；

（6）不得涂改、变造、出租、出借、出售或者以其他任何形式转让出版物经营许可证和批准文件；

（7）从事出版物发行业务的单位、个人，应查验供货单位的出版物经营许可证并留存复印件或电子文件，并将出版物发行进销货清单等有关非财务票据至少保存两年，以备查验。进销货清单应包括进销出版物的名称、数量、折扣、金额以及发货方和进货方单位公章（签章）。

（8）出版物发行从业人员应接受出版行政主管部门组织的业务培训。

出版物发行单位应建立职业培训制度,积极组织本单位从业人员参加依法批准的职业技能鉴定机构实施的发行员职业技能鉴定。

3. 出版物网络交易平台的管理

为出版物发行业务提供服务的网络交易平台应向注册地省、自治区、直辖市人民政府出版行政主管部门备案,接受出版行政主管部门的指导与监督管理。

备案材料包括下列书面材料:①营业执照正副本复印件;②单位基本情况;③网络交易平台的基本情况。

省、自治区、直辖市人民政府出版行政主管部门应于10个工作日内向备案的网络交易平台出具备案回执。

提供出版物发行网络交易平台服务的经营者,应当对申请通过网络交易平台从事出版物发行业务的经营主体身份进行审查,核实经营主体的营业执照、出版物经营许可证,并留存证照复印件或电子文档备查。不得向无证无照、证照不齐的经营者提供网络交易平台服务。

为出版物发行业务提供服务的网络交易平台经营者应建立交易风险防控机制,保留平台内从事出版物发行业务经营主体的交易记录两年以备查验。对在网络交易平台内从事各类违法出版物发行活动的,应当采取有效措施予以制止,并及时向所在地出版行政主管部门报告。

4. 出版物展销活动管理

省、自治区、直辖市出版行政主管部门和全国性出版、发行行业协会,可以主办全国性的出版物展销活动和跨省专业性出版物展销活动。主办单位应提前2个月报国家新闻出版广电总局备案。

市、县级出版行政主管部门和省级出版、发行协会可以主办地方性的出版物展销活动。主办单位应提前2个月报上一级出版行政主管部门备案。

备案材料包括下列书面材料:①展销活动主办单位;②展销活动时间、地点;③展销活动的场地、参展单位、展销出版物品种、活动筹备等情况。

5. 中小学教科书发行业务管理

中小学教科书发行包括中小学教科书的征订、储备、配送、分发、调剂、添货、零售、结算及售后服务等。

从事中小学教科书发行业务，必须遵守下列规定：

（1）从事中小学教科书发行业务的单位必须具备中小学教科书发行资质；

（2）纳入政府采购范围的中小学教科书，其发行单位须按照《中华人民共和国政府采购法》的有关规定确定；

（3）按照教育行政主管部门和学校选定的中小学教科书，在规定时间内完成发行任务，确保"课前到书，人手一册"。因自然灾害等不可抗力导致中小学教科书发行受到影响的，应及时采取补救措施，并报告所在地出版行政和教育行政主管部门；

（4）不得在中小学教科书发行过程中擅自征订、搭售教学用书目录以外的出版物；

（5）不得将中小学教科书发行任务向他人转让和分包；

（6）不得涂改、倒卖、出租、出借中小学教科书发行资质证书；

（7）中小学教科书发行费率按照国家有关规定执行，不得违反规定收取发行费用；

（8）做好中小学教科书的调剂、添货、零售和售后服务等相关工作；

（9）应于发行任务完成后30个工作日内向国家新闻出版广电总局和所在地省级出版行政主管部门书面报告中小学教科书发行情况。

中小学教科书出版单位应在规定时间内向依法确定的中小学教科书发行单位足量供货，不得向不具备中小学教科书发行资质的单位供应中小学教科书。

中小学教科书发行单位不再具备中小学教科书发行资质的法定条件的，由出版行政主管部门责令限期改正；逾期仍未改正的，由原发证机关撤销中小学教科书发行资质证。

三、出版物进口的管理

进口出版物，是指由出版物进口经营单位进口的，在外国以及在中国香港特别行政区、澳门特别行政区和台湾地区出版的图书、报纸（含过期报纸）、期刊（含过期期刊）、电子出版物等。出版物进口是特殊的发行环节，从保护意识形态安全的角度考虑，我国对出版物进口制度设计了严谨的管理制度。

1. 出版物进口经营单位审批制度

（1）出版物进口经营单位的设立条件。

《出版管理条例》第42条规定了设立出版物进口经营单位，应当具备下列条件：

①有出版物进口经营单位的名称、章程；

②有符合国务院出版行政主管部门认定的主办单位及其主管机关；

③有确定的业务范围；

④具有进口出版物内容审查能力；

⑤有与出版物进口业务相适应的资金；

⑥有固定的经营场所；

⑦法律、行政法规和国家规定的其他条件。

（2）审批程序。

设立出版物进口经营单位，应当向国务院出版行政主管部门提出申请，经审查批准，取得国务院出版行政主管部门核发的出版物进口经营许可证后，持证到工商行政管理部门依法领取营业执照。设立出版物进口经营单位，还应当依照对外贸易法律、行政法规的规定办理相应手续。

出版物进口经营单位变更名称、业务范围、资本结构、主办单位或者其主管机关，合并或者分立，设立分支机构，应当依照前述的设立条件及审批程序规定办理审批手续，并持批准文件到工商行政管理部门办理相应的登记手续。

2. 出版物进口专营制度

出版物进口业务，由依照规定设立的出版物进口经营单位经营；其他单位和个人不得从事出版物进口业务。发行进口出版物的，必须从依法设立的出版物进口经营单位进货。

3. 进口出版物内容审查制度

（1）一般进口出版物内容的审查。

出版物进口经营单位进口的出版物，不得含《出版管理条例》第25条、第26条禁止的内容。出版物进口经营单位负责对其进口的出版物进行内容审查。省级以上人民政府出版行政主管部门可以对出版物进口经营单位进口的出版物直接进行内容审查。出版物进口经营单位无法判断其进口的出版物是否含有《出版管理条例》第25条、第26条禁止内容的，可以请求省级以上人民政府出版行政主管部门进行内容审查。省级以上人民政府出版行政主管部门应出版物进口经营单位的请求，对其进口的出版物进行内容审查的，可以按照国务院价格主管部门批准的标准收取费用。国务院出版行政部门可以禁止特定出版物的进口。

（2）进口音像制品内容的审查。

第一，进口音像制品审查机构。

根据《音像制品进口管理办法》的规定，新闻出版广电总局设立音像制品内容审查委员会，负责审查进口音像制品的内容。委员会下设办公室，负责进口音像制品内容审查的日常工作。

第二，进口音像制品提交的审查材料。

进口音像制品根据其目的不同，提交的审查材料也不一样。

进口音像制品成品，此类进口是为了直接销售，由音像制品成品进口经营单位向新闻出版总署提出申请并报送以下文件和材料：①进口录音或录像制品报审表；②进口协议草案或订单；③节目样片、中外文歌词；④内容审查所需的其他材料。

进口用于出版的音像制品，应当向新闻出版总署提出申请并报送以下文件和材料：①进口录音或录像制品报审表；②版权贸易协议中外文文本草案，原始版权证明书，版权授权书和国家版权局的登记文件；③节目样片；④中外文曲目、歌词或对白；⑤内容审查所需的其他材料。

进口用于展览、展示的音像制品，由展览、展示活动主办单位提出申请，并将音像制品目录和样片报新闻出版总署进行内容审查。海关按暂时进口货物管理。

进口单位不得擅自更改报送新闻出版总署进行内容审查样片原有的名称和内容。

第三，进口音像制品的审查程序。

新闻出版总署自受理进口音像制品申请之日起 30 日内作出批准或者不批准的决定。批准的，发给进口音像制品批准单；不批准的，应当说明理由。

进口音像制品批准单内容不得更改，如需修改，应重新办理。进口音像制品批准单一次报关使用有效，不得累计使用。其中，属于音像制品成品的，批准单当年有效；属于用于出版的音像制品的，批准单有效期限为 1 年。

4. 进口出版物备案制度

出版物进口经营单位应当在进口出版物前将拟进口的出版物目录报省级以上人民政府出版行政主管部门备案；省级以上人民政府出版行政主管部门发现有禁止进口的或者暂缓进口的出版物的，应当及时通知出版物进口经营单位并通报海关。对通报禁止进口或者暂缓进口的出版物，出版物进口经营单位不得进口，海关不得放行。

5. 举办境外出版物展览批准制度

境外出版物展览，必须报经国务院出版行政主管部门批准。未经批准，任何单位和个人不得举办境外出版物展览。依照前款规定展览的境外出版物需要销售的，应当按照国家有关规定办理相关手续。

《音像制品进口管理办法》规定，任何单位和个人不得将供研究、教学参考或者用于展览、展示的进口音像制品进行经营性复制、批发、零售、出租和营业性放映。用于展览、展示的进口音像制品确需在境内销售、赠送的，在销售、赠送前，必须依照本办法按成品进口重新办理批准手续。

四、订户订购进口出版物管理办法

为了满足国内单位和个人、在华外国机构、外商投资企业外籍人士和港、澳、台人士对进口出版物的阅读需求,加强对进口出版物的管理,2011年《订户订购进口出版物管理办法》重新修订出台实施。该办法所称出版物进口经营单位,是指依照《出版管理条例》设立的从事出版物进口业务的单位;所称订户,是指通过出版物进口经营单位订购进口出版物的国内单位和个人、在华外国机构、外商投资企业和在华长期工作、学习、生活的外籍人士以及港、澳、台人士;所称订购,是指订户为满足本单位或者本人的阅读需求,向出版物进口经营单位预订购买进口出版物。

1. 进口出版物的类别

根据该办法的规定,我国的进口出版物分为限定发行范围的和非限定发行范围的两类,国家对其发行实行分类管理。进口限定发行范围的报纸、期刊、图书、电子出版物等实行订户订购、分类供应的发行方式;非限定发行范围的进口报纸、期刊实行自愿订户订购和市场销售相结合的发行方式;非限定发行范围的进口图书、电子出版物等实行市场销售的发行方式。限定发行范围的进口报纸、期刊、图书、电子出版物的种类由新闻出版总署确定。

2. 进口出版物订购的专营制度

订户订购进口出版物由出版物进口经营单位经营。其中,订户订购限定发行范围的进口报纸、期刊、图书、电子出版物的业务,须由新闻出版总署指定的出版物进口经营单位经营。未经新闻出版总署批准,任何单位和个人不得从事订户订购进口出版物的经营活动。

出版物进口经营单位委托非出版物进口经营单位代理征订或者代理配送进口出版物,须事先报新闻出版总署同意。

国内单位订户订购非限定发行范围的进口报纸、期刊,持单位订购申请书,直接到新闻出版总署批准的报纸、期刊进口经营单位办理订购手续。国内个人订户应通过所在单位办理订购手续。

3. 订户的范围及资格确定

可以订购限定发行范围的进口报纸、期刊、图书和电子出版物的国内单位订户由新闻出版总署确定。国内单位订户订购限定发行范围的进口报纸、期刊、图书、电子出版物等，中央单位订户由所属中央各部委审批；地方单位订户经所在地省、自治区、直辖市新闻出版行政部门审核后报送同级党委宣传部审批。获得批准的订户持单位订购申请书和有关批准文件，到新闻出版总署指定的出版物进口经营单位办理订购手续。国内单位订户订购限定发行范围的进口报纸、期刊、图书、电子出版物等，应制定相应的使用管理办法。

在华外国机构、外商投资企业和在华长期工作、学习、生活的外籍人士和港、澳、台人士订购进口报纸、期刊，应持单位订购申请书或者本人身份证明，到新闻出版总署批准或者指定的报纸、期刊进口经营单位办理订购手续。

出版物进口经营单位负责对订购限定发行范围的进口报纸、期刊、图书、电子出版物的订户进行审核，并将审核后的订户名单、拟订购进口报纸、期刊、图书、电子出版物的品种和数量报送新闻出版总署批准。出版物进口经营单位依照批准后的订户名单及进口报纸、期刊、图书、电子出版物的品种和数量供应订户。

本章思考题：

1. 简述图书出版单位的设立条件。
2. 简述报刊出版单位的设立条件。
3. 简述音像制品出版单位的设立条件。
4. 简述出版单位的主要的管理制度。
5. 什么是重大选题制度？简述适用该制度的出版物范围。
6. 简述稿件三审责任制。
7. 简述责任编辑制度。
8. 什么是出版发行？简述出版物发行单位的类别及各自的设立条件。
9. 简述出版物进口单位的设立条件及主要管理制度。

第六章　电影产业法规

第一节　电影产业法的立法现状及总原则

一、我国电影产业发展现状

电影，是指运用视听技术和艺术手段摄制、以胶片或者数字载体记录、由表达一定内容的有声或者无声的连续画面组成、符合国家规定的技术标准、用于电影院等固定放映场所或者流动放映设备公开放映的作品。电影产业是文化产业中颇具活力与生命力的重要组成部分，在文化产业中占有重要地位。大力发展电影产业，对于推动社会主义精神文明建设，弘扬民族文化和民族精神，推动国民经济结构调整，具有积极而重要的意义。自2002年电影产业化改革以来，我国电影产业取得了长足进步和巨大成就，无论从电影生产数量，还是电影市场规模上看，我国已经成为世界电影大国，但在从电影大国向电影强国迈进的过程中，面临着一些亟待解决的问题。比如：电影市场活力有待进一步激发，电影市场秩序还要进一步规范，电影产业发展水平有待进一步提高。

中国电影市场体量大、规模大、潜力大是鲜明特点。近年来我国每年生产故事影片超过600部，各类影片年产量达到近千部。多类型、多品种、多样化创作蓬勃发展，电影新力量持续发力，社会效益和经济效益进一步显现。《2017中国电影产业研究报告》指出，2016中国市场年度的票房是492亿，其中纯粹的票房457亿，剩余35亿是电商平台的服务费。和

2015年相比，增幅为11%。过去11年来，中国电影增幅平均超过30%。从2003年的10亿票房到2016年的457亿票房，从2003年的国产电影产量99部到2016年的近800部。一系列数据显示：中国电影发展迎来黄金时代。

在过去连续10多年的发展中，中国电影产业依赖的是投资增量，用加速度来发展。城市院线84.7%的银幕可以进行3D放映，全国已有巨幕501块，其中中国巨幕161块。共有万达、中影星美等12家院线票房在10亿元人民币以上，其中7家票房超过20亿元。全国已建成农村数字电影院线255条，放映队约5万支。"十二五"期间，全国农村每年订购电影均超过870万场，观众人次保持在12亿以上，基本实现了"一村一月放映一场电影"的公共服务目标，农村电影发行放映工作迈上新台阶。全国已建成11个少数民族语言电影译制中心，可进行17个少数民族语种、37种少数民族方言的译制，2012~2015年共完成3 000余部（次）电影的少数民族语言译制。

电影产业的核心资源和竞争力，依然是内容、创意和专业人才。在中国电影市场"加速度"增长的同时，中国电影产业格局在互联网的全面渗透下发生着深刻变化，大量行业外资本的进入，对政府管理水平和能力、产业环境和人才储备提出了新挑战。近年来我国电影国际交流频繁广泛，电影走出去力度不断加大，每年应邀在境外多个国家和地区举办中国电影节（展）活动，参加国际电影节（展）并荣获奖项的优秀国产影片不胜枚举。我国与多个国家签订了政府间电影合拍协议，有力地促进了合作制片业务的发展。更令人欣喜的是，越来越多的国产影片开始进入海外主流电影市场，正在探索"中国电影，普天同映"的崭新路径。我国在电影数字化领域成绩卓著，迄今已实现胶片电影向数字电影的整体转换，我国电影科技发展已经进入系统设备与工艺流程数字化向全面网络化和信息化发展演进的关键时期。近年来正指导行业进一步加快国产3D电影、中国巨幕、激光放映、多维声等拥有自主知识产权新技术的应用发展。顺应"互联网+"大趋势，电影业不断与互联网深度融合，赋予电影行业新的活力与动力。

二、我国电影产业立法现状

《电影产业促进法》是文化产业领域第一部明确促进产业发展的法律，于 2016 年 11 月 7 日由全国人大常委会第二十四次会议以 146 票赞成、1 票反对、8 票弃权，表决通过，自 2017 年 3 月 1 日起施行。该法规定的五个方面的主要制度措施将对中国电影产业产生深远影响：将电影产业纳入国民经济和社会发展规划，使电影产业成为拉动内需、促进就业、推动国民经济增长的重要产业；加快转变政府职能，简政放权，降低电影行业准入门槛，调动全社会参与热情，激发市场活力；加大财政、税收、金融、用地等方面的扶持力度，对电影产业给予立体的制度支持；通过扩大监管范围，完善监管措施，细化监管程序，加大打击力度等，进一步规范产业发展和市场秩序；明确电影的正面导向作用，维护观众合法权益，鼓舞创作热情，满足人民群众日益增长的精神文化需求。

除了《电影产业促进法》外，电影产业领域施行的还有诸多行政法规和规章，主要包括：《电影管理条例》《电影企业经营资格准入暂行规定》《电影片进出境洗印、后期制作审批管理办法》《外商投资电影院暂行规定》《关于重申禁止制作和播映色情电影的通知》《组建数字电影（中档技术）院线公司的实施办法（试行）》《〈外商投资电影院暂行规定〉补充规定二》《广电总局关于〈数字电影发行放映管理办法（试行）〉的补充规定》《〈外商投资电影院暂行规定〉的补充规定》《进口影片管理办法》《〈电影企业经营资格准入暂行规定〉的补充规定》《电影企业经营资格准入暂行规定》《中外合作摄制电影片管理规定》《关于印发〈中外合作摄制电影片管理规定〉实施细则（暂行）的通知》《关于电影全面实行"一备二审制"的公告》《电影故事片（胶片、数字）送审须知》《电影剧本（梗概）备案、电影片管理规定》《数字电影管理暂行规定》《国家广播电影电视总局、文化部、国家计委、财政部关于加快实施"2131 工程"加强农村电影发行放映工作的通知》《国家广播电影电视总局、文化部关于改革电影发行放映机制的实施细则（试行）》《聘用境外主创人员参与摄制国产影片管理规定》《关于加强广播电视节目电影片进口管理的通知》《国家电影事业发展专项资金管理办法》《关于对 1949 年 10 月 1 日至 1993 年 6 月 30 日期间国产电影发行权归属的规定》《国家广电总局电影管理局关于加强海峡两岸电影合作管理的现行办法》《国家新闻出版广电总局关于加强电影市场管理规范电影票务系统使用的通知》《关于支持电影发展若干经济政策的通知》。

随着《电影产业促进法》的实施，实施多年的《电影管理条例》将依据《电影产业促进法》进一步修订完善。《电影产业促进法》是基础性的、纲领性的制度规范，它确定促进电影产业发展的基本制度、措施。《电影管理条例》是从《电影产业促进法》派生出来国务院颁布的配套行政法规，是对法律制度的进一步细化。主要是对电影进出口管理问题和电影海外推广问题进行拾遗补缺；对电影审查程序、发行、放映企业审批、变更、终止的具体条件等问题进行细化。

三、电影产业促进的总原则

1. 坚持双为方向、双效益原则及双百方针

从事电影活动，应当坚持为人民服务、为社会主义服务，坚持社会效益优先，实现社会效益与经济效益相统一。国家坚持以人民为中心的创作导向，坚持百花齐放、百家争鸣的方针，尊重和保障电影创作自由，倡导电影创作贴近实际、贴近生活、贴近群众，鼓励创作思想性、艺术性、观赏性相统一的优秀电影。

2. 加大扶持力度，提升电影产业发展水平

国家制定电影及其相关产业政策，各级政府将电影产业发展纳入本级国民经济和社会发展规划，引导形成统一开放、公平竞争的电影市场，促进电影市场繁荣发展。国家支持建立电影评价体系，鼓励开展电影评论。对优秀电影以及为促进电影产业发展作出突出贡献的组织、个人，按照国家有关规定给予表彰和奖励。

国家鼓励电影科技的研发、应用，制定并完善电影技术标准，构建以企业为主体、市场为导向、产学研相结合的电影技术创新体系。国家支持创作、摄制各类优秀国产影片，地方政府对电影创作、摄制提供必要的便

利和帮助。在财政、税收、土地、金融、用汇等方面对电影产业采取优惠措施，激励资本投入、降低运作成本。积极扶持电影科技研发、公益放映、人才培养、境外推广等事业发展，为电影产业发展夯实工业基础、培育人才梯队、拓展电影市场空间。

3. 加强知识产权保护，净化法律保护环境

与电影有关的知识产权受法律保护，任何组织和个人不得侵犯。县级以上人民政府负责知识产权执法的部门应当采取措施，保护与电影有关的知识产权，依法查处侵犯与电影有关的知识产权的行为。从事电影活动的公民、法人和其他组织应当增强知识产权意识，提高运用、保护和管理知识产权的能力。国家鼓励公民、法人和其他组织依法开发电影形象产品等衍生产品。

4. 维护文化安全，弘扬社会主义核心价值观

明确国家重点扶持传播中华优秀文化、弘扬社会主义核心价值观的重大题材电影创作摄制，同时禁止影片含有违反《宪法》确定的基本原则、危害国家安全、危害社会公德等内容，抑制、阻止不良、有害作品的制作、传播。

电影行业组织依法制定行业自律规范，开展业务交流，加强职业道德教育，维护其成员的合法权益。演员、导演等电影从业人员应当坚持德艺双馨，遵守法律法规，尊重社会公德，恪守职业道德，加强自律，树立良好社会形象。在鼓励开展平等、互利的国际合作与交流的同时，对从事过损害我国国家荣誉和利益、危害社会稳定、伤害民族感情等活动的境外组织和个人予以限制。

通过规定财政、税收、土地、金融等扶持措施，促进民族电影产业的发展；国家鼓励开展平等、互利的电影国际合作与交流，支持参加境外电影节（展）。通过明确规定电影院放映国产电影的比例要求，更好地加强中国文化和中华文明的传播力度。

第二节 电影创作、摄制

国家实行电影剧本（梗概）备案和电影片审查制度。未经备案的电影剧本（梗概）不得拍摄，未经审查通过的电影片不得发行、放映、进口、出口。在中华人民共和国境内公映的各类故事片、纪录片、科教片、动画片、专题片（含以上各类型的中外合拍片）等的电影剧本（梗概）备案、电影片审查和进口片审查。

现在我国对电影的创作、摄制采取"一备二审制"，一备是电影剧本（梗概）要备案后始可摄制。二审是电影摄制完成后要有审查部门完成初审和终审，才可获得《电影公映许可证》。国家新闻出版广电总局（以下简称广电总局）负责电影剧本（梗概）备案和电影片审查的管理工作。广电总局电影审查委员会和电影复审委员会负责电影片的审查。各省级广电部门负责本行政区域内电影剧本（梗概）备案、影片初审的管理工作，并成立相应的管理机构和电影审查机构，具体负责本行政区域内电影剧本（梗概）备案的上报、批复和影片的初审、上报（以下简称属地审查）。实行属地审查（吉林、广东、浙江、陕西、湖北省和北京市）的省级广电部门和电影审查机构负责本行政区域内电影剧本（梗概）备案的上报、批复和影片的初审、部分影片的终审。

一、电影剧本梗概备案制度

电影剧本（梗概）的备案、影片的审查，是确保电影创作繁荣和导向正确的关键，是电影管理工作中基础而又重要的环节。国家实行电影剧本（梗概）备案，未经备案的电影剧本（梗概）不得拍摄。在中华人民共和国境内公映的各类故事片、纪录片、科教片、动画片、专题片（含以上各类型的中外合拍片）等的电影剧本（梗概）均需备案。《电影产业促进法》第13条规定，拟摄制电影的法人、其他组织应当将电影剧本梗概向国务院电影主管部门或者省、自治区、直辖市人民政府电影主管部门备案；其中，涉及重大题材或者国家安全、外交、民族、宗教、军事等方面题材的，应当按照国家有关规定将电影剧本报送审查。电影剧本梗概或者电影剧本符合本法第16条规定的，由国务院电影主管部门将拟摄制电影的基本情况予以公告，并由国务院电影主管部门或者省、自治区、直辖市人民政府电影主管部门出具备案证明文件或者颁发批准文件。具体办法由国务院电影主管部门制定。广电总局2006年出台《电影剧本（梗概）备案、电影片管理规定》（第52号），于当年6月22日起施行。

（一）备案单位资格条件

（1）地（市）级以上工商行政管理部门注册的各类影视文化单位；

（2）制片单位实有资金达到所拍摄影片成本的1/3以上。

持有《摄制电影许可证》的电影制片单位和在地市级以上工商部门注册登记的各类影视文化单位（以下简称影视文化单位）摄制电影片，应在拍摄前将电影剧本（梗概）送广电总局或相应的实行属地审查的省级广电部门备案。联合摄制电影片的，应当由其中的一个单位提前办理备案手续。

（二）报送材料

向广电总局电影管理局办理电影剧本（梗概）备案手续，应当提供下列材料：

（1）拍摄影片的备案申请；

（2）不少于1 000字的故事梗概一份，4号字体规范文字，计算机打印；

（3）编剧允许备案单位使用其作品的授权书；

（4）营业执照副本原件（核对后当即退回）及复印件一份；

（5）制片单位账户所在银行出具的资金证明（对帐单）；

（6）《摄制电影许可证（单片）申请书》[1]；

（7）如拍摄数字电影，需提交《电影数字节目制作主要设备使用清单》；

---

[1]《电影产业促进法》已取消电影摄制单片许可证审批制度，自2007年3月1日《电影产业促进法》实施后，这一材料应该取消。

(8) 凡影片主要人物和情节涉及外交、民族、宗教、军事、公安、司法、历史名人和文化名人等方面内容的（以下简称特殊题材影片），需提供电影文学剧本一式三份，并要出具省级或中央、国家机关相关主管部门同意拍摄的书面意见，涉及历史和文化名人的还需出具本人或亲属同意拍摄的书面意见；

(9) 如已基本确定主创人员（导演、主要演员）的，同时报送影片主创人员名单。

(三) 电影剧本（梗概）备案的程序

(1) 制片单位向广电总局或实行属地审查的省级广电部门提出备案。

(2) 广电总局或实行属地审查的省级广电部门按照《行政许可法》规定的期限，发给《电影剧本（梗概）备案回执单》。

如在 20 个工作日内没有提出意见的，制片单位可按备案的电影剧本（梗概）进行拍摄；

如对备案的电影剧本（梗概）有修改意见或不同意拍摄的，应在 20 个工作日内书面通知制片单位；

如电影剧本需另请相关主管部门和专家评审的，需延长 20 个工作日，并书面告知制片单位。

(3) 实行属地审查的省级广电部门，应将电影剧本（梗概）备案情况抄报广电总局；广电总局将定期在相关媒体公布电影剧本（梗概）备案情况。

(4) 拍摄重大革命和重大历史题材影片，需报送剧本立项审查，按照广电总局关于重大革命和重大历史题材电影剧本立项及完成片的管理规定办理。

拍摄重大革命和重大历史题材影片、重大文献纪录影片、中外合作影片，由省级广电部门审核电影剧本后，按相关的管理规定报广电总局进行立项审批。

(5) 凡剧情主要内容和主要人物涉及国家安全、外交、民族、宗教、军事、公安、司法、历史和文化名人、敏感历史事件等方面的（以下简称特殊题材），省级广电部门须将电影剧本征得省级相关主管部门的意见后，方可备案。

（6）中央和国家机关（军队）所属的电影制片单位摄制电影，将电影剧本（梗概）直接送广电总局备案或立项审批。

（7）各省级广电部门应将同意电影剧本（梗概）备案的情况及时报广电总局，内容包括：影片名称、备案单位（联系人、电话）、编剧姓名（实名）、故事摘要（300字左右）、备案意见等。

（8）广电总局对备案情况进行汇总、审核后，于每月上旬和下旬分两次在广电总局政府网站公布全国电影剧本（梗概）的备案结果。未经备案公布或立项批准的电影剧本（梗概）不得拍摄，完成影片不予受理审查。

二、电影审查制度

（一）电影禁止包含的内容

《电影产业促进法》第16条规定，电影不得含有下列内容：

（1）违反宪法确定的基本原则，煽动抗拒或者破坏宪法、法律、行政法规实施；

（2）危害国家统一、主权和领土完整，泄露国家秘密，危害国家安全，损害国家尊严、荣誉和利益，宣扬恐怖主义、极端主义；

（3）诋毁民族优秀文化传统，煽动民族仇恨、民族歧视，侵害民族风俗习惯，歪曲民族历史或者民族历史人物，伤害民族感情，破坏民族团结；

（4）煽动破坏国家宗教政策，宣扬邪教、迷信；

（5）危害社会公德，扰乱社会秩序，破坏社会稳定，宣扬淫秽、赌博、吸毒，渲染暴力、恐怖，教唆犯罪或者传授犯罪方法；

（6）侵害未成年人合法权益或者损害未成年人身心健康；

（7）侮辱、诽谤他人或者散布他人隐私，侵害他人合法权益；

（8）法律、行政法规禁止的其他内容。

（二）电影片应该删剪、修改的内容

电影片有下列情形，应删剪修改：

（1）曲解中华文明和中国历史，严重违背历史史实；曲解他国历史，不尊重他国文明和风俗习惯；贬损革命领袖、英雄人物、重要历史人物形象；篡改中外名著及名著中重要人物形象的；

（2）恶意贬损人民军队、武装警察、公安和司法形象的；

（3）夹杂淫秽色情和庸俗低级内容，展现淫乱、强奸、卖淫、嫖娼、性行为、性变态等情节及男女性器官等其他隐秘部位；夹杂肮脏低俗的台词、歌曲、背景音乐及声音效果等；

（4）夹杂凶杀、暴力、恐怖内容，颠倒真假、善恶、美丑的价值取向，混淆正义与非正义的基本性质；刻意表现违法犯罪嚣张气焰，具体展示犯罪行为细节，暴露特殊侦查手段；有强烈刺激性的凶杀、血腥、暴力、吸毒、赌博等情节；有虐待俘虏、刑讯逼供罪犯或犯罪嫌疑人等情节；有过度惊吓恐怖的画面、台词、背景音乐及声音效果；

（5）宣扬消极、颓废的人生观、世界观和价值观，刻意渲染、夸大民族愚昧落后或社会阴暗面的；

（6）鼓吹宗教极端主义，挑起各宗教、教派之间，信教与不信教群众之间的矛盾和冲突，伤害群众感情的；

（7）宣扬破坏生态环境，虐待动物，捕杀、食用国家保护类动物的；

（8）过分表现酗酒、吸烟及其他陋习的；

（9）违背相关法律、法规精神的。

（三）电影审查机构

我国电影审查机构有两个层级。其中新闻出版广电总局电影审查委员会和电影复审委员会是最高级别的电影审查机构，负责全国电影片的审查。各省级广电部门负责本行政区域内影片初审的管理工作，并成立相应的电影审查机构，具体负责本行政区域内影片的初审、上报（简称属地审查），制片单位持省级广电部门的初审、终审意见，到广电总局电影局进行终审和领取《电影片公映许可证》。具体安排是：

（1）全国除吉林、广东、浙江、陕西、湖北省和北京市以外的省级广电部门，负责所属电影制片单位摄制的电影片初审工作，形成初审意见后报广电总局电影审查机构进行终审。

（2）试行属地审查的吉林、广东、浙江、陕西、湖北省的省级广电部门，负责对所属电影制片单位摄制的重大革命和重大历史题材影片、重大理论文献影片和中外合作影片进行初审，对除上述影片以外的其他影片进行终审。

（3）试行属地审查的北京市广电局，负责对所属电影制片单位摄制的重大革命和重大历史题材影片、重大理论文献影片和中外合作影片以及其他影片中的胶片电影进行初审，对其他影片中的数字电影进行终审。

（四）电影片审查程序

（1）法人、其他组织应当将其摄制完成的电影送国务院电影主管部门或者省、自治区、直辖市人民政府电影主管部门审查，提出审查申请。根据《电影剧本（梗概）备案、电影片管理规定》，送审电影片应当提供下列材料：

其一，混录双片。

①混录双片一套（如用贝塔录像带代替混录双片送审，需另报广电总局批准），数字电影送高清数字节目带一套；

②国产电影片送审报告单一式四份；

③影片主创人员名单；

④影片英文译名报告（一般提前申报）；

⑤原著改编意见书；

⑥联合摄制合同书；

⑦完成台本一套；

⑧《电影剧本（梗概）备案回执单》。

其二，标准拷贝。

①标准拷贝两套（广电总局和中国电影资料馆各一套）；

②影片1/2录像带三套（中外合拍片四套）、贝塔录像带、贝塔宣传带、终混八轨带各一套；

③送审标准拷贝技术鉴定书；

④被定为民族语译制影片的音乐效果素材；

⑤完成台本三套（民族语译制影片为四套）；

⑥相关剧照。

数字电影的技术审查标准及需提交的材料，按照广电总局有关规定执行。

（2）国务院电影主管部门或者省、自治区、直辖市人民政府电影主管部门应当自受理申请之日起30日内作出审查决定。对符合法律规定的，准予公映，颁发电影公映许可证，并予以公布；对不符合法律规定的，不准予公映，书面通知申请人并说明理由。

（3）进行电影审查应当组织不少于五名专家进行评审，由专家提出评审意见。法人、其他组织对专家评审意见有异议的，国务院电影主管部门或者省、自治区、直辖市人民政府电影主管部门可以另行组织专家再次评审。专家的评审意见应当作为作出审查决定的重要依据。评审专家包括专家库中的专家和根据电影题材特别聘请的专家。专家遴选和评审的具体办法由国务院电影主管部门制定。

取得电影公映许可证的电影需要变更内容的，应当依规定重新报送审查。

（4）实行属地审查的省级广电部门认为必要时，可以将送审影片提交广电总局电影审查委员会审查。

（5）联合摄制的电影片，由办理备案手续的制片单位按照规定报送相应的电影审查机构审查。

（6）重大革命和重大历史题材影片、重大文献纪录影片、特殊题材影片、中外合作摄制影片，由省级广电部门初审同意后，报广电总局电影审查机构审查。

（7）中央和国家机关（军队）所属的，以及在国家工商总局注册的电影制片单位仍由广电总局电影局备案、审查。

（五）电影公映许可证的使用规范

（1）摄制电影的法人、其他组织应当将取得的电影公映许可证标识置于电影的片头处；电影放映可能引起未成年人等观众身体或者心理不适的，应当予以提示。

（2）未取得电影公映许可证的电影，不得发行、放映，不得通过互联网、电信网、广播电视网等信息网络进行传播，不得制作为音像制品；但是，国家另有规定的，从其规定。

（3）摄制完成的电影取得电影公映许可证，方可参加电影节（展）。拟参加境外电影节（展）的，送展法人、其他组织应当在该境外电影节（展）举办前，将相关材料报国务院电影主管部门或者省、自治区、直辖市人民政府电影主管部门备案。

三、中外合拍片管理规定

《电影产业促进法》第14条规定了中外合作拍摄电影及聘用境外人员参加电影摄制的基本规则：法人、其他组织经国务院电影主管部门批准，可以与境外组织合作摄制电影；但是，不得与从事损害我国国家尊严、荣誉和利益，危害社会稳定，伤害民族感情等活动的境外组织合作，也不得聘用有上述行为的个人参加电影摄制。合作摄制电影符合创作、出资、收益分配等方面比例要求的，该电影视同境内法人、其他组织摄制的电影。境外组织不得在境内独立从事电影摄制活动；境外个人不得在境内从事电影摄制活动。

为繁荣电影创作生产，维护中外合作摄制电影片的制片者及相关人员的合法权益，促进中外电影交流，根据《电影管理条例》，广电总局2004年制定出台、并于2016年修改了《中外合作摄制电影片管理规定》，适用于中外电影制片者在中国境内外合作摄制的故事片、美术片、科教片、纪录片、专题片等电影片（含胶片电影、数字电影、电视电影等）。

（一）中外合作摄制电影片的概念及种类

（1）中外合作摄制电影片，是指依法取得《摄制电影许可证》的境内电影制片者（以下简称中方）与境外电影制片者（以下简称外方）在中国境内外联合摄制、协作摄制、委托摄制电影片。

（2）中外合作摄制电影片包括下列形式：

①联合摄制，即由中外双方共同投资（含资金、劳务或实物）、共同摄制、共同分享利益及共同承担风险的摄制形式；

②协作摄制，即外方出资，在中国境内拍摄，中方有偿提供设备、器材、场地、劳务等予以协助的摄制形式；

③委托摄制，即外方委托中方在中国境内代为摄制的摄制形式。

（二）中外合作摄制电影片应当遵循以下原则

（1）符合中国宪法、法律、法规及有关规定；

（2）尊重中国各民族的风俗、宗教、信仰和生活习惯；

（3）有利于弘扬中华民族的优秀文化传统；

（4）有利于中国的经济建设、文化建设、思想道德建设和社会安定；

（5）有利于中外电影交流；

（6）不得损害第三国的利益。

（三）申请中外合作摄制电影片的条件

国家对中外合作摄制电影片实行许可制度。境内任何单位或个人未取得《中外合作摄制电影片许可证》或批准文件，不得与境外单位或个人合作摄制电影片。未经批准，境外单位或个人不得在中国境内独立摄制电影片。

申请中外合作摄制电影片应当具备下列条件：

（1）持有《摄制电影许可证》的中方制片单位（含在境内批准注册的中外合资电影制片公司，下同）；

（2）中外合作双方均不在因违反《电影管理条例》而停止摄制电影片的处罚期内。

（四）申请中外合作摄制电影片应当提供的材料

申请中外合作摄制电影片应当向国务院广播影视行政部门提供下列材料：

（1）中方制片单位的摄制立项申请；

（2）中方制片单位的《摄制电影许可证》及营业执照复印件；

(3）电影文学剧本（规范汉字）1式3份；

(4）外方的资信证明和合拍影片情况；

(5）中外双方合作意向书或协议书，主要内容应明确：合作各方投资比例、中外主创人员比例、是否参加国内外电影节（展）等；

(6）主创人员简介。

（五）中外合作摄制电影片立项申报审批程序

(1）中方制片单位向国务院广播影视行政部门提出申请；

(2）国务院广播影视行政部门按照《行政许可法》的规定期限受理申请单位提出的书面申请；

(3）决定受理的，国务院广播影视行政部门应当在20个工作日内作出批准或不批准立项的决定。电影剧本须经专家评审的，应书面告知申请单位，其评审时间应在20个工作日内完成；

(4）符合联合摄制条件的，发给一次性《中外合作摄制电影片许可证》；符合协作摄制、委托摄制条件的，发给批准文件。不批准的，应当书面说明理由。

取得《中外合作摄制电影片许可证》或批准文件后，中外双方应根据批准立项的内容签订合同。《中外合作摄制电影片许可证》有效期为2年。

（六）合拍片聘用境外主创人员的要求

联合摄制中需聘用境外主创人员的，应当报国务院广播影视行政部门批准，且外方主要演员比例不得超过主要演员总数的2/3。

四、聘用境外主创人员参与摄制国产影片管理规定

为进一步规范境外主创人员参与拍摄国产影片的活动，完善有关聘用制度，加强对电影制片业的管理，确保影片质量，广电总局制定《聘用境外主创人员参与摄制国产影片管理规定》于2002年1月1日开始实施。

(1）国产影片，包括国产故事片（含儿童片）、纪录片、科教片、美术片、专题片及各类中外合拍影片（不含协作摄制、委托摄制的影片）。

(2）境外主创人员，是指境外（含香港、澳门特别行政区，台湾省）从事电影创作的导演、编剧、摄影、主要演员。

（3）国产故事片原则上不得聘用境外导演，其他主创人员一般也应是我国境内公民。因题材、技术、角色等特殊需要聘用境外主创人员的，制片单位须报国务院广播电影电视行政部门批准后方可聘用；但主要演员中聘用境外的主角和主要配角均不得超过主要演员总数的 1/3。

（4）中外合作摄制的故事片，其主创人员一般也应以我国境内公民为主。因题材、技术、角色等特殊需要聘用境外主创人员的，境内制片单位须报国务院广播电影电视行政部门批准后方可聘用；但主要演员中聘用境外的主角和主要配角一般均不得超过主要演员总数的 1/2。

（5）纪录片、科教片、美术片、专题片，因特殊需要聘用境外主创人员的，参照前述第 3 和第 4 条规定执行。

五、电影的洗印、加工和后期制作

《电影产业促进法》第 22 条规定，公民、法人和其他组织可以承接境外电影的洗印、加工、后期制作等业务，并报省、自治区、直辖市人民政府电影主管部门备案，但是不得承接含有损害我国国家尊严、荣誉和利益，危害社会稳定，伤害民族感情等内容的境外电影的相关业务。

第三节　电影发行、放映

一、电影发行、放映主体

（一）电影发行主体

企业具有与所从事的电影发行活动相适应的人员、资金条件的，经国务院电影主管部门或者所在地省、自治区、直辖市人民政府电影主管部门批准，可以从事电影发行活动。

根据《电影企业经营资格准入暂行规定》，鼓励境内公司、企业和其他经济组织（不包括外商投资企业）设立专营国产影片发行公司。申报条件及程序如下：

（1）注册资本不少于 50 万元人民币；

（2）受电影出品单位委托代理发行过 2 部电影片或受电视剧出品单位

委托发行过 2 部电视剧；

（3）提交申请书、工商行政管理部门颁发的营业执照复印件、公司名称预核准通知书、已代理发行影视片的委托证明等材料；

（4）符合（1）、（2）、（3）项并向广电总局申请设立专营国产影片发行公司的，由广电总局在 20 个工作日内颁发全国专营国产影片的《电影发行经营许可证》；向当地省级电影行政管理部门申请设立专营国产影片发行公司的，由当地省级电影行政管理部门在 20 个工作日内颁发本省（区、市）专营国产影片的《电影发行经营许可证》。申报单位持电影行政管理部门出具的批准文件到所在地工商行政管理部门办理相关手续。不批准的，书面回复理由。

（二）电影放映主体

《电影产业促进法》规定，企业、个体工商户具有与所从事的电影放映活动相适应的人员、场所、技术和设备等条件的，经所在地县级人民政府电影主管部门批准，可以从事电影院等固定放映场所电影放映活动。依照规定负责电影发行、放映活动审批的电影主管部门，应当自受理申请之日起 30 日内，作出批准或者不批准的决定。对符合条件的，予以批准，颁发电影发行经营许可证或者电影放映经营许可证，并予以公布；对不符合条件的，不予批准，书面通知申请人并说明理由。

（1）根据《电影企业经营资格准入暂行规定》，允许电影院线公司以紧密型或松散型进行整合。鼓励以跨省院线为基础，按条条管理的原则重新整合。不允许按行政区域整体兼并院线。院线整合报广电总局审批。

（2）鼓励境内公司、企业和其他经济组织（不包括外商投资企业）投资现有院线公司或单独组建院线公司。

①以参股形式投资现有院线公司的，参股单位须在 3 年内投资不少于 3 000 万元人民币，用于本院线中电影院的新建、改造；以控股形式投资现有院线公司的，控股单位须在 3 年内投资不少于 4 000 万元人民币，用于本院线中电影院的新建、改造；单独组建省内或全国电影院线公司的，组建单位须在 3 年内投资不少于 5 000 万元人民币用于本院线中电影院的

新建、改造；

②组建省（区、市）内院线公司的，由所在地省、自治区、直辖市人民政府电影行政管理部门在 20 个工作日内审批，并报广电总局备案；组建跨省院线公司的，由广电总局在 20 个工作日内审批。申报单位持电影行政管理部门出具的批准文件到所在地工商行政管理部门办理相关手续。不批准的，书面回复理由。

（3）鼓励境内公司、企业和其他经济组织（不包括外商投资企业）组建少年儿童电影发行放映院线。

①凡在省（区、市）内与 20 家以上中小学校、少年宫、儿童活动中心、影剧院、礼堂等签订电影供片协议的，可向当地省级电影行政管理部门申请，设立一条省（区、市）内少年儿童电影发行放映院线；

②凡在不同省（区、市）与 30 家以上中小学校、少年宫、儿童活动中心、影剧院、礼堂等签订电影供片协议的，可向广电总局提出申请，设立一条跨省（区、市）的少年儿童电影发行放映院线；

③组建省（区、市）内院线公司的，由所在地省、自治区、直辖市人民政府电影行政管理部门在 20 个工作日内审批，并报广电总局备案；组建跨省院线公司的，由广电总局在 20 个工作日内审批。申报单位持电影行政管理部门出具的批准文件到所在地工商行政管理部门办理相关手续。不批准的，书面回复理由。

（4）鼓励境内公司、企业和其他经济组织及个人依照《电影管理条例》在全国农村以多种方式经营电影发行、放映业务，在城市社区、学校经营电影放映业务。

（5）鼓励境内公司、企业和其他经济组织及个人投资建设、改造电影院。经营电影放映业务，须报县级以上地方电影行政管理部门批准，到所在地工商行政管理部门办理相关手续。外商投资电影院依照《外商投资电影院暂行规定》管理。

二、电影放映的管理

（1）企业、个人从事电影流动放映活动，应当将企业名称或者经营者姓名、地址、联系方式、放映设备等向经营区域所在地县级人民政府电影主管部门备案。

（2）国家加大对农村电影放映的扶持力度，由政府出资建立完善农村电影公益放映服务网络，积极引导社会资金投资农村电影放映，不断改善农村地区观看电影条件，统筹保障农村地区群众观看电影需求。

县级以上人民政府应当将农村电影公益放映纳入农村公共文化服务体系建设，按照国家有关规定对农村电影公益放映活动给予补贴。

从事农村电影公益放映活动的，不得以虚报、冒领等手段骗取农村电影公益放映补贴资金。

（3）国务院教育、电影主管部门可以共同推荐有利于未成年人健康成长的电影，并采取措施支持接受义务教育的学生免费观看，由所在学校组织安排。

国家鼓励电影院以及从事电影流动放映活动的企业、个人采取票价优惠、建设不同条件的放映厅、设立社区放映点等多种措施，为未成年人、老年人、残疾人、城镇低收入居民以及进城务工人员等观看电影提供便利；电影院以及从事电影流动放映活动的企业、个人所在地人民政府可以对其发放奖励性补贴。

（4）电影院应当合理安排由境内法人、其他组织所摄制电影的放映场次和时段，并且放映的时长不得低于年放映电影时长总和的2/3。

电影院以及从事电影流动放映活动的企业、个人应当保障电影放映质量。

（5）电影院的设施、设备以及用于流动放映的设备应当符合电影放映技术的国家标准。电影院应当按照国家有关规定安装计算机售票系统。

（6）未经权利人许可，任何人不得对正在放映的电影进行录音录像。发现进行录音录像的，电影院工作人员有权予以制止，并要求其删除；对拒不听从的，有权要求其离场。

（7）国家鼓励电影院在向观众明示的电影开始放映时间之前放映公益广告。

电影院在向观众明示的电影开始放映时间之后至电影放映结束前，不得放映广告。

（8）电影院应当遵守治安、消防、公共场所卫生等法律、行政法规，维护放映场所的公共秩序和环境卫生，保障观众的安全与健康。

任何人不得携带爆炸性、易燃性、放射性、毒害性、腐蚀性物品进入电影院等放映场所，不得非法携带枪支、弹药、管制器具进入电影院等放映场所；发现非法携带上述物品的，有关工作人员应当拒绝其进入，并向有关部门报告。

（9）电影发行企业、电影院等应当如实统计电影销售收入，提供真实准确的统计数据，不得采取制造虚假交易、虚报瞒报销售收入等不正当手段，欺骗、误导观众，扰乱电影市场秩序。

（10）在境内举办涉外电影节（展），须经国务院电影主管部门或者省、自治区、直辖市人民政府电影主管部门批准。

三、电影票房管理

电影院，是指在中华人民共和国境内依法设立的固定场所的营业性电影放映单位。电影票房管理的主要法律依据是《国家新闻出版广电总局关于加强电影市场管理规范电影票务系统使用的通知》和《电影院票务管理系统技术要求和测量方法》及国家电影专项资金管理委员会办公室制订了《电影院票务系统（软件）管理实施细则》，适用于所有在电影院安装使用的电影院票务管理系统软件和各类电影票网络代售票务软件（以下简称"票务软件"）的检测备案、销售和使用。

（一）票务软件产品市场准入制度

1. 票务软件产品备案

（1）在中国境内市场上销售、安装和使用的票务软件须符合国家新闻出版广电总局颁布的现行技术标准，并在电影资金办进行备案。

（2）电影院票务软件商申请其票务软件产品备案，须向电影资金办提交软件产品备案申请、营业执照（副本）、软件安装光盘（可供HTTP下载的软件包）、需求文档、设计文档、用户手册、服务承诺书（见附件）

及软件著作权登记文件等相关材料。

（3）电影资金办对电影院票务软件商提交的申请材料审核通过后，出具委托检测书，由总局电影技术质量检测所进行检测，检测费用由票务软件商承担。电影资金办依据软件检测报告对通过检测的票务软件予以备案，出具备案证书，并在相关网站上进行公示。

（4）电影票网络代售商申请其电影票代售软件产品备案，须向电影资金办提交网络代售软件产品备案申请、营业执照（副本）、ICP许可证、服务承诺书和软件著作权登记文件等相关材料。

（5）电影资金办对电影票网络代售商提交的申请材料审核通过后，出具委托检测书，由总局电影技术质量检测所进行检测（含自助取票机接口检测），检测费用由电影票网络代售商承担。对通过检测的电影票网络代售软件，电影资金办依据软件检测报告予以备案，并发放UsbKey硬件数字证书，以接入电影院本地票务软件系统。

（6）凡获准进入市场的电影票网络代售软件须向国家数据平台开放只读数据接口（包含选座售票原始数据以及公钥请求）。

票务软件商应对票务软件的知识产权和著作权独立承担法律责任，保证安装、使用的票务软件与通过备案的票务软件一致，杜绝篡改、伪造票务软件等违规行为的发生。

2. 票务软件产品定期审查

（1）备案的票务软件有效期为3年。无版本变化和功能修改的票务软件，在有效期满前60天内须报电影资金办进行复核，由电影资金办重新核发票务软件备案证书和UsbKey硬件数字证书。

（2）电影资金办对复核结果进行公示，对不按要求履行事先申报流程、擅自变更软件的票务软件商，取消其备案并予以公示。

3. 票务软件升级

（1）票务软件在备案有效期内，涉及现行技术标准要求的模块和功能发生改变和升级的，需向电影资金办提交版本变更备案申请，并重新检测、备案。

（2）票务软件在备案有效期内，未涉及现行技术标准要求的模块和功能发生改变和升级的，应向电影资金办提交软件安装包，以提取 MD5 关键值存入国家数据平台备案信息库。电影资金办将不定期进行抽检，以验证是否符合现行技术标准。

（3）遇技术标准发生调整，票务软件商须在规定时间内完成软件修改，重新送检备案。同时应承担对所有已安装票务软件的升级义务，完成对相关电影院票务系统软件的调试安装和培训工作。

（二）票务软件产品市场应用管理

1. 电影院安装（换装）票务软件

（1）电影院同一时期只能安装和使用一套通过备案的电影院票务软件产品。

（2）新建电影院应在国家数据平台中的公共平台进行注册，如实、完整填报电影院相关基础信息，并向省级电影主管部门提供电影院营业执照、放映许可证等材料。省级电影主管部门审核通过后，编制、发放电影院编码和 UsbKey 硬件数字证书。

（3）电影院票务软件必须安装使用 UsbKey 硬件数字证书，并确保票务软件系统时间与北京时间一致。

（4）电影院安装或换装票务软件，须向票务软件商索取票务软件产品备案证书复印件备查。

（5）电影院安装或换装票务软件后，须通过 UsbKey 硬件数字证书完成电影院编码等信息的加载，并向电影院所在地县级以上（含县级）电影主管部门提交验收申请。

（6）各地县级以上（含县级）电影主管部门收到电影院验收申请后，会同省级电影主管部门或其委托机构，对电影院所装票务软件进行验收检测，并与国家数据平台备案信息系统进行核对。对通过票务软件验收的电影院，出具安装验收确认书。

（7）电影院应确保票务软件的座位图与《电影院基础信息表》一致。

2. 电影院基础信息变更

（1）已完成注册并正常经营的电影院，如遇基础信息变更，应及时通过国家数据平台更新，并由省级电影主管部门审核确认。

（2）电影院变更院线时，应及时通过国家数据平台更新，并由电影资金办审核确认。

3. 电影院票务软件停用及注销

（1）电影院经营终止或暂停放映电影业务，须向属地县级以上（含县级）电影主管部门报告，并通过国家数据平台向省级电影主管部门提交相关材料。终止经营的电影院须交回 UsbKey 硬件数字证书。省级电影主管部门应对此类电影院 UsbKey 硬件数字证书予以停用，并报电影资金办备案。

（2）对不提交申请注销、暂停放映电影或连续未上报票房数据两个月以上的电影院，省级电影主管部门可停用 UsbKey 硬件数字证书。

（3）已终止或暂停放映电影业务的电影院重新开业，应当按照本细则有关规定重新申报，经批准后方可启用票务软件。

（4）注销后的电影院，其电影院编码予以封存，其他电影院（包含新建电影院）不得占用该电影院编码。

4. 电影院售票管理

（1）电影院票务软件中用于编排放映计划的影片名称、影片编码及影片其它基本信息，必须通过票务软件信息数据接口从国家数据平台统一下载。

（2）电影院在票务软件中编排的放映计划（包括放映影片和开场时间等）必须与实际放映相一致，所有实际放映的场次（包括会议租场中的放映）必须如实地在票务软件中编排或登记相应的放映计划。

（3）电影院须按规定使用电影院票务软件出售电影票，并按现行技术标准中规定的时间要求向国家数据平台报送票房数据。特殊情况下采取其他方式出售电影票的，须在规定的时限内将售票信息补登进入电影院票务系统（软件），并报送至国家数据平台。

(4) 电影院售出的电影票必须是通过备案许可的票务软件打印的电脑票，符合现行技术标准，标明电影院名称、影片片名、放映时间、票价、影厅名称、座位号及影票信息二维码等必要信息。电影院票务软件只能打印、出具电影票。网络代售渠道取得的电影票，其主券票面上应打印票价和网络代售费，其他费用均须单独出具票据并在电影院显著位置予以公示。

(5) 观众进场观影时，必须持经票务软件记录并打印（含符合现行技术标准并通过检测合格的自助取票机打印）的电影票入场（票务软件故障无法出票的情况除外），并且必须一人一票。各类兑换券、电影卡、通票、团体票及网络代售凭证等观影凭据，必须通过电影院票务软件记录并打印成电影票后方可进场观影。自助取票机应与电影院售票软件服务器直接连通，并安装于电影院实际经营场所范围之内。

(6) 电脑票上打印的票价必须与观众实际支付的票款、上报国家数据平台的票价一致。打印的影片片名必须与观众实际观看的影片一致。

5. 退票和补登

(1) 因停电、机器故障等原因造成正常放映无法进行的，电影院须于相应放映场次结束前，通过电影院票务软件向持票观众进行退票。当时无法通过电影院票务软件退票的，应在故障恢复后的当日如实通过国家数据平台提交退票申请。

(2) 因停电、机器故障等原因造成票务软件无法售票的（电影院正常放映业务未受此影响），电影院须使用经省级电影主管部门认可的备用票完成售票，并于 7 日内将备用票售出情况补登录入票务软件（备用票使用管理规定由各省级电影主管部门自行制订）。

(3) 特殊情况下，场次结束后的仍需要进行退票操作或超过 7 天仍需进行补登操作的，电影院须通过国家数据平台向省级电影主管部门提交申请。

(4) 省级电影主管部门收到电影院场次结束后的退票或补登请求后，于 3 个工作日内完成审核。凡审核通过的电影院，须于 48 小时内完成相关操作。48 小时内未完成相关操作的，须重新提交申请。其中：退票操作由电影资金办终审，补登操作由省级电影主管部门终审。

6. 数据上报

（1）电影院须于当日12时前向国家数据平台上报前一营业日统计数据，上报的统计数据应包含前一营业日内所有放映活动的数据，应保证及时、完整、准确。当日未放映电影的电影院，也应传送营业状态信息数据。电影院因故不能上报统计数据的，应及时报告，由省级电影主管部门核实后在国家数据平台内录入未上报原因。电影院应在故障排除后向国家数据平台补报统计数据。

（2）电影院（含电影票网络代售商）须于每次售票操作完成后的10分钟内将每张电影票的相关原始数据上报至国家数据平台。因系统、网络故障导致原始数据上报中断的，须在故障排除后补报。

7. 通知和消息

（1）电影院票务软件须接受主管部门通过国家数据平台发送的各类通知和消息，并提供相关通知和消息展现界面，以便于相关操作人员及时了解。

（2）通知和消息中附带工作任务的，电影院须按其内容要求在规定的时限内完成相应工作任务，并通过国家数据平台向发送通知和消息的主管部门反馈完成情况。

8. 数据恢复（迁移、清理）

（1）票务软件系统内的历史数据和相关日志至少应保留3年。进行票务软件数据恢复（数据迁移或数据清理），须提前24小时向电影院所在地省级电影主管部门提出申请。所在地省级电影主管部门应在国家数据平台内核对票房数据的一致性，确认完整无误后方可函告票务软件商及电影院进行数据恢复（迁移或清理）。

（2）电影院票务软件内数据毁损的，可通过国家数据平台完成票房统计数据的下载和恢复。

（四）违规行为及处理

1. 票务软件商违规行为

（1）提供虚假备案材料的；

(2) 将未经备案的票务软件提供给电影院安装使用的；

(3) 各版本票务软件抽检不符合现行技术标准的；

(4) 协助电影院安装两套（含两套）以上票务软件的；

(5) 协助电影院篡改、伪造票房数据的；

(6) 逾期未年检的；

(7) 不履行升级义务的；

(8) 其他违规行为。

2. 电影票网络代售商违规行为

(1) 提供虚假备案材料的；

(2) 协助电影院篡改、伪造票房数据的；

(3) 未将售票信息及时报送到国家数据平台的；

(4) 实际销售的票价及服务费金额与传送到电影院票务系统的数据不一致的；

(5) 通过任何形式的数据封装或数据调用等方式向其他任何第三方开放网络代售接口的，或通过其他电影票网络代售商的数据接口开展网络售票的；

(6) 使用非规范接口的自助取票机打印电影票的（打印的电影票票面内容不符合现行技术标准、所附二维码虚假等）；

(7) 在网络代售终端上（网站、移动终端等任何形式的代售界面）没有明示影票价格和网络代售费用的；

(8) 逾期未年检的；

(9) 其他违规行为。

3. 电影院违规行为

(1) 安装、使用未经备案的票务软件的；

(2) 同一时期安装和使用两套（含）以上电影院票务软件产品的；

(3) 对票务软件及相关票房数据进行改动的；

(4) 向观众出具非正规电影票的（包括手工票及经手工涂改的或票面必要信息打印不完整的电脑票）；电影院出票价格与观众支付金额不符的；

电影票上打印片名与观众实际观看影片不符或电影票上无明确影片片名的;

（5）擅自更改数据上报地址、生成上报文件路径、上报头文件等系统设置内容的；

（6）不上报票房数据又不履行相应报告程序的；

（7）偷漏瞒虚报、挪移票房，造成票务统计数据不实的；

（8）其他违规行为。

4. 罚责

（1）对违反上述有关规定、一般性的违规行为，除合同利益方依据合同对违约方追究违约责任外，还可依情节轻重，单独或同时采取以下惩戒措施：

①中国电影发行放映协会向违法违规单位提出警告，在行业内部进行通报并在行业协会网站、《中国电影报》《中国电影市场》等媒体曝光。

②中国电影发行放映协会、中国电影制片人协会联合电影制片方、发行方，在规定时间内向违法违规单位暂停所有供片。

③国家电影资金办会同省级专资办，做出取消其当年电影专项资金先征后返资格、各项资金资助、奖励资格。中国电影发行放映协会取消其参加星级影院评定的资格；对存在上述行为的星级影院予以摘牌处理。

（2）对下列严重违反国家相关法律法规的行为，由《电影放映经营许可证》的核发机构做出暂停或吊销该证的处理决定：

①使用未经备案的票务软件产品，或使用两套（含）以上票务设备或票务软件，篡改票务数据，上报票务数据严重弄虚作假，造成偷漏瞒报票房和偷税漏税的。

②在影院盗录、盗放影片，严重损害著作权人合法权益的。

③放映未取得《电影片公映许可证》的影片，或以蓝光、DVD、网络下载等非影院放映介质放映的。

（3）票务软件商销售未经备案的软件产品，或配合影院篡改票务数据、同时使用两套以上的（含两套）票务软件系统，电影资金办将取消该软件商产品备案证并予以公示,永久取消软件商的准入资格。

(4) 各电影经营单位的违法违规行为如果涉嫌触犯国家的其他法律法规,各级电影主管部门须将相关信息通报公安、财政、海关、税务等有关部门,由其依法查处。

(5) 影院违规事项未处理完毕之前,不得改签院线。各级电影主管部门在审核时,应注意违规影院通过变更企业名称、法人等方式逃避处罚的做法。

(6) 对违规票务软件商和电影院,除适用上述处理措施外,可合并或者单独进行以下处理:

①违规的票务软件商,视违规情节,由电影资金办注销其票务软件备案资格、停用 UsbKey 硬件数字证书。

②违规的电影院,由省级电影主管部门暂停电影院 UsbKey 硬件数字证书,停用时间视电影院违规情节酌定。

第四节　电影产业支持、保障

一、支持的电影内容

国家支持下列电影的创作、摄制:

(1) 传播中华优秀文化、弘扬社会主义核心价值观的重大题材电影;

(2) 促进未成年人健康成长的电影;

(3) 展现艺术创新成果、促进艺术进步的电影;

(4) 推动科学教育事业发展和科学技术普及的电影;

(5) 其他符合国家支持政策的电影。

二、支持、保障措施

(1) 国家引导相关文化产业专项资金、基金加大对电影产业的投入力度,根据不同阶段和时期电影产业的发展情况,结合财力状况和经济社会发展需要,综合考虑、统筹安排财政资金对电影产业的支持,并加强对相关资金、基金使用情况的审计。

(2) 国家实施必要的税收优惠政策，促进电影产业发展，具体办法由国务院财税主管部门依照税收法律、行政法规的规定制定。

(3) 县级以上地方人民政府应当依据人民群众需求和电影市场发展需要，将电影院建设和改造纳入国民经济和社会发展规划、土地利用总体规划和城乡规划等。县级以上地方人民政府应当按照国家有关规定，有效保障电影院用地需求，积极盘活现有电影院用地资源，支持电影院建设和改造。

(4) 国家鼓励金融机构为从事电影活动以及改善电影基础设施提供融资服务，依法开展与电影有关的知识产权质押融资业务，并通过信贷等方式支持电影产业发展。国家鼓励保险机构依法开发适应电影产业发展需要的保险产品。国家鼓励融资担保机构依法向电影产业提供融资担保，通过再担保、联合担保以及担保与保险相结合等方式分散风险。对国务院电影主管部门依照规定公告的电影的摄制，按照国家有关规定合理确定贷款期限和利率。

(5) 国家鼓励法人、其他组织通过到境外合作摄制电影等方式进行跨境投资，依法保障其对外贸易、跨境融资和投资等合理用汇需求。

(6) 国家实施电影人才扶持计划。

国家支持有条件的高等学校、中等职业学校和其他教育机构、培训机构等开设与电影相关的专业和课程，采取多种方式培养适应电影产业发展需要的人才。国家鼓励从事电影活动的法人和其他组织参与学校相关人才培养。

(7) 国家采取措施，扶持农村地区、边疆地区、贫困地区和民族地区开展电影活动。国家鼓励、支持少数民族题材电影创作，加强电影的少数民族语言文字译制工作，统筹保障民族地区群众观看电影需求。

(8) 国家对优秀电影的外语翻译制作予以支持，并综合利用外交、文化、教育等对外交流资源开展电影的境外推广活动。国家鼓励公民、法人和其他组织从事电影的境外推广。

(9) 国家鼓励社会力量以捐赠、资助等方式支持电影产业发展，并依法给予优惠。

（10）县级以上人民政府电影主管部门应当加强对电影活动的日常监督管理，受理对违反本法规定的行为的投诉、举报，并及时核实、处理、答复；将从事电影活动的单位和个人因违反本法规定受到行政处罚的情形记入信用档案，并向社会公布。

三、国家电影事业发展专项资金管理

为了规范国家电影事业发展专项资金征收使用管理，支持电影事业发展，根据《电影管理条例》的规定，财政部、国家新闻出版广电总局于2015年重新修改发布了《国家电影事业发展专项资金征收使用管理办法》。

（一）电影专项资金的性质和管理机关

1. 电影专项资金的性质

电影专项资金属于政府性基金，全额上缴中央和地方国库，纳入中央和地方政府性基金预算管理。电影专项资金的征收、使用和管理应当接受财政部门的监督检查和审计机关的审计监督。

2. 电影专项资金的管理机关及其职能

中央和省两级分别设立国家和省级电影专项资金管理委员会（以下简称管委会）。

国家管委会由新闻出版广电总局、财政部组成，负责研究提出电影专项资金管理政策和制度，提出电影专项资金使用方向、支持重点和对特殊贫困地区电影事业发展的扶持政策，审核中央分成的电影专项资金预决算，指导省级管委会相关工作，监督电影专项资金征缴和使用。

省级管委会由省级电影行政主管部门、财政部门组成，负责电影专项资金征缴管理，研究提出本地区电影专项资金管理政策和制度，提出本地区电影专项资金支持重点，审核省级分成的电影专项资金预决算。省级管委会人员组成报国家管委会备案。

国家和省级管委会办公室分别设在新闻出版广电总局和省级电影行政主管部门。国家和省级管委会办公室应配备人员，具体负责电影专项资金征收、缴库、预决算编制、账务核算、票据使用、报表报送、电影票房收入监管、业务培训等工作。

(二) 电影专项资金征收缴库

1. 收缴标准

办理工商注册登记的经营性电影放映单位，应当按其电影票房收入的5%缴纳电影专项资金。经营性电影放映单位包括对外营业出售电影票的影院、影城、影剧院、礼堂、开放俱乐部，以及环幕、穹幕、水幕、动感、立体、超大银幕等特殊形式电影院。经营性电影放映单位的电影票房收入按全国电影票务综合信息管理系统记录的数据核定。

2. 收缴时间

电影专项资金由省级管委会办公室负责按月征收。经营性电影放映单位应当于每月8日前，向省级管委会办公室申报上月电影票房收入和应缴纳的电影专项资金，并按省级管委会办公室指定的账户足额上缴资金。省级管委会办公室应当对经营性电影放映单位上缴电影专项资金情况进行审核，发现申报不实、少缴纳资金的，应当要求经营性电影放映单位限期补缴。省级管委会办公室征收电影专项资金时，应当使用省级财政部门统一印制的票据。

3. 收缴入库

电影专项资金按照4:6比例分别缴入中央和省级国库。应缴中央国库的资金，由各省级管委会办公室于每月20日前，缴入财政部为国家管委会开设的中央财政汇缴专户，并由财政部及时划转中央国库。应缴省级国库的资金，具体缴库办法按照省级财政部门的规定执行。各省级管委会要确保将中央分成的电影专项资金收入及时足额上缴中央国库，不得截留、占压或者拖延上缴。

经营性电影放映单位应当按全国电影票务综合信息管理系统的管理要求，及时、准确报送电影票房收入情况，并按规定如实申报缴纳电影专项资金。

省级管委会办公室应当核实各经营性电影放映单位全年电影票房收入，在次年2月底前完成对其全年应缴电影专项资金的汇算清缴工作，并向国家管委会办公室书面报告本地区全年电影专项资金征缴情况。

(三) 电影专项资金使用管理

(1) 电影专项资金使用范围包括。

①资助影院建设和设备更新改造；

②资助少数民族语电影译制；

③资助重点制片基地建设发展；

④奖励优秀国产影片制作、发行和放映；

⑤资助文化特色、艺术创新影片发行和放映；

⑥全国电影票务综合信息管理系统建设和维护；

⑦经财政部或省级财政部门批准用于电影事业发展的其他支出。

(2) 国家和省级管委会办公室开展电影专项资金征收管理工作所需经费，由中央和省级财政预算统筹安排。

(3) 电影专项资金纳入中央和省级政府性基金预决算管理。

国家管委会办公室应按规定编制年度电影专项资金支出预算，经新闻出版广电总局审核后报财政部，经财政部审核后，纳入中央政府性基金预算，并按程序报经批准后批复下达。国家管委会办公室应根据电影专项资金支出预算执行情况编制年度决算，经新闻出版广电总局审核，并经财政部审核批准后，纳入中央政府性基金决算。

省级管委会办公室应按规定编制年度电影专项资金支出预算，经省级电影行政主管部门审核后报省级财政部门，经省级财政部门审核后，纳入省级政府性基金预算，并按程序报经批准后批复下达。省级管委会办公室应根据电影专项资金支出预算执行情况编制年度决算，经省级电影行政主管部门审核，并经省级财政部门审核批准后，纳入省级政府性基金决算。

(4) 电影专项资金支付按照国库集中支付制度有关规定执行。国家和省级管委会办公室应当每年向社会公布电影专项资金支出情况，接受社会监督。

第五节　法律责任

《电影产业促进法》第 47 条至第 58 条详细地列出了违反《电影产业促进法》的行为及应承担的法律责任。具体内容如下：

（1）违反《电影产业促进法》规定擅自从事电影摄制、发行、放映活动的，由县级以上人民政府电影主管部门予以取缔，没收电影片和违法所得以及从事违法活动的专用工具、设备；违法所得 5 万元以上的，并处违法所得五倍以上十倍以下的罚款；没有违法所得或者违法所得不足 5 万元的，可以并处 25 万元以下的罚款。

（2）有下列情形之一的，由原发证机关吊销有关许可证、撤销有关批准或者证明文件；县级以上人民政府电影主管部门没收违法所得；违法所得 5 万元以上的，并处违法所得五倍以上 10 倍以下的罚款；没有违法所得或者违法所得不足 5 万元的，可以并处 25 万元以下的罚款：

①伪造、变造、出租、出借、买卖本法规定的许可证、批准或者证明文件，或者以其他形式非法转让本法规定的许可证、批准或者证明文件的；

②以欺骗、贿赂等不正当手段取得本法规定的许可证、批准或者证明文件的。

（3）有下列情形之一的，由原发证机关吊销许可证；县级以上人民政府电影主管部门没收电影片和违法所得；违法所得 5 万元以上的，并处违法所得 10 倍以上 20 倍以下的罚款；没有违法所得或者违法所得不足 5 万元的，可以并处 50 万元以下的罚款：

①发行、放映未取得电影公映许可证的电影的；

②取得电影公映许可证后变更电影内容，未依照规定重新取得电影公映许可证擅自发行、放映、送展的；

③提供未取得电影公映许可证的电影参加电影节（展）的。

（4）承接含有损害我国国家尊严、荣誉和利益，危害社会稳定，伤害民族感情等内容的境外电影的洗印、加工、后期制作等业务的，由县级以上人民政府电影主管部门责令停止违法活动，没收电影片和违法所得；违法所得 5 万元以上的，并处违法所得 3 倍以上 5 倍以下的罚款；没有违法所得或者违法所得不足 5 万元的，可以并处 15 万元以下的罚款。情节严重的，由电影主管部门通报工商行政管理部门，由工商行政管理部门吊销营业执照。

（5）电影发行企业、电影院等有制造虚假交易、虚报瞒报销售收入等行为，扰乱电影市场秩序的，由县级以上人民政府电影主管部门责令改正，没收违法所得，处 5 万元以上 50 万元以下的罚款；违法所得 50 万元以上的，处违法所得一倍以上 5 倍以下的罚款。情节严重的，责令停业整顿；情节特别严重的，由原发证机关吊销许可证。

电影院在向观众明示的电影开始放映时间之后至电影放映结束前放映广告的，由县级人民政府电影主管部门给予警告，责令改正；情节严重的，处 1 万元以上 5 万元以下的罚款。

（6）法人或者其他组织未经许可擅自在境内举办涉外电影节（展）的，由国务院电影主管部门或者省、自治区、直辖市人民政府电影主管部门责令停止违法活动，没收参展的电影片和违法所得；违法所得 5 万元以上的，并处违法所得 5 倍以上 10 倍以下的罚款；没有违法所得或者违法所得不足 5 万元的，可以并处 25 万元以下的罚款；情节严重的，自受到处罚之日起 5 年内不得举办涉外电影节（展）。

个人擅自在境内举办涉外电影节（展），或者擅自提供未取得电影公映许可证的电影参加电影节（展）的，由国务院电影主管部门或者省、自治区、直辖市人民政府电影主管部门责令停止违法活动，没收参展的电影片和违法所得；违法所得 5 万元以上的，并处违法所得 5 倍以上 10 倍以下的罚款；没有违法所得或者违法所得不足 5 万元的，可以并处 25 万元以下的罚款；情节严重的，自受到处罚之日起 5 年内不得从事相关电影活动。

（7）法人、其他组织或者个体工商户因违反《电影产业促进法》规定被吊销许可证的，自吊销许可证之日起 5 年内不得从事该项业务活动；其法定代表人或者主要负责人自吊销许可证之日起5年内不得担任从事电影活动的法人、其他组织的法定代表人或者主要负责人。

(8) 有下列情形之一的，依照有关法律、行政法规及国家有关规定予以处罚：

①违反国家有关规定，擅自将未取得电影公映许可证的电影制作为音像制品的；

②违反国家有关规定，擅自通过互联网、电信网、广播电视网等信息网络传播未取得电影公映许可证的电影的；

③以虚报、冒领等手段骗取农村电影公益放映补贴资金的；

④侵犯与电影有关的知识产权的；

⑤未依法接收、收集、整理、保管、移交电影档案的。

电影院有前款第四项规定行为，情节严重的，由原发证机关吊销许可证。

(9) 县级以上人民政府电影主管部门或者其他有关部门的工作人员有下列情形之一，尚不构成犯罪的，依法给予处分：

①利用职务上的便利收受他人财物或者其他好处的；

②违反《电影产业促进法》规定进行审批活动的；

③不履行监督职责的；

④发现违法行为不予查处的；

⑤贪污、挪用、截留、克扣农村电影公益放映补贴资金或者相关专项资金、基金的；

⑥其他违反《电影产业促进法》规定滥用职权、玩忽职守、徇私舞弊的情形。

(10) 违反《电影产业促进法》规定，造成人身、财产损害的，依法承担民事责任；构成犯罪的，依法追究刑事责任。

因违反《电影产业促进法》规定2年内受到2次以上行政处罚，又有依照《电影产业促进法》规定应当处罚的违法行为的，从重处罚。

(11) 县级以上人民政府电影主管部门及其工作人员应当严格依照

《电影产业促进法》规定的处罚种类和幅度，根据违法行为的性质和具体情节行使行政处罚权，具体办法由国务院电影主管部门制定。

县级以上人民政府电影主管部门对有证据证明违反《电影产业促进法》规定的行为进行查处时，可以依法查封与违法行为有关的场所、设施或者查封、扣押用于违法行为的财物。

（12）当事人对县级以上人民政府电影主管部门以及其他有关部门依照《电影产业促进法》作出的行政行为不服的，可以依法申请行政复议或者提起行政诉讼。其中，对国务院电影主管部门作出的不准予电影公映的决定不服的，应当先依法申请行政复议，对行政复议决定不服的可以提起行政诉讼。

本章思考题：

1. 根据我国《电影产业促进法》的规定，我国电影产业促进的原则有哪些？
2. 简述电影创作、摄制的"一备二审制"。
3. 根据《电影产业促进法》，简述我国电影禁止包含的内容。
4. 简述电影审查的程序及材料。
5. 谈谈对我国电影审查制度的看法。
6. 中外合作摄制电影片的概念及种类。
7. 简述聘用境外主创人员参与摄制国产影片管理规定。
8. 试述电影票房造假的治理对策。

第七章 广播电视产业法规

第一节 广播产业政策与法规现状

一、广播电视的概况

广播电视是 20 世纪人类社会的重要发明,是电力、无线电、录音、录像、收音机、电视机等一系列技术发明工业化、产业化的结果,是目前世界上覆盖面最广、用户最多、影响最大的大众传媒,世界上所有的国家都开办有广播电台,绝大多数国家都开办有电视台。经过近一世纪的努力,广播已从中波、短波调幅广播发展到中短波、调频广播、网络广播、数字多媒体广播多种形态并存;电视已从黑白、彩色电视发展到数字标准清晰度电视、数字高清晰度电视、超高清电视、3D(Three-Dimensional 的缩写,即三维立体图形)电视;传输方式已从地面无线、有线发展到卫星、互联网等多种方式。世界广播电视的发展趋势有以下特点:一是技术数字化。随着数字技术的发展,除了传统的天线、有线、卫星广播电视加快了数字化进程,还出现了网络广播、网络电视、手机电视、移动多媒体广播电视等多种数字新媒体,广播电视的接收终端日益多样化,广播电视与电信、计算机三网融合趋势更加明显,跨网络、跨平台、跨屏幕的综合服务不断发展。二是覆盖全球化。随着卫星技术、互联网技术的发展,广播电视全球覆盖已经成为现实。三是所有权集中化。随着视听服务市场竞争的加剧,广播电视媒体的相互并购增多,跨国经营和集团化发展趋势更加明显。四是节目多频道化、本地化。随着有线电视、卫星电视、数字电视的发展，人们能够听到看到的广播电视节目已从几套增加到几十套，甚至几百套，节目内容更加注重本地化，服务更加注重对象化。五是经营多元化。世界主要大型传媒集团如时代华纳、维亚康姆、新闻集团等不仅经营广播、电视，还经营报纸、杂志、广告等多种业务。国际广播电视由欧美发达国家主导的局面没有改变，欧美等发达国家引领全球广播电视的发展。

按照不同的标准，广播电视有不同的分类。按照传输渠道不同，广播电视可分为无线广播电视、有线广播电视、卫星广播电视、网络广播电视等；按照播出方式是否加密，广播电视可分为开路播出的广播电视和加密播出的广播电视；按照接收方式是否收费，广播电视可分为免费广播电视和收费广播电视；按照覆盖区域的不同，广播电视可分为国际性广播电视、全国性广播电视、区域性广播电视、社区广播电视；按照广播电视机构的不同宗旨和使命，将境外广播电视分为由政党政府、宗教团体经营的宣传服务类广播电视、由公共法人经营的公共服务类广播电视和由公司法人经营的商业服务类广播电视；我国国家统计局在《文化及相关产业分类（2012）》文件中，将广播电视分为广播电视服务和广播电视传输，前者有广播服务和电视服务之分，后者又有有线广播电视传输服务、无线广播电视传输服务和卫星传输服务。我国广播电视是党、政府和人民的喉舌，是推进我国社会主义经济建设、政治建设、文化建设、社会建设、生态建设和党的建设的强大舆论工具，是广大人民群众获取资讯信息，享受文化娱乐的主要渠道和重要方式。我国广播电视机构以宣传服务为魂，公共服务为本，商业服务为用，集宣传服务、公共服务、商业服务于一体。

二、我国广电产业立法现状

我国广电产业管理的主要法律依据以行政法规、部门规章和地方规章为主。其中行政法规有：

（1）《广播电视管理条例》（1997年国务院令第228号，2013年国务院令第645号，2017年国务院令第676号修改）

(2)《广播电视设施保护条例》(2000 年国务院令第 295 号)

(3)《卫星电视广播地面接收设施管理规定》(1993 国务院令第 129 号发布，2013 年国务院令第 638 号修订)

(4)《有线电视管理暂行办法》(1990 广播电影电视部令第 2 号发布，2011 年国务院第 588 号令修改)

(5)《卫星地面接收设施接收外国卫星传送电视节目管理办法》(1990 年国务院批准，广电部、公安部、国家安全部令第 1 号)

(6)《无线电管理条例》(1993 国务院、中央军事委员会令第 128 号发布，2016 年国务院、中央军事委员会令第 672 号修订)

(7)《电信条例》(2000 年国务院令第 291 号公布，2014 年第 653 号，2016 年国务院令第 666 号修订)

(8)《广播电台电视台播放录音制品支付报酬暂行办法》(2009 年国务院令第 566 号)

2010 年 11 月广电总局下发了《关于公布继续有效的广播影视部门规章和规范性文件目录的通知》，认定 39 个规章和 301 个规范性文件继续有效，其中部分规章和规范性文件将进一步修订完善。其中主要的部门规章有：

(1)《卫星电视广播地面接收设施管理规定》实施细则(广电部令第 11 号)

(2)《广播电影电视行政处罚程序暂行规定》(广电部令第 20 号)

(3)《广播电影电视行政复议办法》(广电总局令第 5 号)

(4)《赴国外租买频道和设台管理暂行规定》(广电总局令第 12 号)

(5)《广播电影电视立法程序规定》(广电总局令第 23 号)

(6)《国家广播电影电视总局行政许可实施检查监督暂行办法》(广电总局令第 24 号)

(7)《广播电视设备器材入网认定管理办法》(广电总局令第 25 号)

(8)《广播电视编辑记者、播音员主持人资格管理暂行规定》(广电总局令第 26 号)

(9)《境外卫星电视频道落地管理办法》(广电总局令第 27 号)

(10)《境外机构设立驻华广播电视办事机构管理规定》(广电总局令第 28 号)

(11)《广播电视站审批管理暂行规定》(广电总局令第 32 号)

(12)《广播电视节目传送业务管理办法》(广电总局令第 33 号)

(13)《广播电视节目制作经营管理规定》(广电总局令第 34 号)

(14)《广播电视视频点播业务管理办法》(广电总局令第 35 号)

(15)《城市社区有线电视系统管理暂行办法》(广电总局令第 36 号)

(16)《广播电台电视台审批管理办法》(广电总局令第 37 号)

(17)《广播影视节(展)及节目交流活动管理规定》(广电总局令第 38 号)

(18)《互联网等信息网络传播视听节目管理办法》(广电总局令第 39 号)

(19)《中外合作制作电视剧管理规定》(广电总局令第 41 号)

(20)《境外电视节目引进、播出管理规定》(广电总局令第 42 号)

(21)《广播电视无线传输覆盖网管理办法》(广电总局令第 45 号)

(22)《广播电影电视系统内部审计工作规定》(广电总局令第 46 号)

(23)《广播电影电视行业统计管理办法》(广电总局令第 47 号)

(24)《〈中外合作制作电视剧管理规定〉的补充规定》(广电总局令第 54 号)

(25)《互联网视听节目服务管理规定》(广电总局信息产业部令第 56 号)

(26)《〈中外合作制作电视剧管理规定〉的补充规定》(广电总局令第 57 号)

(27)《卫星电视广播地面接收设施安装服务暂行办法》(广电总局令第 60 号)

(28)《广播电视广告播出管理办法》(广电总局令第 61 号)

(29)《广播电视安全播出管理规定》(广电总局令第 62 号)

(30)《电视剧内容管理规定》(广电总局令第63号)

第二节 广播电台、电视台的设立

广播电台、电视台是指采编、制作并通过有线、无线、卫星或其他方式向社会公众播放广播电视节目的广播电视播出机构（含广播电视台、教育电视台、广播影视集团、总台、具备独立法人资格的广播电台、电视台分台等）。为规范广播电台、电视台管理，保障广播电视事业和产业的健康发展，规范境外机构设立驻华广播电视办事机构的管理，促进中外广播电视交流活动，根据《广播电视管理条例》，广电总局于2004年8月18日和2004年6月18日分别通过《广播电台电视台审批管理办法》和《境外机构设立驻华广播电视办事机构管理规定》，前者自2004年9月20日起施行，后者自2004年8月1日起施行。这两个规范性文件明确了我国广播电台电视台以及驻华广播电视办事机构设立的法律制度。

一、广播电台、电视台设立、合并

国家新闻出版广电总局（以下简称广电总局）负责制定全国广播电台、电视台的设立规划，确定广播电台、电视台的总量、布局和结构，负责全国广播电台、电视台的设立审批和监督管理工作。县级以上地方广播电视行政部门负责本行政区域内广播电台、电视台的管理工作。国家禁止设立外资经营、中外合资经营和中外合作经营的广播电台、电视台。

1. 申请人的资格

广播电台、电视台由县、不设区的市以上人民政府广播电视行政部门设立，其中教育电视台可以由设区的市、自治州以上人民政府教育行政部门设立。其他任何单位和个人不得设立广播电台、电视台。国家禁止设立外资经营、中外合资经营和中外合作经营的广播电台、电视台。

2. 广播电台、电视台的设立、合并

广播电台、电视台的设立、合并应当具备下列条件：

(1) 符合国家广播电视事业和产业发展规划以及相关的国家、行业标准；

(2) 有符合国家规定的广播电视专业人员、技术设备和必要的场所；

(3) 有必要的基本建设资金和稳定的资金保障；

(4) 有明确的频道定位和确定的传输覆盖范围；

(5) 传输覆盖方式和技术参数符合国家广播电视传输覆盖网规划。

审批设立广播电台、电视台，除依照前款所列条件外，还应当符合国家的广播电视建设规划和技术发展规划。

3. 申请设立、合并广播电台、电视台的材料

申请设立、合并广播电台、电视台的，须提交以下申请材料：

(1) 申请书；

(2) 可行性报告，报告应载明以下内容：

①人力资源；

②资金保障及来源；

③场地、设备；

④节目频道设置规划（含频道定位、栏目设置）；

⑤传输覆盖范围、方式和技术参数；

⑥运营规划。

(3) 拟使用的台名、台标、呼号，并附台标设计彩色样稿、创意简述和电子文稿；

(4) 本级人民政府同意设立、合并的批准文件；

(5) 筹备计划。

4. 审批机关

(1) 中央级广播电台、电视台的设立、合并和相关事项的变更，直接报广电总局审批。地方级广播电台、电视台的设立和变更，由本级广播电视行政部门向上级广播电视行政部门提出申请，逐级审核后，报广电总局审批。

教育电视台的设立、合并和相关事项的变更，由设区的市、自治州以上教育行政部门征得同级广播电视行政部门同意后，向上级教育行政部门

提出申请，逐级审核后，经国务院教育行政部门审核同意，报广电总局审批。

（2）经批准筹建的广播电台、电视台，应当按照国家规定的建设程序和广播电视技术标准进行工程建设。

（3）建成的广播电台、电视台，经国务院广播电视行政部门审查符合条件的，发给广播电台、电视台许可证。广播电台、电视台应当按照许可证载明的台名、台标、节目设置范围和节目套数等事项制作、播放节目。具体管理要求是：

①广播电台、电视台的台名、呼号等原则上应与国务院确定的行政区划名称一致。台标可以由图案、汉字、数字和字母组合而成，并与其他广播电台、电视台或其他机构已使用的标识有明显区别，播出时在屏幕左上角标出。广播电台、电视台所属节目频道的标识应以台标为主体，与频道名称或简称、序号等组合而成。

②广播电台、电视台申请变更台名、台标、呼号的，须提交以下申请材料：申请书、拟变更的台名、台标、呼号及其设计彩色样稿、创意简述和相应电子文稿。因行政区划变更而须变更台名、呼号的，须提交国务院关于变更行政区划的批准文件复印件。因其他原因变更台名、呼号的，申请书中应充分说明变更的理由。

③广播电台、电视台申请变更传输覆盖范围、方式、技术参数的，须向本级广播电视行政部门提交以下申请材料：申请书、对技术参数的使用建议、必要的设计文件或技术评估报告。申请书中应说明变更传输覆盖范围、方式、技术参数的理由及对广播电视传输覆盖网的影响。

二、广播电台、电视台上星

1. 申请主体及审批部门

副省级城市以上广播电视行政部门或经批准的广播影视集团（总台）设立的广播电台、电视台可以按照国家广播电视事业、产业建设和技术发展规划，利用卫星方式传输本台广播电视节目。

利用卫星方式传输本台广播电视节目的，应向本级广播电视行政部门提出申请，由本级广播电视行政部门经同级人民政府同意后，逐级上报，由广电总局审批。

2. 申请利用卫星方式传输本台广播电视节目的申请材料

申请利用卫星方式传输本台广播电视节目的，须提交以下申请材料：

（1）申请书；

（2）可行性报告。报告应载明以下内容：

①以卫星方式传输广播电视节目的理由；

②人力资源；

③资金保障及来源；

④场地和设备；

⑤节目频道设置规划（含频道定位、栏目设置）；

⑥运营规划。

（3）节目审查和管理制度；

（4）安全传输与播出方案、技术方案；

（5）本级人民政府批准文件；

（6）筹备计划。

三、设立广播电台、电视台分台的申请与审批

1. 广播电台、电视台设立分台的申请材料

广播电台、电视台设立分台的，须提交以下申请材料：

（1）申请书；

（2）可行性报告。报告应载明以下内容：

①人力资源；

②资金来源；

③场地、设备；

④节目频道设置规划（含频道定位、栏目设置）；

⑤传输覆盖范围、方式和技术参数。

（3）台名、台标、呼号，并附台标设计彩色样稿、创意简述和电子文稿。

2. 申请主体及审批部门

（1）副省级城市以上广播电视行政部门或经批准的广播影视集团（总台）设立的广播电台、电视台在合法存续期间，可以向本级广播电视行政部门申请在本行政区域范围内设立分台，经逐级审核后，由广电总局审查批准。

（2）广播电台、电视台设立的分台，应于开播前向所在地的广播电视行政部门备案，并接受所在地广播电视行政部门的属地管理。

四、合办广播电视频道或栏目

第一，广播电台、电视台可以跨地区合办经批准设立的广播电视频道或栏目。

第二，合办广播电视频道及栏目，应由该频道或栏目所属广播电台、电视台向本级广播电视行政部门提出申请，经逐级审核后，由广电总局审查批准。

第三，合办广播电视频道或栏目的，应提交以下申请材料：

（1）申请书；

（2）可行性报告。报告应载明以下内容：

①合办广播电视频道或栏目的理由；

②人力资源；

③资金保障及来源；

④场地、设备；

⑤节目资源及设置规划；

⑥传输覆盖范围、方式和技术参数；

⑦运营规划。

（3）合作合同。

五、证照规范

（1）广电总局对经批准设立的广播电台、电视台颁发《广播电视播出机构许可证》，并同时对批准开办的每套广播电视节目颁发《广播电视频道许可证》。《广播电视播出机构许可证》和《广播电视频道许可证》由广电总局统一印制、换发。

（2）许可证有效期为 3 年，自颁发之日起计算。期满后如需继续开办，须于有效期届满 180 日前按规定提出申请，经逐级审核同意后换发许可证。

（3）广播电台、电视台终止的，应充分说明理由，并按原设立审批程序逐级上报广电总局审批，其《广播电视播出机构许可证》及《广播电视频道许可证》由广电总局收回。

（4）广播电台、电视台应当按照批准的设立主体、台名、呼号、台标、节目设置范围、节目套数、传输覆盖范围、方式、技术参数等制作、播放节目。广播电台、电视台变更台名、节目设置范围或者节目套数，省级以上人民政府广播电视行政部门设立的广播电台、电视台或者省级以上人民政府教育行政部门设立的电视台变更台标的，应当经国务院广播电视行政部门批准。广播电台、电视台不得出租、转让播出时段。

（5）广播电台、电视台因特殊情况需要暂时停止播出的，应当经省级以上广播电视行政部门同意；未经批准，连续停止播出超过 30 日的或自广电总局批准之日起超过 180 日尚未开播的，视为终止。

（6）广播电台、电视台频道可区分为公益性频道和经营性频道两类。允许两类频道按照各自不同的特点和目标要求，从机构设置上适当分开，采用相应的组织管理方式和生产经营方式。

（7）县级广播电视台原则上不自办电视频道，其制作的当地新闻和经济类、科技类、法制类、农业类、重大活动类专题、有地方特色的文艺节目以及广告等，在本省、自治区、直辖市行政区域内公共频道预留时段中插播。

六、境外机构设立驻华广播电视办事机构

1. 境外机构设立驻华广播电视办事机构许可制度

国家对境外机构设立驻华广播电视办事机构（以下简称驻华办事机构）实行许可制度，适用于外国及香港特别行政区、澳门特别行政区和台湾地区的机构（以下简称境外机构）在华设立广播电视办事机构的活动，未经广电总局许可，不得擅自设立驻华办事机构。境外机构不得在中国境内设立广播电视代理机构或编辑部。

2. 设立条件

境外机构申请设立驻华办事机构，应当具备下列条件：

（1）申请机构在所在国（地）为合法存续的机构；

（2）申请机构对中国友好，具有良好信誉；

（3）业务范围符合中国法律、行政法规、规章的规定和申请设立的目的。

3. 申请材料

申请设立驻华办事机构，需向广电总局提交以下书面材料：

（1）申请机构法定代表人签署的申请书，内容包括：该机构简况、设立驻华办事机构的目的、驻华办事机构的名称、派驻人员（首席代表、代表）、业务范围、驻在期限、办公地址等；

（2）申请机构在所在国（地）合法存续的证明；

（3）银行出具的资信证明；

（4）由申请机构法定代表人签署的委任驻华办事机构首席代表和代表的授权书、首席代表和代表的简历及身份证件复印件。

驻华办事机构的首席代表或代表，应当是符合下列条件之一的人员：①持合法普通护照的外国公民（不含外国在中国的留学生）；②在境外已经获得长期居住资格的中国内地公民；③持有效身份证件的香港、澳门、台湾人员。

聘请②规定外的中国公民任首席代表或代表的，应当委托当地外事服务单位或中国政府指定的其他单位，根据中国有关法律法规办理申报手续。

4. 审批

（1）驻华办事机构名称应以申请机构国别（地区）+申请机构名称+在华所驻城市名+办事处的方式确定。

(2) 广电总局对提出的申请进行审查时，需要征求相关部门意见的，应征求意见并依照行政许可法规定的期限作出批准或不予批准的决定。不予批准的，应当说明理由。

(3) 批准同意的，由办事机构的首席代表向广电总局领取批准文件，持批准文件等材料到工商、公安等部门办理登记注册等相关手续后，方可开展业务活动。

(4) 驻华办事机构批准文件的有效期为3年。期满如需延期，应在有效期届满30日前向广电总局提出延期申请。

(5) 境外机构要求变更驻华办事机构的名称，更换或增加首席代表或代表，变更办事机构业务范围、驻在期限或办公地址，需由境外机构法定代表人签署申请书（变更办公地址的申请书可由办事机构首席代表签署）报广电总局批准。驻华办事机构的延期、变更申请获得批准后，持批准文件到工商、公安等行政部门办理延期、变更手续。

(6) 驻华办事机构期限届满、提前终止业务活动或境外机构申请撤销驻华办事机构的，应报原审批机关备案并办理其他注销手续。

(7) 境外机构对其驻华办事机构在中国境内的一切业务活动，承担法律责任。驻华办事机构及成员必须遵守中国的法律、法规、规章等规定，按批准的业务范围开展活动。

(8) 驻华办事机构应按要求每年向广电总局书面报告业务活动情况。对设在京外的驻华办事机构，当地省级广播电视行政部门应对其开展业务的活动进行监督管理。

第三节　广播电视节目管理

一、广播电视节目制作经营许可制度

1. 设立条件

设立广播电视节目制作经营机构或从事专题、专栏、综艺、动画片、广播剧、电视剧等广播电视节目的制作和节目版权的交易、代理交易等活

动，应当持有《广播电视节目制作经营许可证》。按照《广播电视节目制作经营管理规定》，申请《广播电视节目制作经营许可证》应当符合国家有关广播电视节目制作产业发展规划、布局和结构，并具备下列条件：

（1）具有独立法人资格，有符合国家法律、法规规定的机构名称、组织机构和章程；

（2）有适应业务范围需要的广播电视及相关专业人员、资金和工作场所，其中企业注册资金不少于300万元人民币；

（3）在申请之日前3年，其法定代表人无违法违规记录或机构无被吊销过《广播电视节目制作经营许可证》的记录；

（4）法律、行政法规规定的其他条件。

2. 申请材料

申请《广播电视节目制作经营许可证》，申请机构应当向审批机关同时提交以下材料：

（1）申请报告；

（2）广播电视节目制作经营机构章程；

（3）《广播电视节目制作经营许可证》申领表；

（4）主要人员材料：

①法定代表人身份证明（复印件）及简历；②主要管理人员（不少于3名）的广播电视及相关专业简历、业绩或曾参加相关专业培训证明等材料。

（5）注册资金或验资证明；

（6）办公场地证明；

（7）企事业单位执照或工商行政部门的企业名称核准件。

3. 审批程序

在京的中央单位及其直属机构申请《广播电视节目制作经营许可证》，报广电总局审批；其他机构申请《广播电视节目制作经营许可证》，向所在地广播电视行政部门提出申请，经逐级审核后，报省级广播电视行政部门审批。

审批机关应在收到齐备的申请材料之日起的20个工作日内做出批准或不批准的决定。对符合规定的，应为申请机构核发《广播电视节目制作经营许可证》；对不批准的，应向申请机构书面说明不予批准的理由。省级广播电视行政部门应在作出批准或不批准决定之日起的一周内，将审批情况报广电总局备案。

《广播电视节目制作经营许可证》由广电总局统一印制。有效期为两年。经批准取得《广播电视节目制作经营许可证》的企业，凭许可证到工商行政管理部门办理注册登记或业务增项手续。

已经取得《广播电视节目制作经营许可证》的机构需在其他省、自治区、直辖市设立具有独立法人资格的广播电视节目制作经营分支机构的，须按规定，向分支机构所在地的省级广播电视行政部门另行申领《广播电视节目制作经营许可证》，并向原审批机关备案；设立非独立法人资格分支机构的，无须另行申领《广播电视节目制作经营许可证》。

依法设立的广播电台、电视台制作经营广播电视节目无需另行申领《广播电视节目制作经营许可证》。

4. 《广播电视节目制作经营许可证》的规范

（1）取得《广播电视节目制作经营许可证》的机构应严格按照许可证核准的制作经营范围开展业务活动。广播电视时政新闻及同类专题、专栏等节目只能由广播电视播出机构制作，其他已取得《广播电视节目制作经营许可证》的机构不得制作时政新闻及同类专题、专栏等广播电视节目。

（2）制作重大革命和历史题材电视剧、理论文献电视专题片等广播电视节目，须按照广电总局的有关规定执行。

（3）发行、播放电视剧、动画片等广播电视节目，应取得相应的发行许可。

（4）广播电视播出机构不得播放未取得《广播电视节目制作经营许可证》的机构制作的和未取得发行许可的电视剧、动画片。

（5）禁止以任何方式涂改、租借、转让、出售和伪造《广播电视节目制作经营许可证》和《电视剧制作许可证》。

（6）《广播电视节目制作经营许可证》载明的制作机构名称、法定代表人、地址和章程等发生变更，持证机构应报原发证机关履行变更审批手续；终止广播电视节目制作经营活动的，应在一周内到原发证机关办理注销手续。

二、广播电视节目的内容管理

（1）广播电台、电视台应当按照国务院广播电视行政部门批准的节目设置范围开办节目。

（2）广播电视节目由广播电台、电视台和省级以上人民政府广播电视行政部门批准设立的广播电视节目制作经营单位制作。广播电台、电视台不得播放未取得广播电视节目制作经营许可的单位制作的广播电视节目。

（3）我国广播电视节目，不论是开路播出，还是加密播出，禁播的内容标准是统一的。根据《广播电视管理条例》第32条和《广播电视节目制作经营管理规定》第22条，广播电台、电视台应当提高广播电视节目质量，增加国产优秀节目数量，禁止制作、播放载有下列内容的节目：

①反对宪法确定的基本原则的；

②危害国家统一、主权和领土完整的；

③泄露国家秘密、危害国家安全或者损害国家荣誉和利益的；

④煽动民族仇恨、民族歧视，破坏民族团结，或者侵害民族风俗、习惯的；

⑤宣扬邪教、迷信的；

⑥扰乱社会秩序，破坏社会稳定的；

⑦宣扬淫秽、赌博、暴力或者教唆犯罪的；

⑧侮辱或者诽谤他人，侵害他人合法权益的；

⑨危害社会公德或者民族优秀文化传统的；

⑩有法律、行政法规和国家规定禁止的其他内容的。

（4）广播电台、电视台对其播放的广播电视节目内容，应当依照规定进行播前审查，重播重审。

我国对广播电视节目有两种审查制度：一种是播出机构审查，即广播电台、电视台对其播放的节目内容进行播前审查、重播重审，付费频道开办机构对付费频道的节目内容进行播前审查、重播重审，播出机构一般设有编辑委员会负责审查。第二种是政府审查，对用于广播电台、电视台播放的境外电影、电视剧，由国务院广播电视行政部门进行审查批准；用于广播电台、电视台播出的境外其他节目，由国务院广播电视行政部门或其授权机构审查批准。

（5）广播电视新闻应当真实、公正。

（6）设立电视剧制作单位，应当经国务院广播电视行政部门批准，取得电视剧制作许可证后，方可制作电视剧。电视剧的制作和播出管理办法，由国务院广播电视行政部门规定。

（7）广播电台、电视台应当使用规范的语言文字。广播电台、电视台应当推广全国通用的普通话。

（8）地方广播电台、电视台或者广播电视站，应当按照国务院广播电视行政部门的有关规定转播广播电视节目。乡、镇设立的广播电视站不得自办电视节目。

（9）广播电台、电视台应当按照节目预告播放广播电视节目；确需更换、调整原预告节目的，应当提前向公众告示。

（10）用于广播电台、电视台播放的境外电影、电视剧，必须经国务院广播电视行政部门审查批准。用于广播电台、电视台播放的境外其他广播电视节目，必须经国务院广播电视行政部门或者其授权的机构审查批准。向境外提供的广播电视节目，应当按照国家有关规定向省级以上人民政府广播电视行政部门备案。

（11）广播电台、电视台播放境外广播电视节目的时间与广播电视节目总播放时间的比例，由国务院广播电视行政部门规定。

（12）广播电台、电视台以卫星等传输方式进口、转播境外广播电视节目，必须经国务院广播电视行政部门批准。

（13）广播电台、电视台播放广告，不得超过国务院广播电视行政部门规定的时间。广播电台、电视台应当播放公益性广告。

（14）国务院广播电视行政部门在特殊情况下，可以作出停止播出、更换特定节目或者指定转播特定节目的决定。

（15）教育电视台应当按照国家有关规定播放各类教育教学节目，不得播放与教学内容无关的电影、电视片。

（16）举办国际性、全国性的广播电视节目交流、交易活动，应当经国务院广播电视行政部门批准，并由指定的单位承办。举办区域性广播电视节目交流、交易活动，应当经举办地的省、自治区、直辖市人民政府广播电视行政部门批准，并由指定的单位承办。未经批准，任何单位和个人不得举办广播电视节目的交流、交易活动。

（17）对享有著作权的广播电视节目的播放和使用，依照《中华人民共和国著作权法》的规定办理。

三、境外电视节目引进、播出管理制度

1. 境外电视节目的概念

境外电视节目是指供电视台播出的境外电影、电视剧（电视动画片）（以下称境外影视剧）及教育、科学、文化等其他各类电视节目（以下称其他境外电视节目）。

时事性新闻节目不得引进。未经广电总局和受其委托的广播电视行政部门审批的境外电视节目，不得引进、播出。

2. 管理权限分工

广电总局负责境外影视剧引进和以卫星传送方式引进境外其他电视节目的审批工作。省级广播电视行政部门受广电总局委托，负责本辖区内境外影视剧引进的初审工作和其他境外电视节目引进的审批和播出监管工作。地（市）级广播电视行政部门负责本辖区内播出境外电视节目的监管工作。

3. 引进境外影视剧和以卫星传送方式引进其他境外电视节目的规范

（1）引进境外影视剧和以卫星传送方式引进其他境外电视节目，由广电总局指定的单位申报，由引进单位向省级广播电视行政部门提出申请。

（2）广电总局对引进境外影视剧的总量、题材和产地等进行调控和规划。引进境外影视剧和以卫星传送方式引进其他境外电视节目，应符合广电总局的总体规划和对内容管理的要求。

（3）申请引进境外影视剧，应提交下列材料：

①《引进境外影视剧申请表》(申请表由广电总局统一制定,省级广播电视行政部门凭样本印制使用);

②引进合同（中外文）；

③版权证明（中外文）；

④具备完整的图像、声音、时码的大 1/2 录像带 1 套；

⑤每集不少于 300 字的剧情梗概；

⑥与样带字幕一致的片头、片尾中外文字幕。

(4) 申请以卫星传送方式引进其他境外电视节目,应提交下列材料：

①《引进其他境外电视节目申请表》（申请表由广电总局统一制定,省级广播电视行政部门凭样本印制使用);

②引进合同（中外文）；

③版权证明。

(5) 审批程序。

引进境外影视剧和以卫星传送方式引进其他境外电视节目的,省级广播电视行政部门正式受理申请后,应在行政许可法规定的期限内作出详细、明确的初审意见,报广电总局审查批准。

广电总局正式受理申请后,在行政许可法规定的期限内作出同意或不同意引进的行政许可决定。其中,引进境外影视剧的审查需要另行组织专家评审,评审时间为 30 日。同意引进的,发给《电视剧（电视动画片）发行许可证》或同意以卫星传送方式引进其他境外电视节目的批复；不同意引进的,应当书面通知引进单位并说明理由。

同意以卫星传送方式引进其他境外电视节目的,引进单位凭广电总局批复办理《接收卫星传送的电视节目许可证》等相关手续。

地（市）级电视台、省级电视台申请引进其他境外电视节目,报省级广播电视行政部门审查批准；题材涉及重大、敏感内容的,由省级广播电视行政部门报广电总局审批。

4. 引进其他境外电视节目的规范

应提交下列申请材料：

(1)《引进其他境外电视节目申请表》(申请表由广电总局统一制定,地(市)级以上广播电视行政部门凭样本印制使用);

(2) 引进单位对节目内容的审查意见;

(3) 引进合同(中外文);

(4) 版权证明。

省级广播电视行政部门正式受理申请后,应在行政许可法规定的期限内作出行政许可决定。同意引进的,发给相关的批准文件;不同意引进的,应当书面通知送审单位并说明理由。

5. 引进境外电视节目的内容管理

引进境外电视节目应严格把握导向和格调,确保内容健康、制作精良。

境外电视节目中不得含有《广播电视管理条例》第32条和《广播电视节目制作经营管理规定》第22条禁止的内容。

6. 省级广播电视行政部门应于每季度第一周将上季度本辖区引进其他境外电视节目的情况报广电总局备案

7. 经批准引进的其他境外电视节目,应当重新包装、编辑,不得直接作为栏目在固定时段播出

节目中不得出现境外频道台标或相关文字的画面,不得出现宣传境外媒体频道的广告等类似内容。

8. 电视台播出境外影视剧,应在片头标明发行许可证编号

各电视频道每天播出的境外影视剧,不得超过该频道当天影视剧总播出时间的25%;每天播出的其他境外电视节目,不得超过该频道当天总播出时间的15%。未经广电总局批准,不得在黄金时段(19:00~22:00)播出境外影视剧。

第四节　广播电视播出管理制度

一、广播电视节目传送业务经营的许可制度

国家对广播电视节目传送业务实行许可制度,无论利用有线还是无线

方式从事广播电视节目传送业务，均需得到主管部门的批准，取得相应许可证才可开展业务。

（一）可以申请许可证的主体

（1）经广电总局批准设立的广播电视播出机构；

（2）经广电总局批准设立的广播影视集团（总台）及所属机构；

（3）拥有有线广播电视网络经营权的国有或国有控股机构。

（二）利用有线方式从事广播电视节目传送业务的许可证

利用有线方式从事广播电视节目传输和接入服务的活动需要遵守《广播电视节目传送业务管理办法》的规定，取得《广播电视节目传送业务经营许可证》。

1. 申请条件

申请《广播电视节目传送业务经营许可证》，应当具备以下条件：

（1）符合国家广播电视节目传送业务总体规划和业务要求；

（2）具有确保广播电视节目安全传送所需的设备、资金、技术、人员及相关管理制度；

（3）资费标准符合国家有关规定；

（4）有从事经营活动的场所及相应网络资源；

（5）有长期提供传送服务的信誉和能力；

（6）有合法的广播电视节目信号来源；

（7）其他法律、行政法规规定的条件。

2. 提交材料

申请《广播电视节目传送业务经营许可证》，须提交以下材料：

（1）有线电视网络建设及覆盖情况、传送内容（应写明具体频道、节目名称）、传送范围、技术手段（数字传输或模拟传输）、传送方式（节目传输或接入服务）等内容的说明；

（2）申办机构基本情况。申办机构为企业单位的，应提供企业章程、验资报告、营业执照、股东背景情况的说明，事业单位应提供事业单位法人代码证；

（3）《广播电视节目传送业务经营许可证》申请表；

（4）从事广播电视节目传送业务的技术方案、运营方案、管理制度；

（5）人员、设备、场所的证明资料（包括法定代表人或主要负责人及主要业务管理人员、专业技术人员的资格证明和身份证明文件、工作场所使用权证明文件）；

（6）广播电视节目安全传送方案；

（7）广播电视节目信号来源证明。

3. 审批程序

申请利用有线方式在省级行政区域内或跨省（市）从事广播电视节目传送业务的，应向地（市）级以上广播电视行政部门提出申请，并提交符合本办法第9条规定的申报材料，经逐级审核，报广电总局审批。符合条件的，广电总局予以颁发《广播电视节目传送业务经营许可证》。

申请利用有线方式在同一地（市）行政区域内从事广播电视节目传送业务的，应向县级以上广播电视行政部门提出申请，经逐级审核，报省级广播电视行政部门审批。符合条件的，省级广播电视行政部门予以颁发《广播电视节目传送业务经营许可证》。

在同一省（市）内两个以上地（市）级行政区域经营广播电视节目传送业务的，视为在省级行政区域内经营广播电视节目传送业务，依照规定报广电总局审批。

《广播电视节目传送业务经营许可证》包含传送内容、传送范围、技术手段、传送方式等事项。持证机构应当按照许可证载明的事项从事广播电视节目传送业务。

持证机构变更许可证事项、注册资本、股东、持股比例及停止从事广播电视节目传送业务，应提前60日报原发证机关批准。国家对停止从事传送业务有其他规定的，还应当按照有关规定执行。

持证机构营业场所、法定代表人等重要事项发生变更的，应在30日内书面告知原发证机关。

持证机构为广播电视播出机构、广播电视节目制作经营机构传送节目素材的，不须另行申请变更许可证事项。

（三）利用无线方式从事广播电视节目传送业务的许可证

广播电视无线传输覆盖网（以下简称无线传输覆盖网）包括广播电视发射台、转播台、差转台、收转台（站）、微波站、节目传送台（站）、广播电视卫星、卫星地球站、监测台（站）等部分。广播电视无线传输覆盖业务是指利用无线传输覆盖网传送广播电视节目信号的活动。国家对广播电视无线传输覆盖业务、使用广播电视频率、购买无线广播电视发射设备以及迁建无线广播电视设施实行许可制度。利用地面无线、微波、卫星等方式从事广播电视节目传输覆盖业务的，须按《广播电视无线传输覆盖网管理办法》领取《广播电视节目传送业务经营许可证（无线）》。许可证有效期为 4 年。有效期届满需继续开展业务的，应于届满前 6 个月按规定的审批程序办理手续。

《广播电视节目传送业务经营许可证（无线）》应当包含实施传输覆盖业务的方式、主体、传输覆盖的节目内容、传输覆盖的范围、技术手段、工作频段等内容。持证单位应当按照许可证载明的事项从事广播电视无线传输覆盖业务。

为保证广播电视传输安全，广电总局指定国有广播电视机构根据广播电视卫星传输覆盖的总体规划，统一代理用于传输广播电视节目的卫星转发器租用或使用事宜。任何未取得《广播电视节目传送业务经营许可证（无线）》的单位不得擅自租用或使用卫星转发器传输广播电视节目。为保证广播电视节目传输安全，广电总局可以要求更换或关闭传输广播电视节目的卫星转发器。

1. 申请条件

申请《广播电视节目传送业务经营许可证（无线）》的，应当具备以下条件：

（1）具有独立的法人资格；

（2）符合广播电视无线传输覆盖网的总体规划和业务要求；

（3）具有必要的设计文件或技术评估报告和基本建设资金、稳定的经费保障；

（4）有必要的工作场所，工作环境安全可靠；

（5）如申请地面无线广播电视传输覆盖业务，还应符合地面广播电视覆盖网的技术规划要求；

（6）传输的广播电视节目信号来源合法。

2. 申请材料

（1）申请《广播电视节目传送业务经营许可证（无线）》的，应当提供以下文件：

①申办机构的基本情况、法人资格复印件；

②广播电视传输覆盖业务申请表；

③拟采用的传输覆盖方式、范围、服务区域和节目内容；

④技术方案和技术安全保障机制；

⑤资金保障及来源；

⑥合法广播电视节目信号来源、传输方式、传输范围的证明；

⑦本级人民政府同意开展业务的文件。

（2）申请经营国内广播电视节目卫星传送业务的，还应提供下列文件：

①合法广播电视节目来源、传输方式、传输范围的证明；

②确保广播电视传输安全的技术措施和应急预案；

③卫星的轨道位置、转发器编号、极化方式、符号率、频率以及入网测试情况；

④安全播出、运行维护制度；

⑤专业技术人员和设备情况；

⑥经费保障情况、工作环境情况。

开展广播电视节目卫星传输业务的，应当向省级以上广播电视行政部门提出书面申请，经审核后，报广电总局审批，领取《广播电视节目传送业务经营许可证（无线）》。

3. 需申请许可证的广播类业务

下列业务，由申请单位向所在地县级以上广播电视行政部门提出书面申请，经逐级审核后，报广电总局审批，领取《广播电视节目传送业务经营许可证（无线）》：

（1）中、短波广播；

（2）调频、电视广播［使用发射机标称功率50瓦（不含）以上发射设备］；

（3）调频同步广播；

（4）地面数字声音广播和电视广播；

（5）多工广播；

（6）利用微波传输广播电视节目且覆盖区域涉及两个（含）省（自治区、直辖市）以上的。

4. 可以由省级广电行政部门审批的业务

广电总局委托省级广播电视行政部门审批以下业务，申请单位应向所在地县级以上广播电视行政部门提出书面申请，经逐级审核后，报请省级广播电视行政部门领取《广播电视节目传送业务经营许可证（无线）》：

（1）申请利用微波传输广播电视节目且覆盖区域在本省（自治区、直辖市）范围内的；

（2）使用小功率调频、电视发射设备［发射机标称功率50瓦（含）以下］进行广播的。

二、广播电视传输覆盖网

（1）广播电视传输覆盖网，由广播电视发射台、转播台（包括差转台、收转台，下同）、广播电视卫星、卫星上行站、卫星收转站、微波站、监测台（站）及有线广播电视传输覆盖网等构成。国务院广播电视行政部门应当对全国广播电视传输覆盖网按照国家的统一标准实行统一规划，并实行分级建设和开发。县级以上地方人民政府广播电视行政部门应当按照国家有关规定，组建和管理本行政区域内的广播电视传输覆盖网。组建广播电视传输覆盖网，包括充分利用国家现有的公用通信等各种网络资源，应当确保广播电视节目传输质量和畅通。

（2）国务院广播电视行政部门负责指配广播电视专用频段的频率，并核发频率专用指配证明。设立广播电视发射台、转播台、微波站、卫星上行站，应当按照国家有关规定，持国务院广播电视行政部门核发的频率专用指配证明，向国家的或者省、自治区、直辖市的无线电管理机构办理审批手续，领取无线电台执照。

（3）广播电视发射台、转播台应当按照国务院广播电视行政部门的有关规定发射、转播广播电视节目。广播电视发射台、转播台经核准使用的频率、频段不得出租、转让，已经批准的各项技术参数不得擅自变更。

（4）广播电视发射台、转播台不得擅自播放自办节目和插播广告。

（5）广播电视传输覆盖网的工程选址、设计、施工、安装，应当按照国家有关规定办理，并由依法取得相应资格证书的单位承担。

广播电视传输覆盖网的工程建设和使用的广播电视技术设备，应当符合国家标准、行业标准。工程竣工后，由广播电视行政部门组织验收，验收合格的，方可投入使用。

（6）区域性有线广播电视传输覆盖网，由县级以上地方人民政府广播电视行政部门设立和管理。区域性有线广播电视传输覆盖网的规划、建设方案，由县级人民政府或者设区的市、自治州人民政府的广播电视行政部门报省、自治区、直辖市人民政府广播电视行政部门批准后实施，或者由省、自治区、直辖市人民政府广播电视行政部门报国务院广播电视行政部门批准后实施。同一行政区域只能设立一个区域性有线广播电视传输覆盖网。有线电视站应当按照规划与区域性有线电视传输覆盖网联网。

（7）未经批准，任何单位和个人不得擅自利用有线广播电视传输覆盖网播放节目。

（8）传输广播电视节目的卫星空间段资源的管理和使用，应当符合国家有关规定。广播电台、电视台利用卫星方式传输广播电视节目，应当符合国家规定的条件，并经国务院广播电视行政部门审核批准。

（9）安装和使用卫星广播电视地面接收设施，应当按照国家有关规定向省、自治区、直辖市人民政府广播电视行政部门申领许可证。进口境外卫星广播电视节目解码器、解压器及其他卫星广播电视地面接收设施，应当经国务院广播电视行政部门审查同意。

（10）禁止任何单位和个人侵占、哄抢或者以其他方式破坏广播电视传输覆盖网的设施。

（11）任何单位和个人不得侵占、干扰广播电视专用频率，不得擅自截传、干扰、解扰广播电视信号。

（12）县级以上人民政府广播电视行政部门应当采取卫星传送、无线转播、有线广播、有线电视等多种方式，提高农村广播电视覆盖率。

三、广播电视节目传送管理

（1）从事广播电视节目传送业务的机构应当在许可证规定的传输覆盖范围内传送频道节目。

（2）广播电视播出机构不得通过未获得广播电视节目传送业务许可的机构传送其节目信号。

（3）从事广播电视节目传送业务的机构不得利用所拥有的网络或频率资源擅自开办广播电视节目，不得为非法开办的节目以及来源非法的广播电视节目信号提供传送服务，不得擅自传送境外卫星电视节目。

（4）禁止传送含有《广播电视管理条例》第32条和《广播电视节目制作经营管理规定》第22条所禁止内容的广播电视节目信号。

（5）从事广播电视节目传送业务的机构不得在所传送的节目中插播其他节目、数据、图像、文字及其他信息。

（6）从事接入服务的持证机构，在有线电视网络停止模拟电视信号播出前，应当在模拟频道中完整传送广电总局规定必须传送的广播电视节目。

（7）从事接入服务的持证机构应当提供长期、稳定的服务。

（8）从事广播电视节目传送业务的机构应当向广播电视行政部门设立的监测机构提供所传送节目的完整信号，不得干扰、阻碍监测活动。

四、广播电视安全播出管理

(一) 法律依据

安全播出,指在广播电视节目播出、传输过程中的节目完整、信号安全和技术安全。其中,节目完整是指安全播出责任单位完整并准确地播出、传输预定的广播电视节目;信号安全指承载广播电视节目的电、光信号不间断、高质量;技术安全指广播电视播出、传输、覆盖及相关活动参与人员的人身安全和广播电视设施安全。

为了加强广播电视安全播出管理,保障广播电视信号安全优质播出,维护用户收听收看广播电视的权益,依据《广播电视管理条例》《广播电视设施保护条例》,广电总局制定出台了《广播电视安全播出管理规定》并自2010年2月6日起施行,适用于广播电视播出、传输、覆盖等业务的单位(以下简称安全播出责任单位)为保障安全播出开展的技术维护、运行管理、应急处置及其他相关活动。

国务院广播影视行政部门负责全国广播电视安全播出监督管理工作。县级以上地方人民政府广播影视行政部门负责本行政区域内的广播电视安全播出监督管理工作。广播电视安全播出工作应当坚持不间断、高质量、既经济、又安全的方针。任何组织、个人不得实施干扰广播电视信号、危害广播电视安全播出的行为。广播电视安全播出实行分类分级保障制度。安全播出责任单位应当符合《广播电视安全播出管理规定》和国务院广播影视行政部门关于广播电视安全播出的有关要求;不符合的,不得从事广播电视播出、传输、覆盖活动。

(二) 基本保障

安全播出责任单位应当建立健全安全播出技术维护和运行管理的机构,合理配备工作岗位和人员,并将其他涉及安全播出的部门和人员纳入安全播出管理,落实安全播出责任制。

1. 安全播出责任单位的安全播出人员管理,应当符合下列规定

(1) 参与节目播出或者技术系统运行维护的人员,应当具有相应的专

业技能，并通过岗位培训和考核；

（2）新系统、新设备投入使用前，应当对相关人员进行培训；

（3）特种作业人员应当按照国务院广播影视行政部门的规定或者其他国家有关规定取得相应资格证书。

2. 安全播出责任单位的技术系统配置

技术系统，指与广播电视安全播出有关的系统、设备、线路及其附属设施的统称。包括：广播电视播出、传输、发射系统以及相关监测、监控系统，相关供配电系统，相关附属设施（含机房以及机房内空调、消防、防雷接地、光电缆所在杆路、管道、天线所在桅塔等）。

安全播出责任单位的技术系统配置，应当符合下列规定：

（1）符合国家、行业相关技术规范和国务院广播影视行政部门规定的分级配置要求；

（2）针对播出系统特点采取相应的防范干扰、插播等恶意破坏的技术措施；

（3）采用录音、录像或者保存技术监测信息等方式对本单位播出、传输、发射的节目信号的质量和效果进行记录。记录方式应当符合省、自治区、直辖市以上人民政府广播影视行政部门的有关规定，记录信息应当保存一周以上；

（4）使用依法取得广播电视设备器材入网认定的设备、器材和软件，并建立设备更新机制，提高设备运行可靠性；

（5）省级以上广播电台、电视台、卫星地球站应当配置完整、有效的容灾系统，保证特殊情况下主要节目安全播出。

安全播出责任单位应当建立健全技术维护、运行管理等安全播出管理制度，保障技术系统运行维护、更新改造和安全防范等安全播出所需经费。

（三）日常管理

1. 安全播出责任单位的广播电视节目源管理，应当符合下列规定

（1）广播电台、电视台在节目制作、节目播出编排、节目交接等环节

应当执行复核复审、重播重审制度，避免节目错播、空播，并保证节目制作技术质量符合国家、行业相关标准；

（2）广播电台、电视台直播节目应当具备必要的延时手段和应急措施，加强对节目的监听监看，监督参与直播的人员遵守直播管理制度和技术设备操作规范；

（3）从事广播电视传输、覆盖业务的安全播出责任单位应当使用专用信道完整传输必转的广播电视节目；

（4）不得擅自接入、传送、播出境外广播电视节目；

（5）发现广播电视节目中含有法律、行政法规禁止的内容的，应当立即采取措施予以消除或者停止播出、传输、覆盖，保存有关记录，并向广播影视行政部门报告。

2. 新建、扩建或者更新改造广播电视技术系统的管理

对新建、扩建或者更新改造广播电视技术系统的工程项目，安全播出责任单位在实施前应当组织相关专家或者委托专业评估机构对技术方案进行安全播出评估；在工程项目完工后应当组织验收，并向广播影视行政部门报告验收情况。新建广播电视技术系统投入使用前，试运行时间不得少于一个月。

新建广播电视播出、传输、发射系统需要试播的，安全播出责任单位应当报请省、自治区、直辖市以上人民政府广播影视行政部门批准。申请材料应当包括申请书、播出保障方案等内容。试播期不得超过六个月。对安全播出责任单位试播期间的安全播出工作评价纳入广播电视安全播出考核，但非责任性停播事故除外。

3. 安全播出责任单位的技术系统运行管理，应当符合下列规定

（1）按照省、自治区、直辖市以上人民政府广播影视行政部门批准的节目、传输方式、覆盖范围以及相关技术参数播出、传输、发射广播电视信号，未经批准不得擅自停止或者变更服务；

（2）播出质量、技术运行指标符合国家、行业有关标准；

（3）制定完善的安全播出保障方案和播出、运行工作流程，安全播出

保障方案应当报广播影视行政部门备案；

（4）对主要播出环节的信号进行监听监看，对设备运行状态进行监控，及时发现并处置播出故障；

（5）广播电视重点时段和重要节目播出期间，在人员、设施等方面给予保障，做好重点区域、重点部位的防范和应急准备；

（6）定期对安全播出风险进行自评估。

4. 安全播出责任单位的技术系统维护管理，应当符合下列规定

（1）遵守国家、行业有关标准，建立健全维护管理制度；

（2）安全播出责任单位之间、播出环节之间做到维护界限清晰、责任明确；

（3）安全播出责任单位委托其他单位承担技术维护或者播出运行工作的，应当选择具备相应技术实力的单位，并与其签订委托协议。

5. 广播电视技术系统的检修、施工管理，应当符合下列规定

（1）对技术系统定期进行例行检修，例行检修需要停播（传）广播电视节目的，应当将停播（传）时间报省、自治区、直辖市以上人民政府广播影视行政部门备案；

（2）在例行检修时间之外临时停播（传）广播电视节目进行检修、施工的，应当按照国务院广播影视行政部门的有关规定报请批准；

（3）更新改造在播系统、设备、线路及其附属设施，应当制定工程施工方案和应急预案，与施工单位签订安全协议，落实安全措施。

6. 广播电视安全播出事故管理，应当符合下列规定

（1）广播电视安全播出事故分为责任事故、技术事故、其他事故三类，事故级别分为特大、重大和一般三级；

（2）安全播出责任单位发生特大、重大事故后，应当立即向省、自治区、直辖市以上人民政府广播影视行政部门报告；

（3）特大安全播出事故由国务院广播影视行政部门组织事故调查，重大事故由省、自治区、直辖市以上人民政府广播影视行政部门组织事故调查；

（4）发生安全播出事故的，安全播出责任单位的上级主管部门应当根据调查结果依法予以处理。

（四）重要保障期管理

（1）安全播出重要保障期的规定权限。全国安全播出重要保障期由国务院广播影视行政部门规定，地方安全播出重要保障期由县级以上地方人民政府广播影视行政部门规定。重要保障期确定后，广播影视行政部门应当及时告知安全播出责任单位。

（2）重要保障期前，安全播出责任单位应当制定重要保障期预案，做好动员部署、安全防范和技术准备。

（3）重要保障期间，安全播出责任单位应当全面落实重要保障期预案的措施、要求，加强值班和监测，并做好应急准备。重要节目和重点时段，主管领导应当现场指挥。广播影视行政部门应当对安全播出责任单位在重要保障期的各项工作加强监督、检查。

（4）重要保障期间，安全播出责任单位不得进行例行检修或者有可能影响安全播出的施工；因排除故障等特殊情况必须检修并可能造成广播电视节目停播（传）的，应当报省、自治区、直辖市以上人民政府广播影视行政部门批准。

（5）因重要保障期取消例行检修时段的，广播电台、电视台应当提前做好节目安排和节目单核查，避免造成节目空播。

（五）应急管理

（1）紧急状态，指发生安全播出特大、重大安全播出突发事件，需要立即启动应急预案尽快恢复播出或者消除外部威胁对安全播出的影响时的状态。广播影视行政部门对本行政区域内广播电视安全播出突发事件应急管理工作负责。安全播出责任单位负责本单位安全播出突发事件的应急处置工作，并服从广播影视行政部门的统一管理。

（2）广播电视安全播出突发事件分为破坏侵扰事件、自然灾害事件、技术安全事件、其他事件四类；突发事件级别分为特别重大（特大）、重大、较大三级。

发生安全播出突发事件时，安全播出责任单位应当遵循下列处置原则：

①播出、传输、发射、接收的广播电视节目信号受到侵扰或者发现异常信号时，应当立即切断异常信号传播，并在可能的情况下倒换正常信号；

②发现无线信号受到干扰时，应当立即报请所在地人民政府无线电管理部门排查干扰；

③发生危及人身安全或者设施安全的突发事件时，应当在保证人身安全、设施安全的情况下，采取措施尽快恢复播出；

④恢复节目信号播出时，应当遵循"先中央、后地方；先公益、后付费"的原则。

(3) 安全播出责任单位应当根据安全播出突发事件的分类、级别和处置原则，制定和适时修订应急预案，定期组织演练，并将预案报广播影视行政部门备案。同时应当投入必要的资金用于应急资源储备和维护更新，应急资源储备目录、维护更新情况应当报广播影视行政部门备案。在紧急状态下，安全播出责任单位应当服从广播影视行政部门对应急资源的统一调配，确保重要节目安全播出。

(六) 监督管理

(1) 广播影视行政部门履行下列广播电视安全播出监督管理职责：

①组织制定并实施运行维护规程及安全播出相关的技术标准、管理规范；

②对本行政区域内安全播出情况进行监督、检查，对发现的安全播出事故隐患，督促安全播出责任单位予以消除；

③组织对特大、重大安全播出事故的调查并依法处理；

④建立健全监测机制，掌握本行政区域内节目播出、传输、覆盖情况，发现和快速通报播出异态；

⑤建立健全指挥调度机制，保证安全播出责任单位和相关部门的协调配合；

⑥组织安全播出考核,并根据结果对安全播出责任单位予以奖励或者批评。

(2) 广播影视行政部门设立的广播电视监测、指挥调度机构,按照广播影视行政部门的要求,负责广播电视信号监测、安全播出保障体系建设、安全播出风险评估等安全播出日常管理以及应急指挥调度的具体工作。

(3) 广播电视监测、指挥调度机构应当安排专人24小时值班,了解与安全播出有关的突发事件,及时向广播影视行政部门报告;建立健全技术监测系统,避免漏监、错监;建立健全指挥调度系统,保证快速、准确发布预警和调度指令。

(4) 安全播出责任单位应当按照广播影视行政部门的规定,积极配合广播电视监测、指挥调度机构的工作,向其如实提供节目信号及相关信息。

(5) 广播影视行政部门应当建立广播电视安全播出举报制度,公布举报电话、信箱或者电子邮件地址;任何组织、个人有权对违反安全播出管理的行为进行举报。广播影视行政部门受理有关安全播出的举报,应当进行记录;经调查核实的,应当通知有关安全播出责任单位并督促其整改。

第五节 电视剧管理

一、电视剧管理的政策文件

为贯彻落实《中共中央关于繁荣发展社会主义文艺的意见》,推出更多思想精深、艺术精湛、制作精良的优秀电视剧,丰富人民群众精神文化生活,2017年9月4日国家新闻出版广电总局、发展改革委、财政部、商务部、人力资源和社会保障部五部委联合下发了《关于支持电视剧繁荣发展若干政策的通知》(以下简称《通知》),指导电视剧繁荣发展。《通知》分为14条,包括:加强电视剧创作规划;加强电视剧剧本扶持;建立和完善科学合理的电视剧投入、分配机制;完善电视剧播出结构;规范电视剧收视调查和管理；统筹电视剧、网络剧管理；支持优秀电视剧"走出去"；加强电视剧人才培养；保障电视剧从业人员社会保障权益；明确新的文艺群体职称评审渠道；加强电视剧宣传评介；完善支持电视剧发展的财政投入机制；引导规范社会资本支持电视剧繁荣发展；加强组织领导。为贯彻该通知的内容，2017年9月22日，中国广播电影电视社会组织联合会电视制片委员会、中国广播电影电视社会组织联合会演员委员会、中国电视剧制作产业协会、中国网络视听节目服务协会联合发布了《关于电视剧网络剧制作成本配置比例的意见》。该意见规定：①各会员单位及影视制作机构要把演员片酬比例限定在合理的制作成本范围内，全部演员的总片酬不超过制作总成本的40%，其中，主要演员不超过总片酬的70%，其他演员不低于总片酬的30%。②如果出现全部演员总片酬超过制作总成本40%的情况，制作机构需向所属协会（中广联制片委员会、电视剧制作产业协会或中国网络视听节目服务协会）及中广联演员委员会进行备案并说明情况。

二、电视剧内容管理

为了规范电视剧内容管理工作，繁荣电视剧创作，促进电视剧产业的健康发展，根据《广播电视管理条例》，制定《电视剧内容管理规定》，自2010年7月1日起施行。从事电视剧内容的制作、发行、播出活动，均适用该规定。

（一）电视剧的范围及基本要求

1. 电视剧的范围

电视剧是指：

（1）用于境内电视台播出或者境内外发行的电视剧（含电视动画片），包括国产电视剧（以下简称国产剧）和与境外机构联合制作的电视剧（以下简称合拍剧）；

（2）用于境内电视台播出的境外引进电视剧（含电视动画片、电影故事片，以下简称引进剧）。

2. 电视剧的原则

电视剧内容的制作、播出应当坚持为人民服务、为社会主义服务的方向和百花齐放、百家争鸣的方针,坚持贴近实际、贴近生活、贴近群众,坚持社会效益第一、社会效益与经济效益相结合的原则,确保正确的文艺导向。

3. 电视剧禁止的内容

根据《电视剧内容管理规定》第 5 条,电视剧不得载有下列内容:

(1) 违反宪法确定的基本原则,煽动抗拒或者破坏宪法、法律、行政法规和规章实施的;

(2) 危害国家统一、主权和领土完整的;

(3) 泄露国家秘密,危害国家安全,损害国家荣誉和利益的;

(4) 煽动民族仇恨、民族歧视,侵害民族风俗习惯,伤害民族感情,破坏民族团结的;

(5) 违背国家宗教政策,宣扬宗教极端主义和邪教、迷信,歧视、侮辱宗教信仰的;

(6) 扰乱社会秩序,破坏社会稳定的;

(7) 宣扬淫秽、赌博、暴力、恐怖、吸毒,教唆犯罪或者传授犯罪方法的;

(8) 侮辱、诽谤他人的;

(9) 危害社会公德或者民族优秀文化传统的;

(10) 侵害未成年人合法权益或者有害未成年人身心健康的;

(11) 法律、行政法规和规章禁止的其他内容。

国务院广播影视行政部门依据前款规定,制定电视剧内容管理的具体标准。

4. 管理分工

国务院广播影视行政部门负责全国的电视剧内容管理和监督工作。

省、自治区、直辖市人民政府广播影视行政部门负责本行政区域内的电视剧内容管理和监督工作。国务院广播影视行政部门和省、自治区、直辖市人民政府广播影视行政部门应当积极建立和完善电视剧审批管理的电子办公系统,推行电子政务。

（二）备案和公示

1. 备案公示制度

国产剧、合拍剧的拍摄制作实行备案公示制度。国务院广播影视行政部门负责全国拍摄制作电视剧的公示。省、自治区、直辖市人民政府广播影视行政部门负责受理本行政区域内制作机构拍摄制作电视剧的备案，经审核报请国务院广播影视行政部门公示。

按照有关规定向国务院广播影视行政部门直接备案的制作机构（以下简称直接备案制作机构），在将其拍摄制作的电视剧备案前，应当经其上级业务主管部门同意。

2. 制作机构的条件

符合下列条件之一的制作机构，可以申请电视剧拍摄制作备案公示：

（1）持有《电视剧制作许可证（甲种）》；

（2）持有《广播电视节目制作经营许可证》；

（3）设区的市级以上电视台（含广播电视台、广播影视集团）；

（4）持有《摄制电影许可证》；

（5）其他具备申领《电视剧制作许可证（乙种）》资质的制作机构。

3. 备案材料

省、自治区、直辖市人民政府广播影视行政部门、直接备案制作机构向国务院广播影视行政部门申请电视剧拍摄制作备案公示，应当提交下列材料：

（1）《电视剧拍摄制作备案公示表》或者《重大革命和重大历史题材电视剧立项申报表》，并加盖对应的公章；

（2）如实准确表述剧目主题思想、主要人物、时代背景、故事情节等内容的不少于1 500字的简介；

（3）重大题材或者涉及政治、军事、外交、国家安全、统战、民族、宗教、司法、公安等敏感内容的（以下简称特殊题材），应当出具省、自治区、直辖市以上人民政府有关主管部门或者有关方面的书面意见。

4. 审批程序

国务院广播影视行政部门对申请备案公示的材料进行审核，在规定受理日期后二十日内，通过国务院广播影视行政部门政府网站予以公示。公示内容包括：剧名、制作机构、集数和内容提要等。电视剧公示打印文本可以作为办理相关手续的证明。

国务院广播影视行政部门对申请备案公示的电视剧内容违反本规定的，不予公示。

制作机构应当按照公示的内容拍摄制作电视剧。制作机构变更已公示电视剧主要人物、主要情节的，应当依照本规定重新履行备案公示手续；变更剧名、集数、制作机构的，应当经省、自治区、直辖市人民政府广播影视行政部门或者其上级业务主管部门同意后，向国务院广播影视行政部门申请办理相关变更手续。

(三) 审查和许可

国产剧、合拍剧、引进剧实行内容审查和发行许可制度。未取得发行许可的电视剧，不得发行、播出和评奖。

1. 电视剧审查机构

(1) 两级审查机构。

国务院广播影视行政部门设立电视剧审查委员会和电视剧复审委员会。省、自治区、直辖市人民政府广播影视行政部门设立电视剧审查机构。

履行电视剧审查职责的广播影视行政部门，应当建立健全审查制度，规范审查程序，落实审查责任；聘请有较高学术水平、良好职业道德的专家对申请审查的电视剧履行审查职责。

审查人员应当按照有关规定履行职责，客观公正地提出审查意见。审查人员与送审方存在近亲属等关系、可能影响公正审查，或者参与送审剧目创作的，应当申请回避。

(2) 国务院广播影视行政部门电视剧审查委员会的职责是：

①审查直接备案制作机构制作的电视剧；

②审查聘请相关国外人员参与创作的国产剧；

③审查合拍剧剧本（或者分集梗概）和完成片；

④审查引进剧；

⑤审查由省、自治区、直辖市人民政府广播影视行政部门电视剧审查机构提请国务院广播影视行政部门审查的电视剧；

⑥审查引起社会争议的，或者因公共利益需要国务院广播影视行政部门审查的电视剧。

（3）国务院广播影视行政部门电视剧复审委员会，负责对送审机构不服有关电视剧审查委员会或者电视剧审查机构的审查结论而提起复审申请的电视剧进行审查。

（4）省、自治区、直辖市人民政府广播影视行政部门电视剧审查机构的职责是：

①审查本行政区域内制作机构制作的国产剧；

②初审本行政区域内制作机构与境外机构制作的合拍剧剧本（或者分集梗概）和完成片；

③初审本行政区域内电视台等机构送审的引进剧。

（5）送审材料。

送审国产剧，应当向省、自治区、直辖市以上人民政府广播影视行政部门提出申请，并提交以下材料：

①国务院广播影视行政部门统一印制的《国产电视剧报审表》；

②制作机构资质的有效证明；

③剧目公示打印文本；

④每集不少于500字的剧情梗概；

⑤图像、声音、字幕、时码等符合审查要求的完整样片一套；

⑥完整的片头、片尾和歌曲的字幕表；

⑦国务院广播影视行政部门同意聘用境外人员参与国产剧创作的批准文件的复印件；

⑧特殊题材需提交主管部门和有关方面的书面审看意见。

送审合拍剧、引进剧，依照国务院广播影视行政部门有关规定执行。

（6）审批程序。

①省、自治区、直辖市以上人民政府广播影视行政部门在收到完备的报审材料后，应当在 50 日内作出许可或者不予许可的决定；其中审查时间为 30 日。许可的，发给电视剧发行许可证；不予许可的，应当通知申请人并书面说明理由。

②经审查需要修改的，送审机构应当在修改后，依照本规定重新送审。电视剧发行许可证由国务院广播影视行政部门统一印制。

③送审机构对不予许可的决定不服的，可以自收到该决定之日起 60 日内向国务院广播影视行政部门提出复审申请。国务院广播影视行政部门应当在收到复审申请 50 日内作出复审决定；其中复审时间为 30 日。复审合格的，发给电视剧发行许可证；不合格的，应当通知送审机构并书面说明理由。

④已经向广播影视行政部门申请审查，但尚未取得电视剧发行许可证的，送审机构不得向其他广播影视行政部门转移送审。

（7）已经取得电视剧发行许可证的电视剧，国务院广播影视行政部门根据公共利益的需要，可以作出责令修改、停止播出或者不得发行、评奖的决定。

（8）已经取得电视剧发行许可证的电视剧，应当按照审查通过的内容发行和播出。变更剧名、主要人物、主要情节和剧集长度等事项的，原送审机构应当依照本规定向原发证机关重新送审。

（9）国务院广播影视行政部门应当定期将全国电视剧发行许可证颁发情况向社会公告。

（四）播出管理

（1）电视台在播出电视剧前，应当核验依法取得的电视剧发行许可证。

（2）电视台对其播出电视剧的内容，应当依照本规定内容审核标准，进行播前审查和重播重审；发现问题应当及时经所在地省、自治区、直辖市人民政府广播影视行政部门报请国务院广播影视行政部门处理。

（3）国务院广播影视行政部门可以对全国电视台播出电视剧的总量、范围、比例、时机、时段等进行宏观调控。

（4）电视剧播出时，应当在每集的片首标明相应的电视剧发行许可证编号，在每集的片尾标明相应的电视剧制作许可证编号。

（5）电视台播出电视剧时，应当依法完整播出，不得侵害相关著作权人的合法权益。

三、重大革命和历史题材电影、电视剧立项及完成片审查

为切实加强对重大革命和历史题材电影、电视剧的创作、播映的管理，确保此类影视剧导向正确、效果良好，广电总局2003年发布了《国家广播电影电视总局关于调整重大革命和历史题材电影、电视剧立项及完成片审查办法的通知》，对该类影视的立项和审查作出详细规定。

（1）国家广电总局成立重大革命和历史题材影视创作领导小组（以下简称领导小组），负责我国重大革命和历史题材影视剧创作的组织指导、剧本立项把关和完成片审查。领导小组在中宣部的指导下，由国家广电总局具体开展工作。领导小组下设电影组和电视剧组，电影组办公室设在国家广电总局电影局，电视剧组办公室设在国家广电总局总编室。

（2）凡以反映我党、我国、我军历史上重大事件，描写担任党和国家重要职务的党政军领导人及其亲属生平业绩，以历史正剧形式表现中国历史发展进程中重要历史事件、历史人物电影、电视剧，均属于重大革命和历史题材影视剧。此类题材的电影一律报国家广电总局电影局，此类题材的电视剧报国家广电总局总编室，分别由电影组办公室或电视剧组办公室报领导小组审查。

（3）重大革命和历史题材电影、电视剧的立项申报办法。

①描写党政军历史上重大事件和重要领导人及其亲属生平业绩的重大革命历史题材电影、电视剧，剧本要经省级广电部门和党委宣传部门初审通过后，报领导小组审批。申报时需提交：省级广电部门和党委宣传部门审查通过的意见，并加盖公章；中央电视台、省级电视台、国有电影制作

机构或各大军区和大兵种影视制作机构的申请立项报告；根据实际需要提供剧本若干份；主要参考资料清单。

②重大历史题材电视剧，剧本经省级广电部门初审通过后，报领导小组审批。申报时需提交：省级广电部门审查通过的意见，并加盖公章；持证电视剧制作机构的申请立项报告；根据实际需要提供剧本若干份；主要参考资料清单。

③重大历史题材电影剧本由制片单位直接报领导小组电影组。申报时需提交：申请立项报告；剧本10份；民营和非国有专业电影单位还需提交资信证明和营业执照副本。

④重大革命和历史题材电影、电视剧剧本经领导小组审查通过后，由国家广电总局行文批复申报单位。经批准投拍的电视剧列入全国电视剧题材规划批复剧目表。

⑤经批准立项的重大革命和历史题材电影、电视剧，自剧本批准投拍之日起，一年内既未开拍又未报告的，视为自动取消立项；两年内既未完成也未报告的，视为自动取消。

（4）重大革命和历史题材电影、电视剧完成片报审办法。

①此类题材电视剧制作完成后，经省级广电部门认真初审并报领导小组审查。报审时须提交：国家广电总局同意投拍的批复；描写我党我国我军历史上重大事件和重要领导人及其亲属生平业绩的电视剧，需提交中央电视台、省级电视台、国有电影制作机构或各大军区和大兵种影视制作机构的《电视剧制作许可证》复印件，重大历史题材电视剧需提交其制作机构的《电视剧制作许可证》复印件；符合审查要求的样带2套；片头片尾完整字幕。

②电影制作完成后，经省级党委宣传部和广电部门认真初审并报领导小组审查。报审时须提交：报电影局立项备案的报告影印件；领导小组对该影片的投拍批复；符合审查要求的混录双片。

③重大革命和历史题材电视剧经领导小组审查通过后，由国家广电总局核发《电视剧发行许可证》。

④重大革命和历史题材电影混录双片经领导小组审查通过，由国家广电总局电影局书面通知送审单位，并负责对该片标准拷贝的技术审查。审查通过后，制片单位须按《电影管理条例》规定向电影局提交标准拷贝2套及有关宣传材料，由国家广电总局核发《电影片公映许可证》。

（5）凡属军队系统制作机构单独摄制的此类题材电影、电视剧，须经摄制单位所属军队各大单位政治部初审同意后，再按上述程序报批。

四、中外合作制作电视剧管理

国家对中外合作制作电视剧（含电视动画片）实行许可制度。未经批准，不得从事中外合作制作电视剧（含电视动画片）活动；未经审查通过的中外合作制作电视剧（含电视动画片）完成片，不得发行和播出。

（一）管理权限

国家广播电影电视总局（以下简称广电总局）负责全国中外合作制作电视剧（含电视动画片）的管理工作，对境外合作方、数量和中外联合制作电视剧（含电视动画片）题材实施调控。省级广播电视行政部门负责本行政区域内中外合作制作电视剧（含电视动画片）的具体管理工作。

（二）中外合作制作电视剧的形式

中外合作制作电视剧可以采取下列形式：

（1）联合制作，系指中方与外方共同投资、共派主创人员、共同分享利益及共同承担风险的电视剧（含电视动画片）制作方式。

（2）协作制作，系指由外方出资并提供主创人员，在境内拍摄全部或部分外景，中方提供劳务或设备、器材、场地予以协助的电视剧制作方式。

（3）委托制作，系指外方出资，委托中方在境内制作的电视剧制作方式。

（三）中外合作制作电视剧的立项

1. 申请中外联合制作电视剧立项应符合的条件

（1）中方机构须持有《电视剧制作许可证（甲种）》；

（2）中方机构应对联合制作的电视剧向广电总局同时申报合拍电视剧

题材规划；

（3）双方共同投资，包括以货币直接投资，或以劳务、实物、广告时间等折价作为投资；

（4）前期创意、剧本写作等主要创作要素由双方共同确定；

（5）共派创作人员、技术人员参与全程摄制。电视剧主创人员（编剧、制片人、导演、主要演员）中，中方人员不得少于1/3；

（6）电视剧的国内外版权归中方及外方共同所有。

2. 申请中外联合制作电视剧立项应提交的书面材料

（1）申请书；

（2）《电视剧制作许可证（甲种）》复印件；

（3）省级广播电视行政部门的初审意见（直接从广电总局申领《电视剧制作许可证（甲种）》的中方制作机构除外）；

（4）每集不少于5 000字的分集梗概或完整的剧本；

（5）境内外主创人员（编剧、制片人、导演、主要演员）名单及履历；

（6）制作计划、境内拍摄景点及详细拍摄日程；

（7）合作协议意向书；

（8）外方法人注册登记证明（外方为自然人的，应提交履历）、资信证明。审批机关可以要求外方提交经过公证的境外第三者担保书。

3. 申请中外联合制作电视动画片立项应符合的条件

（1）中方机构须持有《广播电视节目制作经营许可证》；

（2）中方机构应对联合制作的电视动画片向广电总局同时申报合拍电视动画片题材规划；

（3）双方共同投资，包括以货币直接投资，或以劳务、实物、广告时间等折价作为投资；

（4）前期创意、剧本写作等主要创作要素由双方共同确定；

（5）电视动画片的国内外版权归中方及外方共同所有。

4. 申请中外联合制作电视动画片立项，应提交以下材料

（1）申请书；

（2）《广播电视节目制作经营许可证》复印件；

（3）省级广播电视行政部门的初审意见（直接从广电总局申领《电视剧制作许可证（甲种）》的中方制作机构除外）；

（4）每集不少于500字的分集梗概或完整的剧本；

（5）合作协议意向书；

（6）外方法人注册登记证明（外方为自然人的，应提交履历）、资信证明。审批机关可以要求外方提交经过公证的境外第三者担保书。

5. 申请中外协作制作、委托制作电视剧（含电视动画片）应提交以下材料

（1）申请书；

（2）每集不少于1 500字的分集梗概或完整的剧本；

（3）主创人员（编剧、制片人、导演、主要演员）名单；

（4）境内拍摄景点及拍摄计划；

（5）合作协议意向书；

（6）审批机关可以要求外方提供的相关资信证明。

（四）审批程序

（1）直接从广电总局申领《电视剧制作许可证（甲种）》的中方制作机构申请与外方合作制作电视剧（含电视动画片），向广电总局申报。

（2）其他中方制作机构申请与外方合作制作电视剧（含电视动画片），经所在地省级广播电视行政部门同意，报广电总局审批。中外联合制作电视剧（含电视动画片）完成后，应当按照此程序报省级以上广播电视行政部门审查。

（3）广电总局在正式受理中外合作制作电视剧（含电视动画片）申请后，应当在法定期限内作出是否准予拍摄的决定。其中中外联合制作电视剧（含电视动画片）的审查时间为50日（含专家评审时间30日）；中外协作制作、委托制作的电视剧（含电视动画片）的审查时间为20日。符

合条件的,由广电总局作出准予拍摄的批复;不符合条件的,应当书面通知申请人并说明理由。

送审单位对不准予拍摄的决定不服的,可以在收到决定之日起 60 日内,向广电总局提出复审申请。广电总局应当在 50 日内作出复审决定,其中组织专家评审的时间为 30 日,并将决定书面通知送审机构。

(五) 内容审查

中外联合制作电视剧(含电视动画片)完成后,应当报省级以上广播电视行政部门审查。

(1) 申报中外联合制作电视剧(含电视动画片)完成片审查应提交的材料。

①省级广播电视行政部门的初审意见(直接从广电总局申领《电视剧制作许可证(甲种)》的中方制作机构除外);

②广电总局准予拍摄的批复和合拍电视剧(电视动画片)题材规划的复印件;

③图像、声音、时码等符合审查要求的大 1/2 完整录像带一套;

④每集不少于 300 字的剧情梗概;

⑤与样带字幕相同的片头片尾字幕。

(2) 审查程序。广电总局在正式受理中外联合制作的电视剧(含电视动画片)完成片审查申请后,应当在 50 日内作出是否准予行政许可的决定,其中组织专家评审的时间为 30 日。符合条件的,由广电总局颁发《电视剧(电视动画片)发行许可证》;不符合条件的,应当书面通知申请人并说明理由。

送审单位对不准予行政许可的决定不服的,可以在收到决定之日起 60 日内,向广电总局提出复审申请。广电总局应当依前款规定的审查期限作出复审决定,并将行政许可决定书面通知送审机构。复审合格的,由广电总局核发《电视剧(电视动画片)发行许可证》。

已经取得广电总局准予拍摄批复的剧本和已经取得《电视剧(电视动画片)发行许可证》的完成片,不得随意进行实质性的改动。确需对剧名、主要人物、主要情节和剧集长度等进行改动的，应当按照规定重新报批。

（3）鼓励与禁止。国家鼓励中外合作制作体现中华民族优良传统和人类文明进步内容的电视剧，鼓励中外合作制作旨在塑造中国动画品牌形象的电视动画片。

中外合作制作的电视剧（含电视动画片）中不得含有《电视剧内容管理规定》第 5 条所禁止的内容。

（4）凡以中国特色为表现主题的中外联合制作的电视动画片，可视同国产电视动画片播出。中外联合制作电视剧（含电视动画片）应制作普通话语言版本。根据发行需要，经合作方同意，可以制作相应国家、地区、少数民族的语言文字版本。

（5）为了促进香港特别行政区、澳门特别行政区与内地建立更紧密经贸关系，鼓励香港特别行政区、澳门特别行政区服务提供者与内地广播电视节目制作机构合拍电视剧：①自 2008 年 1 月 1 日起，内地与香港特别行政区、澳门特别行政区广播电视节目制作机构合拍电视剧立项的分集梗概，为每集不少于 1 500 字。②香港特别行政区、澳门特别行政区服务提供者与内地广播电视节目制作机构合拍电视剧的其他规定，仍参照《中外合作制作电视剧管理规定》执行。

（6）为鼓励海外服务提供者与我广播电视节目制作机构合拍电视剧：①自 2008 年 2 月 14 日起，与台湾地区及境外的法人、自然人合作制作电视剧立项的分集梗概，为每集不少于 1 500 字。②与台湾地区及境外的法人、自然人合作制作电视剧的其他规定，仍参照《中外合作制作电视剧管理规定》执行。

本章思考题：

1. 简述广播电视的分类。
2. 简述广播电台、电视台的设立条件及审批机构。

3. 简述设立广播电视节目制作经营机构的条件。
4. 简述境外电视节目引进、播出管理制度。
5. 简述电视剧的播出管理。
6. 简述中外合作制作电视剧管理制度。

第八章　演出娱乐业法规

第一节　营业性演出管理规定

为了加强对营业性演出的管理，促进文化产业的发展，繁荣社会主义文艺事业，满足人民群众文化生活的需要，促进社会主义精神文明建设，1997年8月11日，国务院通过《营业性演出管理条例》（以下简称《条例》），自1997年10月1日起实施。先后在2005年、2008年、2013年和2016年经过四次修订。2002年7月26日文化部部务会议审议通过《营业性演出管理条例实施细则》，自2002年10月1日起实施，并在2004年、2005年和2009年经过三次修订。

一、营业性演出的范围及管理部门

1. 营业性演出的范围

营业性演出，是指以营利为目的为公众举办的现场文艺表演活动，包括以下方式的演出：

（1）售票或者接受赞助的；

（2）支付演出单位或者个人报酬的；

（3）以演出为媒介进行广告宣传或者产品促销的；

（4）以其他营利方式组织演出的。

营业性演出必须坚持为人民服务、为社会主义服务的方向，把社会效益放在首位、实现社会效益和经济效益的统一,丰富人民群众的文化生活。国家鼓励文艺表演团体、演员创作和演出思想性艺术性统一、体现民族优秀文化传统、受人民群众欢迎的优秀节目,鼓励到农村、工矿企业演出和为少年儿童提供免费或者优惠的演出。

2. 主管部门

国务院文化主管部门主管全国营业性演出的监督管理工作。公安部门、工商行政管理部门在各自职责范围内,主管营业性演出的监督管理工作。县级以上地方人民政府文化主管部门负责本行政区域内营业性演出的监督管理工作。县级以上地方人民政府公安部门、工商行政管理部门在各自职责范围内,负责本行政区域内营业性演出的监督管理工作。

二、营业性演出经营主体的设立

(一) 文艺表演团体、演出经纪机构

文艺表演团体申请从事营业性演出活动,应当有与其业务相适应的专职演员和器材设备,并向县级人民政府文化主管部门提出申请;演出经纪机构申请从事营业性演出经营活动,应当有3名以上专职演出经纪人员和与其业务相适应的资金,并向省、自治区、直辖市人民政府文化主管部门提出申请。

申请设立文艺表演团体,应当向文化主管部门提交下列文件:①申请书;②名称预先核准通知书、住所和从事的艺术类型;③法定代表人或者主要负责人的身份证明;④演员的艺术表演能力证明;该证明可以是下列文件之一:中专以上学校文艺表演类专业毕业证书;职称证书;演出行业协会颁发的演员资格证明;其他有效证明;⑤与业务相适应的演出器材设备书面声明。

申请设立演出经纪机构,应当向文化主管部门提交下列文件:①申请书;②名称预先核准通知书、住所;③法定代表人或者主要负责人的身份证明;④演出经纪人员的资格证明;⑤资金证明。

文化主管部门应当自受理申请之日起20日内作出决定。批准的,颁发营业性演出许可证;不批准的,应当书面通知申请人并说明理由。文艺表演团体变更名称、住所、法定代表人或者主要负责人、营业性演出经营项目,应当向原发证机关申请换发营业性演出许可证,并依法到工商行政管理部门办理变更登记。

(二) 演出场所经营单位

设立演出场所经营单位，应当依法到工商行政管理部门办理注册登记，领取营业执照，并依照有关消防、卫生管理等法律、行政法规的规定办理审批手续。

演出场所经营单位应当自领取营业执照之日起 20 日内向所在地县级人民政府文化主管部门备案。演出场所经营单位变更名称、住所、法定代表人或者主要负责人，应当依法到工商行政管理部门办理变更登记，并向原备案机关重新备案。

依法取得营业执照或者事业单位法人证书、民办非企业单位登记证书的演出场所经营单位，应当自领取证照之日起 20 日内，持上述证照和有关消防、卫生批准文件，向所在地县级文化主管部门备案，县级文化主管部门应当出具备案证明。备案证明式样由文化部设计，省级文化主管部门印制。

(三) 个体演员、个体演出经纪人

以从事营业性演出为职业的个体演员（以下简称个体演员）和以从事营业性演出的居间、代理活动为职业的个体演出经纪人（以下简称个体演出经纪人），应当依法到工商行政管理部门办理注册登记，领取营业执照。

个体演员、个体演出经纪人应当自领取营业执照之日起 20 日内向所在地县级人民政府文化主管部门备案。

个体演员可以持个人身份证明和艺术表演能力证明，个体演出经纪人可以持个人身份证明和演出经纪人员资格证明，向户籍所在地或者常驻地县级文化主管部门申请备案，文化主管部门应当出具备案证明。备案证明式样由文化部设计，省级文化主管部门印制。

(四) 外商投资演出业的规定

1. 投资的范围

外国投资者可以与中国投资者依法设立中外合资经营、中外合作经营的演出经纪机构、演出场所经营单位；不得设立中外合资经营、中外合作经营、外资经营的文艺表演团体；不得设立外资经营的演出经纪机构、演出场所经营单位。

2. 投资比例要求

设立中外合资经营的演出经纪机构、演出场所经营单位,中国合营者的投资比例应当不低于51%;设立中外合作经营的演出经纪机构、演出场所经营单位,中国合作者应当拥有经营主导权。

3. 审批程序

设立中外合资经营、中外合作经营的演出经纪机构、演出场所经营单位,应当依照有关外商投资的法律、法规的规定办理审批手续。

中外合资经营、中外合作经营的演出经纪机构申请从事营业性演出经营活动,中外合资经营、中外合作经营的演出场所经营单位申请从事演出场所经营活动,应当通过省、自治区、直辖市人民政府文化主管部门向国务院文化主管部门提出申请;省、自治区、直辖市人民政府文化主管部门应当自收到申请之日起20日内出具审查意见报国务院文化主管部门审批。国务院文化主管部门应当自收到省、自治区、直辖市人民政府文化主管部门的审查意见之日起20日内作出决定。批准的,颁发营业性演出许可证;不批准的,应当书面通知申请人并说明理由。

(五)港澳台投资者投资演出业的规定

香港特别行政区、澳门特别行政区的投资者可以在内地投资设立合资、合作、独资经营的演出经纪机构、演出场所经营单位;香港特别行政区、澳门特别行政区的演出经纪机构可以在内地设立分支机构。

台湾地区的投资者可以在内地投资设立合资、合作经营的演出经纪机构、演出场所经营单位,但内地合营者的投资比例应当不低于51%,内地合作者应当拥有经营主导权;不得设立合资、合作、独资经营的文艺表演团体和独资经营的演出经纪机构、演出场所经营单位。

港资、澳资、台资演出经纪机构申请从事营业性演出经营活动,港资、澳资、台资演出场所经营单位申请从事演出场所经营活动,应当向省、自治区、直辖市人民政府文化主管部门提出申请。省、自治区、直辖市人民政府文化主管部门应当自收到申请之日起20日内作出决定。批准的，颁发营业性演出许可证；不批准的，应当书面通知申请人并说明理由。

香港特别行政区、澳门特别行政区的演出经纪机构经批准可以在内地设立分支机构，分支机构不具有企业法人资格。香港特别行政区、澳门特别行政区演出经纪机构在内地的分支机构可以依法从事营业性演出的居间、代理活动，但不得从事其他演出经营活动。香港特别行政区、澳门特别行政区的演出经纪机构对其分支机构的经营活动承担民事责任。香港特别行政区、澳门特别行政区的演出经纪机构在内地设立分支机构，必须在内地指定负责该分支机构的负责人，并向该分支机构拨付与其所从事的经营活动相适应的资金。

(六) 演出证管理

文艺表演团体和演出经纪机构的营业性演出许可证包括 1 份正本和 2 份副本，有效期为 2 年。营业性演出许可证由文化部设计，省级文化主管部门印制，发证机关填写、盖章。文艺表演团体和演出经纪机构应当自领取营业性演出许可证之日起 90 日内，到工商行政管理部门办理注册、登记后，持营业执照副本报发证机关备案。

文化主管部门吊销文艺表演团体或者演出经纪机构的营业性演出许可证，应当通知工商行政管理部门变更其经营范围或者吊销营业执照。文艺表演团体和演出经纪机构的营业性演出许可证，除文化主管部门可以依法暂扣或者吊销外，其他任何单位和个人不得收缴、扣押。吊销、注销文艺表演团体营业性演出许可证的，应当报省级文化主管部门备案。吊销、注销演出经纪机构营业性演出许可证的，应当报文化部备案。

文化主管部门对文艺表演团体和演出经纪机构实施行政处罚的，应当将处罚决定记录在营业性演出许可证副本上并加盖处罚机关公章，同时将处罚决定通知发证机关。

三、营业性演出管理规范

(一) 营业性演出的举办主体及申请材料

1. 举办主体

文艺表演团体、个体演员可以自行举办营业性演出，也可以参加营业性组台演出。营业性组台演出应当由演出经纪机构举办；但是，演出场所经营单位可以在本单位经营的场所内举办营业性组台演出。演出经纪机构可以从事营业性演出的居间、代理、行纪活动；个体演出经纪人只能从事营业性演出的居间、代理活动。

2. 申请材料

申请举办营业性演出，提交的申请材料应当包括下列内容：①演出名称、演出举办单位和参加演出的文艺表演团体、演员；②演出时间、地点、场次；③节目及其视听资料。申请举办营业性组台演出，还应当提交文艺表演团体、演员同意参加演出的书面函件。

申请举办营业性演出，应当在演出日期3日前将申请材料提交负责审批的文化主管部门。举办营业性演出，应当向演出所在地县级人民政府文化主管部门提出申请。县级人民政府文化主管部门应当自受理申请之日起3日内作出决定。

3. 营业性演出经营主体举办营业性演出，应当履行下列义务

（1）办理演出申报手续；

（2）安排演出节目内容；

（3）安排演出场地并负责演出现场管理；

（4）确定演出票价并负责演出活动的收支结算；

（5）依法缴纳或者代扣代缴有关税费；

（6）接受文化主管部门的监督管理；

（7）其他依法需要承担的义务。

各级文化主管部门应当将营业性演出的审批事项向社会公布。营业性演出活动经批准后方可出售门票。

文化主管部门对体现民族特色和国家水准的演出，应当依照有关规定给予补助和支持。县级以上人民政府有关部门可以依照《条例》的有关规定和财务管理制度，鼓励和支持体现民族特色和国家水准的演出。

全国性演出行业协会负责组织实施演员、演出经纪人员等演出从业人员的资格认定工作。

未经批准举办营业性演出的,由县级人民政府文化主管部门责令停止演出,没收违法所得,并处违法所得8倍以上10倍以下的罚款;没有违法所得或者违法所得不足1万元的,并处5万元以上10万元以下的罚款;情节严重的,由原发证机关吊销营业性演出许可证。

(二) 营业性涉外或者涉港澳台演出管理

1. 举办单位的资质要求

除演出经纪机构外,其他任何单位或者个人不得举办外国的或者香港特别行政区、澳门特别行政区、台湾地区的文艺表演团体、个人参加的营业性演出。但是,文艺表演团体自行举办营业性演出,可以邀请外国的或者香港特别行政区、澳门特别行政区、台湾地区的文艺表演团体、个人参加。经批准到艺术院校从事教学、研究工作的外国或者港澳台艺术人员从事营业性演出的,应当委托演出经纪机构承办。

举办外国的或者香港特别行政区、澳门特别行政区、台湾地区的文艺表演团体、个人参加的营业性演出,应当符合下列条件:①有与其举办的营业性演出相适应的资金;②有2年以上举办营业性演出的经历;③举办营业性演出前2年内无违反规定的记录。

2. 申报材料

申请举办营业性涉外或者涉港澳台演出,除提交前述申请材料外,还应当提交下列文件:①资金安排计划书和资金证明。资金证明是指由申请单位开户银行出具的当月基本存款账户存款证明,或者银行等金融机构同意贷款的证明,或者其他单位同意借款、投资、担保、赞助的证明及该单位开户银行出具的当月基本存款账户存款证明;②演员有效身份证明复印件;③2年以上举办营业性演出经历的证明文件;④近2年内无违反《条例》规定的书面声明。

3. 审批程序

举办营业性涉外演出,演出举办单位应当向演出所在地省、自治区、直辖市人民政府文化主管部门提出申请。省级文化主管部门应当在7日内出具审核意见报文化部审批。

举办涉港澳营业性演出，演出举办单位应当向演出所在地省、自治区、直辖市人民政府文化主管部门提出申请；举办涉台营业性演出，演出举办单位应当向国务院文化主管部门会同国务院有关部门规定的审批机关提出申请。

申请举办营业性涉外或者涉港澳台演出，应当在演出日期 20 日前将申请材料提交负责审批的文化主管部门。国务院文化主管部门或者省、自治区、直辖市人民政府文化主管部门应当自受理申请之日起 20 日内作出决定。申请举办含有内地演员和香港特别行政区、澳门特别行政区、台湾地区演员共同参加的营业性演出，可以报演出所在地省级文化主管部门审批，具体办法由省级文化主管部门制定。国家另有规定的，从其规定。

文化主管部门审核涉外或者涉港澳台营业性演出项目，必要时可以依法组织专家进行论证。经文化部批准的营业性涉外演出，在批准的时间内增加演出地的，举办单位或者与其合作的具有涉外演出资格的演出经纪机构，应当在演出日期 10 日前，持文化部批准文件和相关规定的文件，到增加地省级文化主管部门备案，省级文化主管部门应当出具备案证明，并抄报文化部。

举办营业性涉外或者涉港澳台演出，举办单位应当负责统一办理外国或者港澳台文艺表演团体、个人的入出境手续，巡回演出的还要负责其全程联络和节目安排。

(三) 演出场所及演出秩序管理

(1) 演出场所经营单位提供演出场地，应当核验演出举办单位取得的批准文件；不得为未经批准的营业性演出提供演出场地。

(2) 演出场所经营单位应当确保演出场所的建筑、设施符合国家安全标准和消防安全规范，定期检查消防安全设施状况，并及时维护、更新。演出场所经营单位应当制定安全保卫工作方案和灭火、应急疏散预案。

(3) 演出举办单位在演出场所进行营业性演出，应当核验演出场所经营单位的消防安全设施检查记录、安全保卫工作方案和灭火、应急疏散预案，并与演出场所经营单位就演出活动中突发安全事件的防范、处理等事项签订安全责任协议。

（4）在公共场所举办营业性演出，演出举办单位应当依照有关安全、消防的法律、行政法规和国家有关规定办理审批手续，并制定安全保卫工作方案和灭火、应急疏散预案。演出场所应当配备应急广播、照明设施，在安全出入口设置明显标识，保证安全出入口畅通；需要临时搭建舞台、看台的，演出举办单位应当按照国家有关安全标准搭建舞台、看台，确保安全。

（5）审批临时搭建舞台、看台的营业性演出时，文化主管部门应当核验演出举办单位的下列文件：①依法验收后取得的演出场所合格证明；②安全保卫工作方案和灭火、应急疏散预案；③依法取得的安全、消防批准文件。

（6）演出场所容纳的观众数量应当报公安部门核准；观众区域与缓冲区域应当由公安部门划定，缓冲区域应当有明显标识。演出举办单位应当按照公安部门核准的观众数量、划定的观众区域印制和出售门票。验票时，发现进入演出场所的观众达到核准数量仍有观众等待入场的，应当立即终止验票并同时向演出所在地县级人民政府公安部门报告；发现观众持有观众区域以外的门票或者假票的，应当拒绝其入场并同时向演出所在地县级人民政府公安部门报告。

（7）任何人不得携带传染病病原体和爆炸性、易燃性、放射性、腐蚀性等危险物质或者非法携带枪支、弹药、管制器具进入营业性演出现场。演出场所经营单位应当根据公安部门的要求，配备安全检查设施，并对进入营业性演出现场的观众进行必要的安全检查；观众不接受安全检查或者有前款禁止行为的，演出场所经营单位有权拒绝其进入。

（8）演出举办单位应当组织人员落实营业性演出时的安全、消防措施，维护营业性演出现场秩序。演出举办单位和演出场所经营单位发现营业性演出现场秩序混乱，应当立即采取措施并同时向演出所在地县级人民政府公安部门报告。

（四）营业性演出的冠名及广告要求

《条例》第24条规定，演出举办单位不得以政府或者政府部门的名义举办营业性演出。营业性演出不得冠以"中国""中华""全国""国际"等字样。营业性演出广告内容必须真实、合法，不得误导、欺骗公众。该条例第48条规定，以政府或者政府部门的名义举办营业性演出，或者营业性演出冠以"中国""中华""全国""国际"等字样的，由县级人民政府文化主管部门责令改正，没收违法所得，并处违法所得3倍以上5倍以下的罚款；没有违法所得或者违法所得不足1万元的，并处3万元以上5万元以下的罚款；拒不改正或者造成严重后果的，由原发证机关吊销营业性演出许可证。

营业性演出广告的内容误导、欺骗公众或者含有其他违法内容的，由工商行政管理部门责令停止发布，并依法予以处罚。

（五）营业性演出的禁止内容

《条例》第25条规定，营业性演出不得有下列情形：

（1）反对宪法确定的基本原则的；

（2）危害国家统一、主权和领土完整，危害国家安全，或者损害国家荣誉和利益的；

（3）煽动民族仇恨、民族歧视，侵害民族风俗习惯，伤害民族感情，破坏民族团结，违反宗教政策的；

（4）扰乱社会秩序，破坏社会稳定的；

（5）危害社会公德或者民族优秀文化传统的；

（6）宣扬淫秽、色情、邪教、迷信或者渲染暴力的；

（7）侮辱或者诽谤他人，侵害他人合法权益的；

（8）表演方式恐怖、残忍，摧残演员身心健康的；

（9）利用人体缺陷或者以展示人体变异等方式招徕观众的；

（10）法律、行政法规禁止的其他情形。

演出场所经营单位、演出举办单位发现营业性演出有第25条禁止情形的，应当立即采取措施予以制止并同时向演出所在地县级人民政府文化主管部门、公安部门报告。营业性演出有第25条禁止情形的，由县级人民政府文化主管部门责令停止演出，没收违法所得，并处违法所得8倍以上10

倍以下的罚款；没有违法所得或者违法所得不足 1 万元的，并处 5 万元以上 10 万元以下的罚款；情节严重的，由原发证机关吊销营业性演出许可证；违反治安管理规定的，由公安部门依法予以处罚；构成犯罪的，依法追究刑事责任。演出场所经营单位、演出举办单位发现营业性演出有第 25 条禁止情形未采取措施予以制止的，由县级人民政府文化主管部门、公安部门依据法定职权给予警告，并处 5 万元以上 10 万元以下的罚款。

（六）演出变更

参加营业性演出的文艺表演团体、主要演员或者主要节目内容等发生变更的，演出举办单位应当及时告知观众并说明理由。观众有权退票。演出过程中，除因不可抗力不能演出的外，演出举办单位不得中止或者停止演出，演员不得退出演出。

（七）假唱、假演奏的法律责任

假唱、假演奏是指演员在演出过程中，使用事先录制好的歌曲、乐曲代替现场演唱、演奏的行为。营业性演出不得以假唱、假演奏等手段欺骗观众。演出举办单位应当派专人对演出进行监督，防止假唱行为的发生。任何单位或者个人不得为假唱提供条件。演出举办单位应当派专人对演唱、演奏行为进行监督，并作出记录备查。记录内容包括演员、乐队、曲目的名称和演唱、演奏过程的基本情况，并由演出举办单位负责人和监督人员签字确认。

《营业性演出管理条例》第 47 条规定，有下列行为之一的，对演出举办单位、文艺表演团体、演员，由国务院文化主管部门或者省、自治区、直辖市人民政府文化主管部门向社会公布；演出举办单位、文艺表演团体在 2 年内再次被公布的，由原发证机关吊销营业性演出许可证；个体演员在 2 年内再次被公布的，由工商行政管理部门吊销营业执照：①非因不可抗力中止、停止或者退出演出的；②文艺表演团体、主要演员或者主要节目内容等发生变更未及时告知观众的；③以假唱欺骗观众的；④为演员假唱提供条件的。有前款第①项、第②项和第③项所列行为之一的，观众有权在退场后依照有关消费者权益保护的法律规定要求演出举办单位赔偿损失；演出举办单位可以依法向负有责任的文艺表演团体、演员追偿。有本条第一款第①项、第②项和第③项所列行为之一的，由县级人民政府文化主管部门处 5 万元以上 10 万元以下的罚款；有本条第一款第④项所列行为的，由县级人民政府文化主管部门处 5 000 元以上 1 万元以下的罚款。

(八) 募捐义演

举办募捐义演，应当依照《条例》及其实施细则的规定办理审批手续。募捐义演的演出收入，除必要的成本开支外，必须全部交付受捐单位；演出举办单位、参加演出的文艺表演团体和演员、职员，不得获取经济利益。演出举办单位或者演员应当将扣除成本后的演出收入捐赠给社会公益事业，不得从中获取利润。其中演出收入是指门票收入、捐赠款物、赞助收入等与演出活动相关的全部收入。演出成本是指演职员食、宿、交通费用和舞台灯光音响、服装道具、场地、宣传等费用。募捐义演结束后 10 日内，演出举办单位或者演员应当将演出收支结算报审批机关备案。

(九) 营业性演出的证照规范

任何单位或者个人不得伪造、变造、出租、出借或者买卖营业性演出许可证、批准文件或者营业执照，不得伪造、变造营业性演出门票或者倒卖伪造、变造的营业性演出门票。伪造、变造、出租、出借、买卖营业性演出许可证、批准文件，或者以非法手段取得营业性演出许可证、批准文件的，由县级人民政府文化主管部门没收违法所得，并处违法所得 8 倍以上 10 倍以下的罚款；没有违法所得或者违法所得不足 1 万元的，并处 5 万元以上 10 万元以下的罚款；对原取得的营业性演出许可证、批准文件，予以吊销、撤销；构成犯罪的，依法追究刑事责任。

《条例》第 53 条规定，因违反本条例规定被文化主管部门吊销营业性演出许可证，或者被工商行政管理部门吊销营业执照或者责令变更登记的，自受到行政处罚之日起，当事人为单位的，其法定代表人、主要负责人 5 年内不得担任文艺表演团体、演出经纪机构或者演出场所经营单位的法定代表人、主要负责人；当事人为个人的，个体演员 1 年内不得从事营业性演出，个体演出经纪人 5 年内不得从事营业性演出的居间、代理活动。

因营业性演出有《条例》第 25 条禁止情形被文化主管部门吊销营业性演出许可证,或者被工商行政管理部门吊销营业执照或者责令变更登记的,不得再次从事营业性演出或者营业性演出的居间、代理、行纪活动。因违反规定 2 年内 2 次受到行政处罚又有应受本条例处罚的违法行为的,应当从重处罚。

四、监督管理

文化主管部门可以采用技术手段,加强对营业性演出活动的监管。文化主管部门或者文化行政执法机构检查营业性演出现场,应当出示文化市场行政执法证件,演出举办单位应当配合。各级文化主管部门应当建立演出经营主体基本信息登记和公布制度、演出信息报送制度、演出市场巡查责任制度,加强对演出市场的管理和监督。

(1) 除文化主管部门依照国家有关规定对体现民族特色和国家水准的演出给予补助外,各级人民政府和政府部门不得资助、赞助或者变相资助、赞助营业性演出,不得用公款购买营业性演出门票用于个人消费。

(2) 文化主管部门应当加强对营业性演出的监督管理。演出所在地县级人民政府文化主管部门对外国的或者香港特别行政区、澳门特别行政区、台湾地区的文艺表演团体、个人参加的营业性演出和临时搭建舞台、看台的营业性演出,应当进行实地检查;对其他营业性演出,应当进行实地抽样检查。

(3) 县级以上地方人民政府文化主管部门应当充分发挥文化执法机构的作用,并可以聘请社会义务监督员对营业性演出进行监督。

任何单位或者个人可以采取电话、手机短信等方式举报违反规定的行为。县级以上地方人民政府文化主管部门应当向社会公布举报电话,并保证随时有人接听。县级以上地方人民政府文化主管部门接到社会义务监督员的报告或者公众的举报,应当作出记录,立即赶赴现场进行调查、处理,并自处理完毕之日起 7 日内公布结果。

县级以上地方人民政府文化主管部门对作出突出贡献的社会义务监督员应当给予表彰;公众举报经调查核实的,应当对举报人给予奖励。

（4）文化主管部门应当建立营业性演出经营主体的经营活动信用监管制度，建立健全信用约束机制，并及时公布行政处罚信息。

（5）公安部门对其依照有关法律、行政法规和国家有关规定批准的营业性演出，应当在演出举办前对营业性演出现场的安全状况进行实地检查；发现安全隐患的，在消除安全隐患后方可允许进行营业性演出。公安部门可以对进入营业性演出现场的观众进行必要的安全检查；发现观众有禁止行为的，在消除安全隐患后方可允许其进入。公安部门可以组织警力协助演出举办单位维持营业性演出现场秩序。公安部门接到观众达到核准数量仍有观众等待入场或者演出秩序混乱的报告后，应当立即组织采取措施消除安全隐患。承担现场管理检查任务的公安部门和文化主管部门的工作人员进入营业性演出现场，应当出示值勤证件。

（6）文化主管部门依法对营业性演出进行监督检查时，应当将监督检查的情况和处理结果予以记录，由监督检查人员签字后归档。公众有权查阅监督检查记录。

（7）文化主管部门、公安部门和其他有关部门及其工作人员不得向演出举办单位、演出场所经营单位索取演出门票。

（8）国务院文化主管部门和省、自治区、直辖市人民政府文化主管部门，对在农村、工矿企业进行演出以及为少年儿童提供免费或者优惠演出表现突出的文艺表演团体、演员，应当给予表彰，并采取多种形式予以宣传。国务院文化主管部门对适合在农村、工矿企业演出的节目，可以在依法取得著作权人许可后，提供给文艺表演团体、演员在农村、工矿企业演出时使用。文化主管部门实施文艺评奖，应当适当考虑参评对象在农村、工矿企业的演出场次。县级以上地方人民政府应当对在农村、工矿企业演出的文艺表演团体、演员给予支持。

第二节　娱乐场所管理规定

为了加强对娱乐场所的管理，保障娱乐场所的健康发展，满足人民群众文化娱乐消费需求，《娱乐场所管理条例》于1999年3月17日国务院第15次常务会议通过，自1999年7月1日起施行。历经2006年、2016年两次修订。配合该条例的实施，文化部制定了《娱乐场所管理办法》，并自2013年3月11日起施行。娱乐场所，是指以营利为目的，向公众开放、消费者自娱自乐的歌舞、游艺等场所。歌舞娱乐场所是指提供伴奏音乐、歌曲点播服务或者提供舞蹈音乐、跳舞场地服务的经营场所；游艺娱乐场所是指通过游戏游艺设备提供游戏游艺服务的经营场所。县级以上人民政府文化主管部门负责对娱乐场所日常经营活动的监督管理；县级以上公安部门负责对娱乐场所消防、治安状况的监督管理。

一、娱乐场所的设立

（一）禁止开办娱乐场所或者在娱乐场所内从业的单位及人员

《娱乐场所管理条例》第5条规定，有下列情形之一的人员，不得开办娱乐场所或者在娱乐场所内从业：①曾犯有组织、强迫、引诱、容留、介绍卖淫罪，制作、贩卖、传播淫秽物品罪，走私、贩卖、运输、制造毒品罪，强奸罪，强制猥亵、侮辱妇女罪，赌博罪，洗钱罪，组织、领导、参加黑社会性质组织罪的；②因犯罪曾被剥夺政治权利的；③因吸食、注射毒品曾被强制戒毒的；④因卖淫、嫖娼曾被处以行政拘留的。

《娱乐场所管理条例》第4条明确规定，国家机关及其工作人员不得开办娱乐场所，不得参与或者变相参与娱乐场所的经营活动。与文化主管部门、公安部门的工作人员有夫妻关系、直系血亲关系、三代以内旁系血亲关系以及近姻亲关系的亲属，不得开办娱乐场所，不得参与或者变相参与娱乐场所的经营活动。

（二）外商投资娱乐场所的企业类型

外国投资者可以与中国投资者依法设立中外合资经营、中外合作经营的娱乐场所，不得设立外商独资经营的娱乐场所。

（三）娱乐场所不得设立的地点

娱乐场所不得设在下列地点：

（1）房屋用途中含有住宅的建筑内；

(2) 博物馆、图书馆和被核定为文物保护单位的建筑物内；

(3) 居民住宅区；

(4) 教育法规定的中小学校周围；

(5) 依照《医疗机构管理条例》及实施细则规定取得《医疗机构执业许可证》的医院周围；

(6) 各级中国共产党委员会及其所属各工作部门、各级人民代表大会机关、各级人民政府及其所属各工作部门、各级政治协商会议机关、各级人民法院、检察院机关、各级民主党派机关周围；

(7) 车站、机场等人群密集的场所；

(8) 建筑物地下一层以下（不含地下一层）；

(9) 与危险化学品仓库毗连的区域，与危险化学品仓库的距离必须符合《危险化学品安全管理条例》的有关规定。

娱乐场所的边界噪声，应当符合国家规定的环境噪声标准。

娱乐场所与学校、医院、机关距离及其测量方法由省级人民政府文化主管部门规定。

(四) 设立娱乐场所的硬件要求

设立娱乐场所，应当符合以下条件：

(1) 有与其经营活动相适应的设施设备，提供的文化产品内容应当符合文化产品生产、出版、进口的规定。

(2) 娱乐场所的使用面积，不得低于国务院文化主管部门规定的最低标准；设立含有电子游戏机的游艺娱乐场所，应当符合国务院文化主管部门关于总量和布局的要求。其中歌舞娱乐场所消费者人均占有使用面积不得低于1.5平方米（农村地区除外），游艺娱乐场所的使用面积不少于200平方米，使用面积不包括办公、仓储等非营业性区域；省级人民政府文化主管部门负责制定农村地区设立娱乐场所最低使用面积标准；结合本地区实际，制定本行政区域内娱乐场所最低使用面积、消费者数量的核定标准，但不得低于前述规定的标准。

(3) 符合国家治安管理、消防安全、环境噪声等相关规定。

（4）法律、法规和规章规定的其他条件。

省级人民政府文化主管部门负责制定本行政区域内游艺娱乐场所总量与布局规划，并向社会公布。

(五) 娱乐场所设立的审批程序

（1）娱乐场所申请从事娱乐场所经营活动，应当向所在地县级人民政府文化主管部门提出申请；中外合资经营、中外合作经营的娱乐场所申请从事娱乐场所经营活动，应当向所在地省、自治区、直辖市人民政府文化主管部门提出申请。省级人民政府文化主管部门可以委托所在地县级以上文化主管部门进行实地检查。

（2）申请设立娱乐场所前，筹建人可以向负责审批的文化主管部门提交筹建咨询申请，文化主管部门应当为筹建人提供行政指导。

（3）娱乐场所申请从事娱乐场所经营活动，应当提交投资人员、拟任的法定代表人和其他负责人没有《娱乐场所管理条例》第5条规定情形的书面声明。申请人应当对书面声明内容的真实性负责。

申请设立娱乐场所，应当提交以下文件：

①设立申请书；

②企业名称预先核准通知书或者营业执照；

③组织机构和章程；

④投资人、拟任法定代表人、主要负责人的身份证明以及无《娱乐场所管理条例》第4条、第5条、第52条规定情况的书面声明；

⑤房产权属证书，租赁场地经营的，还应当提交租赁合同或者租赁意向书；

⑥经营场所地理位置图；

⑦场所内部结构平面图，歌舞娱乐场所应当标明包厢、包间面积及位置，游艺娱乐场所应当标明游戏和游艺分区经营位置、游戏游艺设备数量及位置；

⑧消防、环境保护部门的批准文件；

申请设立中外合资、中外合作经营娱乐场所的，还应当提交商务主管部门的批准文件。

(4) 文化主管部门受理申请后，应当对设立场所的位置、周边环境、面积等进行实地检查。符合条件的，应当在设立场所、文化主管部门办公场所显著位置向社会公示10日，并依法组织听证。文化主管部门应当对歌舞娱乐场所使用的歌曲点播系统和游艺娱乐场所使用的游戏游艺设备进行内容核查。文化主管部门应当根据听证和文化产品内容核查结果作出行政许可决定。

(5) 文化主管部门审批娱乐场所应当举行听证。有关听证的程序，依照《行政许可法》的规定执行。受理申请的文化主管部门应当就书面声明向公安部门或者其他有关单位核查，公安部门或者其他有关单位应当予以配合；经核查属实的，文化主管部门应当依据规定进行实地检查，作出决定。予以批准的，颁发娱乐经营许可证，并根据国务院文化主管部门的规定核定娱乐场所容纳的消费者数量；不予批准的，应当书面通知申请人并说明理由。有关法律、行政法规规定需要办理消防、卫生、环境保护等审批手续的，从其规定。娱乐场所依法取得营业执照和相关批准文件、许可证后，应当在15日内向所在地县级公安部门备案。

(6) 娱乐场所改建、扩建营业场所或者变更场地的，变更投资人员、投资比例以及娱乐经营许可证载明事项的，应当向原发证机关申请重新核发娱乐经营许可证。歌舞娱乐场所新增、变更歌曲点播系统，游艺娱乐场所新增、变更游戏游艺设备的，应当报原发证机关核查。

(7) 娱乐经营许可证有效期2年。娱乐经营许可证有效期届满30日前，娱乐场所经营者应当持许可证、工商营业执照副本以及营业情况报告到原发证机关申请换发许可证。原发证机关应当在有效期届满前按照设立条件作出是否准予延续的决定，逾期未做决定的，视为准予延续。娱乐经营许可证有效期届满未延续的，由原发证机关向社会公告注销娱乐经营许可证，并函告公安机关、工商行政管理部门。

违反规定，擅自从事娱乐场所经营活动的，由文化主管部门依法予以取缔；公安部门在查处治安、刑事案件时，发现擅自从事娱乐场所经营活动的,应当依法予以取缔。违反规定,以欺骗等不正当手段取得娱乐经营许可证的,由原发证机关撤销娱乐经营许可证。

因擅自从事娱乐场所经营活动被依法取缔的,其投资人员和负责人终身不得投资开办娱乐场所或者担任娱乐场所的法定代表人、负责人。娱乐场所因违反条例规定,被吊销或者撤销娱乐经营许可证的,自被吊销或者撤销之日起,其法定代表人、负责人5年内不得担任娱乐场所的法定代表人、负责人。

娱乐场所因违反规定,2年内被处以3次警告或者罚款又有违反本条例的行为应受行政处罚的,由县级人民政府文化主管部门、县级公安部门依据法定职权责令停业整顿3个月至6个月;2年内被2次责令停业整顿又有违反本条例的行为应受行政处罚的,由原发证机关吊销娱乐经营许可证。

二、娱乐场所的经营管理

(一) 禁止的娱乐活动内容及行为

1. 禁止的娱乐活动内容

《娱乐场所管理条例》第13条规定,国家倡导弘扬民族优秀文化,禁止娱乐场所内的娱乐活动含有下列内容:

(1) 违反宪法确定的基本原则的;

(2) 危害国家统一、主权或者领土完整的;

(3) 危害国家安全,或者损害国家荣誉、利益的;

(4) 煽动民族仇恨、民族歧视,伤害民族感情或者侵害民族风俗、习惯,破坏民族团结的;

(5) 违反国家宗教政策,宣扬邪教、迷信的;

(6) 宣扬淫秽、赌博、暴力以及与毒品有关的违法犯罪活动,或者教唆犯罪的;

(7) 违背社会公德或者民族优秀文化传统的;

(8) 侮辱、诽谤他人,侵害他人合法权益的;

(9) 法律、行政法规禁止的其他内容。

2. 娱乐场所及其从业人员禁止的行为

《娱乐场所管理条例》第14条规定，娱乐场所及其从业人员不得实施下列行为，不得为进入娱乐场所的人员实施下列行为提供条件，其中从业人员，包括娱乐场所的管理人员、服务人员、保安人员和在娱乐场所工作的其他人员。

（1）贩卖、提供毒品，或者组织、强迫、教唆、引诱、欺骗、容留他人吸食、注射毒品；

（2）组织、强迫、引诱、容留、介绍他人卖淫、嫖娼；

（3）制作、贩卖、传播淫秽物品；

（4）提供或者从事以营利为目的的陪侍；

（5）赌博；

（6）从事邪教、迷信活动；

（7）其他违法犯罪行为。

娱乐场所的从业人员不得吸食、注射毒品，不得卖淫、嫖娼；娱乐场所及其从业人员不得为进入娱乐场所的人员实施上述行为提供条件。

娱乐场所实施上述第14条禁止行为的，由县级公安部门没收违法所得和非法财物，责令停业整顿3个月至6个月；情节严重的，由原发证机关吊销娱乐经营许可证，对直接负责的主管人员和其他直接责任人员处1万元以上2万元以下的罚款。

（二）娱乐场所的秩序管理

（1）歌舞娱乐场所应当按照国务院公安部门的规定在营业场所的出入口、主要通道安装闭路电视监控设备，并应当保证闭路电视监控设备在营业期间正常运行，不得中断。歌舞娱乐场所应当将闭路电视监控录像资料留存30日备查，不得删改或者挪作他用。

（2）歌舞娱乐场所的包厢、包间内不得设置隔断，并应当安装展现室内整体环境的透明门窗。包厢、包间的门不得有内锁装置。营业期间，歌舞娱乐场所内亮度不得低于国家规定的标准。

（3）娱乐场所不得为未经文化主管部门批准的营业性演出活动提供场

地；不得设置未经文化主管部门内容核查的游戏游艺设备。娱乐场所使用的音像制品或者电子游戏应当是依法出版、生产或者进口的产品。歌舞娱乐场所播放的曲目和屏幕画面以及游艺娱乐场所的电子游戏机内的游戏项目，不得含有《娱乐场所管理条例》第13条禁止的内容；歌舞娱乐场所使用的歌曲点播系统不得与境外的曲库联接。不得擅自变更场所使用的歌曲点播系统。

（4）游艺娱乐场所不得设置具有赌博功能的电子游戏机机型、机种、电路板等游戏设施设备，不得以现金或者有价证券作为奖品，不得回购奖品。不得擅自变更游戏游艺设备；实行游戏、游艺分区经营，并有明显的分区标志；除国家法定节假日外，禁止未成年人进入游戏区。娱乐场所违反本规定，有下列情形之一的，由县级公安部门没收违法所得和非法财物，并处违法所得2倍以上5倍以下的罚款；没有违法所得或者违法所得不足1万元的，并处2万元以上5万元以下的罚款；情节严重的，责令停业整顿1个月至3个月：①设置具有赌博功能的电子游戏机机型、机种、电路板等游戏设施设备的；②以现金、有价证券作为奖品，或者回购奖品的。

（5）娱乐场所法定代表人或者主要负责人是维护本场所经营秩序的第一责任人。娱乐场所的法定代表人或者主要负责人应当对娱乐场所的消防安全和其他安全负责。娱乐场所应当确保其建筑、设施符合国家安全标准和消防技术规范，定期检查消防设施状况，并及时维护、更新。娱乐场所应当制定安全工作方案和应急疏散预案。

营业期间，娱乐场所应当保证疏散通道和安全出口畅通，不得封堵、锁闭疏散通道和安全出口，不得在疏散通道和安全出口设置栅栏等影响疏散的障碍物。娱乐场所应当在疏散通道和安全出口设置明显指示标志，不得遮挡、覆盖指示标志。

（6）任何人不得非法携带枪支、弹药、管制器具或者携带爆炸性、易燃性、毒害性、放射性、腐蚀性等危险物品和传染病病原体进入娱乐场所。迪斯科舞厅应当配备安全检查设备，对进入营业场所的人员进行安全检查。

(7) 歌舞娱乐场所不得接纳未成年人。除国家法定节假日外，游艺娱乐场所设置的电子游戏机不得向未成年人提供。

《娱乐场所管理条例》第48条规定，违反本条例规定，有下列情形之一的，由县级人民政府文化主管部门没收违法所得和非法财物，并处违法所得1倍以上3倍以下的罚款；没有违法所得或者违法所得不足1万元的，并处1万元以上3万元以下的罚款；情节严重的，责令停业整顿1个月至6个月：①歌舞娱乐场所的歌曲点播系统与境外的曲库联接的；②歌舞娱乐场所播放的曲目、屏幕画面或者游艺娱乐场所电子游戏机内的游戏项目含有本条例第13条禁止内容的；③歌舞娱乐场所接纳未成年人的；④游艺娱乐场所设置的电子游戏机在国家法定节假日外向未成年人提供的；⑤娱乐场所容纳的消费者超过核定人数的。

(8) 娱乐场所不得招用未成年人；招用外国人的，应当按照国家有关规定为其办理外国人就业许可证。

(9) 娱乐场所应当与从业人员签订文明服务责任书，并建立从业人员名簿；从业人员名簿应当包括从业人员的真实姓名、居民身份证复印件、外国人就业许可证复印件等内容。娱乐场所应当建立营业日志，记载营业期间从业人员的工作职责、工作时间、工作地点；营业日志不得删改，并应当留存60日备查。

(10) 娱乐场所应当与保安服务企业签订保安服务合同，配备专业保安人员；不得聘用其他人员从事保安工作。

(11) 营业期间，娱乐场所的从业人员应当统一着工作服，佩戴工作标志并携带居民身份证或者外国人就业许可证。从业人员应当遵守职业道德和卫生规范，诚实守信，礼貌待人，不得侵害消费者的人身和财产权利。

(12) 每日凌晨2时至上午8时，娱乐场所不得营业。

(13) 娱乐场所提供娱乐服务项目和出售商品，应当明码标价，并向消费者出示价目表；不得强迫、欺骗消费者接受服务、购买商品。

（14）娱乐场所应当在营业场所的大厅、包厢、包间内的显著位置悬挂含有禁毒、禁赌、禁止卖淫嫖娼等内容的警示标志、未成年人禁入或者限入标志。标志应当注明公安部门、文化主管部门的举报电话，应当注明"12318"文化市场举报电话。

（15）娱乐场所应当建立文化产品内容自审和巡查制度，确定专人负责管理在场所内提供的文化产品和服务。巡查情况应当记入营业日志。发现娱乐场所内有违法犯罪活动的，应当立即向所在地县级公安部门、县级人民政府文化主管部门报告。

（16）文化主管部门应当建立娱乐场所信用管理档案，记录被文化主管部门、公安机关、工商行政管理部门实施处罚的情况以及娱乐场所法定代表人、主要负责人、投资人等信息。

（17）文化主管部门应当定期组织文化主管部门工作人员、娱乐场所第一责任人和内容管理专职人员进行政策法规培训。

《娱乐场所管理条例》第44条规定，娱乐场所违反本条例规定，有下列情形之一的，由县级公安部门责令改正，给予警告；情节严重的，责令停业整顿1个月至3个月：①照明设施、包厢、包间的设置以及门窗的使用不符合本条例规定的；②未按照本条例规定安装闭路电视监控设备或者中断使用的；③未按照本条例规定留存监控录像资料或者删改监控录像资料的；④未按照本条例规定配备安全检查设备或者未对进入营业场所的人员进行安全检查的；⑤未按照本条例规定配备保安人员的。

三、监督管理

各级文化主管部门、公安部门和其他有关部门的工作人员依法履行监督检查职责时，有权进入娱乐场所。娱乐场所应当予以配合，不得拒绝、阻挠。文化主管部门、公安部门和其他有关部门的工作人员依法履行监督检查职责时，需要查阅闭路电视监控录像资料、从业人员名簿、营业日志等资料的，娱乐场所应当及时提供。文化主管部门、公安部门和其他有关部门应当记录监督检查的情况和处理结果。监督检查记录由监督检查人员签字归档。公众有权查阅监督检查记录。

文化主管部门、公安部门和其他有关部门应当建立娱乐场所违法行为警示记录系统；对列入警示记录的娱乐场所，应当及时向社会公布，并加大监督检查力度。

文化主管部门应当建立娱乐场所的经营活动信用监管制度，建立健全信用约束机制，并及时公布行政处罚信息。文化主管部门、公安部门和其他有关部门应当建立相互间的信息通报制度，及时通报监督检查情况和处理结果。

任何单位或者个人发现娱乐场所内有违反本条例行为的，有权向文化主管部门、公安部门等有关部门举报。文化主管部门、公安部门等有关部门接到举报，应当记录，并及时依法调查、处理；对不属于本部门职责范围的，应当及时移送有关部门。

上级人民政府文化主管部门、公安部门在必要时，可以依照本条例的规定调查、处理由下级人民政府文化主管部门、公安部门调查、处理的案件。下级人民政府文化主管部门、公安部门认为案件重大、复杂的，可以请求移送上级人民政府文化主管部门、公安部门调查、处理。

文化主管部门、公安部门和其他有关部门及其工作人员违反本条例规定的，任何单位或者个人可以向依法有权处理的本级或者上一级机关举报。接到举报的机关应当依法及时调查、处理。

本章案例分析：

1. 根据中青在线2017年4月25日报道，四海演艺有限公司在当地小孩过生日、婚礼时进行淫秽表演，文化行政部门依法作出没收演出器材和违法所得、罚款的行政处罚。公安机关已刑事拘留张某、王某某以及四海演艺有限公司负责人杨某某等3人。长毛唢呐艺术团未经批准举办营业性演出，文化行政部门作出没收违法所得、罚款9万元的行政处罚。

为加强农村地区演出市场监管，文化部部署了针对农村地区"脱衣舞"的专项整治，要求各地发挥农村文化市场监管信息员的作用，排查掌握演出线索，加强社会监督；要求各地文化市场综合执法机构严查淫秽表演,发现一起,严惩一起,并及时交由公安部门追究刑事责任。文化部同时公布了演出市场举报电话 12318 和举报网站 www.12318.gov.cn,欢迎社会公众对违规演出活动进行举报监督。(原题为《文化部严查安徽农村"脱衣舞"》)

请依据此案例,回答以下问题:

(1) 营业性演出的主管部门是什么,结合本案说明。

(2) 对营业性演出的举报电话和举报网站分别是什么?

(3) 根据现行《营业性演出管理条例》的规定,案例中的单位和个人应该承担的法律责任是什么?

2. 2009 年 9 月 19 日,"今年我最红"黄圣依个人演唱会在成都市双流县国际网球中心举行。当天的演唱会除黄圣依外,参加演出的演员还包括任贤齐、孙楠、凤凰传奇等,由于这台演唱会属营业性涉外演出,四川省文化市场稽查总队与双流县文体局按照法定职责进行了现场监督。队员们发现,当晚节目表名单中的演员与文化行政部门备案资料不符。歌手方某与殷某在独唱或与他人合唱中涉嫌假唱。这起国内假唱第一案,引发了社会各界的广泛关注。2010 年 1 月 24 日,方某和殷某坦诚表示道歉并愿意接受有关部门的处罚。四川省文化市场稽查总队和双流县文体局则表示:鉴于方某和殷某认错态度较好,根据新修订的《营业性演出条例》有关规定,方某和殷某受到的处罚额度,将是 5 万元至 10 万元之间,至少不少于 5 万元的处罚。希望两名女歌手尽快到双流县文体局接受调查。在了解到真实情况后,四川省文化市场稽查总队和双流县文体局,将根据《营业性演出管理条例》的有关规定,给她们正式作出一个合理的处罚决定。

请依据此案例,回答以下问题:

(1) 什么是假唱?

(2) 主管部门如何认定假唱行为?

(3) 现行《营业性演出管理条例》对假唱的处罚规定是什么?

第九章 网络媒体法规

第一节 网络媒体法规概述

一、网络媒体的概念及发展趋势

技术生产力一直是文化产业发展的基础,尤其是信息技术的突破和运用,催生了各种以网络为载体、以数字内容为特征的新兴产业门类,网络文化产业就是这类产业的典型。网络媒体和传统的电视、报纸、广播等媒体一样,都是传播信息的渠道,是交流、传播信息的工具、信息载体。网络媒体,也叫第四媒体。人们按照传播媒介的不同,把新闻媒体的发展划分为不同的阶段——以纸为媒介的传统报刊、以电波为媒介的广播和基于电视图像传播的电视,它们分别被称为第一媒体、第二媒体和第三媒体。因特网被称为第四媒体,是因为它是作为继报刊、广播、电视之后发展起来的、并与传统大众媒体并存的新的媒体。它包含了人类信息传播的两种基本的方式,即人际传播和大众传播,突破了大众传统传播的模式框架。

将网络媒体称为"第四媒体",是为了强调它同报纸、广播、电视等新闻媒介一样,是能够及时、广泛传递新闻信息的第四大新闻媒介。从广义上说,"第四媒体"通常就是指互联网,不过,互联网并非仅有传播信息的媒体功能,它还具有数字化、多媒体、实时性和交互性传递新闻信息的独特优势。正因为其传播手段的全面性,它的传播功能几乎可以超越此前的所有媒体。同时,它在时间上的自由性,空间上的无限性,使之在传播条件上突破了许多客观因素的限制，向受众提供最即时、最充分的资讯。因此，从狭义上说，"第四媒体"是指基于互联网这个传输平台来传播新闻和信息的网络。"第四媒体"可以分为两部分，一是传统媒体的数字化，如人民日报的电子版，二是由于网络提供的便利条件而诞生的"新型媒体"，如新浪网、网易网、搜狐网。

网络新闻资讯行业是互联网领域中发展最早且最为成熟的"传统行业"。其中最具代表性的就是伴随着中国互联网技术发展而崛起的四大门户网站——新浪、网易、搜狐、腾讯。网络新闻资讯行业近年来不断受到挑战和冲击，冲击首先来自垂直性专业门户网站，该类型新闻资讯网站的深耕细作蚕食了原本属于新闻门户网站的广告收入，其次是移动互联网市场的快速崛起更让传统门户网站的转型变得迫在眉睫。网络视频行业市场集中度正在进一步增强，爱奇艺、优酷土豆、腾讯视频、乐视网的四强格局已经初步形成。网络视频行业仍然延续稳定增长的态势。视频网站的付费市场已经逐步完成了从量变到质变的转化过程，未来付费将成为视频网站的主要收入来源。社交媒体市场格局基本稳定，作为行业龙头的微信和QQ依然保持着绝对的优势地位。

二、网络媒体的立法现状

互联网是一项高速发展的新技术，它的信息传播的海量性、快速性、无国界性为人类社会带来了信息领域的革命，使用人数也空前增长。在这一信息革命浪潮中，法律法规的建设任务迫切摆在管理者的面前。各国采取了不同的立法原则，美国由于将言论自由放在保护的首要地位，因此网络媒体的立法主要体现在严格保护言论自由和尽量保护儿童远离网络色情方面。英国、澳大利亚等国也基本如此，德国则制定了《多元媒体法》。

我国是采取制定若干单项法律和规章制度的方法来管理互联网信息传播。到目前为止，针对互联网信息传播，我国先后制定和出台了大约90部法律、法规、司法解释和规范性文件。网络传媒管理法规的特点是：涵盖面广，层次复杂，法律少，部门规章多；涉及的管理部门多，管理职能交叉；框架性东西多，法律规范相对滞后。

网络媒体管理的重点是网络媒体许可制度、内容监管两部分，围绕这两方面内容，主要的法律法规及规范性文件包括：《网络安全法》《互联网信息服务管理办法》《互联网等信息网络传播视听节目管理办法》《互联网新闻信息服务管理规定》《互联网视听节目服务业务分类目录》《互联网群组信息服务管理规定》《互联网用户公众账号信息服务管理规定》《互联网跟帖评论服务管理规定》《互联网论坛社区服务管理规定》《互联网新闻信息服务新技术新应用安全评估管理规定》《互联网新闻信息服务单位内容管理从业人员管理办法》《互联网广告管理暂行办法》《网络文化经营单位内容自审管理办法》《互联网新闻信息服务许可管理实施细则》《互联网文化管理暂行规定》《互联网视听节目服务管理规定》《网络出版服务管理规定》《互联网直播服务管理规定》《互联网信息内容管理行政执法程序规定》《互联网新闻信息服务单位约谈工作规定》《互联网危险物品信息发布管理规定》《互联网用户账号名称管理规定》《即时通信工具公众信息服务发展管理暂行规定》《互联网信息搜索服务管理规定》《互联网上网服务营业场所管理条例》《国务院关于授权国家互联网信息办公室负责互联网信息内容管理工作的通知》《网络表演经营活动管理办法》《关于加强微博、微信等网络社交平台传播视听节目管理的通知》《关于进一步加强网络剧、微电影等网络视听节目管理的通知》《关于进一步完善网络剧、微电影等网络视听节目管理的补充通知》《关于规范网络转载版权秩序的通知》《文化部关于进一步加强和改进网络音乐内容管理工作的通知》《网络游戏管理暂行办法》《最高人民法院、最高人民检察院关于办理利用信息网络实施诽谤等刑事案件适用法律若干问题的解释》《最高人民法院关于审理侵害信息网络传播权民事纠纷案件适用法律若干问题的规定》《最高人民法院、最高人民检察院关于办理利用互联网、移动通讯终端、声讯台制作、复制、出版、贩卖、传播淫秽电子信息刑事案件具体应用法律若干问题的解释（二）》《最高人民法院、最高人民检察院关于办理利用互联网、移动通讯终端、声讯台制作、复制、出版、贩卖、传播淫秽电子信息刑事案件具体应用法律若干问题的解释》《最高人民法院关于审理利用信息网络侵害人身权益民事纠纷案件适用法律若干问题的规定》等。

第二节　网络安全法

为了保障网络安全，维护网络空间主权和国家安全、社会公共利益，保护公民、法人和其他组织的合法权益，促进经济社会信息化健康发展，2016年11月7日第十二届全国人民代表大会常务委员会第二十四次会议通过《网络安全法》，自2017年6月1日起施行。

该法共分七章，总则、网络安全支持与促进、网络运行安全、网络信息安全、监测预警与应急处置、法律责任及附则。《网络安全法》以综合性立法的形式，明确了打造国家网络防御的目标方向、各方责任、具体措施和实施路径等，为全面推动网络安全防御体系建立提供了牢固的法律依据。

该法规定，网络是指由计算机或者其他信息终端及相关设备组成的按照一定的规则和程序对信息进行收集、存储、传输、交换、处理的系统。网络安全，是指通过采取必要措施，防范对网络的攻击、侵入、干扰、破坏和非法使用以及意外事故，使网络处于稳定可靠运行的状态，以及保障网络数据的完整性、保密性、可用性的能力。网络运营者，是指网络的所有者、管理者和网络服务提供者。网络数据，是指通过网络收集、存储、传输、处理和产生的各种电子数据。个人信息，是指以电子或者其他方式记录的能够单独或者与其他信息结合识别自然人个人身份的各种信息，包括但不限于自然人的姓名、出生日期、身份证件号码、个人生物识别信息、住址、电话号码等。

与《网络安全法》配套，国家互联网信息办公室先后推出了多项管理规定，包括：《互联网新闻信息服务管理规定》《互联网新闻信息服务新技术新应用安全评估管理规定》《互联网新闻信息服务单位内容管理从业人员管理办法》《互联网群组信息服务管理规定》《互联网用户公众账号信息服务管理规定》《互联网跟帖评论服务管理规定》《互联网论坛社区服务管理规定》《互联网危险物品信息发布管理规定》《互联网用户账号名称管理规定》《即时通信工具公众信息服务发展管理暂行规定》《互联网信息搜索服务管理规定》等。

一、网络信息安全主管部门

《网络安全法》第 8 条规定，国家网信部门负责统筹协调网络安全工作和相关监督管理工作。国务院电信主管部门、公安部门和其他有关机关依照本法和有关法律、行政法规的规定，在各自职责范围内负责网络安全保护和监督管理工作。县级以上地方人民政府有关部门的网络安全保护和监督管理职责，按照国家有关规定确定。国家网络安全工作的责任机制是由"国家网信部门负责统筹协调网络安全工作和相关监督管理工作"，这一规定站在维护国家网络空间主权、安全和利益的高度，更有利于加强顶层设计，有利于打破了以往不同领域、不同方面间的相互区隔和局限，改变就事论事、各自为阵、彼此羁绊、存盲留白的局面。

二、网络媒体内容管理

《网络安全法》中直接涉及网络媒体管理的内容主要体现在第 12 条和第四章网络信息安全中第 46 条至第 50 条，违反这些条款的法律责任主要规定在第 67 条至第 70 条。

（1）网络传播信息内容的要求。

《网络安全法》第 12 条第 1 款规定，国家保护公民、法人和其他组织依法使用网络的权利，促进网络接入普及，提升网络服务水平，为社会提供安全、便利的网络服务，保障网络信息依法有序自由流动。第 2 款规定，任何个人和组织使用网络应当遵守宪法法律，遵守公共秩序，尊重社会公德，不得危害网络安全，不得利用网络从事危害国家安全、荣誉和利益，煽动颠覆国家政权、推翻社会主义制度，煽动分裂国家、破坏国家统一，宣扬恐怖主义、极端主义，宣扬民族仇恨、民族歧视，传播暴力、淫秽色情信息，编造、传播虚假信息扰乱经济秩序和社会秩序，以及侵害他人名誉、隐私、知识产权和其他合法权益等活动。

根据《互联网群组信息服务管理规定》，互联网群组，是指互联网用户通过互联网站、移动互联网应用程序等平台建立的，用于群体在线交流信息的网络空间，如微信群、QQ 群、微博群、贴吧群、陌陌群、支付宝群聊等各类互联网群组。互联网群组信息服务提供者，是指提供互联网群组信息服务的平台。互联网群组信息服务使用者，包括群组建立者、管理者和成员。根据该规定第 10 条，互联网群组信息服务提供者和使用者不得利用互联网群组传播法律法规和国家有关规定禁止的信息内容。第 11 条规定，互联网群组信息服务提供者应当对违反法律法规和国家有关规定的互联网群组，依法依约采取警示整改、暂停发布、关闭群组等处置措施，保存有关记录，并向有关主管部门报告。互联网群组信息服务提供者应当对违反法律法规和国家有关规定的群组建立者、管理者等使用者，依法依约采取降低信用等级、暂停管理权限、取消建群资格等管理措施，保存有关记录，并向有关主管部门报告。互联网群组信息服务提供者应当建立黑名单管理制度，对违法违约情节严重的群组及建立者、管理者和成员纳入黑名单，限制群组服务功能，保存有关记录，并向有关主管部门报告。

为落实《网络安全法》第 12 条内容管理责任，在《互联网用户公众账号信息服务管理规定》里，首先明确互联网用户公众账号信息服务，是指通过互联网站、应用程序等网络平台以注册用户公众账号形式，向社会公众发布文字、图片、音视频等信息的服务。具体而言，包括在各类社交网站和客户端开设的用户公众账号，如腾讯微信公众号、新浪微博账号；百度的百家号、网易的网易号，今日头条的头条号、腾讯的企鹅号、一点资讯的一点号等；在花椒、映客等直播平台和秒拍、快手等短视频平台开设的用户公众账号；在知乎、分答等互动平台开设的对公众答复的用户公众账号等。互联网用户公众账号信息服务提供者是指为用户提供公众账号注册使用服务的网络平台，即管理方。用户公众账号信息服务使用者是指注册使用或运营互联网用户公众账号提供信息发布服务的机构或个人，也就是使用方。该规定要求互联网用户公众账号信息服务提供者开发上线公众账号留言、跟帖、评论等互动功能，应当按有关规定进行安全评估。互联网用户公众账号信息服务提供者应当按照分级分类管理原则,对使用者开设的用户公众账号的留言、跟帖、评论等进行监督管理,并向使用者提供管理权限,为其对互动环节实施管理提供支持。互联网用户公众账号信息服务使用者应当对用户公众账号留言、跟帖、评论等互动环节进行实时管理。对管理不力、出现法律法规和国家有关规定禁止的信息内容的,互联网用户公众账号信息服务提供者应当依据用户协议限制或取消其留言、跟帖、评论等互动功能。该规定第13条要求,互联网用户公众账号信息服务提供者应当对违反法律法规、服务协议和平台公约的互联网用户公众账号,依法依约采取警示整改、限制功能、暂停更新、关闭账号等处置措施,保存有关记录,并向有关主管部门报告。互联网用户公众账号信息服务提供者应当建立黑名单管理制度,对违法违约情节严重的公众账号及注册主体纳入黑名单,视情采取关闭账号、禁止重新注册等措施,保存有关记录,并向有关主管部门报告。

(2)个人和组织对传播内容的责任。

《网络安全法》第46条规定,任何个人和组织应当对其使用网络的行为负责,不得设立用于实施诈骗,传授犯罪方法,制作或者销售违禁物品、管制物品等违法犯罪活动的网站、通讯群组,不得利用网络发布涉及实施诈骗,制作或者销售违禁物品、管制物品以及其他违法犯罪活动的信息。违反前述规定,设立用于实施违法犯罪活动的网站、通讯群组,或者利用网络发布涉及实施违法犯罪活动的信息,尚不构成犯罪的,由公安机关处5日以下拘留,可以并处1万元以上10万元以下罚款;情节较重的,处5日以上15日以下拘留,可以并处5万元以上50万元以下罚款。关闭用于实施违法犯罪活动的网站、通讯群组。单位有前款行为的,由公安机关处10万元以上50万元以下罚款,并对直接负责的主管人员和其他直接责任人员依照前款规定处罚。

在《互联网群组信息服务管理规定》里规定,互联网群组建立者、管理者应当履行群组管理责任,即"谁建群谁负责""谁管理谁负责",依据法律法规、用户协议和平台公约,规范群组网络行为和信息发布,构建文明有序的网络群体空间。

(3) 网络运营者的管理责任。

《网络安全法》第 47 条规定，网络运营者应当加强对其用户发布的信息的管理，发现法律、行政法规禁止发布或者传输的信息的，应当立即停止传输该信息，采取消除等处置措施，防止信息扩散，保存有关记录，并向有关主管部门报告。

在《互联网群组信息服务管理规定》中，要求互联网群组服务提供者作为平台方，应当落实信息内容安全管理主体责任，配备与服务规模相适应的专业人员和技术能力，建立健全用户注册、信息审核、应急处置、安全防护等管理制度。具体来说，平台方应落实的主体责任有以下几个方面：一是制定并公开管理规则和平台公约，明确与使用者双方权利义务；二是按照"后台实名、前台自愿"的原则，对使用者进行真实身份信息认证，并保护使用者个人信息安全；三是对互联网群组实行分级分类管理，并建立使用者信用等级管理体系；四是对违法违规的互联网群组及使用者依法依规采取相应的管理措施；五是接受社会公众和行业组织的监督，建立健全投诉举报渠道，及时处理投诉举报。同时还要互联网群组信息服务提供者应当根据自身服务规模和管理能力，合理设定群组成员人数上限、个人建群上限和参加群数上限。也就是说平台方应根据自身能力来运营相应规模的群组，同时还要承担相应的管理责任。另外，应根据群组规模类别，分级审核群组建立者建群资质，完善建群、入群等审核验证功能，并设置唯一群组识别编码。这一规定主要是便于平台方掌握相应群组数据，实施精准动态管理。

在《互联网用户公众账号信息服务管理规定》里，明确互联网用户公众账号服务提供者应当落实信息内容安全管理主体责任。具体而言，一是配备与服务规模相适应的专业人员和技术能力，设立总编辑等信息内容安全负责人岗位，建立健全管理制度；二是制定和公开管理规则和平台公约，明确平台和用户的权利义务，对违反法律法规、服务协议和平台公约的互联网用户公众账号依法依规立即处理；三是加强对本平台公众账号发布内容的监测管理，发现有传播违法违规信息的，应立即采取相应处置措施。同时要求互联网用户公众账号信息服务提供者应当对使用者的账号信息、服务资质、服务范围等信息进行审核，分类加注标识，并向所在地省、自治区、直辖市互联网信息办公室分类备案；应当根据用户公众账号的注册主体、发布内容、账号订阅数、文章阅读量等建立数据库，对互联网用户公众账号实行分级分类管理，制定具体管理制度并向国家或省、自治区、直辖市互联网信息办公室备案；应当对同一主体在同一平台注册公众账号的数量合理设定上限；对同一主体在同一平台注册多个账号，或以集团、公司、联盟等形式运营多个账号的使用者，应要求其提供注册主体、业务范围、账号清单等基本信息，并向所在地省、自治区、直辖市互联网信息办公室备案。

（4）电子信息发送者及应用软件的提供者的安全管理责任。

任何个人和组织发送的电子信息、提供的应用软件，不得设置恶意程序，不得含有法律、行政法规禁止发布或者传输的信息。电子信息发送服务提供者和应用软件下载服务提供者，应当履行安全管理义务，知道其用户有前款规定行为的，应当停止提供服务，采取消除等处置措施，保存有关记录，并向有关主管部门报告。

（5）网络运营者应当建立网络信息安全投诉、举报制度，公布投诉、举报方式等信息，及时受理并处理有关网络信息安全的投诉和举报。网络运营者对网信部门和有关部门依法实施的监督检查，应当予以配合。

《网络安全法》第 68 条规定，网络运营者违反本法第 47 条规定，对法律、行政法规禁止发布或者传输的信息未停止传输、采取消除等处置措施、保存有关记录的，由有关主管部门责令改正，给予警告，没收违法所得；拒不改正或者情节严重的，处 10 万元以上 50 万元以下罚款，并可以责令暂停相关业务、停业整顿、关闭网站、吊销相关业务许可证或者吊销营业执照，对直接负责的主管人员和其他直接责任人员处 1 万元以上 10 万元以下罚款。

电子信息发送服务提供者、应用软件下载服务提供者，不履行本法第

48条第2款规定的安全管理义务的,依照前款规定处罚。

(6) 国家网信部门和有关部门依法履行网络信息安全监督管理职责,发现法律、行政法规禁止发布或者传输的信息的,应当要求网络运营者停止传输,采取消除等处置措施,保存有关记录;对来源于中华人民共和国境外的上述信息,应当通知有关机构采取技术措施和其他必要措施阻断传播。《网络安全法》第69条规定,网络运营者违反本法规定,有下列行为之一的,由有关主管部门责令改正;拒不改正或者情节严重的,处5万元以上50万元以下罚款,对直接负责的主管人员和其他直接责任人员,处1万元以上10万元以下罚款:①不按照有关部门的要求对法律、行政法规禁止发布或者传输的信息,采取停止传输、消除等处置措施的;②拒绝、阻碍有关部门依法实施的监督检查的;③拒不向公安机关、国家安全机关提供技术支持和协助的。

第三节 互联网新闻信息服务管理

为加强互联网信息内容管理,促进互联网新闻信息服务健康有序发展,国家互联网信息办公室于2017年修订公布了《互联网新闻信息服务管理规定》(以下简称《规定》),于同年6月1日实施,适用于在中华人民共和国境内提供互联网新闻信息服务,与该规定配套的《互联网新闻信息服务许可管理实施细则》同步实施。为了推进依法治网,营造清朗网络空间,国家互联网信息办公室2015年制定出台了《互联网新闻信息服务单位约谈工作规定》,于同年6月1日实施。根据这些规范性文件,新闻信息,包括有关政治、经济、军事、外交等社会公共事务的报道、评论,以及有关社会突发事件的报道、评论。互联网新闻信息服务管理制度主要有如下内容:

一、互联网新闻信息服务许可制度

《规定》第4条规定,国家互联网信息办公室负责全国互联网新闻信息服务的监督管理执法工作。地方互联网信息办公室依据职责负责本行政区域内互联网新闻信息服务的监督管理执法工作。

通过互联网站、应用程序、论坛、博客、微博客、公众账号、即时通信工具、网络直播等形式向社会公众提供互联网新闻信息服务，应当取得互联网新闻信息服务许可，禁止未经许可或超越许可范围开展互联网新闻信息服务活动。互联网新闻信息服务，包括互联网新闻信息采编发布服务、转载服务、传播平台服务。其中，采编发布服务，是指对新闻信息进行采集、编辑、制作并发布的服务；转载服务，是指选择、编辑并发布其他主体已发布新闻信息的服务；传播平台服务，是指为用户传播新闻信息提供平台的服务。获准提供互联网新闻信息采编发布服务的，可以同时提供互联网新闻信息转载服务。获准提供互联网新闻信息传播平台服务，拟同时提供采编发布服务、转载服务的，应当依法取得互联网新闻信息采编发布、转载服务许可。

（一）申请互联网新闻信息服务许可的条件

(1) 在中华人民共和国境内依法设立的法人；

(2) 主要负责人、总编辑是中国公民；

(3) 有与服务相适应的专职新闻编辑人员、内容审核人员和技术保障人员；

(4) 有健全的互联网新闻信息服务管理制度；

(5) 有健全的信息安全管理制度和安全可控的技术保障措施；

(6) 有与服务相适应的场所、设施和资金。

其中，申请互联网新闻信息采编发布服务许可的，应当是新闻单位（含新闻单位控股的单位）或新闻宣传部门主管的单位。新闻单位是指经国家有关部门依法批准设立的报刊社、广播电台、电视台、通讯社和新闻电影制片厂。控股是指出资额、持有股份占企业资本总额或股本总额50%以上，或出资额、持有股份的比例虽然不足50%，但依其出资额或持有股份已足以对企业决议产生重大影响。新闻宣传部门包括各级宣传部门、网信部门、广电部门等。

任何组织不得设立中外合资经营、中外合作经营和外资经营的互联网新闻信息服务单位。

(二) 申请材料

1. 基本申请材料

申请互联网新闻信息服务许可的,应当提交下列申请材料:

(1) 主要负责人、总编辑为中国公民的证明。包括主要负责人、总编辑的身份证复印件等;

(2) 专职新闻编辑人员、内容审核人员和技术保障人员的资质情况。包括相关人员基本情况,以及国家新闻出版广电总局统一颁发的新闻记者证、新闻单位从业证明、相关培训考核证明等材料,具体人员数量应当与所提供的服务相适应;

(3) 互联网新闻信息服务管理制度。包括网站总编辑制度、从业人员教育培训和考核制度等;

(4) 信息安全管理制度和技术保障措施。包括信息发布审核制度、公共信息巡查制度、应急处置制度、用户个人信息保护制度等,以及相关技术保障措施的情况;

(5) 互联网新闻信息服务安全评估报告。由有关部门或具有相关资质的机构出具的对于申请者信息安全管理制度和技术保障措施的安全评估报告;

(6) 法人资格、场所、资金的证明。包括企业营业执照、事业单位法人证书、服务场所产权证书、租赁合同等材料复印件;

(7) 互联网新闻信息服务许可申请书。包括申请表,以及对拟提供具体服务形式、服务方案的说明等。

2. 特殊申请材料

(1) 申请互联网新闻信息采编发布服务许可的,除应当提交上述规定的基本申请材料外,还应当提交该单位或其控股方为新闻单位的证明,或其主管单位为新闻宣传部门的证明及该主管单位的意见。其中,新闻单位证明包括《报纸出版许可证》《广播电视播出机构许可证》《期刊出版许可证》(持有《期刊出版许可证》的,应当以提供"新闻信息"服务为主营业务)等;主管单位意见内容主要包括,说明申请者与该主管单位的关系、就申请者是否符合许可条件提出评估意见并加盖单位公章等。

(2)申请互联网新闻信息传播平台服务许可的,除应当提交上述规定的基本申请材料外,还应当提交平台账号用户管理规章制度、用户协议范本、投诉举报处理机制等。

(3)申请者为企业法人的,除应当提交上述规定的基本申请材料外,还应当提供下列股权相关材料:

①股权结构图。包括股东名称、股权比例、出资方式、出资时间等信息。股东为非自然人主体的,须逐级追溯到自然人、事业单位以及国有独资公司,并就实际控制人情况作出说明。股权结构图需加盖单位公章,并由法定代表人签字;

②股东证明材料。股东为自然人的,须提供身份证明材料;股东为非自然人主体的,须提供该主体的名称、组织形式、法定代表人等材料;

③公司章程。包括公司章程及历次修改决议;

④无外资承诺书。申请者对股权结构图中所有股东均不含外资成分作出的书面承诺;

⑤专业机构意见书。律师事务所或会计师事务所就上述股权材料的真实性、准确性、完整性出具的书面证明,包括验资报告、法律意见书等材料。

互联网新闻信息服务提供者的采编业务和经营业务应当分开,非公有资本不得介入互联网新闻信息采编业务。

3. 与外商投资企业合作的材料

任何组织不得设立中外合资经营、中外合作经营和外资经营的互联网新闻信息服务单位。互联网新闻信息服务单位与境内外中外合资经营、中外合作经营和外资经营的企业进行涉及互联网新闻信息服务业务的合作,应当报经国家互联网信息办公室进行安全评估,并提交以下材料:

(1)拟合作企业的情况。包括该企业基本情况介绍、营业执照等法人资格证明;

（2）拟合作业务的情况。包括合作意向书、合作发展规划、合作可行性分析报告等材料；

主管单位为新闻宣传部门的，还应当提交该主管单位就该项业务合作的意见。

互联网新闻信息服务单位与境内外中外合资经营、中外合作经营和外资经营的企业进行涉及互联网新闻信息服务业务的合作，可能导致互联网新闻信息服务单位不再符合许可条件的，不予通过安全评估。

4. 审批程序

申请互联网新闻信息服务许可，申请主体为中央新闻单位（含其控股的单位）或中央新闻宣传部门主管的单位的，由国家互联网信息办公室受理和决定；申请主体为地方新闻单位（含其控股的单位）或地方新闻宣传部门主管的单位的，由省、自治区、直辖市互联网信息办公室受理和决定；申请主体为其他单位的，经所在地省、自治区、直辖市互联网信息办公室受理和初审后，由国家互联网信息办公室决定。

依法受理后，国家和省、自治区、直辖市互联网信息办公室按照规定，对申请材料进行审核，包括申请者是否符合许可条件、材料是否真实等。审核过程中，国家和省、自治区、直辖市互联网信息办公室可依据实际情况，约见申请者主要负责人、总编辑，到网站备案地、实际经营地、网站服务器所在地等其他相关场所进行实地检查，应当依据《行政许可法》第42条，在规定期限内依法作出批准或不予批准的决定。批准的，核发《互联网新闻信息服务许可证》。省、自治区、直辖市互联网信息办公室应当自作出批准决定之日起7个工作日内，向国家互联网信息办公室报告有关情况。

《互联网新闻信息服务许可证》有效期为3年。有效期届满，需继续从事互联网新闻信息服务活动的，应当于有效期届满30日前申请续办。《互联网新闻信息服务许可证》有效期届满，未依法申请续办的，不得继续提供互联网新闻信息服务，原许可证作废。互联网新闻信息服务许可不得转让。互联网新闻信息服务提供者不得因业务调整、合并、分立等原因擅自转让许可。

省、自治区、直辖市互联网信息办公室应当定期向国家互联网信息办公室报告许可受理和决定情况。

5. 变更、终止手续

互联网新闻信息服务提供者变更主要负责人、总编辑、主管单位、股权结构等影响许可条件的重大事项，应当向原许可机关办理变更手续。

互联网新闻信息服务提供者应用新技术、调整增设具有新闻舆论属性或社会动员能力的应用功能，应当报国家或省、自治区、直辖市互联网信息办公室进行互联网新闻信息服务安全评估。

互联网新闻信息服务提供者终止服务的，应当自终止服务之日起 30 日内向原许可机关办理注销手续，并提交以下材料：①注销申请书。包括注销原因以及其他需要说明的问题，并加盖单位公章；②许可证原件。

二、互联网新闻信息服务运行管理

（一）总编辑及从业人员管理制度

《互联网新闻信息服务管理规定》明确互联网新闻信息服务提供者应当设立总编辑，总编辑对互联网新闻信息内容负总责。总编辑人选应当具有相关从业经验，符合相关条件，并报国家或省、自治区、直辖市互联网信息办公室备案。另外，互联网新闻信息服务相关从业人员应当依法取得相应资质，接受专业培训、考核。互联网新闻信息服务相关从业人员从事新闻采编活动，应当具备新闻采编人员职业资格，持有国家新闻出版广电总局统一颁发的新闻记者证。

为依法规范从业人员职业行为，解决存在的突出问题，国家互联网信息办公室制定出台《互联网新闻信息服务单位内容管理从业人员管理办法》（以下简称《办法》），自 2017 年 12 月 1 日起施行。《办法》要求，从业人员应当遵守宪法、法律和行政法规，坚持正确政治方向和舆论导向，贯彻执行党和国家有关新闻舆论工作的方针政策，坚持马克思主义新闻观，恪守新闻职业道德，维护国家利益和公共利益；按要求参加教育培训，强化马克思主义新闻观教育，强化网信工作、新闻舆论工作等的政策法规等方面教育；按照所在单位的规范管理要求提供互联网新闻信息服务。互联网新闻信息服务单位应强化从业人员教育培训和监督管理的主体责任，建立完善从业人员的教育培训和准入、奖惩、考评、退出等制度，按要求做好从业人员信息备案，并对从业人员违法违规行为采取相关管理措施。另外要求，国家和地方互联网信息办公室将建立从业人员管理信息系统、信用档案和黑名单；指导互联网新闻信息服务单位建立健全从业人员管理制度，要求所在单位对存在违法违规行为的从业人员加强管理和教育培训，并对从业人员管理不力，造成严重后果的单位依法进行处理。从业人员应当依法从业，自觉接受社会监督。互联网新闻信息服务单位应当建立举报制度，及时了解从业人员违法违规和不良从业行为，妥善进行处理，并消除不良影响。

（二）信息安全管理

互联网新闻信息服务提供者应当健全信息发布审核、公共信息巡查、应急处置等信息安全管理制度，具有安全可控的技术保障措施。

（三）平台管理

1. 实名认证

互联网新闻信息服务提供者为用户提供互联网新闻信息传播平台服务，应当按照《中华人民共和国网络安全法》的规定，要求用户提供真实身份信息。用户不提供真实身份信息的，互联网新闻信息服务提供者不得为其提供相关服务。互联网新闻信息服务提供者对用户身份信息和日志信息负有保密的义务，不得泄露、篡改、毁损，不得出售或非法向他人提供。

2. 禁止非法牟利

对互联网新闻信息服务提供者及其从业人员非法牟利作出了禁止性规定，针对社会上出现的一些非法网络公关、水军等现象予以明确禁止，要求互联网新闻信息服务提供者及其从业人员不得通过采编、发布、转载、删除新闻信息，干预新闻信息呈现或搜索结果等手段谋取不正当利益。

3. 平台服务合同

互联网新闻信息服务提供者提供互联网新闻信息传播平台服务，应当与在其平台上注册的用户签订协议，明确双方权利义务。

4. 公共账号备案

对用户开设公众账号的，互联网新闻信息服务提供者应当审核其账号信息、服务资质、服务范围等信息，并向所在地省、自治区、直辖市互联网信息办公室分类备案。

（四）转载责任

互联网新闻信息服务提供者转载新闻信息，应当转载中央新闻单位或省、自治区、直辖市直属新闻单位等国家规定范围内的单位发布的新闻信息，注明新闻信息来源、原作者、原标题、编辑真实姓名等，不得歪曲、篡改标题原意和新闻信息内容，并保证新闻信息来源可追溯。

互联网新闻信息服务提供者转载新闻信息，应当遵守著作权相关法律法规的规定，保护著作权人的合法权益。

（五）信息内容管理

提供互联网新闻信息服务，应当遵守宪法、法律和行政法规，坚持为人民服务、为社会主义服务的方向，坚持正确舆论导向，发挥舆论监督作用，促进形成积极健康、向上向善的网络文化，维护国家利益和公共利益。互联网新闻信息服务提供者和用户不得制作、复制、发布、传播法律、行政法规禁止的信息内容。

互联网新闻信息服务提供者提供服务过程中发现含有违反前述规定内容的，应当依法立即停止传输该信息、采取消除等处置措施，保存有关记录，并向有关主管部门报告。

（六）安全评估

互联网新闻信息服务提供者应用新技术、调整增设具有新闻舆论属性或社会动员能力的应用功能，应当报国家或省、自治区、直辖市互联网信息办公室进行互联网新闻信息服务安全评估。

（七）互联网新闻信息服务提供者应当在明显位置明示互联网新闻信息服务许可证编号

三、监督检查

（一）日常检查与定期检查相结合

国家和地方互联网信息办公室应当建立日常检查和定期检查相结合的监督管理制度，依法对互联网新闻信息服务活动实施监督检查，有关单位、个人应当予以配合。

国家和地方互联网信息办公室应当健全执法人员资格管理制度。执法人员开展执法活动，应当依法出示执法证件。

（二）举报制度

任何组织和个人发现互联网新闻信息服务提供者有违反限制行为的，可以向国家和地方互联网信息办公室举报。国家和地方互联网信息办公室应当向社会公开举报受理方式，收到举报后，应当依法予以处置。互联网新闻信息服务提供者应当予以配合。

（三）约谈制度

国家和地方互联网信息办公室应当建立互联网新闻信息服务网络信用档案，建立失信黑名单制度和约谈制度。国家互联网信息办公室会同国务院电信、公安、新闻出版广电等部门建立信息共享机制，加强工作沟通和协作配合，依法开展联合执法等专项监督检查活动。

（1）互联网新闻信息服务单位约谈制度。

根据《互联网新闻信息服务单位约谈工作规定》，互联网新闻信息服务单位约谈制度是指国家互联网信息办公室、地方互联网信息办公室在互联网新闻信息服务单位发生严重违法违规情形时，约见其相关负责人，进行警示谈话、指出问题、责令整改纠正的行政管理制度。

地方互联网信息办公室负责对本行政区域内的互联网新闻信息服务单位实施约谈，约谈情况应当及时向国家互联网信息办公室报告。对存在重大违法情形的互联网新闻信息服务单位，由国家互联网信息办公室单独或联合属地互联网信息办公室实施约谈。

(2) 可约谈的情形。

互联网新闻信息服务单位有下列情形之一的,国家互联网信息办公室、地方互联网信息办公室可对其主要负责人、总编辑等进行约谈:

①未及时处理公民、法人和其他组织关于互联网新闻信息服务的投诉、举报情节严重的;

②通过采编、发布、转载、删除新闻信息等谋取不正当利益的;

③违反互联网用户账号名称注册、使用、管理相关规定情节严重的;

④未及时处置违法信息情节严重的;

⑤未及时落实监管措施情节严重的;

⑥内容管理和网络安全制度不健全、不落实的;

⑦网站日常考核中问题突出的;

⑧年检中问题突出的;

⑨其他违反相关法律法规规定需要约谈的情形。

(3) 约谈管理程序。

①国家互联网信息办公室、地方互联网信息办公室对互联网新闻信息服务单位实施约谈,应当提前告知约谈事由,并约定时间、地点和参加人员等。国家互联网信息办公室、地方互联网信息办公室实施约谈时,应当由两名以上执法人员参加,主动出示证件,并记录约谈情况。

②国家互联网信息办公室、地方互联网信息办公室通过约谈,及时指出互联网新闻信息服务单位存在的问题,并提出整改要求。

(4) 互联网新闻信息服务单位应当及时落实整改要求,依法提供互联网新闻信息服务。

(5) 国家互联网信息办公室、地方互联网信息办公室应当加强对互联网新闻信息服务单位的监督检查,并对其整改情况进行综合评估,综合评估可以委托第三方开展。

(6) 互联网新闻信息服务单位未按要求整改,或经综合评估未达到整改要求的,将依照《互联网信息服务管理办法》《互联网新闻信息服务管理规定》的有关规定给予警告、罚款、责令停业整顿、吊销许可证等处罚；互联网新闻信息服务单位被多次约谈仍然存在违法行为的，依法从重处罚。

（7）国家互联网信息办公室、地方互联网信息办公室可将与互联网新闻信息服务单位的约谈情况向社会公开。约谈情况记入互联网新闻信息服务单位日常考核和年检档案。

（8）国家互联网信息办公室、地方互联网信息办公室履行约谈职责时，互联网新闻信息服务单位应当予以配合，不得拒绝、阻挠。

第四节　网络出版服务管理制度

为了规范网络出版服务秩序，促进网络出版服务业健康有序发展，根据《出版管理条例》《互联网信息服务管理办法》及相关法律法规，国家新闻出版总局和工业与信息化部联合制定发布了《网络出版服务管理规定》，自2016年3月10日起施行。在中华人民共和国境内从事网络出版服务，适用本规定。从事网络出版服务，应当遵守宪法和有关法律、法规，坚持为人民服务、为社会主义服务的方向，坚持社会主义先进文化的前进方向，弘扬社会主义核心价值观，传播和积累一切有益于提高民族素质、推动经济发展、促进社会进步的思想道德、科学技术和文化知识，满足人民群众日益增长的精神文化需要。

一、网络出版服务的管理权限

（一）网络出版服务

（1）网络出版服务，是指通过信息网络向公众提供网络出版物。

（2）网络出版物，是指通过信息网络向公众提供的，具有编辑、制作、加工等出版特征的数字化作品，范围主要包括：

①文学、艺术、科学等领域内具有知识性、思想性的文字、图片、地图、游戏、动漫、音视频读物等原创数字化作品；

②与已出版的图书、报纸、期刊、音像制品、电子出版物等内容相一致的数字化作品；

③将上述作品通过选择、编排、汇集等方式形成的网络文献数据库等数字化作品；

④国家新闻出版广电总局认定的其他类型的数字化作品。

网络出版服务的具体业务分类另行制定。

(二) 主管部门及职责

国家新闻出版广电总局作为网络出版服务的行业主管部门，负责全国网络出版服务的前置审批和监督管理工作。工业和信息化部作为互联网行业主管部门，依据职责对全国网络出版服务实施相应的监督管理。

地方人民政府各级出版行政主管部门和各省级电信主管部门依据各自职责对本行政区域内网络出版服务及接入服务实施相应的监督管理工作并做好配合工作。

出版行政主管部门根据已经取得的违法嫌疑证据或者举报，对涉嫌违法从事网络出版服务的行为进行查处时，可以检查与涉嫌违法行为有关的物品和经营场所；对有证据证明是与违法行为有关的物品，可以查封或者扣押。

二、网络出版服务许可制度

从事网络出版服务，必须依法经过出版行政主管部门批准，取得《网络出版服务许可证》。

(一) 网络出版许可证的条件

(1) 图书、音像、电子、报纸、期刊出版单位从事网络出版服务，应当具备以下条件：

①有确定的从事网络出版业务的网站域名、智能终端应用程序等出版平台；

②有确定的网络出版服务范围；

③有从事网络出版服务所需的必要的技术设备，相关服务器和存储设备必须存放在中华人民共和国境内。

(2) 其他单位从事网络出版服务，除上述所列条件外，还应当具备以下条件：

①有确定的、不与其他出版单位相重复的,从事网络出版服务主体的名称及章程;

②有符合国家规定的法定代表人和主要负责人,法定代表人必须是在境内长久居住的具有完全行为能力的中国公民,法定代表人和主要负责人至少1人应当具有中级以上出版专业技术人员职业资格;

③除法定代表人和主要负责人外,有适应网络出版服务范围需要的8名以上具有国家新闻出版广电总局认可的出版及相关专业技术职业资格的专职编辑出版人员,其中具有中级以上职业资格的人员不得少于3名;

④有从事网络出版服务所需的内容审校制度;

⑤有固定的工作场所;

⑥法律、行政法规和国家新闻出版广电总局规定的其他条件。

(3) 外商投资企业不得从事网络出版服务。

中外合资经营、中外合作经营和外资经营的单位不得从事网络出版服务。

网络出版服务单位与境内中外合资经营、中外合作经营、外资经营企业或境外组织及个人进行网络出版服务业务的项目合作,应当事前报国家新闻出版广电总局审批。

(二) 网络出版服务许可证的审批

1. 审批程序

申请从事网络出版服务,应当向所在地省、自治区、直辖市出版行政主管部门提出申请,经审核同意后,报国家新闻出版广电总局审批。国家新闻出版广电总局应当自受理申请之日起60日内,作出批准或者不予批准的决定。不批准的,应当说明理由。

2. 申报材料

从事网络出版服务的申报材料,应该包括下列内容:

(1)《网络出版服务许可证申请表》;

(2) 单位章程及资本来源性质证明;

(3) 网络出版服务可行性分析报告,包括资金使用、产品规划、技术条件、设备配备、机构设置、人员配备、市场分析、风险评估、版权保护措施等；

（4）法定代表人和主要负责人的简历、住址、身份证明文件；

（5）编辑出版等相关专业技术人员的国家认可的职业资格证明和主要从业经历及培训证明；

（6）工作场所使用证明；

（7）网站域名注册证明、相关服务器存放在中华人民共和国境内的承诺。

国家鼓励传统出版单位与新媒体融合发展，图书、音像、电子、报纸、期刊出版单位从事网络出版服务的，仅提交前款（1）、（6）、（7）项规定的材料。

3. 注册登记

设立网络出版服务单位的申请者应自收到批准决定之日起30日内办理注册登记手续：

（1）持批准文件到所在地省、自治区、直辖市出版行政主管部门领取并填写《网络出版服务许可登记表》；

（2）省、自治区、直辖市出版行政主管部门对《网络出版服务许可登记表》审核无误后，在10日内向申请者发放《网络出版服务许可证》；

（3）《网络出版服务许可登记表》一式三份，由申请者和省、自治区、直辖市出版行政主管部门各存一份，另一份由省、自治区、直辖市出版行政主管部门在15日内报送国家新闻出版广电总局备案。

（4）网络出版服务经批准后，申请者应持批准文件、《网络出版服务许可证》到所在地省、自治区、直辖市电信主管部门办理相关手续。

4. 《网络出版服务许可证》的效力及使用管理

（1）《网络出版服务许可证》有效期为5年。有效期届满，需继续从事网络出版服务活动的，应于有效期届满60日前按《网络出版服务管理规定》第11条规定的程序提出申请。出版行政主管部门应当在该许可有效期届满前作出是否准予延续的决定。批准的，换发《网络出版服务许可证》。

（2）网络出版服务单位变更《网络出版服务许可证》许可登记事项、

资本结构，合并或者分立，设立分支机构的，应依据规定审批手续，并应持批准文件到所在地省、自治区、直辖市电信主管部门办理相关手续。

（3）网络出版服务单位中止网络出版服务的，应当向所在地省、自治区、直辖市出版行政主管部门备案，并说明理由和期限；网络出版服务单位中止网络出版服务不得超过180日。

网络出版服务单位终止网络出版服务的，应当自终止网络出版服务之日起30日内，向所在地省、自治区、直辖市出版行政主管部门办理注销手续后到省、自治区、直辖市电信主管部门办理相关手续。省、自治区、直辖市出版行政主管部门将相关信息报国家新闻出版广电总局备案。

（4）网络出版服务单位自登记之日起满180日未开展网络出版服务的，由原登记的出版行政主管部门注销登记，并报国家新闻出版广电总局备案。同时，通报相关省、自治区、直辖市电信主管部门。

因不可抗力或者其他正当理由发生上述所列情形的，网络出版服务单位可以向原登记的出版行政主管部门申请延期。

（5）网络出版服务单位应当在其网站首页上标明出版行政主管部门核发的《网络出版服务许可证》编号。互联网相关服务提供者在为网络出版服务单位提供人工干预搜索排名、广告、推广等服务时，应当查验服务对象的《网络出版服务许可证》及业务范围。

（6）网络出版服务单位应当按照批准的业务范围从事网络出版服务，不得超出批准的业务范围从事网络出版服务。

（7）网络出版服务单位不得转借、出租、出卖《网络出版服务许可证》或以任何形式转让网络出版服务许可。网络出版服务单位允许其他网络信息服务提供者以其名义提供网络出版服务，属于前款所称禁止行为。

（8）网络出版服务单位实行特殊管理股制度，具体办法由国家新闻出版广电总局另行制定。

三、网络出版服务管理

（一）网络出版物内容审核责任制度、责任编辑制度、责任校对制度

网络出版服务单位实行编辑责任制度，保障网络出版物内容合法。网

络出版服务单位实行出版物内容审核责任制度、责任编辑制度、责任校对制度等管理制度，保障网络出版物出版质量。在网络上出版其他出版单位已在境内合法出版的作品且不改变原出版物内容的，须在网络出版物的相应页面显著标明原出版单位名称以及书号、刊号、网络出版物号或者网址信息。《网络出版服务管理规定》中所称出版物内容审核责任制度、责任编辑制度、责任校对制度等管理制度，参照《图书质量保障体系》的有关规定执行。

(二) 网络出版物的内容要求

1. 网络出版物不得含有的内容

《网络出版服务管理规定》第 24 条规定，网络出版物不得含有以下内容：

(1) 反对宪法确定的基本原则的；

(2) 危害国家统一、主权和领土完整的；

(3) 泄露国家秘密、危害国家安全或者损害国家荣誉和利益的；

(4) 煽动民族仇恨、民族歧视，破坏民族团结，或者侵害民族风俗、习惯的；

(5) 宣扬邪教、迷信的；

(6) 散布谣言，扰乱社会秩序，破坏社会稳定的；

(7) 宣扬淫秽、色情、赌博、暴力或者教唆犯罪的；

(8) 侮辱或者诽谤他人，侵害他人合法权益的；

(9) 危害社会公德或者民族优秀文化传统的；

(10) 有法律、行政法规和国家规定禁止的其他内容的。

2. 对未成年人网络出版物的特殊规定

《网络出版服务管理规定》第 25 条规定，为保护未成年人合法权益，网络出版物不得含有诱发未成年人模仿违反社会公德和违法犯罪行为的内容，不得含有恐怖、残酷等妨害未成年人身心健康的内容，不得含有披露未成年人个人隐私的内容。

网络出版服务单位发现其出版的网络出版物含有第 24 条、第 25 条所列内容的，应当立即删除，保存有关记录，并向所在地县级以上出版行政主管部门报告。

网络出版服务单位依法从事网络出版服务，任何组织和个人不得干扰、阻止和破坏。

3. 国家支持、鼓励的网络出版物

国家支持、鼓励下列优秀的、重点的网络出版物的出版：

（1）对阐述、传播宪法确定的基本原则有重大作用的；

（2）对弘扬社会主义核心价值观，进行爱国主义、集体主义、社会主义和民族团结教育以及弘扬社会公德、职业道德、家庭美德、个人品德有重要意义的；

（3）对弘扬民族优秀文化，促进国际文化交流有重大作用的；

（4）具有自主知识产权和优秀文化内涵的；

（5）对推进文化创新，及时反映国内外新的科学文化成果有重大贡献的；

（6）对促进公共文化服务有重大作用的；

（7）专门以未成年人为对象、内容健康的或者其他有利于未成年人健康成长的；

（8）其他具有重要思想价值、科学价值或者文化艺术价值的。

（三）重大选题制度

网络出版服务单位出版涉及国家安全、社会安定等方面重大选题的内容，应当按照国家新闻出版广电总局有关重大选题备案管理的规定办理备案手续。未经备案的重大选题内容，不得出版。

（四）网络游戏出版的管理

网络游戏上网出版前，必须向所在地省、自治区、直辖市出版行政主管部门提出申请，经审核同意后，报国家新闻出版广电总局审批。

（五）网络出版物内容要求真实、公正

网络出版物的内容不真实或不公正，致使公民、法人或者其他组织合法权益受到侵害的，相关网络出版服务单位应当停止侵权，公开更正，消除影响，并依法承担其他民事责任。

(六) 网络出版物的标识及标准

国家对网络出版物实行标识管理，具体办法由国家新闻出版广电总局另行制定。网络出版物必须符合国家的有关规定和标准要求，保证出版物质量。网络出版物使用语言文字，必须符合国家法律规定和有关标准规范。

(七) 网络出版单位的管理制度

网络出版服务单位应当按照国家有关规定或技术标准，配备应用必要的设备和系统，建立健全各项管理制度，保障信息安全、内容合法，并为出版行政主管部门依法履行监督管理职责提供技术支持。网络出版服务单位应记录所出版作品的内容及其时间、网址或者域名，记录应当保存60日，并在国家有关部门依法查询时，予以提供。

(八) 网络出版境外出版物

网络出版服务单位在网络上提供境外出版物，应当取得著作权合法授权。其中，出版境外著作权人授权的网络游戏，须按规定办理审批手续。

四、网络出版监督管理

(一) 属地管理制度

网络出版服务的监督管理实行属地管理原则，对非法干扰、阻止和破坏网络出版物出版的行为，出版行政主管部门及其他有关部门，应当及时采取措施，予以制止。各地出版行政主管部门应当加强对本行政区域内的网络出版服务单位及其出版活动的日常监督管理，履行下列职责：①对网络出版服务单位进行行业监管，对网络出版服务单位违反本规定的情况进行查处并报告上级出版行政主管部门；②对网络出版服务进行监管，对违反本规定的行为进行查处并报告上级出版行政主管部门；③对网络出版物内容和质量进行监管，定期组织内容审读和质量检查，并将结果向上级出版行政主管部门报告；④对网络出版从业人员进行管理，定期组织岗位、业务培训和考核；⑤配合上级出版行政主管部门、协调相关部门、指导下级出版行政主管部门开展工作。

出版行政主管部门应当加强监管队伍和机构建设，采取必要的技术手段对网络出版服务进行管理。出版行政主管部门依法履行监督检查等执法职责时，网络出版服务单位应当予以配合，不得拒绝、阻挠。

各省、自治区、直辖市出版行政主管部门应当定期将本行政区域内的网络出版服务监督管理情况向国家新闻出版广电总局提交书面报告。

（二）年检制度

（1）网络出版服务单位实行年度核验制度，年度核验每年进行一次。省、自治区、直辖市出版行政主管部门负责对本行政区域内的网络出版服务单位实施年度核验并将有关情况报国家新闻出版广电总局备案。年度核验内容包括网络出版服务单位的设立条件、登记项目、出版经营情况、出版质量、遵守法律规范、内部管理情况等。

（2）年度核验按照以下程序进行：

①网络出版服务单位提交年度自检报告，内容包括：本年度政策法律执行情况，奖惩情况，网站出版、管理、运营绩效情况，网络出版物目录，对年度核验期内的违法违规行为的整改情况，编辑出版人员培训管理情况等；并填写由国家新闻出版广电总局统一印制的《网络出版服务年度核验登记表》，与年度自检报告一并报所在地省、自治区、直辖市出版行政主管部门；

②省、自治区、直辖市出版行政主管部门对本行政区域内的网络出版服务单位的设立条件、登记项目、开展业务及执行法规等情况进行全面审核，并在收到网络出版服务单位的年度自检报告和《网络出版服务年度核验登记表》等年度核验材料的45日内完成全面审核查验工作。对符合年度核验要求的网络出版服务单位予以登记，并在其《网络出版服务许可证》上加盖年度核验章；

③省、自治区、直辖市出版行政主管部门应于完成全面审核查验工作的15日内将年度核验情况及有关书面材料报国家新闻出版广电总局备案。

（3）暂缓年检。

有下列情形之一的，暂缓年度核验：

①正在停业整顿的；

②违反出版法规规章，应予处罚的；

③未按要求执行出版行政主管部门相关管理规定的；

④内部管理混乱，无正当理由未开展实质性网络出版服务活动的；

⑤存在侵犯著作权等其他违法嫌疑需要进一步核查的。

暂缓年度核验的期限由省、自治区、直辖市出版行政主管部门确定，报国家新闻出版广电总局备案，最长不得超过180日。暂缓年度核验期间，须停止网络出版服务。

暂缓核验期满，按规定重新办理年度核验手续。

（4）不予通过年检。

已经不具备设立网络出版单位规定条件的，责令限期改正；逾期仍未改正的，不予通过年度核验，由国家新闻出版广电总局撤销《网络出版服务许可证》，所在地省、自治区、直辖市出版行政主管部门注销登记，并通知当地电信主管部门依法处理。省、自治区、直辖市出版行政主管部门可根据实际情况，对本行政区域内的年度核验事项进行调整，相关情况报国家新闻出版广电总局备案。

省、自治区、直辖市出版行政主管部门可以向社会公布年度核验结果。

（三）网络出版服务从业人员资质

从事网络出版服务的编辑出版等相关专业技术人员及其负责人应当符合国家关于编辑出版等相关专业技术人员职业资格管理的有关规定。网络出版服务单位的法定代表人或主要负责人应按照有关规定参加出版行政主管部门组织的岗位培训，并取得国家新闻出版广电总局统一印制的《岗位培训合格证书》。未按规定参加岗位培训或培训后未取得《岗位培训合格证书》的，不得继续担任法定代表人或主要负责人。

网络出版服务单位违反本规定被处以吊销许可证行政处罚的，其法定代表人或者主要负责人自许可证被吊销之日起10年内不得担任网络出版服务单位的法定代表人或者主要负责人。从事网络出版服务的编辑出版等相关专业技术人员及其负责人违反本规定，情节严重的，由原发证机关吊销其资格证书。

第五节 互联网视听节目服务管理制度

为维护国家利益和公共利益，保护公众和互联网视听节目服务单位的合法权益，规范互联网视听节目服务秩序，促进健康有序发展，国家广播电影电视总局、信息产业部于2007年12月20日以第56号令公布了《互联网视听节目服务管理规定》，该规定2015年8月28日第一次修订，适用于在中华人民共和国境内向公众提供互联网（含移动互联网，以下简称互联网）视听节目服务活动。国家新闻出版广电总局于2017年3月10日重新修订公布了《互联网视听节目服务业务分类目录（试行）》，明确规定互联网视听节目服务分为四大类。

一、互联网视听节目服务的类别

互联网视听节目服务，是指制作、编辑、集成并通过互联网向公众提供视音频节目，以及为他人提供上载传播视听节目服务的活动。《互联网视听节目服务业务分类目录（试行）》的规定，利用公共互联网（含移动互联网）向计算机、手机用户提供视听节目服务（不含交互式网络电视（IPTV）、互联网电视、专网手机电视业务），业务分类、界定如下：

（一）第一类互联网视听节目服务（广播电台、电视台形态的互联网视听节目服务）

（1）时政类视听新闻节目首发服务，指采访、制作或定制时政新闻、社会新闻类视听节目，首先供公众在网上点播的服务。定制指委托其他机构为本机构制作节目并供其播出的行为。

（2）时政和社会类视听节目的主持、访谈、评论服务，指以主持、访谈、演讲的节目形式，围绕政治、社会事件或题材进行评论，供公众在网上点播的服务。

（3）自办新闻、综合视听节目频道服务，指采用与广播电视节目频道相同的编播形式，自行编排含有时政新闻、社会新闻内容的互联网视听节目频道，通过互联网实时播出供公众收看的服务。

（4）自办专业视听节目频道服务，指采用与广播电视节目频道相同的编播形式，自行编排不含有时政新闻、社会新闻内容的影视、文艺、娱乐、科技、财经、体育、教育等专业类视听节目的频道，通过互联网实时播出供公众收看的服务。

（5）重大政治、军事、经济、社会、文化、体育等活动、事件的实况视音频直播服务，指通过互联网对重大政治、军事、经济、社会、文化、体育等活动或事件进行的视音频实况直播服务。

（二）第二类互联网视听节目服务

（1）时政类视听新闻节目转载服务，指转载广播电视、新闻视听节目网站已登载播出过的时政新闻类，以及转载含有政治、社会评论题材的主持、访谈、报道类视听节目，供公众点播（含下载或轮播）收看、收听的服务。轮播指将单个视听节目制成品反复播放，或将若干个视听节目制成品组合在一起，按固定顺序在互联网上反复轮流播放，且每一轮的播放时长不超过60分钟的播放活动。

（2）文艺、娱乐、科技、财经、体育、教育等专业类视听节目的主持、访谈、报道、评论服务，指以采访、主持、访谈等节目形式，对文艺、娱乐、科技、财经、体育、教育等领域的事件进行报道、评论，并供公众在网上点播的服务。

（3）文艺、娱乐、科技、财经、体育、教育等专业类视听节目的制作（不含采访）、播出服务，指生产制作、定制、编排文艺、娱乐、科技、财经、体育、教育等专业类视听节目，并供公众在网上点播的服务。

（4）网络剧（片）的制作、播出服务，指生产制作、定制、编排网络剧（片）的服务。

（5）电影、电视剧、动画片类视听节目的汇集、播出服务，指采购、收集、编排电影、电视剧、网络剧（电影）、手机剧（电影）、动画片等节目，并供公众点播（含下载或轮播）的服务。

（6）文艺、娱乐、科技、财经、体育、教育等专业类视听节目的汇集、播出服务，指采购、收集、编排文艺、娱乐、科技、财经、体育、教育等专业方面的专题节目（包括个人 DV 作品），并供公众点播（含下载或轮播）的服务。

（7）一般社会团体文化活动、体育赛事等组织活动的实况视音频直播服务，指通过互联网对一般社会性、团体性文化活动、体育赛事等向公众进行实况视音频直播的服务。

（三）第三类互联网视听节目服务

（1）聚合网上视听节目的服务，指将互联网上的视听节目信息编辑、排列到同一网站上，并向公众提供节目的查找、收看服务的业务活动。

（2）转发网民上传视听节目的服务，指为网民提供专门的节目或信息上传通道，供网民将自己或他人的节目源通过网站的信息播发系统或收视界面传递给公众，供公众点播的服务。包括：①节目上传服务，指网民将节目上传到网站的服务器中，供公众收看、收听（含下载）的服务；②信息上传分发服务，指网民将节目名称、链接地址等信息上传到网站的服务器中，供公众浏览、选择再链接到其他播放器收看、收听（含下载）节目的服务。

（四）第四类互联网视听节目服务（互联网视听节目转播类服务）

（1）转播广播电视节目频道的服务，指通过互联网完整转播广播电视节目频道、频率的服务。完整转播是指保留频道标识，不在节目信号中插播内容，不修改、删减任何原有频道的节目内容和图文信息。

（2）转播互联网视听节目频道的服务，指通过互联网完整转播互联网视听节目频道（第一类第三项或第一类第四项）的服务。

（3）转播网上实况直播的视听节目的服务，指通过互联网完整转播其他网站对政治、军事、经济、社会、文化、体育等活动或事件的实况视音频直播视听节目的服务。

根据《互联网视听节目服务业务分类目录（试行）》的规定，交互式网络电视（IPTV）、专网手机电视、互联网电视的集成播控服务、内容提供服务属于广播电台、电视台形态的网络视听节目服务，系专网及定向传播视听节目服务。交互式网络电视（IPTV）、专网手机电视、互联网电视的集成播控服务、内容提供服务和传输分发服务的业务分类目录另行制定。

二、主管机关

国务院广播电影电视主管部门作为互联网视听节目服务的行业主管部门，负责对互联网视听节目服务实施监督管理，统筹互联网视听节目服务的产业发展、行业管理、内容建设和安全监管。国务院信息产业主管部门作为互联网行业主管部门，依据电信行业管理职责对互联网视听节目服务实施相应的监督管理。地方人民政府广播电影电视主管部门和地方电信管理机构依据各自职责对本行政区域内的互联网视听节目服务单位及接入服务实施相应的监督管理。

三、互联网视听节目服务许可证制度

从事互联网视听节目服务，应当依照规定取得广播电影电视主管部门颁发的《信息网络传播视听节目许可证》（以下简称《许可证》）或履行备案手续。未按照本规定取得广播电影电视主管部门颁发的《许可证》或履行备案手续，任何单位和个人不得从事互联网视听节目服务。互联网视听节目服务业务指导目录由国务院广播电影电视主管部门商国务院信息产业主管部门制定。

（一）申请从事互联网视听节目服务的条件

（1）《互联网视听节目服务管理规定》第 8 条规定，申请从事互联网视听节目服务的，应当同时具备以下条件：

①具备法人资格，为国有独资或国有控股单位，且在申请之日前 3 年内无违法违规记录；

②有健全的节目安全传播管理制度和安全保护技术措施；

③有与其业务相适应并符合国家规定的视听节目资源；

④有与其业务相适应的技术能力、网络资源；

⑤有与其业务相适应的专业人员，且主要出资者和经营者在申请之日前 3 年内无违法违规记录；

⑥技术方案符合国家标准、行业标准和技术规范；

⑦符合国务院广播电影电视主管部门确定的互联网视听节目服务总体规划、布局和业务指导目录；

⑧符合法律、行政法规和国家有关规定的条件。

（2）从事广播电台、电视台形态服务和时政类视听新闻服务的，除符合前述第 8 条规定外，还应当持有广播电视播出机构许可证或互联网新闻信息服务许可证。其中，以自办频道方式播放视听节目的，由地（市）级以上广播电台、电视台、中央新闻单位提出申请。

从事主持、访谈、报道类视听服务的，除符合《互联网视听节目服务管理规定》第 8 条规定外，还应当持有广播电视节目制作经营许可证和互联网新闻信息服务许可证；从事自办网络剧（片）类服务的，还应当持有广播电视节目制作经营许可证。

未经批准，任何组织和个人不得在互联网上使用广播电视专有名称开展业务。

(二) 审批程序

申请《信息网络传播视听节目许可证》（以下简称《许可证》），应当通过省、自治区、直辖市人民政府广播电影电视主管部门向国务院广播电影电视主管部门提出申请，中央直属单位可以直接向国务院广播电影电视主管部门提出申请。

省、自治区、直辖市人民政府广播电影电视主管部门应当提供便捷的服务，自收到申请之日起 20 日内提出初审意见，报国务院广播电影电视主管部门审批；国务院广播电影电视主管部门应当自收到申请或者初审意见之日起 40 日内作出许可或者不予许可的决定，其中专家评审时间为 20 日。予以许可的，向申请人颁发《许可证》，并向社会公告；不予许可的，应当书面通知申请人并说明理由。《许可证》应当载明互联网视听节目服务的播出标识、名称、服务类别等事项。

《许可证》有效期为3年。有效期届满，需继续从事互联网视听节目服务的，应于有效期届满前30日内，持符合前述第8条规定条件的相关材料，向原发证机关申请办理续办手续。

（三）传统广播电台、电视台从事互联网视听节目转播类服务的备案制度

地（市）级以上广播电台、电视台从事互联网视听节目转播类服务的，到省级以上广播电影电视主管部门履行备案手续。中央新闻单位从事互联网视听节目转播类服务的，到国务院广播电影电视主管部门履行备案手续。备案单位应在节目开播30日前，提交网址、网站名、拟转播的广播电视频道、栏目名称等有关备案材料，广播电影电视主管部门应将备案情况向社会公告。

（四）电信业务经营许可

取得《许可证》的单位，应当依据《互联网信息服务管理办法》，向省（自治区、直辖市）电信管理机构或国务院信息产业主管部门（以下简称电信主管部门）申请办理电信业务经营许可或者履行相关备案手续，并依法到工商行政管理部门办理注册登记或变更登记手续。电信主管部门应根据广播电影电视主管部门许可，严格互联网视听节目服务单位的域名和IP地址管理。

（五）信息网络传播视听节目许可证的使用管理

1. 变更手续

互联网视听节目服务单位变更股东、股权结构，有重大资产变动或有上市等重大融资行为的，以及业务项目超出《许可证》载明范围的，应按规定办理审批手续。互联网视听节目服务单位的办公场所、法定代表人以及互联网信息服务单位的网址、网站名依法变更的，应当在变更后15日内向省级以上广播电影电视主管部门和电信主管部门备案，变更事项涉及工商登记的，应当依法到工商行政管理部门办理变更登记手续。

2. 注销手续

互联网视听节目服务单位应当在取得《许可证》90 日内提供互联网视听节目服务。未按期提供服务的，其《许可证》由原发证机关予以注销。如因特殊原因，应经发证机关同意。申请终止服务的，应提前 60 日向原发证机关申报，其《许可证》由原发证机关予以注销。连续停止业务超过 60 日的，由原发证机关按终止业务处理，其《许可证》由原发证机关予以注销。

3. 标识管理

互联网视听节目服务单位应当按照《许可证》载明或备案的事项开展互联网视听节目服务，并在播出界面显著位置标注国务院广播电影电视主管部门批准的播出标识、名称、《许可证》或备案编号。

任何单位不得向未持有《许可证》或备案的单位提供与互联网视听节目服务有关的代收费及信号传输、服务器托管等金融和技术服务。

四、互联网视听节目的内容管理

（一）鼓励发展网络视听节目

鼓励国有战略投资者投资互联网视听节目服务企业；鼓励互联网视听节目服务单位积极开发适应新一代互联网和移动通信特点的新业务，为移动多媒体、多媒体网站生产积极健康的视听节目，努力提高互联网视听节目的供给能力；鼓励影视生产基地、电视节目制作单位多生产适合在网上传播的影视剧（片）、娱乐节目，积极发展民族网络影视产业；鼓励互联网视听节目服务单位传播公益性视听节目。

互联网视听节目服务单位应当遵守著作权法律、行政法规的规定，采取版权保护措施，保护著作权人的合法权益。

（二）互联网视听节目的禁止性规定

根据《互联网视听节目服务管理规定》第 16 条，互联网视听节目服务单位提供的、网络运营单位接入的视听节目应当符合法律、行政法规、部门规章的规定。已播出的视听节目应至少完整保留 60 日。视听节目不得含有以下内容：

（1）反对宪法确定的基本原则的；

（2）危害国家统一、主权和领土完整的；

（3）泄露国家秘密、危害国家安全或者损害国家荣誉和利益的；

（4）煽动民族仇恨、民族歧视，破坏民族团结，或者侵害民族风俗、习惯的；

（5）宣扬邪教、迷信的；

（6）扰乱社会秩序，破坏社会稳定的；

（7）诱导未成年人违法犯罪和渲染暴力、色情、赌博、恐怖活动的；

（8）侮辱或者诽谤他人，侵害公民个人隐私等他人合法权益的；

（9）危害社会公德，损害民族优秀文化传统的；

（10）有关法律、行政法规和国家规定禁止的其他内容。

（三）视听类节目及时政视听新闻节目的管理

根据《互联网视听节目服务管理规定》第17条，用于互联网视听节目服务的电影电视剧类节目和其它节目，应当符合国家有关广播电影电视节目的管理规定。互联网视听节目服务单位播出时政类视听新闻节目，应当是地（市）级以上广播电台、电视台制作、播出的节目和中央新闻单位网站登载的时政类视听新闻节目。

未持有《许可证》的单位不得为个人提供上载传播视听节目服务。互联网视听节目服务单位不得允许个人上载时政类视听新闻节目，在提供播客、视频分享等上载传播视听节目服务时，应当提示上载者不得上载违反本规定的视听节目。任何单位和个人不得转播、链接、聚合、集成非法的广播电视频道、视听节目网站的节目。

（四）内容监管职责

广播电影电视主管部门发现互联网视听节目服务单位传播违反本规定的视听节目，应当采取必要措施予以制止。互联网视听节目服务单位对含有违反本规定内容的视听节目，应当立即删除，并保存有关记录，履行报告义务，落实有关主管部门的管理要求。

互联网视听节目服务单位主要出资者和经营者应对播出和上载的视听

节目内容负责。

五、互联网视听节目服务单位的义务

（1）互联网视听节目服务单位应当选择依法取得互联网接入服务电信业务经营许可证或广播电视节目传送业务经营许可证的网络运营单位提供服务；应当依法维护用户权利，履行对用户的承诺，对用户信息保密，不得进行虚假宣传或误导用户、做出对用户不公平不合理的规定、损害用户的合法权益；提供有偿服务时，应当以显著方式公布所提供服务的视听节目种类、范围、资费标准和时限，并告知用户中止或者取消互联网视听节目服务的条件和方式。

（2）网络运营单位提供互联网视听节目信号传输服务时，应当保障视听节目服务单位的合法权益，保证传输安全，不得擅自插播、截留视听节目信号；在提供服务前应当查验视听节目服务单位的《许可证》或备案证明材料，按照《许可证》载明事项或备案范围提供接入服务。

六、广播电影电视和电信主管部门的管理职责

广播电影电视和电信主管部门应建立公众监督举报制度。公众有权举报视听节目服务单位的违法违规行为，有关主管部门应当及时处理，不得推诿。广播电影电视、电信等监督管理部门发现违反本规定的行为，不属于本部门职责的，应当移交有权处理的部门处理。

电信主管部门应当依照国家有关规定向广播电影电视主管部门提供必要的技术系统接口和网站数据查询资料。

广播电影电视主管部门依法对互联网视听节目服务单位进行实地检查，有关单位和个人应当予以配合。广播电影电视主管部门工作人员依法进行实地检查时应当主动出示有关证件。

通过互联网提供视音频即时通讯服务，由国务院信息产业主管部门按照国家有关规定进行监督管理。利用局域网络及利用互联网架设虚拟专网向公众提供网络视听节目服务，须向行业主管部门提出申请，由国务院信息产业主管部门前置审批，国务院广播电影电视主管部门审核批准，按照国家有关规定进行监督管理。

七、网络剧、微电影等网络视听节目管理

为进一步完善管理，营造文明健康的网络环境，防止内容低俗、格调低下、渲染暴力色情的网络视听节目对社会产生不良影响，解决互联网视听节目服务单位自审自播网络剧、微电影等网络视听节目，审核标准尺度不同，导致同一节目出现不同版本；个别节目的制作方不具备广播电视节目制作资质，一些需编辑的节目难以联系制作方进行重新编辑；还有一些节目未按要求及时备案等问题，国家新闻出版广电总局于2014年发布了《关于进一步完善网络剧、微电影等网络视听节目管理的补充通知》（新广电发〔2014〕2号），进一步规范网络剧、微电影等网络视听节目管理。

（1）从事生产制作网络剧、微电影等网络视听节目的机构，应依法取得广播影视行政部门颁发的《广播电视节目制作经营许可证》。互联网视听节目服务单位不得播出未取得《广播电视节目制作经营许可证》机构制作的网络剧、微电影等网络视听节目。

（2）个人制作并上传的网络剧、微电影等网络视听节目，由转发该节目的互联网视听节目服务单位履行生产制作机构的责任。互联网视听节目服务单位只能转发已核实真实身份信息并符合内容管理规定的个人上传的网络剧、微电影等网络视听节目，不得转发非实名用户上传的此类节目。

（3）各地新闻出版广电行政部门要加强广播电视节目制作经营机构的管理，对生产制作网络剧、微电影等网络视听节目的主创人员开展有针对性的培训，加强网络剧、微电影选题管理，确保所选题材积极健康向上。同时，采取举办创作座谈会、开展优秀节目评奖、行业自律和文艺批评等方式，引导主创人员自觉坚持正确导向。

（4）互联网视听节目服务单位自审自播的网络剧、微电影等网络视听节目，应在上网播出前完成节目信息备案和备案号标注工作。未按要求备案或未标注备案号的节目不得上网播出。

（5）网络剧、微电影等网络视听节目播出后，群众举报或新闻出版广电行政部门发现节目内容不符合国家有关规定的，要立即下线。其中，有些节目虽然存在问题，但重新编辑后可以播出的，要立即联系节目制作机构重新编辑，重编节目经相应行政部门审核通过并形成统一版本后，方可重新上线。

（6）广播电视节目制作经营机构生产制作网络剧、微电影等网络视听节目，节目内容违反广播影视有关管理规定的，主管部门要按照《广播电视管理条例》《广播电视节目制作经营管理规定》予以处罚。

八、微博、微信等网络社交平台传播视听节目的管理

为进一步规范互联网视听节目的传播秩序，加强微博、微信等网络社交平台（含微博账号、微信公众号）面向公众传播视听节目的管理，国家新闻出版广电总局于2016年12月16日下发《关于加强微博、微信等网络社交平台传播视听节目管理的通知》。通知主要内容如下：

（1）利用微博、微信等各类社交应用开展互联网视听节目服务的网络平台，应当取得《信息网络传播视听节目许可证》（AVSP）等法律法规规定的相关资质，并严格在许可证载明的业务范围开展业务。在网络平台上使用微博账号、微信公众号等各类社交应用开展互联网视听节目服务，且已持有《信息网络传播视听节目许可证》的机构，应当按照许可证的各项要求开展业务；未持有《信息网络传播视听节目许可证》的机构和个人使用微博账号、微信公众号等各类社交应用开展互联网视听节目服务，应由网络平台作为该项服务的开办主体，按照视听节目管理的各项要求，对节目内容履行内容把关等各项管理责任，节目范围不得超出平台自身许可证载明的业务范围。网络平台对不符合上述要求的微博账号、微信公众号等，不得为其提供接入服务等技术支持。

（2）利用微博、微信等各类网络社交平台传播的电影、电视剧，相关影视剧应当具有《电影片公映许可证》或《电视剧发行许可证》。

（3）利用微博、微信等各类网络社交平台传播的网络剧、网络电影、新闻节目、纪录片、专题片、综艺节目等视听节目，节目内容应当符合互联网视听节目管理的相关规定。微博、微信等网络社交平台不得转发网民上传的自制时政类视听新闻节目。

第六节　互联网文化管理制度

为了加强对互联网文化的管理，保障互联网文化单位的合法权益，促进我国互联网文化健康、有序地发展，文化部制定了《互联网文化管理暂行规定》，于2003年7月1日起正式实施，该规定于2011年作了第一次修订，适用于在我国境内从事的互联网文化活动。

一、互联网文化管理的范围

互联网文化管理的范围是在我国境内从事互联网文化产品生产、传播和流通，从事互联网文化活动及相关互联网文化单位。

（一）互联网文化产品

互联网文化产品是指通过互联网生产、传播和流通的文化产品，主要包括：

（1）专门为互联网而生产的网络音乐娱乐、网络游戏、网络演出剧（节）目、网络表演、网络艺术品、网络动漫等互联网文化产品；

（2）将音乐娱乐、游戏、演出剧（节）目、表演、艺术品、动漫等文化产品以一定的技术手段制作、复制到互联网上传播的互联网文化产品。

（二）互联网文化活动

（1）互联网文化活动是指提供互联网文化产品及其服务的活动，主要包括：

①互联网文化产品的制作、复制、进口、发行、播放等活动；

②将文化产品登载在互联网上，或者通过互联网、移动通信网等信息网络发送到计算机、固定电话机、移动电话机、电视机、游戏机等用户端以及网吧等互联网上网服务营业场所，供用户浏览、欣赏、使用或者下载的在线传播行为；

③互联网文化产品的展览、比赛等活动。

（2）互联网文化活动的类别。

互联网文化活动分为经营性和非经营性两类。经营性互联网文化活动是指以营利为目的,通过向上网用户收费或者以电子商务、广告、赞助等方式获取利益,提供互联网文化产品及其服务的活动。非经营性互联网文化活动是指不以营利为目的向上网用户提供互联网文化产品及其服务的活动。

(三) 互联网文化单位

互联网文化单位,是指经文化行政部门和电信管理机构批准或者备案,从事互联网文化活动的互联网信息服务提供者。

二、管理机关及其职责

文化部负责制定互联网文化发展与管理的方针、政策和规划,监督管理全国互联网文化活动。

省、自治区、直辖市人民政府文化行政部门对申请从事经营性互联网文化活动的单位进行审批,对从事非经营性互联网文化活动的单位进行备案。

县级以上人民政府文化行政部门负责本行政区域内互联网文化活动的监督管理工作。县级以上人民政府文化行政部门或者文化市场综合执法机构对从事互联网文化活动违反国家有关法规的行为实施处罚。

三、互联网文化单位的设立、变更与终止

(一) 经营性互联网文化单位的设立

1. 设立条件

申请设立经营性互联网文化单位,应当符合《互联网信息服务管理办法》的有关规定,并具备以下条件:

(1) 单位的名称、住所、组织机构和章程;

(2) 确定的互联网文化活动范围;

(3) 适应互联网文化活动需要并取得相应从业资格的 8 名以上业务管理人员和专业技术人员;

(4) 适应互联网文化活动需要的设备、工作场所以及相应的经营管理技术措施;

（5）不低于 100 万元的注册资金，其中申请从事网络游戏经营活动的应当具备不低于 1000 万元的注册资金；

（6）符合法律、行政法规和国家有关规定的条件。

审批设立经营性互联网文化单位，除依照前款所列条件外，还应当符合互联网文化单位总量、结构和布局的规划。

2. 审批程序

申请设立经营性互联网文化单位，应当向所在地省、自治区、直辖市人民政府文化行政部门提出申请，由省、自治区、直辖市人民政府文化行政部门审核批准。

对申请设立经营性互联网文化单位的，省、自治区、直辖市人民政府文化行政部门应当自受理申请之日起 20 日内做出批准或者不批准的决定。批准的，核发《网络文化经营许可证》，并向社会公告；不批准的，应当书面通知申请人并说明理由。

《网络文化经营许可证》有效期为 3 年。有效期届满，需继续从事经营的，应当于有效期届满 30 日前申请续办。

3. 提交材料

申请设立经营性互联网文化单位，应当提交下列文件：

（1）申请书；

（2）企业名称预先核准通知书或者营业执照和章程；

（3）资金来源、数额及其信用证明文件；

（4）法定代表人、主要负责人及主要经营管理人员、专业技术人员的资格证明和身份证明文件；

（5）工作场所使用权证明文件；

（6）业务发展报告；

（7）依法需要提交的其他文件。

（二）非经营性互联网文化单位的设立

1. 提交材料

非经营性互联网文化单位，应当自设立之日起 60 日内向所在地省、自治区、直辖市人民政府文化行政部门备案，并提交下列文件：

（1）备案报告书；

（2）章程；

（3）资金来源、数额及其信用证明文件；

（4）法定代表人或者主要负责人、主要经营管理人员、专业技术人员的资格证明和身份证明文件；

（5）工作场所使用权证明文件；

（6）需要提交的其他文件。

（三）注册登记

申请设立经营性互联网文化单位经批准后，应当持《网络文化经营许可证》，按照《互联网信息服务管理办法》的有关规定，到所在地电信管理机构或者国务院信息产业主管部门办理相关手续。

（四）证照的使用

互联网文化单位应当在其网站主页的显著位置标明文化行政部门颁发的《网络文化经营许可证》编号或者备案编号，标明国务院信息产业主管部门或者省、自治区、直辖市电信管理机构颁发的经营许可证编号或者备案编号。

（五）变更手续

经营性互联网文化单位变更单位名称、网站名称、网站域名、法定代表人、注册地址、经营地址、注册资金、股权结构以及许可经营范围的，应当自变更之日起20日内到所在地省、自治区、直辖市人民政府文化行政部门办理变更手续。

非经营性互联网文化单位变更名称、地址、法定代表人或者主要负责人、业务范围的，应当自变更之日起60日内到所在地省、自治区、直辖市人民政府文化行政部门办理备案手续。

（六）终止手续

经营性互联网文化单位终止互联网文化活动的，应当自终止之日起30日内到所在地省、自治区、直辖市人民政府文化行政部门办理注销手续。

经营性互联网文化单位自取得《网络文化经营许可证》并依法办理企业登记之日起满180日未开展互联网文化活动的，由原审核的省、自治区、直辖市人民政府文化行政部门注销《网络文化经营许可证》，同时通知相关省、自治区、直辖市电信管理机构。

非经营性互联网文化单位停止互联网文化活动的，由原备案的省、自治区、直辖市人民政府文化行政部门注销备案，同时通知相关省、自治区、直辖市电信管理机构。

四、进口互联网文化产品的规范

（1）经营进口互联网文化产品的活动应当由取得文化行政部门核发的《网络文化经营许可证》的经营性互联网文化单位实施，进口互联网文化产品应当报文化部进行内容审查。

（2）文化部应当自受理内容审查申请之日起20日内（不包括专家评审所需时间）作出批准或者不批准的决定。批准的，发给批准文件；不批准的，应当说明理由。

（3）经批准的进口互联网文化产品应当在其显著位置标明文化部的批准文号，不得擅自变更产品名称或者增删产品内容。自批准之日起一年内未在国内经营的，进口单位应当报文化部备案并说明原因；决定终止进口的，文化部撤销其批准文号。

五、互联网文化产品的内容监管

（一）互联网文化产品禁止的内容

《互联网文化管理暂行规定》第16条规定，互联网文化单位不得提供载有以下内容的文化产品：

（1）反对宪法确定的基本原则的；

（2）危害国家统一、主权和领土完整的；

（3）泄露国家秘密、危害国家安全或者损害国家荣誉和利益的；

（4）煽动民族仇恨、民族歧视，破坏民族团结，或者侵害民族风俗、习惯的；

(5) 宣扬邪教、迷信的；

(6) 散布谣言，扰乱社会秩序，破坏社会稳定的；

(7) 宣扬淫秽、赌博、暴力或者教唆犯罪的；

(8) 侮辱或者诽谤他人，侵害他人合法权益的；

(9) 危害社会公德或者民族优秀文化传统的；

(10) 有法律、行政法规和国家规定禁止的其他内容的。

互联网文化单位发现所提供的互联网文化产品含有上述所列内容之一的，应当立即停止提供，保存有关记录，向所在地省、自治区、直辖市人民政府文化行政部门报告并抄报文化部。

互联网文化单位提供的文化产品，使公民、法人或者其他组织的合法利益受到侵害的，互联网文化单位应当依法承担民事责任。

经营性互联网文化单位，提供含有上述禁止内容的互联网文化产品，或者提供未经文化部批准进口的互联网文化产品的，由县级以上人民政府文化行政部门或者文化市场综合执法机构责令停止提供，没有违法所得的，并处 10 000 元以上 30 000 元以下罚款；情节严重的，责令停业整顿直至吊销《网络文化经营许可证》；构成犯罪的，依法追究刑事责任。

非经营性互联网文化单位，提供含有上述禁止内容的互联网文化产品，或者提供未经文化部批准进口的互联网文化产品的，由县级以上人民政府文化行政部门或者文化市场综合执法机构责令停止提供，处 1 000 元以下罚款；构成犯罪的，依法追究刑事责任。

(二) 互联网文化单位的自审制度

为加强网络文化内容建设与管理，规范网络文化经营单位产品及服务内容自审工作，根据《互联网文化管理暂行规定》，文化部颁发了《网络文化经营单位内容自审管理办法》，于 2013 年 12 月 1 日施行。根据该办法的规定，互联网文化单位的自审制度包括以下内容：

1. 事先审核制

网络文化经营单位在向公众提供服务前，应当依法对拟提供的文化产品及服务的内容进行事先审核。网络文化经营单位不得提供含有《互联网文化管理暂行规定》第 16 条禁止内容的网络文化产品及服务。

2. 内容管理制度

（1）网络文化经营单位应当建立健全内容管理制度，设立专门的内容管理部门，配备适应审核工作需要的人员负责网络文化产品及服务的内容管理，保障网络文化产品及服务内容的合法性。网络文化经营单位内容管理制度应当明确内容审核工作职责、标准、流程及责任追究办法，并报所在地省级文化行政部门备案。

（2）内容审核人员。

①网络文化经营单位经营的网络文化产品及服务的内容审核工作，应当由取得《内容审核人员证书》的人员实施。

②内容审核人员的职责：掌握内容审核的政策法规和相关知识；独立表达审核意见；参加文化行政部门组织的业务培训。

③省级文化行政部门负责内容审核人员培训考核及检查监督工作。培训工作采取现场和网络相结合的方式进行。对经考核合格者发给《内容审核人员证书》，并纳入审核人员信息库统一管理。取得证书的内容审核人员每年至少应当参加一次后续培训。文化部负责统筹协调网络文化经营单位内容审核人员的培训考核工作，指导制定网络文化产品内容审核工作指引，组织编写培训教材和题库，建立审核人员信息库。

④内容审核人员有下列情形之一的，由发证部门注销其《内容审核人员证书》：连续 2 年未按规定参加后续培训的；玩忽职守造成严重社会影响的；出现重大审核失误的。

（3）审核程序及要求。

网络文化产品及服务的内容审核工作应当由 2 名以上审核人员实施，审核人员填写审核意见并签字后，报本单位内容管理负责人复核签字。对网络文化产品及服务内容的合法性不能准确判断的，可向省级文化行政部门申请行政指导，接到申请的文化行政部门应当在 10 日内予以回复。

网络文化经营单位内容审核记录的保存期不少于 2 年。

网络文化经营单位应当通过技术手段对网站（平台）运行的产品及服

务的内容进行实时监管，发现违规内容的要立即停止提供，保存有关记录，重大问题向所在地省级文化行政部门报告。

六、网络表演经营活动管理

网络表演是网络文化的重要组成部分，为切实加强网络表演经营活动管理，规范市场秩序，推动网络表演行业健康有序发展，根据《互联网信息服务管理办法》《互联网文化管理暂行规定》等有关法律法规，文化部制定了《网络表演经营活动管理办法》，自 2017 年 1 月 1 日起施行。

(一) 网络表演经营许可制度

从事网络表演经营活动的网络表演经营单位，应当根据《互联网文化管理暂行规定》，向省级文化行政部门申请取得《网络文化经营许可证》，许可证的经营范围应当明确包括网络表演。网络表演经营单位应当在其网站主页的显著位置标明《网络文化经营许可证》编号。

(二) 网络表演经营单位的自审制度

网络表演经营单位对本单位开展的网络表演经营活动承担主体责任，应当按照《互联网文化管理暂行规定》和《网络文化经营单位内容自审管理办法》的有关要求，建立健全内容审核管理制度，配备满足自审需要并取得相应资质的审核人员，建立适应内容管理需要的技术监管措施。

不具备内容自审及实时监管能力的网络表演经营单位，不得开通表演频道。未采取监管措施或未通过内容自审的网络表演产品，不得向公众提供。

(三) 网络表演的内容管理

1. 适用范围

网络表演是指以现场进行的文艺表演活动等为主要内容，通过互联网、移动通讯网、移动互联网等信息网络，实时传播或者以音视频形式上载传播而形成的互联网文化产品。网络表演经营活动是指通过用户收费、电子商务、广告、赞助等方式获取利益，向公众提供网络表演产品及服务的行为。将网络游戏技法展示或解说的内容，通过互联网、移动通讯网、移动互联网等信息网络，实时传播或者以音视频形式上载传播的经营活动，参照《网络表演经营活动管理办法》进行管理。

2. 网络表演禁止的内容

根据《网络表演经营活动管理办法》第6条，网络表演不得含有以下内容：

（1）含有《互联网文化管理暂行规定》第16条规定的禁止内容的；

（2）表演方式恐怖、残忍、暴力、低俗，摧残表演者身心健康的；

（3）利用人体缺陷或者以展示人体变异等方式招徕用户的；

（4）以偷拍偷录等方式，侵害他人合法权益的；

（5）以虐待动物等方式进行表演的；

（6）使用未取得文化行政部门内容审查批准文号或备案编号的网络游戏产品，进行网络游戏技法展示或解说的。

3. 对未成年人的特别保护

网络表演经营单位应当加强对未成年人的保护，不得损害未成年人身心健康。有未成年人参与的网络表演，不得侵犯未成年人权益。

（四）网络表演经营单位的义务

（1）网络表演经营单位要加强对表演者的管理。为表演者开通表演频道的，应与表演者签订协议，约定双方权利义务，要求其承诺遵守法律法规和相关管理规定。

（2）网络表演经营单位应当要求表演者使用有效身份证件进行实名注册，并采取面谈、录制通话视频等有效方式进行核实。网络表演经营单位应当依法保护表演者的身份信息。

（3）网络表演经营单位为外国或者香港特别行政区、澳门特别行政区、台湾地区的表演者（以下简称境外表演者）开通表演频道并向公众提供网络表演产品的，应当于开通网络表演频道前，向文化部提出申请。未经批准，不得为境外表演者开通表演频道。为境内表演者开通表演频道的，应当于表演者开展表演活动之日起10日内，将表演频道信息向文化部备案。

（4）网络表演经营单位应当在表演频道内及表演音视频上，标注经营单位标识等信息。网络表演经营单位应当根据表演者信用等级、所提供的表演内容类型等，对表演频道采取针对性管理措施。

（5）网络表演经营单位应当完善用户注册系统，保存用户注册信息，积极采取措施保护用户信息安全。要依照法律法规规定或者服务协议，加强对用户行为的监督和约束，发现用户发布违法信息的，应当立即停止为其提供服务，保存有关记录并向有关部门报告。

（6）网络表演经营单位应当建立内部巡查监督管理制度，对网络表演进行实时监管。网络表演经营单位应当记录全部网络表演视频资料并妥善保存，资料保存时间不得少于60日，并在有关部门依法查询时予以提供。

网络表演经营单位向公众提供的非实时的网络表演音视频（包括用户上传的），应当严格实行先自审后上线。

（7）网络表演经营单位应当建立突发事件应急处置机制。发现本单位所提供的网络表演含有违法违规内容时，应当立即停止提供服务，保存有关记录，并立即向本单位注册地或者实际经营地省级文化行政部门或文化市场综合执法机构报告。

（8）网络表演经营单位应当在每季度第一个月月底前将本单位上季度的自审信息（包括实时监运情况、发现问题处置情况和提供违法违规内容的表演者信息等）报送文化部。

（9）网络表演经营单位应当建立健全举报系统，主动接受网民和社会监督。要配备专职人员负责举报受理，建立有效处理举报问题的内部联动机制。要在其网站主页及表演者表演频道页面的显著位置，设置"12318"全国文化市场举报网站链接按钮。

（五）主管部门与行业机构职责分工

（1）文化部负责全国网络表演市场的监督管理，建立统一的网络表演警示名单、黑名单等信用监管制度，制定并发布网络表演审核工作指引等标准规范，组织实施全国网络表演市场随机抽查工作，对网络表演内容合法性进行最终认定。

（2）各级文化行政部门和文化市场综合执法机构要加强对网络表演市

场的事中事后监管，重点实施"双随机一公开"。要充分利用网络文化市场执法协作机制，加强对辖区内网络表演经营单位的指导、服务和日常监管，制定随机抽查工作实施方案和随机抽查事项清单。县级以上文化行政部门或文化市场综合执法机构，根据查处情况，实施警示名单和黑名单等信用管理制度。及时公布查处结果，主动接受社会监督。

（3）网络表演行业的协会、自律组织等要主动加强行业自律，制定行业标准和经营规范，开展行业培训，推动企业守法经营。

七、网络音乐内容管理

网络音乐是指通过信息网络传播的音乐产品，包括歌曲、乐曲以及有画面作为音乐产品辅助手段的音乐视频（MV）等。网络音乐经营单位是指从事网络音乐服务的经营性互联网文化单位。根据2016年1月1日起施行的《文化部关于进一步加强和改进网络音乐内容管理工作的通知》，文化部要求网络音乐内容管理履行以下规定：

（一）企业自主审核，主管部门事中事后监管

网络音乐经营单位要按照"谁经营，谁负责"的原则，坚持社会效益和经济效益相统一、社会效益优先，切实履行内容审核主体责任，负责对拟提供的网络音乐进行内容审核，审核通过后方可上线经营。

文化行政部门和文化市场综合执法机构要加强对企业自审工作的指导和监督，加强对网络音乐市场日常巡查和随机抽查，建立网络音乐市场警示名单和黑名单等信用管理制度，强化事中事后监管。

（二）内容自审制度

（1）网络音乐经营单位应当严格按照《网络文化经营单位内容自审管理办法》和《网络音乐内容审核工作指引》等标准规范，开展本单位网络音乐内容审核工作，建立内部工作流程和责任制度，严把内容关，确保网络音乐内容合法。

提供网络平台（空间）供网民编创、表演及个人音乐上传服务的网络音乐经营单位，应当建立对本网络平台（空间）的实时监管制度，发现违规内容要立即进行处置。

（2）网络音乐经营单位应当将本单位内容管理制度、部门设置、人员配置、工作职责、审核流程、工作规范等情况通过"全国文化市场技术监管与服务平台"（以下简称"监管与服务平台"）报所在地省级文化行政部门备案。新设立的单位应当于取得《网络文化经营许可证》起30日内，在向公众提供服务前，完成上述内容的备案。

（3）网络音乐经营单位应当在每季度第一个月月底前，通过"监管与服务平台"将上一季度网络音乐内容自审相关信息报文化部备案。备案内容包括：内容自审总体情况、审核的网络音乐数量（包括审核通过和审核未通过，下同）、审核的网络音乐曲目列表（包括曲目名称、版权公司、词曲作者、表演者）等信息。提供网络平台（空间）服务的网络音乐经营单位，备案内容为本网站实时监运情况、发现问题处置情况等。网络音乐经营单位对报送信息的真实性、合法性负责。

（4）网络音乐经营单位对网络音乐内容是否合法难以判定的，可向省级以上文化行政部门申请行政指导，文化行政部门应当在接到申请后7个工作日内予以回复。

（三）加强监管

（1）文化部负责对网络音乐内容审核工作的总体指导，负责制定并发布网络音乐内容审核工作指引等标准规范，编制内容审核培训教程，负责对网络音乐内容是否合法进行最终认定，负责建立警示名单和黑名单等网络音乐市场信用管理制度。

（2）省级文化行政部门负责具体指导、监督网络音乐经营单位开展自审工作，包括：指导企业培训自审人员，对企业自审制度执行情况进行随机抽查、核查，为网络音乐内容自审工作提供行政指导等。省级以上文化行政部门可以根据需要成立内容审查专家委员会，根据专家委员会审查意见，对网络音乐内容合法性提出认定意见。

（3）各级文化行政部门和文化市场综合执法机构要加强对网络音乐市场的事中指导检查和事后监管执法工作。做好对辖区内网络音乐经营单位的指导、服务和日常监管，建立网络音乐市场巡查、随机抽查制度，依法查处违法违规行为和相关责任单位，负责实施警示名单和黑名单等网络音乐市场信用管理制度。

（4）行业协会等社会组织要在文化行政部门的指导下，切实发挥企业与政府之间的沟通桥梁作用，主动加强行业自律，制定行业标准和经营规范，开展行业培训，推动企业守法经营。

第七节 互联网直播服务管理

为加强对互联网直播服务的管理，保护公民、法人和其他组织的合法权益，维护国家安全和公共利益，根据《全国人民代表大会常务委员会关于加强网络信息保护的决定》《国务院关于授权国家互联网信息办公室负责互联网信息内容管理工作的通知》《互联网信息服务管理办法》和《互联网新闻信息服务管理规定》，国家互联网信息办公室制定出台《互联网直播服务管理规定》，自2016年12月1日起施行。

提供互联网直播服务，应当遵守法律法规，坚持正确导向，大力弘扬社会主义核心价值观，培育积极健康、向上向善的网络文化，维护良好网络生态，维护国家利益和公共利益，为广大网民特别是青少年成长营造风清气正的网络空间。

一、主管部门职责分工

国家互联网信息办公室负责全国互联网直播服务信息内容的监督管理执法工作。地方互联网信息办公室依据职责负责本行政区域内的互联网直播服务信息内容的监督管理执法工作。国务院相关管理部门依据职责对互联网直播服务实施相应监督管理。

各级互联网信息办公室应当建立日常监督检查和定期检查相结合的监督管理制度，指导督促互联网直播服务提供者依据法律法规和服务协议规范互联网直播服务行为。

二、互联网直播服务提供者和发布者的义务

互联网直播，是指基于互联网，以视频、音频、图文等形式向公众持

续发布实时信息的活动；互联网直播服务提供者，是指提供互联网直播平台服务的主体；互联网直播服务使用者，包括互联网直播发布者和用户。根据《互联网直播服务管理规定》的内容，互联网直播服务提供者和发布者应该遵守如下义务：

（一）取得适当的许可证

互联网直播服务提供者提供互联网新闻信息服务的，应当依法取得互联网新闻信息服务资质，并在许可范围内开展互联网新闻信息服务。

开展互联网新闻信息服务的互联网直播发布者，应当依法取得互联网新闻信息服务资质并在许可范围内提供服务。

通过网络表演、网络视听节目等提供互联网直播服务的，还应当依法取得法律法规规定的相关资质，如《网络文化经营许可证》或者《信息网络传播视听节目许可证》。

（二）健全内部管理制度

互联网直播服务提供者应当落实主体责任，配备与服务规模相适应的专业人员，健全信息审核、信息安全管理、值班巡查、应急处置、技术保障等制度。提供互联网新闻信息直播服务的，应当设立总编辑。

互联网直播服务提供者应当建立直播内容审核平台，根据互联网直播的内容类别、用户规模等实施分级分类管理，对图文、视频、音频等直播内容加注或播报平台标识信息，对互联网新闻信息直播及其互动内容实施先审后发管理。

互联网直播服务提供者应当具备与其服务相适应的技术条件，应当具备即时阻断互联网直播的技术能力，技术方案应符合国家相关标准。

（三）网络直播的内容管理

1. 禁止的直播内容

互联网直播服务提供者以及互联网直播服务使用者不得利用互联网直播服务从事危害国家安全、破坏社会稳定、扰乱社会秩序、侵犯他人合法权益、传播淫秽色情等法律法规禁止的活动，不得利用互联网直播服务制作、复制、发布、传播法律法规禁止的信息内容。

2. 直播或转载新闻信息的规范

互联网直播发布者发布新闻信息，应当真实准确、客观公正。转载新闻信息应当完整准确，不得歪曲新闻信息内容，并在显著位置注明来源，保证新闻信息来源可追溯。

3. 直播中参与者三方的责任

互联网直播服务提供者应当加强对评论、弹幕等直播互动环节的实时管理，配备相应管理人员。互联网直播发布者在进行直播时，应当提供符合法律法规要求的直播内容，自觉维护直播活动秩序。用户在参与直播互动时，应当遵守法律法规，文明互动，理性表达。

（四）身份验证责任

互联网直播服务提供者应当按照"后台实名、前台自愿"的原则，对互联网直播用户进行基于移动电话号码等方式的真实身份信息认证，对互联网直播发布者进行基于身份证件、营业执照、组织机构代码证等的认证登记。互联网直播服务提供者应当对互联网直播发布者的真实身份信息进行审核，向所在地省、自治区、直辖市互联网信息办公室分类备案，并在相关执法部门依法查询时予以提供。

互联网直播服务提供者应当保护互联网直播服务使用者身份信息和隐私，不得泄露、篡改、毁损，不得出售或者非法向他人提供。

（五）直播服务协议的签订与履行

互联网直播服务提供者应当与互联网直播服务使用者签订服务协议，明确双方权利义务，要求其承诺遵守法律法规和平台公约。互联网直播服务协议和平台公约的必备条款由互联网直播服务提供者所在地省、自治区、直辖市互联网信息办公室指导制定。

（六）直播服务提高者的管制措施

（1）互联网直播服务提供者应当对违反法律法规和服务协议的互联网直播服务使用者，视情采取警示、暂停发布、关闭账号等处置措施，及时消除违法违规直播信息内容，保存记录并向有关主管部门报告。

（2）互联网直播服务提供者应当建立互联网直播发布者信用等级管理

体系，提供与信用等级挂钩的管理和服务。

（3）互联网直播服务提供者应当建立黑名单管理制度，对纳入黑名单的互联网直播服务使用者禁止重新注册账号，并及时向所在地省、自治区、直辖市互联网信息办公室报告。

（4）省、自治区、直辖市互联网信息办公室应当建立黑名单通报制度，并向国家互联网信息办公室报告。

（5）互联网直播服务提供者应当记录互联网直播服务使用者发布内容和日志信息，保存60日。

（6）互联网直播服务提供者应当配合有关部门依法进行的监督检查，并提供必要的文件、资料和数据。

三、罚则

互联网直播服务提供者和互联网直播发布者未经许可或者超出许可范围提供互联网新闻信息服务的，由国家和省、自治区、直辖市互联网信息办公室依据《互联网新闻信息服务管理规定》予以处罚。

对于违反规定的其他违法行为，由国家和地方互联网信息办公室依据职责，依法予以处罚；构成犯罪的，依法追究刑事责任。通过网络表演、网络视听节目等提供网络直播服务，违反有关法律法规的，由相关部门依法予以处罚。

本章案例分析：

1. 网信北京2017年9月25日报道，近期，北京市网信办依据《中华人民共和国网络安全法》就新浪微博对其用户发布传播"淫秽色情信息、宣扬民族仇恨信息及相关评论信息"未尽到管理义务以及百度贴吧对其用户发布传播"淫秽色情信息、暴力恐怖信息帖文及相关评论信息"未尽到管理义务的违法行为，分别作出行政处罚。新浪微博、百度贴吧的上述行为，违反了《网络安全法》第47条的规定。北京市网信办依据《网络安全法》第68条之规定，分别对新浪微博作出最高罚款的处罚决定，对百度贴吧作出从重罚款的处罚决定。同时，要求两家公司针对违法问题进行深入整改，切实履行平台管理的主体责任，规范平台信息服务，对发布违法和不良信息的用户账号坚决依法处置。

请根据此案例，回答以下问题：

(1)《网络安全法》涉及网络媒体内容管理的主要是哪些条款？

(2) 网络运营者对其用户的管理责任是什么？

2. 网信北京2017年7月31日消息，近日，北京网信办依法约谈搜狐、网易、凤凰、腾讯、百度、今日头条、一点资讯等网站的相关负责人，责令网站立即对自媒体平台存在的八大乱象进行专项清理整治。在北京网信办的指导下，各网站积极开展清理整治工作，企鹅号近期发布公告，对一批违法违规账号进行通报处置。企鹅媒体平台对近期违规账号视其轻重级别做不同程度的处罚，账号处罚总量305个，其中封停账号198个，停止发文账号107个。

请根据此案例，回答以下问题：

(1) 什么是互联网新闻信息服务单位约谈制度？

(2) 可以约谈的违法情形包括哪些？

(3) 约谈后互联网新闻信息服务单位未按要求整改，或经综合评估未达到整改要求的的处罚是什么？

第十章 广告法

广告作为一种信息传播方式,是适应人类信息交流的需要而产生的,伴随着商品经济的繁荣和传播媒体的进步而发展。现代广告发展由十八世纪中叶的工业革命时期开始,随着报刊的大众化迅速发展。1869年,第一家具有现代意义的广告公司——美国艾尔父子广告有限公司成立,其经营重点从单纯的推销广告版面业务转型成为为客户提供广告策划、设计、制作广告等全面服务。20世纪初以来,科技日新月异,广播、电视、电影、计算机、手机和通讯卫星的发明与普及,使信息传播手段有了巨大发展,广告业也进入蓬勃发展时期。随着市场竞争日趋激烈,广告主开始注意广告策略的运用,委托广告公司全面代理其广告业务逐渐成为行业主流。现代广告公司已经发展成为集多种代理职能于一体的综合性信息服务机构,如为广告主收集市场信息,分析消费趋势,提出产品开发的意见并将产品推向市场,为企业提供从形象设计、新产品开发到售后信息分析的整体策略服务。同时,由于广告是一种具有影响力的信息传播方式,公益广告的发展也使得广告行业有力地推动了社会文明建设,使广告行业具有重要的社会意义。

中国广告市场媒体目前已形成电视媒体、互联网媒体、生活圈媒体三大阵营格局。以央视为代表的电视媒体具有覆盖率广和公信力强等优势,以 BAT(BAT 为百度公司、阿里巴巴集团、腾讯公司三大互联网公司首字母的缩写)等为代表的互联网媒体体现出了高连接性和强互动性等特点,而以分众传媒、巴士在线等为代表的生活圈媒体展示出城市生活空间媒体的高到达和高匹配的品质。近年来，电视台、广播电台广告花费总体稳中有升，互联网广告花费持续增加，但增速放缓，报纸、杂志广告花费持续下跌。

我国广告行业的主要法律依据是自1995年2月1日起施行的《中华人民共和国广告法》（该法于2015年进行修订）和自2016年9月1日起施行的《互联网广告管理暂行办法》（以下简称《办法》），适用于在中华人民共和国境内，商品经营者或者服务提供者通过一定媒介和形式直接或者间接地介绍自己所推销的商品或者服务的商业广告活动。另外，公益广告适用于2016年3月1日施行的《公益广告促进和管理暂行办法》。

一、广告的主体

广告是广告主为了推销其商品、服务或观念，在付费的基础上，通过传播媒体向特定的对象进行的信息传播活动。广告的主体包括：广告主、广告发布者、广告经营者。

广告主，是指为推销商品或者服务，自行或者委托他人设计、制作、发布广告的自然人、法人或者其他组织。

广告经营者，是指接受委托提供广告设计、制作、代理服务的自然人、法人或者其他组织。

广告发布者，是指为广告主或者广告主委托的广告经营者发布广告的自然人、法人或者其他组织。

广告代言人，是指广告主以外的，在广告中以自己的名义或者形象对商品、服务作推荐、证明的自然人、法人或者其他组织。

广告应当真实、合法，以健康的表现形式表达广告内容，符合社会主义精神文明建设和弘扬中华民族优秀传统文化的要求。广告不得含有虚假或者引人误解的内容，不得欺骗、误导消费者。广告主应当对广告内容的真实性负责。广告主、广告经营者、广告发布者从事广告活动，应当遵守法律、法规，诚实信用，公平竞争。

国务院工商行政管理部门主管全国的广告监督管理工作，国务院有关部门在各自的职责范围内负责广告管理相关工作。县级以上地方工商行政管理部门主管本行政区域的广告监督管理工作，县级以上地方人民政府有关部门在各自的职责范围内负责广告管理相关工作。

二、广告内容准则

（1）广告中对商品的性能、功能、产地、用途、质量、成分、价格、生产者、有效期限、允诺等或者对服务的内容、提供者、形式、质量、价格、允诺等有表示的，应当准确、清楚、明白。广告中表明推销的商品或者服务附带赠送的，应当明示所附带赠送商品或者服务的品种、规格、数量、期限和方式。法律、行政法规规定广告中应当明示的内容，应当显著、清晰表示。

（2）《广告法》第9条规定，广告不得有下列情形：

①使用或者变相使用中华人民共和国的国旗、国歌、国徽，军旗、军歌、军徽；

②使用或者变相使用国家机关、国家机关工作人员的名义或者形象；

③使用"国家级""最高级""最佳"等用语；

④损害国家的尊严或者利益，泄露国家秘密；

⑤妨碍社会安定，损害社会公共利益；

⑥危害人身、财产安全，泄露个人隐私；

⑦妨碍社会公共秩序或者违背社会良好风尚；

⑧含有淫秽、色情、赌博、迷信、恐怖、暴力的内容；

⑨含有民族、种族、宗教、性别歧视的内容；

⑩妨碍环境、自然资源或者文化遗产保护；

⑪法律、行政法规规定禁止的其他情形。

（3）《广告法》第10条规定，广告不得损害未成年人和残疾人的身心健康。

（4）广告内容涉及的事项需要取得行政许可的，应当与许可的内容相符合。

广告使用数据、统计资料、调查结果、文摘、引用语等引证内容的，应当真实、准确,并表明出处。引证内容有适用范围和有效期限的,应当明确表示。

(5)广告中涉及专利产品或者专利方法的,应当标明专利号和专利种类。未取得专利权的,不得在广告中谎称取得专利权。禁止使用未授予专利权的专利申请和已经终止、撤销、无效的专利作广告。

(6)广告不得贬低其他生产经营者的商品或者服务。

(7)广告应当具有可识别性,能够使消费者辨明其为广告。大众传播媒介不得以新闻报道形式变相发布广告。通过大众传播媒介发布的广告应当显著标明"广告",与其他非广告信息相区别,不得使消费者产生误解。广播电台、电视台发布广告,应当遵守国务院有关部门关于时长、方式的规定,并应当对广告时长作出明显提示。

(8)医疗、药品、医疗器械广告禁止的内容。

《广告法》第15条规定麻醉药品、精神药品、医疗用毒性药品、放射性药品等特殊药品,药品类易制毒化学品,以及戒毒治疗的药品、医疗器械和治疗方法,不得作广告。前款规定以外的处方药,只能在国务院卫生行政部门和国务院药品监督管理部门共同指定的医学、药学专业刊物上作广告。

《广告法》第16条规定,医疗、药品、医疗器械广告不得含有下列内容:

①表示功效、安全性的断言或者保证;

②说明治愈率或者有效率;

③与其他药品、医疗器械的功效和安全性或者其他医疗机构比较;

④利用广告代言人作推荐、证明;

⑤法律、行政法规规定禁止的其他内容。

药品广告的内容不得与国务院药品监督管理部门批准的说明书不一致,并应当显著标明禁忌、不良反应。处方药广告应当显著标明"本广告仅供医学药学专业人士阅读",非处方药广告应当显著标明"请按药品说明书或者在药师指导下购买和使用"。

推荐给个人自用的医疗器械的广告,应当显著标明"请仔细阅读产品说明书或者在医务人员的指导下购买和使用"。医疗器械产品注册证明文件中有禁忌内容、注意事项的,广告中应当显著标明"禁忌内容或者注意事项详见说明书"。

《广告法》第17条规定,除医疗、药品、医疗器械广告外,禁止其他任何广告涉及疾病治疗功能,并不得使用医疗用语或者易使推销的商品与药品、医疗器械相混淆的用语。

(9) 保健食品广告禁止的内容。

《广告法》第18条规定,保健食品广告不得含有下列内容:

①表示功效、安全性的断言或者保证;

②涉及疾病预防、治疗功能;

③声称或者暗示广告商品为保障健康所必需;

④与药品、其他保健食品进行比较;

⑤利用广告代言人作推荐、证明;

⑥法律、行政法规规定禁止的其他内容。

保健食品广告应当显著标明"本品不能代替药物"。

(10) 广播电台、电视台、报刊音像出版单位、互联网信息服务提供者不得以介绍健康、养生知识等形式变相发布医疗、药品、医疗器械、保健食品广告。

《广告法》第68条规定,广播电台、电视台、报刊音像出版单位发布违法广告,或者以新闻报道形式变相发布广告,或者以介绍健康、养生知识等形式变相发布医疗、药品、医疗器械、保健食品广告,工商行政管理部门依照本法给予处罚的,应当通报新闻出版广电部门以及其他有关部门。

新闻出版广电部门以及其他有关部门应当依法对负有责任的主管人员和直接责任人员给予处分;情节严重的,并可以暂停媒体的广告发布业务。新闻出版广电部门以及其他有关部门未依照前款规定对广播电台、电视台、报刊音像出版单位进行处理的,对负有责任的主管人员和直接责任人员，依法给予处分。

（11）《广告法》第 20 条规定，禁止在大众传播媒介或者公共场所发布声称全部或者部分替代母乳的婴儿乳制品、饮料和其他食品广告。

（12）农药、兽药、饲料和饲料添加剂广告禁止的内容。

《广告法》第 21 条规定，农药、兽药、饲料和饲料添加剂广告不得含有下列内容：

①表示功效、安全性的断言或者保证；

②利用科研单位、学术机构、技术推广机构、行业协会或者专业人士、用户的名义或者形象作推荐、证明；

③说明有效率；

④违反安全使用规程的文字、语言或者画面；

⑤法律、行政法规规定禁止的其他内容。

（13）禁止烟草类广告。

《广告法》第 22 条规定，禁止在大众传播媒介或者公共场所、公共交通工具、户外发布烟草广告。禁止向未成年人发送任何形式的烟草广告。

禁止利用其他商品或者服务的广告、公益广告，宣传烟草制品名称、商标、包装、装潢以及类似内容。

烟草制品生产者或者销售者发布的迁址、更名、招聘等启事中，不得含有烟草制品名称、商标、包装、装潢以及类似内容。

（14）酒类广告的禁止内容。

《广告法》第 23 条规定，酒类广告不得含有下列内容：

①诱导、怂恿饮酒或者宣传无节制饮酒；

②出现饮酒的动作；

③表现驾驶车、船、飞机等活动；

④明示或者暗示饮酒有消除紧张和焦虑、增加体力等功效。

（15）教育、培训广告禁止的内容。

《广告法》第 24 条规定，教育、培训广告不得含有下列内容：

①对升学、通过考试、获得学位学历或者合格证书，或者对教育、培

训的效果作出明示或者暗示的保证性承诺；

②明示或者暗示有相关考试机构或者其工作人员、考试命题人员参与教育、培训；

③利用科研单位、学术机构、教育机构、行业协会、专业人士、受益者的名义或者形象作推荐、证明。

(16) 招商等有投资回报预期的商品或者服务广告禁止的内容。

《广告法》第25条规定，招商等有投资回报预期的商品或者服务广告，应当对可能存在的风险以及风险责任承担有合理提示或者警示，并不得含有下列内容：

①对未来效果、收益或者与其相关的情况作出保证性承诺，明示或者暗示保本、无风险或者保收益等，国家另有规定的除外；

②利用学术机构、行业协会、专业人士、受益者的名义或者形象作推荐、证明。

(17) 房地产广告禁止的内容。

《广告法》第26条规定，房地产广告，房源信息应当真实，面积应当表明为建筑面积或者套内建筑面积，并不得含有下列内容：

①升值或者投资回报的承诺；

②以项目到达某一具体参照物的所需时间表示项目位置；

③违反国家有关价格管理的规定；

④对规划或者建设中的交通、商业、文化教育设施以及其他市政条件作误导宣传。

(18) 农林牧渔业种子及种养殖广告禁止的内容。

《广告法》第27条规定，农作物种子、林木种子、草种子、种畜禽、水产苗种和种养殖广告关于品种名称、生产性能、生长量或者产量、品质、抗性、特殊使用价值、经济价值、适宜种植或者养殖的范围和条件等方面的表述应当真实、清楚、明白，并不得含有下列内容：

①作科学上无法验证的断言；

②表示功效的断言或者保证；

③对经济效益进行分析、预测或者作保证性承诺；

④利用科研单位、学术机构、技术推广机构、行业协会或者专业人士、用户的名义或者形象作推荐、证明。

(19) 虚假广告。

其一，《广告法》第 28 条规定了虚假广告的认定情形。广告以虚假或者引人误解的内容欺骗、误导消费者的，构成虚假广告。广告有下列情形之一的，为虚假广告：

①商品或者服务不存在的；

②商品的性能、功能、产地、用途、质量、规格、成分、价格、生产者、有效期限、销售状况、曾获荣誉等信息，或者服务的内容、提供者、形式、质量、价格、销售状况、曾获荣誉等信息，以及与商品或者服务有关的允诺等信息与实际情况不符，对购买行为有实质性影响的；

③使用虚构、伪造或者无法验证的科研成果、统计资料、调查结果、文摘、引用语等信息作证明材料的；

④虚构使用商品或者接受服务的效果的；

⑤以虚假或者引人误解的内容欺骗、误导消费者的其他情形。

其二，虚假广告的法律责任。

《广告法》第 55 条规定，违反本法规定，发布虚假广告的，由工商行政管理部门责令停止发布广告，责令广告主在相应范围内消除影响，处广告费用 3 倍以上 5 倍以下的罚款，广告费用无法计算或者明显偏低的，处 20 万元以上 100 万元以下的罚款；2 年内有 3 次以上违法行为或者有其他严重情节的，处广告费用五倍以上 10 倍以下的罚款，广告费用无法计算或者明显偏低的，处 100 万元以上 200 万元以下的罚款，可以吊销营业执照，并由广告审查机关撤销广告审查批准文件、一年内不受理其广告审查申请。

医疗机构有前款规定违法行为，情节严重的，除由工商行政管理部门依照本法处罚外，卫生行政部门可以吊销诊疗科目或者吊销医疗机构执业许可证。

广告经营者、广告发布者明知或者应知广告虚假仍设计、制作、代理、发布的，由工商行政管理部门没收广告费用，并处广告费用3倍以上五倍以下的罚款，广告费用无法计算或者明显偏低的，处20万元以上100万元以下的罚款；2年内有3次以上违法行为或者有其他严重情节的，处广告费用5倍以上10倍以下的罚款，广告费用无法计算或者明显偏低的，处100万元以上200万元以下的罚款，并可以由有关部门暂停广告发布业务、吊销营业执照、吊销广告发布登记证件。

广告主、广告经营者、广告发布者有本条第1款、第3款规定行为，构成犯罪的，依法追究刑事责任。

《广告法》第56条规定违反本法规定，发布虚假广告，欺骗、误导消费者，使购买商品或者接受服务的消费者的合法权益受到损害的，由广告主依法承担民事责任。广告经营者、广告发布者不能提供广告主的真实名称、地址和有效联系方式的，消费者可以要求广告经营者、广告发布者先行赔偿。

关系消费者生命健康的商品或者服务的虚假广告，造成消费者损害的，其广告经营者、广告发布者、广告代言人应当与广告主承担连带责任。

前款规定以外的商品或者服务的虚假广告，造成消费者损害的，其广告经营者、广告发布者、广告代言人，明知或者应知广告虚假仍设计、制作、代理、发布或者作推荐、证明的，应当与广告主承担连带责任。

三、广告行为规范

（1）广播电台、电视台、报刊出版单位从事广告发布业务的，应当设有专门从事广告业务的机构，配备必要的人员，具有与发布广告相适应的场所、设备，并向县级以上地方工商行政管理部门办理广告发布登记。

《广告法》第60条规定，广播电台、电视台、报刊出版单位未办理广告发布登记，擅自从事广告发布业务的，由工商行政管理部门责令改正，没收违法所得，违法所得1万元以上的，并处违法所得1倍以上3倍以下的罚款；违法所得不足1万元的，并处5千元以上3万元以下的罚款。

（2）广告主、广告经营者、广告发布者的义务。

①广告主、广告经营者、广告发布者之间在广告活动中应当依法订立书面合同。

②广告主、广告经营者、广告发布者不得在广告活动中进行任何形式的不正当竞争。

③广告主委托设计、制作、发布广告，应当委托具有合法经营资格的广告经营者、广告发布者。

④广告主或者广告经营者在广告中使用他人名义或者形象的，应当事先取得其书面同意；使用无民事行为能力人、限制民事行为能力人的名义或者形象的，应当事先取得其监护人的书面同意。

⑤广告经营者、广告发布者应当按照国家有关规定，建立、健全广告业务的承接登记、审核、档案管理制度。广告经营者、广告发布者依据法律、行政法规查验有关证明文件，核对广告内容。对内容不符或者证明文件不全的广告，广告经营者不得提供设计、制作、代理服务，广告发布者不得发布。

⑥广告经营者、广告发布者应当公布其收费标准和收费办法。

⑦广告发布者向广告主、广告经营者提供的覆盖率、收视率、点击率、发行量等资料应当真实。

（3）法律、行政法规规定禁止生产、销售的产品或者提供的服务，以及禁止发布广告的商品或者服务，任何单位或者个人不得设计、制作、代理、发布广告。

《广告法》第59条规定，有下列行为之一的，由工商行政管理部门责令停止发布广告，对广告主处10万元以下的罚款：①广告内容违反本法第8条规定的；②广告引证内容违反本法第11条规定的；③涉及专利的广告违反本法第12条规定的；④违反本法第13条规定，广告贬低其他生产经营者的商品或者服务的。

广告经营者、广告发布者明知或者应知有前款规定违法行为仍设计、制作、代理、发布的，由工商行政管理部门处10万元以下的罚款。

广告违反《广告法》第 14 条规定，不具有可识别性的，或者违反本法第 19 条规定，变相发布医疗、药品、医疗器械、保健食品广告的，由工商行政管理部门责令改正，对广告发布者处 10 万元以下的罚款。

(4) 广告代言人的规范。

《广告法》第 38 条规定，广告代言人在广告中对商品、服务作推荐、证明，应当依据事实，符合本法和有关法律、行政法规规定，并不得为其未使用过的商品或者未接受过的服务作推荐、证明。

不得利用不满 10 周岁的未成年人作为广告代言人。

对在虚假广告中作推荐、证明受到行政处罚未满 3 年的自然人、法人或者其他组织，不得利用其作为广告代言人。

《广告法》第 62 条规定，广告代言人有下列情形之一的，由工商行政管理部门没收违法所得，并处违法所得 1 倍以上 2 倍以下的罚款：①违反本法第 16 条第 1 款第 4 项规定，在医疗、药品、医疗器械广告中作推荐、证明的；②违反本法第 18 条第 1 款第 5 项规定，在保健食品广告中作推荐、证明的；③违反本法第 38 条第 1 款规定，为其未使用过的商品或者未接受过的服务作推荐、证明的；④明知或者应知广告虚假仍在广告中对商品、服务作推荐、证明的。

(5)《广告法》第 39 条规定，不得在中小学校、幼儿园内开展广告活动，不得利用中小学生和幼儿的教材、教辅材料、练习册、文具、教具、校服、校车等发布或者变相发布广告，但公益广告除外。

(6)《广告法》第 40 条规定，在针对未成年人的大众传播媒介上不得发布医疗、药品、保健食品、医疗器械、化妆品、酒类、美容广告，以及不利于未成年人身心健康的网络游戏广告。

针对不满 14 周岁的未成年人的商品或者服务的广告不得含有下列内容：①劝诱其要求家长购买广告商品或者服务；②可能引发其模仿不安全行为。

《广告法》第 57 条规定，有下列行为之一的，由工商行政管理部门责令停止发布广告，对广告主处 20 万元以上 100 万元以下的罚款，情节严重的，并可以吊销营业执照，由广告审查机关撤销广告审查批准文件、一年内不受理其广告审查申请；对广告经营者、广告发布者，由工商行政管理部门没收广告费用，处 20 万元以上 100 万元以下的罚款，情节严重的，并可以吊销营业执照、吊销广告发布登记证件：①发布有本法第 9 条、第 10 条规定的禁止情形的广告的；②违反本法第 15 条规定发布处方药广告、药品类易制毒化学品广告、戒毒治疗的医疗器械和治疗方法广告的；③违反本法第 20 条规定，发布声称全部或者部分替代母乳的婴儿乳制品、饮料和其他食品广告的；④违反本法第 22 条规定发布烟草广告的；⑤违反本法第 37 条规定，利用广告推销禁止生产、销售的产品或者提供的服务，或者禁止发布广告的商品或者服务的；⑥违反本法第 40 条第 1 款规定，在针对未成年人的大众传播媒介上发布医疗、药品、保健食品、医疗器械、化妆品、酒类、美容广告，以及不利于未成年人身心健康的网络游戏广告的。

(7) 户外广告。

县级以上地方人民政府应当组织有关部门加强对利用户外场所、空间、设施等发布户外广告的监督管理，制定户外广告设置规划和安全要求。户外广告的管理办法，由地方性法规、地方政府规章规定。

《广告法》第 42 条规定，有下列情形之一的，不得设置户外广告：

①利用交通安全设施、交通标志的；

②影响市政公共设施、交通安全设施、交通标志、消防设施、消防安全标志使用的；

③妨碍生产或者人民生活，损害市容市貌的；

④在国家机关、文物保护单位、风景名胜区等的建筑控制地带，或者县级以上地方人民政府禁止设置户外广告的区域设置的。

(8) 任何单位或者个人未经当事人同意或者请求，不得向其住宅、交通工具等发送广告，也不得以电子信息方式向其发送广告。

以电子信息方式发送广告的，应当明示发送者的真实身份和联系方式，并向接收者提供拒绝继续接收的方式。

违反本规定发送广告的，由有关部门责令停止违法行为，对广告主处

5千元以上3万元以下的罚款。

(9) 互联网广告。

利用互联网从事广告活动，适用《广告法》的各项规定。利用互联网发布、发送广告，不得影响用户正常使用网络。在互联网页面以弹出等形式发布的广告，应当显著标明关闭标志，确保一键关闭。

违反本规定，利用互联网发布广告，未显著标明关闭标志，确保一键关闭的，由工商行政管理部门责令改正，对广告主处5千元以上3万元以下的罚款。

(10) 公共场所的管理者或者电信业务经营者、互联网信息服务提供者对其明知或者应知的利用其场所或者信息传输、发布平台发送、发布违法广告的，应当予以制止。

《广告法》第58条规定，有下列行为之一的，由工商行政管理部门责令停止发布广告，责令广告主在相应范围内消除影响，处广告费用1倍以上3倍以下的罚款，广告费用无法计算或者明显偏低的，处10万元以上20万元以下的罚款；情节严重的，处广告费用3倍以上5倍以下的罚款，广告费用无法计算或者明显偏低的，处20万元以上100万元以下的罚款，可以吊销营业执照，并由广告审查机关撤销广告审查批准文件、一年内不受理其广告审查申请：

①违反本法第16条规定发布医疗、药品、医疗器械广告的；

②违反本法第17条规定，在广告中涉及疾病治疗功能，以及使用医疗用语或者易使推销的商品与药品、医疗器械相混淆的用语的；

③违反本法第18条规定发布保健食品广告的；

④违反本法第21条规定发布农药、兽药、饲料和饲料添加剂广告的；

⑤违反本法第23条规定发布酒类广告的；

⑥违反本法第24条规定发布教育、培训广告的；

⑦违反本法第25条规定发布招商等有投资回报预期的商品或者服务广告的；

⑧违反本法第26条规定发布房地产广告的；

⑨违反本法第 27 条规定发布农作物种子、林木种子、草种子、种畜禽、水产苗种和种养殖广告的；

⑩违反本法第 38 条第 2 款规定，利用不满 10 周岁的未成年人作为广告代言人的；

⑪违反本法第 38 条第 3 款规定，利用自然人、法人或者其他组织作为广告代言人的；

⑫违反本法第 39 条规定，在中小学校、幼儿园内或者利用与中小学生、幼儿有关的物品发布广告的；

⑬违反本法第 40 条第 2 款规定，发布针对不满 14 周岁的未成年人的商品或者服务的广告的；

⑭违反本法第 46 条规定，未经审查发布广告的。

医疗机构有前款规定违法行为，情节严重的，除由工商行政管理部门依照本法处罚外，卫生行政部门可以吊销诊疗科目或者吊销医疗机构执业许可证。

广告经营者、广告发布者明知或者应知有本条第一款规定违法行为仍设计、制作、代理、发布的，由工商行政管理部门没收广告费用，并处广告费用 1 倍以上 3 倍以下的罚款，广告费用无法计算或者明显偏低的，处 10 万以上 20 万元以下的罚款；情节严重的，处广告费用 3 倍以上 5 倍以下的罚款，广告费用无法计算或者明显偏低的，处 20 万元以上 100 万元以下的罚款，并可以由有关部门暂停广告发布业务、吊销营业执照、吊销广告发布登记证件。

四、监督管理

(1)《广告法》第 46 条规定，发布医疗、药品、医疗器械、农药、兽药和保健食品广告，以及法律、行政法规规定应当进行审查的其他广告，应当在发布前由有关部门（以下称广告审查机关）对广告内容进行审查；未经审查，不得发布。

(2) 广告主申请广告审查，应当依照法律、行政法规向广告审查机关提交有关证明文件。广告审查机关应当依照法律、行政法规规定作出审查决定,并应当将审查批准文件抄送同级工商行政管理部门。广告审查机关应当及时向社会公布批准的广告。违反规定,隐瞒真实情况或者提供虚假材料申请广告审查的,广告审查机关不予受理或者不予批准,予以警告,1年内不受理该申请人的广告审查申请;以欺骗、贿赂等不正当手段取得广告审查批准的,广告审查机关予以撤销,处10万元以上20万元以下的罚款,3年内不受理该申请人的广告审查申请。

任何单位或者个人不得伪造、变造或者转让广告审查批准文件。违者,由工商行政管理部门没收违法所得,并处1万元以上10万元以下的罚款。

(3) 工商行政管理部门履行广告监督的职权

《广告法》第49条规定,工商行政管理部门履行广告监督管理职责,可以行使下列职权:

①对涉嫌从事违法广告活动的场所实施现场检查;

②询问涉嫌违法当事人或者其法定代表人、主要负责人和其他有关人员,对有关单位或者个人进行调查;

③要求涉嫌违法当事人限期提供有关证明文件;

④查阅、复制与涉嫌违法广告有关的合同、票据、账簿、广告作品和其他有关资料;

⑤查封、扣押与涉嫌违法广告直接相关的广告物品、经营工具、设备等财物;

⑥责令暂停发布可能造成严重后果的涉嫌违法广告;

⑦法律、行政法规规定的其他职权。

工商行政管理部门应当建立健全广告监测制度,完善监测措施,及时发现和依法查处违法广告行为。

(4) 国务院工商行政管理部门会同国务院有关部门,制定大众传播媒介广告发布行为规范。

(5) 工商行政管理部门依照本法规定行使职权,当事人应当协助、配合,不得拒绝、阻挠。

（6）工商行政管理部门和有关部门及其工作人员对其在广告监督管理活动中知悉的商业秘密负有保密义务。

（7）任何单位或者个人有权向工商行政管理部门和有关部门投诉、举报违反本法的行为。工商行政管理部门和有关部门应当向社会公开受理投诉、举报的电话、信箱或者电子邮件地址，接到投诉、举报的部门应当自收到投诉之日起7个工作日内，予以处理并告知投诉、举报人。

工商行政管理部门和有关部门不依法履行职责的，任何单位或者个人有权向其上级机关或者监察机关举报。接到举报的机关应当依法作出处理，并将处理结果及时告知举报人。有关部门应当为投诉、举报人保密。

（8）消费者协会和其他消费者组织对违反本法规定，发布虚假广告侵害消费者合法权益，以及其他损害社会公共利益的行为，依法进行社会监督。

五、广播电视广告播出规范

统计数据显示，2015年我国互联网广告超越电视广告，广告营业额1 589亿元排名第一。受互联网广告的冲击，传统媒体广告经营额持续下滑，台与台之间的两极分化愈演愈烈，广告对高收视内容的追逐显而易见，优质的广告资源与优质内容的融合集中在黄金时段。这种市场行为导致了少数优质电视台、优质节目的收入越来越多，而更多二、三线电视台的广告时段无人问津。按照行政区划的广告经营额计算，全国各省广告销售"百亿军团"分别是：北京、广东、江苏、上海、浙江、山东、天津、湖南、福建、湖北、河南、四川、安徽13家。

为了规范广播电视广告播出秩序，促进广播电视广告业健康发展，保障公民合法权益，依据《中华人民共和国广告法》《广播电视管理条例》等法律、行政法规，广电总局制定出台了《广播电视广告播出管理办法》，自2010年1月1日起实施。该办法适用于广播电台、电视台（含广播电视台）等广播电视播出机构（以下简称播出机构）的广告播出活动，以及广播电视传输机构的相关活动。其中广播电视广告包括公益广告和商业广告（含资讯服务、广播购物和电视购物短片广告等）。要注意的是，《广播电视广告播出管理办法》属于部门规章，法律位阶低于《广告法》，在具体执行中，有与现行《广告法》不一致的内容要以《广告法》规定为准。

（一）广播电视广告内容管理

广播电视广告是广播电视节目的重要组成部分，应当坚持正确导向，树立良好文化品位，与广播电视节目相和谐。

（1）广播电视广告禁止含有下列内容：

①反对宪法确定的基本原则的；

②危害国家统一、主权和领土完整，危害国家安全，或者损害国家荣誉和利益的；

③煽动民族仇恨、民族歧视，侵害民族风俗习惯，伤害民族感情，破坏民族团结，违反宗教政策的；

④扰乱社会秩序，破坏社会稳定的；

⑤宣扬邪教、淫秽、赌博、暴力、迷信，危害社会公德或者民族优秀文化传统的；

⑥侮辱、歧视或者诽谤他人，侵害他人合法权益的；

⑦诱使未成年人产生不良行为或者不良价值观，危害其身心健康的；

⑧使用绝对化语言，欺骗、误导公众，故意使用错别字或者篡改成语的；

⑨商业广告中使用、变相使用中华人民共和国国旗、国徽、国歌，使用、变相使用国家领导人、领袖人物的名义、形象、声音、名言、字体或者国家机关和国家机关工作人员的名义、形象的；

⑩药品、医疗器械、医疗和健康资讯类广告中含有宣传治愈率、有效率，或者以医生、专家、患者、公众人物等形象做疗效证明的；

⑪法律、行政法规和国家有关规定禁止的其他内容。

（2）禁止播出下列广播电视广告：

①以新闻报道形式发布的广告；

②烟草制品广告；

③处方药品广告；

④治疗恶性肿瘤、肝病、性病或者提高性功能的药品、食品、医疗器械、医疗广告；

⑤姓名解析、运程分析、缘份测试、交友聊天等声讯服务广告；

⑥出现"母乳代用品"用语的乳制品广告；

⑦法律、行政法规和国家有关规定禁止播出的其他广告。

（3）时政新闻类节（栏）目不得以企业或者产品名称等冠名。有关人物专访、企业专题报道等节目中不得含有地址和联系方式等内容。

（4）投资咨询、金融理财和连锁加盟等具有投资性质的广告，应当含有"投资有风险"等警示内容。

（5）除福利彩票、体育彩票等依法批准的广告外，不得播出其他具有博彩性质的广告。

（二）广播电视广告播出管理

1. 一般规则

（1）广播电视广告播出应当合理编排。其中，商业广告应当控制总量、均衡配置。

（2）广播电视广告播出不得影响广播电视节目的完整性。除在节目自然段的间歇外，不得随意插播广告。

（3）转播、传输广播电视节目时，必须保证被转播、传输节目的完整性。不得替换、遮盖所转播、传输节目中的广告；不得以游动字幕、叠加字幕、挂角广告等任何形式插播自行组织的广告。

（4）在中小学生假期和未成年人相对集中的收听、收视时段，或者以未成年人为主要传播对象的频率、频道、节（栏）目中，不得播出不适宜未成年人收听、收视的商业广告。

（5）播出电视商业广告时不得隐匿台标和频道标识。

（6）广告主、广告经营者不得通过广告投放等方式干预、影响广播电视节目的正常播出。

（7）批准在境内落地的境外电视频道中播出的广告，其内容应当符合中国法律、法规及《广播电视广告播出管理办法》的规定。

2. 播出时间的规定

（1）播出机构每套节目每小时商业广告播出时长不得超过12分钟。其中，广播电台在11：00至13：00之间、电视台在19：00至21：00之间，商业广告播出总时长不得超过18分钟。在执行转播、直播任务等特殊情况下，商业广告可以顺延播出。

（2）播出机构每套节目每日公益广告播出时长不得少于商业广告时长的3%。其中，广播电台在11：00至13：00之间、电视台在19：00至21：00之间，公益广告播出数量不得少于4条（次）。

（3）根据《〈广播电视广告播出管理办法〉的补充规定》，自2012年1月1日"播出电视剧时，不得在每集中间以任何形式插播广告"。

（4）播出电影时，电影正式放映开始，也不得插播广告。

（5）在电影、电视剧中插播商业广告，应当对广告时长进行提示。

（6）播出商业广告应当尊重公众生活习惯。在6：30至7：30、11：30至12：30以及18：30至20：00的公众用餐时间，不得播出治疗皮肤病、痔疮、脚气、妇科、生殖泌尿系统等疾病的药品、医疗器械、医疗和妇女卫生用品广告。

（7）播出机构应当严格控制酒类商业广告，不得在以未成年人为主要传播对象的频率、频道、节（栏）目中播出。广播电台每套节目每小时播出的烈性酒类商业广告，不得超过2条；电视台每套节目每日播出的烈性酒类商业广告不得超过12条，其中19：00至21：00之间不得超过2条。

3. 广告冠名与冠名标识的规定

（1）除电影、电视剧剧场或者节（栏）目冠名标识外，禁止播出任何形式的挂角广告。

（2）电影、电视剧剧场或者节（栏）目冠名标识不得含有下列情形：

①单独出现企业、产品名称，或者剧场、节（栏）目名称难以辨认的；

②标识尺寸大于台标，或者企业、产品名称的字体尺寸大于剧场、节（栏）目名称的；

③翻滚变化，每次显示时长超过 5 分钟，或者每段冠名标识显示间隔少于 10 分钟的；

④出现经营服务范围、项目、功能、联系方式、形象代言人等文字、图像的。

（3）电影、电视剧剧场或者节（栏）目不得以治疗皮肤病、癫痫、痔疮、脚气、妇科、生殖泌尿系统等疾病的药品或者医疗机构作冠名。

（三）监督管理

1. 监管机关

广播影视行政部门对广播电视广告播出活动实行属地管理、分级负责。国务院广播影视行政部门负责全国广播电视广告播出活动的监督管理工作。县级以上地方人民政府广播影视行政部门负责本行政区域内广播电视广告播出活动的监督管理工作。县级以上人民政府广播影视行政部门应当加强对本行政区域内广播电视广告播出活动的监督管理，建立、完善监督管理制度和技术手段。

2. 监管手段

（1）县级以上人民政府广播影视行政部门应当建立公众举报机制，公布举报电话，及时调查、处理并公布结果。县级以上地方人民政府广播影视行政部门在对广播电视广告违法行为作出处理决定后 5 个工作日内，应当将处理情况报上一级人民政府广播影视行政部门备案。

（2）因公共利益需要等特殊情况，省、自治区、直辖市以上人民政府广播影视行政部门可以要求播出机构在指定时段播出特定的公益广告，或者作出暂停播出商业广告的决定。

（3）国务院广播影视行政部门推动建立播出机构行业自律组织。该组织可以按照章程的规定，采取向社会公告、推荐和撤销"广播电视广告播出行业自律示范单位"等措施，加强行业自律。

3. 播出机构的资质与义务

（1）资质规范。

播出机构从事广告经营活动应当取得合法资质，非广告经营部门不得从事广播电视广告经营活动,记者不得借采访名义承揽广告业务。

（2）义务规范。

①播出机构应当建立广告经营、审查、播出管理制度,负责对所播出的广告进行审查。

②播出机构应当加强对广告业务承接登记、审核等档案资料的保存和管理。

③药品、医疗器械、医疗、食品、化妆品、农药、兽药、金融理财等须经有关行政部门审批的商业广告,播出机构在播出前应当严格审验其依法批准的文件、材料。不得播出未经审批、材料不全或者与审批通过的内容不一致的商业广告。

④制作和播出药品、医疗器械、医疗和健康资讯类广告需要聘请医学专家作为嘉宾的,播出机构应当核验嘉宾的医师执业证书、工作证、职称证明等相关证明文件,并在广告中据实提示,不得聘请无有关专业资质的人员担当嘉宾。

六、互联网广告管理规范

从互联网广告实际出发,落实新《广告法》的各项规定,规范互联网广告活动,保护消费者的合法权益,促进互联网广告健康发展,维护公平竞争的市场经济秩序,国家工商总局出台《互联网广告管理暂行办法》（以下简称《暂行办法》）,自2016年9月1日起施行,适用利用互联网从事的广告活动。

（一）互联网广告的定义及类别

（1）互联网广告,是指通过网站、网页、互联网应用程序等互联网媒介,以文字、图片、音频、视频或者其他形式,直接或者间接地推销商品或者服务的商业广告。

（2）互联网广告的类别。

①推销商品或者服务的含有链接的文字、图片或者视频等形式的广告;

②推销商品或者服务的电子邮件广告;

③推销商品或者服务的付费搜索广告;

④推销商品或者服务的商业性展示中的广告,法律、法规和规章规定经营者应当向消费者提供的信息的展示依照其规定;

⑤其他通过互联网媒介推销商品或者服务的商业广告。

(二) 互联网广告的运营规范

1. 互联网广告的内容管理

(1) 法律、行政法规规定禁止生产、销售的商品或者提供的服务,以及禁止发布广告的商品或者服务,任何单位或者个人不得在互联网上设计、制作、代理、发布广告。禁止利用互联网发布处方药和烟草的广告。

(2) 医疗、药品、特殊医学用途配方食品、医疗器械、农药、兽药、保健食品广告等法律、行政法规规定须经广告审查机关进行审查的特殊商品或者服务的广告,未经审查,不得发布。

2. 互联网广告的标识管理

(1)《暂行办法》第7条规定,互联网广告应当具有可识别性,显著标明"广告",使消费者能够辨明其为广告。付费搜索广告应当与自然搜索结果明显区分。

(2)《暂行办法》第8条规定,利用互联网发布、发送广告,不得影响用户正常使用网络。在互联网页面以弹出等形式发布的广告,应当显著标明关闭标志,确保一键关闭。不得以欺骗方式诱使用户点击广告内容。未经允许,不得在用户发送的电子邮件中附加广告或者广告链接。

3. 互联网广告参与主体的责任

(1) 互联网广告主、广告经营者、广告发布者之间在互联网广告活动中应当依法订立书面合同。

(2) 互联网广告主的责任。

互联网广告主应当对广告内容的真实性负责。广告主发布互联网广告需具备的主体身份、行政许可、引证内容等证明文件,应当真实、合法、有效。广告主可以通过自设网站或者拥有合法使用权的互联网媒介自行发布广告,也可以委托互联网广告经营者、广告发布者发布广告。互联网广告主委托互联网广告经营者、广告发布者发布广告，修改广告内容时，应当以书面形式或者其他可以被确认的方式通知为其提供服务的互联网广告经营者、广告发布者。

（3）互联网广告发布者、广告经营者的责任。

为广告主或者广告经营者推送或者展示互联网广告，并能够核对广告内容、决定广告发布的自然人、法人或者其他组织，是互联网广告的发布者。互联网广告发布者、广告经营者发布广告应该遵守如下规定：

①互联网广告发布者、广告经营者应当按照国家有关规定建立、健全互联网广告业务的承接登记、审核、档案管理制度；审核查验并登记广告主的名称、地址和有效联系方式等主体身份信息，建立登记档案并定期核实更新。

②互联网广告发布者、广告经营者应当查验有关证明文件，核对广告内容，对内容不符或者证明文件不全的广告，不得设计、制作、代理、发布。

③互联网广告发布者、广告经营者应当配备熟悉广告法规的广告审查人员；有条件的还应当设立专门机构，负责互联网广告的审查。

（4）"程序化购买"各方责任。

"程序化购买"是互联网广告特有的一种经营模式，俗称"广告联盟"，可通过信息技术自动完成广告采买及广告投放。"广告联盟"通常分为"流量平台"（广告位供应方）、"广告主平台"（广告需求方）以及中间的结算方三类。广告主通过结算方实时竞价购买流量平台的广告位，每个环节只有几十到一百毫秒的处理时间。常见的"广告联盟"有百度联盟、搜狗联盟、淘宝联盟、京东商城销售联盟、广点通联盟等。

"程序化购买"连接了广告主与众多中小网站和应用程序，既为广告主提供了多样化的广告展示资源和更精准的广告投放效果，又为没有广告经营能力的中小网站提供了流量变现的机会，但也使其内部法律关系变得复杂。《暂行办法》第13条、第14条、第15条规定了程序化购买广告的相关主体及各自的义务。

①互联网广告可以以程序化购买广告的方式，通过广告需求方平台、媒介方平台以及广告信息交换平台等所提供的信息整合、数据分析等服务进行有针对性地发布。通过程序化购买广告方式发布的互联网广告，广告需求方平台经营者应当清晰标明广告来源。

其中广告需求方平台是指整合广告主需求，为广告主提供发布服务的广告主服务平台。广告需求方平台的经营者是互联网广告发布者、广告经营者。媒介方平台是指整合媒介方资源，为媒介所有者或者管理者提供程序化的广告分配和筛选的媒介服务平台。广告信息交换平台是提供数据交换、分析匹配、交易结算等服务的数据处理平台。

② 广告需求方平台经营者、媒介方平台经营者、广告信息交换平台经营者以及媒介方平台的成员，在订立互联网广告合同时，应当查验合同相对方的主体身份证明文件、真实名称、地址和有效联系方式等信息，建立登记档案并定期核实更新。媒介方平台经营者、广告信息交换平台经营者以及媒介方平台成员，对其明知或者应知的违法广告，应当采取删除、屏蔽、断开链接等技术措施和管理措施，予以制止。

（5）互联网广告活动禁止的行为。

根据《暂行办法》第16条的规定，互联网广告活动中不得有下列行为：

①提供或者利用应用程序、硬件等对他人正当经营的广告采取拦截、过滤、覆盖、快进等限制措施；

②利用网络通路、网络设备、应用程序等破坏正常广告数据传输，篡改或者遮挡他人正当经营的广告，擅自加载广告；

③利用虚假的统计数据、传播效果或者互联网媒介价值，诱导错误报价，谋取不正当利益或者损害他人利益。

未参与互联网广告经营活动，仅为互联网广告提供信息服务的互联网信息服务提供者，对其明知或者应知利用其信息服务发布违法广告的，应当予以制止。

（三）互联网广告的管辖

《暂行办法》第18条结合互联网广告的特征和互联网广告业发展的新

趋势，对互联网广告违法行为的管辖权进行了规定：

（1）以广告发布者所在地管辖为主。根据《工商行政管理机关行政处罚程序规定》中确定的广告发布者所在地管辖的原则为基础，《暂行办法》第18条规定了"对互联网广告违法行为实施行政处罚，由广告发布者所在地工商行政管理部门管辖。广告发布者所在地工商行政管理部门管辖异地广告主、广告经营者有困难的，可以将广告主、广告经营者的违法情况移交广告主、广告经营者所在地工商行政管理部门处理。"

（2）以广告主所在地、广告经营者所在地管辖为辅。考虑到互联网广告发布链条长、广告资源碎片化、广告精准投放带来的不同浏览者同一时间在同一网站上看到的是完全不同的广告等特征，规定："广告主所在地、广告经营者所在地工商行政管理部门先行发现违法线索或者收到投诉、举报的，也可以进行管辖"。

（3）广告主自行发布广告的，由广告主所在地管辖。在互联网广告中，有海量的互联网广告是由广告主在自设网站或者其拥有合法使用权的互联网媒介上自行发布的，这一部分广告出现违法，由互联网广告的广告主所在地管辖。这样规定有利之处是，发现违法线索或者接投诉、举报后，由广告主或者广告经营者所在地管辖，有利于更快断开违法广告链接，形成"一处违法被查，全网清扫干净"的高效监管局面，更具可操作性。

七、公益广告管理规范

根据《公益广告促进和管理暂行办法》的规定，国家鼓励、支持开展公益广告活动，鼓励、支持、引导单位和个人以提供资金、技术、劳动力、智力成果、媒介资源等方式参与公益广告宣传。各类广告发布媒介均有义务刊播公益广告。

（一）公益广告的含义

公益广告是指传播社会主义核心价值观，倡导良好道德风尚，促进公民文明素质和社会文明程度提高，维护国家和社会公共利益的非营利性广告。政务信息、服务信息等各类公共信息以及专题宣传片等不属于公益广告。

（二）公益广告的管理机关

（1）公益广告活动在中央和各级精神文明建设指导委员会指导协调下开展。

（2）工商行政管理部门履行广告监管和指导广告业发展职责，负责公益广告工作的规划和有关管理工作。

（3）新闻出版广电部门负责新闻出版和广播电视媒体公益广告制作、刊播活动的指导和管理。

（4）通信主管部门负责电信业务经营者公益广告制作、刊播活动的指导和管理。

（5）网信部门负责互联网企业公益广告制作、刊播活动的指导和管理。

（6）铁路、公路、水路、民航等交通运输管理部门负责公共交通运载工具及相关场站公益广告刊播活动的指导和管理。

（7）住房城乡建设部门负责城市户外广告设施设置、建筑工地围挡、风景名胜区公益广告刊播活动的指导和管理。

（8）精神文明建设指导委员会其他成员单位应当积极做好公益广告有关工作，涉及本部门职责的，应当予以支持，并做好相关管理工作。

（三）公益广告的内容管理

（1）公益广告应当保证质量，内容符合下列规定：

①价值导向正确，符合国家法律法规和社会主义道德规范要求；

②体现国家和社会公共利益；

③语言文字使用规范；

④艺术表现形式得当，文化品位良好。

（2）公益广告内容应当与商业广告内容相区别，商业广告中涉及社会责任内容的，不属于公益广告。

（3）企业出资设计、制作、发布或者冠名的公益广告，可以标注企业名称和商标标识，但应当符合以下要求：

①不得标注商品或者服务的名称以及其他与宣传、推销商品或者服务有关的内容，包括单位地址、网址、电话号码、其他联系方式等；

②平面作品标注企业名称和商标标识的面积不得超过广告面积的1/5；

③音频、视频作品显示企业名称和商标标识的时间不得超过5秒或者总时长的1/5，使用标版形式标注企业名称和商标标识的时间不得超过3秒或者总时长的1/5；

④公益广告画面中出现的企业名称或者商标标识不得使社会公众在视觉程度上降低对公益广告内容的感受和认知；

⑤不得以公益广告名义变相设计、制作、发布商业广告。

违反前款规定的，视为商业广告。

(4) 公益广告稿源包括公益广告通稿、公益广告作品库稿件以及自行设计制作稿件。各类广告发布媒介均有义务刊播精神文明建设指导委员会审定的公益广告通稿作品。公益广告主管部门建立公益广告作品库，稿件供社会无偿选择使用。单位和个人自行设计制作发布公益广告，公益广告主管部门应当无偿提供指导服务。

(四) 公益广告的播放管理

1. 广播电台、电视台的播放要求

广播电台、电视台按照新闻出版广电部门规定的条（次），在每套节目每日播出公益广告。其中，广播电台在6：00至8：00之间、11：00至13：00之间，电视台在19：00至21：00之间，播出数量不得少于主管部门规定的条（次）。

2. 报纸、期刊刊登的要求

中央主要报纸平均每日出版16版（含）以上的，平均每月刊登公益广告总量不少于8个整版；平均每日出版少于16版多于8版的，平均每月刊登公益广告总量不少于6个整版；平均每日出版8版（含）以下的，平均每月刊登公益广告总量不少于4个整版。省（自治区、直辖市）和省会、副省级城市党报平均每日出版12版（含）以上的，平均每月刊登公益广告总量不少于6个整版；平均每日出版12版（不含）以下的，平均每月刊登公益广告总量不少于 4 个整版。其他各级党报、晚报、都市报和行业报，平均每月刊登公益广告总量不少于 2 个整版。

中央主要时政类期刊以及各省（自治区、直辖市）和省会、副省级城市时政类期刊平均每期至少刊登公益广告 1 个页面；其他大众生活、文摘类期刊，平均每两期至少刊登公益广告 1 个页面。

3. 网络媒体刊播要求

政府网站、新闻网站、经营性网站等应当每天在网站、客户端以及核心产品的显著位置宣传展示公益广告。其中，刊播时间应当在 6：00 至 24：00 之间，数量不少于主管部门规定的条（次）。鼓励网站结合自身特点原创公益广告，充分运用新技术新手段进行文字、图片、视频、游戏、动漫等多样化展示，论坛、博客、微博客、即时通讯工具等多渠道传播，网页、平板电脑、手机等多终端覆盖，长期宣传展示公益广告。

电信业务经营者要运用手机媒体及相关经营业务经常性刊播公益广告。

4. 各类社会媒介刊播要求

有关部门和单位应当运用各类社会媒介刊播公益广告。

机场、车站、码头、影剧院、商场、宾馆、商业街区、城市社区、广场、公园、风景名胜区等公共场所的广告设施或者其他适当位置，公交车、地铁、长途客车、火车、飞机等公共交通工具的广告刊播介质或者其他适当位置，适当地段的建筑工地围挡、景观灯杆等构筑物，均有义务刊播公益广告通稿作品或者经主管部门审定的其他公益广告。此类场所公益广告的设置发布应当整齐、安全，与环境相协调，美化周边环境。

工商行政管理、住房城乡建设等部门鼓励、支持有关单位和个人在商品包装或者装潢、企业名称、商标标识、建筑设计、家具设计、服装设计等日常生活事物中，合理融入社会主流价值，传播中华文化，弘扬中国精神。

国家支持和鼓励在生产、生活领域增加公益广告设施和发布渠道，扩大社会影响。住房城乡建设部门编制户外广告设施设置规划，应当规划一定比例公益广告空间设施。发布广告设施招标计划时，应当将发布一定数量公益广告作为前提条件。

5. 公益广告活动规划

公益广告主管部门应当制定并公布年度公益广告活动规划。

公益广告发布者应当于每季度第一个月5日前，将上一季度发布公益广告的情况报当地工商行政管理部门备案。广播、电视、报纸、期刊以及电信业务经营者、互联网企业等还应当将发布公益广告的情况分别报当地新闻出版广电、通信主管部门、网信部门备案。

工商行政管理部门对广告媒介单位发布公益广告情况进行监测和检查，定期公布公益广告发布情况。

6. 公益广告的监管

发布公益广告情况纳入文明城市、文明单位、文明网站创建工作测评。广告行业组织应当将会员单位发布公益广告情况纳入行业自律考评。

公益广告设计制作者依法享有公益广告著作权，任何单位和个人应依法使用公益广告作品，未经著作权人同意，不得擅自使用或者更改使用。

公益广告活动违反《公益广告促进和管理暂行办法》规定，有关法律、法规、规章有规定的，由有关部门依法予以处罚；有关法律、法规、规章没有规定的，由有关部门予以批评、劝诫，责令改正。

本章案例分析：

绝味食品股份有限公司是一家专注休闲卤制食品行业的企业，为全国食品工业优秀龙头企业，其主要销售渠道是加盟模式，目前全国门店近9 000家，加盟商为3 000余名，整个体系员工两万余名。2017年11月1日，长沙绝味食品在天猫旗舰店上的广告显示，一名女子着短裤，躺在床上手戴镣铐双腿分开。广告发布后，引来"不尊重女性"的差评。11月2日，此不雅广告被撤下。11月3日，长沙绝味食品的微信公众号上又出现了以大卫雕像隐私处打上马赛克为背景的图片，并配发了以夫妻、情侣口气暗示性行为的文字。有媒体披露后，该图片和文字于11月6日被撤下。

针对上述不雅广告，长沙市工商行政管理局于 11 月 6 日对当事人进行了立案调查。经调查，长沙绝味食品系绝味食品股份公司的全资控股子公司，2017 年"双 11"促销文案由该公司委托长沙汇邦广告公司全权设计、制作、发布[1]。

请根据此案件，回答下列问题：

（1）本案中广告内容具体违反了《广告法》什么规定？

（2）本案中的哪个公司需要接受法律处罚，应该承担什么样的法律责任，请说明法律依据。

（3）本案被长沙市工商行政管理立案查处的法律依据是什么？

---

[1] 蒋格伟：“绝味鸭脖广告涉嫌'消费'女性被罚 60 万，公司发布致歉信”，载澎湃新闻网，http://www.thepaper.cn/newsDetail_ forward_ 1917819.

本书主要参考文献

1. 叶朗:《中国文化产业年度发展报告(2003)》,湖南人民出版社 2003 年版。
2. 祁述裕:《中国文化产业竞争力报告》,社会科学文献出版社 2004 年版。
3. 胡惠林:《文化产业学——现代文化产业理论与政策》,上海文艺出版社 2006 年版。
4. 胡惠林、单世联:《文化产业学概论》,书海出版社 2006 年版。
5. 蔡尚伟、温洪泉:《文化产业导论》,复旦大学出版社 2006 年版。
6. 孙有中:《美国文化产业》,外语教学与研究出版社 2007 年版。
7. 涂昌波:《广播电视法律制度概论》,中国传媒大学出版社 2011 年版。
8. 赵阳、杨妍:《传媒政策与法规》,中山大学出版社 2010 年版。
9. 熊澄宇:《世界文化产业研究》,清华大学出版社 2012 年版。
10. 黄先蓉:《出版法规及其应用(第 2 版)》,苏州大学出版社 2013 年版。
11. 崔保国:《中国传媒产业发展报告》,社会科学文献出版社 2016 年版。
12. 张曾芳、张龙平:"论文化产业及其运作规律",载《中国社会科学》2002 年第 2 期。
13. 焦斌龙:"文化资源的产权属性演变与文化体制改革",载《开发研究》2004 年第 5 期。
14. 荣跃明:"文化产业:形态演变、产业基础和时代特征",载《社会科学》2005 年第 9 期。
15. 王晓刚、贾静:"文化产业的理论阐释与政策取向",载《长白学刊》2006 年第 6 期。
16. 徐仲伟、周兴茂、谈娅:"关于文化创意产业的几个基本理论问题",载《重庆邮电大学学报(社会科学版)》2007 年第 6 期。

17. 王晓德："全球自由贸易框架下的'文化例外'——以法国和加拿大等国抵制美国文化产品为例"，载《世界政治与经济关系》2007年第12期。
18. 韩立余："文化产品、版权保护与贸易规则"，载《政法论坛》2008年第3期。
19. 杨文君："解析中美知识产权争端WTO第一案"，载《中外企业家》2009年第14期。
20. 彭妹祎："试论法国的文化外交"，载《欧洲研究》2009年第4期。
21. 张书勤："从中美出版物进口案论我国文化产业法规的完善"，载《中国出版》2011年第23期。
22. 向勇、权基永："国政方向与政策制定：韩国文化产业政策史研究"，载《福建论坛（人文社会科学版）》2012年第8期。
23. 孙俊新："各国文化产业对外开放政策比较及启示"，载《人民论坛》2013年第26期。
24. 王璇："法国文化政策下的法国的电影业研究"，载《法国研究》2013年第3期。
25. 向勇、权基永："韩国文化产业立国战略研究"，载《华中师范大学学报（人文社会科学版）》2013年第4期。
26. 王吉英："法国文化政策模式探究——以法国密特朗时期的文化政策为例"，载《苏州科技学院学报（社会科学版）》2014年第1期。
27. 张振鹏："陈志军文化商品市场垄断与文化企业规制"，载《社会科学研究》2014年第2期。
28. 章睿："论法国文化政策中的平等性"，载《法国研究》2015年第3期。
29. 高宏："改革创新文化管理体制"，载《光明日报》2015年6月18日。
30. 郑自立："法美文化治理方略比较及启示研究"，载《当代经济管理》2015年第12期。
31. 王景云："战后美国文化产业政策维护国家安全的实践及启示"，载《国外社会科学》2016年第2期。
32. 邓婷婷、曾安东："韩国文化产业的立法体系及其启示"，载《邵阳学院学报》2017年第2期。
33. 张玉国："独特的加拿大文化政策模式"，载《中国图书商报》2004年8月6日。
34. 周斌："文化产业政策法规研究"，2005年南京师范大学博士学位论文。
35. 杨吉华："文化产业政策研究"，2007年中央党校博士学位论文。

36. 荣蓉:"日本的文化产业发展及运作对中国之启示",2008年华东师范大学硕士学位论文。

37. 陈瑾玫:"中国产业政策效应研究",2007年辽宁大学博士学位论文。

38. 薛狄:"论'贸易和文化问题'的新发展:《文化多样性公约》对WTO法律制度的影响",2007年吉林大学硕士学位论文。

39. 李洁:"WTO文化贸易法律制度研究",2009年武汉大学博士学位论文。

40. 张謇:"国际文化产品贸易公法研究",2010年苏州大学博士学位论文。

41. 张慧娟:"美国文化产业政策及其对中国文化建设的启示",2012年中共中央党校博士学位论文。

42. 曹缅:"加拿大多元文化法研究",2011年中央民族大学博士学位论文。

43. 秦朝森:"韩国文化产业创意支持模式研究",2011年山东大学硕士学位论文。

44. 查正亚:"法国'文化例外'原则的政治分析",2012年西南交通大学硕士学位论文。

45. 辛阳:"中美文化产业投融资比较研究",2013年吉林大学博士学位论文。

46. 常静竹:"日本文化产业政策及对我国的启示",2013年河北大学硕士学位论文。

47. 湛志伟:"加拿大对文化产业的税收优惠",载《光明日报》2013年5月2日。

48. 常静竹:"日本文化产业政策及对我国的启示",2013年河北大学硕士学位论文。

49. 陈蜜:"日本文化产业大国战略研究",2013年华东师范大学硕士学位论文。

50. 姜文斌:"政治、文化、经济目标之平衡:加拿大广播电视产业政策演变及其启示",2013年华中师范大学博士学位论文。

51. 舒叶:"加拿大图书出版产业发展历程及文化自觉",2014年南京大学硕士学位论文。

52. 于小薇:"权威人士解析:文化产业促进法缘何姗姗来迟",载中国经济网2014年11月06日,http://www.ce.cn/culture/gd/201411/06/t20141106_ 3859526.shtml。

53. 刘宗欣:"英国文化创意产业的文化外交功能探析",2014年北京外国语大学硕士学位论文。

54. 姚岚:"从'文化例外'到'文化多样性'",2014年上海外国语大学博士学位论文。

55. 唐云云:"法国电视台40%时间须播放本国影视",载《中国青年报》2014年12月10日。

56. 王芳芳:"韩国文化产业快速发展原因分析及对我国的启示",2014年山东艺术学院硕士学位论文。

57. 邹丹琦:"当代英国文化创意产业的发展(1990-2013)",2015年湖南科技大学硕士学位论文。

58. 翟璐:"韩国文化产业政策分析",2015年吉林大学硕士学位论文。

59. 王骁:"美国通过反外国宣传法,将建立针对中俄的反外国宣传机制",载观察者网,2016年12月25日。

60. 尹丽、教莹:"法国公布2016文化领域关键词及优先政策",载《中国文化报》2016年2月1日。

61. 向勇、刘颖:"国际文化产业的政策模式及对中国的启示研究",载《福建论坛》2016年第4期。

62. 杨会军:"英国创意产业调研",http://gb.mofcom.gov.cn/article/i/201201/20120107932523.shtml.

63. 国际司:"美国、加拿大文化产业发展情况介绍",http://www.mof.gov.cn/mofhome/guojisi/pindaoliebiao/cjgj/201309/t20130927_994353.html.

64. Copyright Industries in the U.S. Economy: The 2014 Report, by Stephen E. Siwek of Economists Incorporated, prepared for the International Intellectual Property Alliance (IIPA), December 2014, available at www.iipa.com.

65. International Intellectual Property ALLiance. COPYRIGHT INDUSTRIES in the U.S. Economy: The 2011 Report. http://www.iipa.com.

66. Department for Digital, Culture, Media & Sport, "Creative Industries Mapping Documents 2001", https://www.gov.uk/government/publications/creative-industries-maping-documents-2001.

67. Dr Niall Goulding, "The Creative Industries Economic Estimates", https://www.gov.uk/government/collections/creative-industries-economic-estimates.

68. Creative Industries: 2016 Focus on, https://www.gov.uk/government/publications/creative-industries-2016-focus-on/key-findings.

69. http://gb.mofcom.gov.cn/article/k/201606/20160601334877.shtml.

70. CANADA. DEPARTMENT OF JUSTICE. Investment Canada Act. 1985 http://laws-lois.justice.gc.ca/eng/acts/I-21.8/index.html.

声　明　1. 版权所有，侵权必究。

2. 如有缺页、倒装问题，由出版社负责退换。

图书在版编目（CIP）数据

文化产业政策与法规/张书勤编著. —北京：中国政法大学出版社，2018.7（2025.1重印）
ISBN 978-7-5620-8424-2

Ⅰ.①文… Ⅱ.①张… Ⅲ.①文化产业－产业政策－研究－中国②文化产业－行政法－研究－中国　Ⅳ.①G124②D922.164

中国版本图书馆CIP数据核字(2018)第181095号

出 版 者	中国政法大学出版社	
地　　址	北京市海淀区西土城路25号	
邮寄地址	北京100088 信箱8034分箱　邮编100088	
网　　址	http://www.cuplpress.com（网络实名：中国政法大学出版社）	
电　　话	010-58908285(总编室) 58908433（编辑部）58908334(邮购部)	
承　　印	保定市中画美凯印刷有限公司	
开　　本	720mm×960mm　1/16	
印　　张	26	
字　　数	320千字	
版　　次	2018年7月第1版	
印　　次	2025年1月第5次印刷	
定　　价	79.00元	